权威·前沿·原创

皮书系列为
"十二五""十三五"国家重点图书出版规划项目

北京教育蓝皮书

BLUE BOOK OF
EDUCATION IN BEIJING

北京教育发展研究报告
（2019~2020）

RESEARCH REPORT ON EDUCATION DEVELOPMENT OF
BEIJING (2019-2020)

主　编／方中雄　桑锦龙
副主编／郭秀晶　刘　熙　朱庆环

社会科学文献出版社
SOCIAL SCIENCES ACADEMIC PRESS（CHINA）

图书在版编目（CIP）数据

北京教育发展研究报告.2019－2020/方中雄，桑锦龙主编.－－北京：社会科学文献出版社，2020.5
（北京教育蓝皮书）
ISBN 978－7－5201－6445－0

Ⅰ.①北… Ⅱ.①方… ②桑… Ⅲ.①地方教育－教育事业－研究报告－北京－2019－2020 Ⅳ.①G527.1

中国版本图书馆 CIP 数据核字（2020）第 051832 号

北京教育蓝皮书
北京教育发展研究报告（2019~2020）

主　　编／方中雄　桑锦龙
副 主 编／郭秀晶　刘　熙　朱庆环

出 版 人／谢寿光
责任编辑／吴云苓　张　超

出　　版／社会科学文献出版社·皮书出版分社（010）59367127
　　　　　　地址：北京市北三环中路甲29号院华龙大厦　邮编：100029
　　　　　　网址：www.ssap.com.cn
发　　行／市场营销中心（010）59367081　59367083
印　　装／天津千鹤文化传播有限公司

规　　格／开本：787mm×1092mm　1/16
　　　　　　印张：27　字数：406千字
版　　次／2020年5月第1版　2020年5月第1次印刷
书　　号／ISBN 978－7－5201－6445－0
定　　价／159.00元

北京教育蓝皮书编委会

编 委 会 主 任 方中雄

编委会副主任 桑锦龙　熊　红　刘占军

主　　　　编 方中雄　桑锦龙

副　主　编 郭秀晶　刘　熙　朱庆环

主编简介

方中雄 研究员，北京教育科学研究院院长，北京师范大学中国教育政策研究院兼职教授，中国教育学会学术委员，北京学习科学学会会长，主要研究方向为教育行政管理。主持和参与各级教育课题几十项；先后参与了影响首都教育发展的重大教育决策、调研和文本编制；先后编著了《学校品牌策划》《可持续发展教育国际趋势和中国模式》《教育科研引领学校发展》《北京教育发展研究报告》等十几部著作。

桑锦龙 博士，研究员，北京教育科学研究院副院长、学术委员会主任，担任北京市第十届兼职督学、北京市高等教育学会副会长、北京师范大学中国教育政策研究院兼职教授等学术职务。2015年获北京教育科学研究院首批"昆玉学者"荣誉称号，主要从事教育发展战略规划、教育政策和教育社会学研究工作。作为核心组成员先后参与了《首都教育2010发展纲要》《北京市中长期教育改革和发展规划纲要（2010—2020年）》等北京市重要教育发展规划的调研和起草工作，以及《国家中长期教育改革和发展规划纲要（2010—2020年）》研制等全国性重要教育工作。主持完成了全国教育科学规划教育部重点课题、中共北京市委组织部北京市优秀人才培养资助项目、北京市教委财政科研类专项等重大科研任务20余项；在《教育研究》《比较教育研究》《教育学报》等刊物公开发表学术论文30余篇；出版《教育转型与专科毕业生就业》等著作20余部。科研成果获得教育部第四届全国教育科学研究优秀成果奖等学术奖项。

摘　要

2019 年，是新中国成立 70 周年，是全面建成小康社会的关键之年，是学习贯彻十九大精神的重要一年，也是贯彻落实全国和全市教育大会精神、加快推进教育现代化的重要一年。

《北京教育发展研究报告（2019～2020）》秉持学术性、原创性和主题性相结合的原则，坚持和完善"设计主题、组织研究、形成专题研究报告"的工作模式，组织专业研究人员对新时代首都教育改革与发展的热点、重点、难点问题进行研究，以期比较深入全面地反映首都教育改革与发展的实际情况，为全面推进首都教育现代化提供智力支持。

报告在内容上分为"总报告""政策规划篇""学前教育篇""中小学教育篇""教育改革篇""教育人才篇""教育专题篇""经验借鉴篇"八大部分，共计 26 篇研究报告。其中，"总报告"以"教育现代化"为题，分析了首都教育现代化的新形势，明确了首都教育现代化的新问题，提出了全面推进首都教育现代化的新策略。"政策规划篇"主要围绕教育规划监测评估和教育政策展开，涉及北京市"十三五"教育规划实施中期评估、北京市各区"十三五"教育规划监测、职业教育改革实施方案。"学前教育篇"聚焦学前教育阶段，主要涉及学前教育的发展状况、学前教育质量提升。"中小学教育篇"主要涉及义务教育优质均衡、学位需求预测、生态文明素养培育、家长满意度、减轻中小学课外负担等。"教育改革篇"主要围绕教育热点难点问题展开，主要涉及劳动教育、教育信息化、人工智能与教育、京津冀协同发展、教学改进等。"教育人才篇"主要围绕队伍建设展开，涉及教师队伍建设、创新人才培养。"教育专题篇"主要围绕当前首都教育发展的重点问题展开，涉及北京市民办校外在线培训教育行业治理、北京市属

高校一流本科专业建设、民办学校分类登记、融合教育支持体系、学习型城市建设、社会主义核心价值观教育等研究。"经验借鉴篇"主要围绕国内外的政策和实践对北京的启示展开，国际部分聚焦主要国际组织及部分发达国家教育政策最新趋势及对北京的启示，国内部分主要分析发达地区推进教育现代化的实践研究。

报告力图理论联系实际，多角度、多层次反映首都教育改革与发展的进展及面临的挑战，进而提出推动各级各类教育事业发展的政策建议，以期为参与首都教育现代化建设的教育决策部门、教育管理者、教育科研工作者以及社会公众提供有益的参考。借此一并向为本报告的编辑出版出谋划策的诸位专家、学者，以及为专题报告的研究撰写做出不懈努力的各位作者表示衷心感谢。

关键词：教育现代化　教育发展　教育改革　北京教育

目 录

Ⅳ 中小学教育篇

Ⅴ 教育改革篇

Ⅵ 教育人才篇

Ⅶ　教育专题篇

Ⅷ　经验借鉴篇

皮书数据库阅读 **使用指南**

总 报 告

General Report

B.1

全面推进首都教育现代化：改革与创新

郭秀晶 李 政[*]

摘 要： 面对国家现代化总体战略和国家教育现代化新战略的部署，
面对首都城市现代化建设和全市教育大会的新要求，首都教
育现代化发展仍存在着与首都城市发展不相适应的不平衡不
充分问题，需要从六个方面着手推进教育改革创新：明确教
育现代化"先手棋"地位，创新现代化战略实施机制；健全
现代首都教育体系，合理调整教育规模；创新首都教育与城
市融合发展机制，服务首都"四个中心"建设；加强薄弱环
节建设，积极推进首都教育公平发展；全面加强教师队伍建
设，推进首都教育高质量发展；加强教育治理体系建设，全

* 郭秀晶，博士，北京教育科学研究院教育发展研究中心主任、副研究员，研究方向为教育法
律与教育管理；李政，北京教育科学研究院教育发展研究中心副研究员，研究方向为教育规
划与教育政策。

面提升首都教育治理能力。

关键词： 教育现代化　教育战略　首都教育

中国共产党第十九次全国代表大会的召开，标志着中国又开启了一个新时代，对中国经济社会持续发展和中华民族复兴大业产生着深远的影响。2018 年 9 月全国教育大会召开，谋划了新时代中国教育的发展蓝图，为加快推进教育现代化、建设教育强国、办好人民满意的教育指明了方向、道路。在此背景下，北京市教育大会于 2018 年 10 月召开，率先贯彻全国教育大会精神，对新时代首都教育现代化做出了战略谋划，吹响了首都教育向更高水平更高质量更高阶段迈进的新号角，开启了改革创新全面推进首都教育现代化的新征程。

一　首都教育现代化面临的新形势

（一）国家现代化新"三步走"战略安排

党的十九大提出了国家现代化发展的"三步走"战略安排：到 2020 年全面建成小康社会，到 2035 年基本实现社会主义现代化，到本世纪中叶把我国建成富强民主文明和谐美丽的社会主义现代化强国。[①] 国家现代化战略是决定中国未来几十年发展方向的重大抉择，是在所有发展战略当中居于首要地位的战略，其他各种战略规划或各行业的发展战略都要服从和服务于国家现代化战略的实施和实现。教育现代化是国家现代化的一部分，教育现代

---

① 习近平：《决胜全面建成小康社会　夺取新时代中国特色社会主义伟大胜利——在中国共产党第十九次全国代表大会上的报告》，http：//www. gov. cn/zhuanti/2017 - 10/27/content_ 5234876. htm。

化战略规划也必须服从和服务国家现代化战略，发挥自身特定的地位和作用。在全国教育大会上，贯彻十九大精神，进一步明确了教育现代化在国家现代化中的地位和作用，明确了教育现代化发展战略在国家现代化战略中的地位和作用。"教育是民族振兴、社会进步的重要基石，是功在当代、利在千秋的德政工程""教育是国之大计、党之大计"，进一步明确了教育的重要地位；教育"对提高人民综合素质、促进人的全面发展、增强中华民族创新创造活力、实现中华民族伟大复兴具有决定性意义"，进一步明确了教育的重要作用。① 从现在到 2035 年，再到 2050 年，横跨三十年，在这三十年里，建设国家、实现国家现代化正是由教育培养出来的现代化人才来进行的。国家现代化不是喊喊口号就能实现的，是由一个个具备现代素质、能力和才智的中国人来实现的。培养能够实现现代化的中国人，这是教育现代化的首要使命，也是教育现代化服务于国家现代化最根本的方式。要实现国家现代化战略安排，就必须把教育现代化放在优先位置，率先加快推进教育现代化，率先实现教育现代化。

（二）首都城市现代化新战略规划

进入新时代，北京市精心制定了《北京城市总体规划（2016～2035年)》，确立了首都城市现代化新战略规划，标志着首都城市现代化进入了新的发展阶段。

《北京城市总体规划（2016～2035 年)》明确提出北京城市战略定位是全国政治中心、文化中心、国际交往中心、科技创新中心。北京的一切工作必须坚持"全国政治中心、文化中心、国际交往中心、科技创新中心"的城市战略定位，履行"为中央党政军领导机关工作服务，为国家国际交往服务，为科技和教育发展服务，为改善人民群众生活服务"的基本职责。落实城市战略定位，必须有所为有所不为，着力提升首都功能，有效疏解非

---

① 《全国教育大会在京召开》，2018 年 9 月 15 日，http：//www.zgxczx.com/article.aspx？id = 2524，2019 年 9 月 9 日浏览。

首都功能，做到服务保障能力同城市战略定位相适应，人口资源环境同城市战略定位相协调，城市布局同城市战略定位相一致。

《北京城市总体规划（2016～2035年）》明确了2020年、2035年、2050年三个阶段性目标，分阶段推进建设国际一流的和谐宜居之都：到2020年，北京建设国际一流的和谐宜居之都取得重大进展，率先全面建成小康社会，疏解非首都功能取得明显成效，"大城市病"等突出问题得到缓解，首都功能明显增强，初步形成京津冀协同发展、互利共赢的新局面；到2035年，北京初步建成国际一流的和谐宜居之都，"大城市病"治理取得显著成效，首都功能更加优化，城市综合竞争力进入世界前列，京津冀世界级城市群的构架基本形成；到2050年，北京将全面建成更高水平的国际一流的和谐宜居之都，成为富强民主文明和谐美丽的社会主义现代化强国首都、更加具有全球影响力的大国首都、超大城市可持续发展的典范，建成以首都为核心、生态环境良好、经济文化发达、社会和谐稳定的世界级城市群。

习近平总书记在2017年2月24日视察北京工作时讲话指出，城市规划在城市发展中起着重要引领作用。总体规划经法定程序批准后就具有法定效力，要坚决维护规划的严肃性和权威性。《北京城市总体规划（2016～2035年）》对首都城市发展做出的新战略规划，具有法定效力，有严肃性和权威性，需要北京市各行各业严格落实，发挥引领首都城市现代化发展的重要作用。首都教育现代化作为首都城市现代化发展的重要部分，作为首都城市现代化发展的重要动力，更应该按照新战略规划的要求，切实落实好相关规定，为首都城市发展做出新贡献。

（三）国家教育现代化新战略规划

在中国特色社会主义进入新时代、全面建成小康社会进入决胜阶段的大背景下，党中央在北京隆重召开新时代第一次全国教育大会，习近平总书记发表了重要讲话，从党和国家事业发展全局的战略高度，深入分析了教育现代化发展面临的新形势、新任务，深刻回答了我国教育改革发展的重大理论和实践问题，对当前和今后一个时期教育改革发展做出了战略部署，为新时代教育事业勾画了蓝图、指明了方向，为加快推进教育现代化、建设教育强国、办好人民满意的教育提供了根本遵循和行动指南。

会后发布的《中国教育现代化2035》提出，推进教育现代化的指导思想是：以习近平新时代中国特色社会主义思想为指导，全面贯彻党的十九大和十九届二中、三中全会精神，坚定实施科教兴国战略、人才强国战略，紧紧围绕统筹推进"五位一体"总体布局和协调推进"四个全面"战略布局，坚定"四个自信"，在党的坚强领导下，全面贯彻党的教育方针，坚持马克思主义指导地位，坚持中国特色社会主义教育发展道路，坚持社会主义办学方向，立足基本国情，遵循教育规律，坚持改革创新，以凝聚人心、完善人格、开发人力、培育人才、造福人民为工作目标，培养德智体美劳全面发展的社会主义建设者和接班人，加快推进教育现代化、建设教育强国、办好人民满意的教育。将服务中华民族伟大复兴作为教育的重要使命，坚持教育为人民服务、为中国共产党治国理政服务、为巩固和发展中国特色社会主义制度服务、为改革开放和社会主义现代化建设服务，优先发展教育，大力推进教育理念、体系、制度、内容、方法、治理现代化，着力提高教育质量，促进教育公平，优化教育结构，为决胜全面建成小康社会、实现新时代中国特色社会主义发展的奋斗目标提供有力支撑。

《中国教育现代化2035》提出了推进教育现代化的总体目标是：到2020年，全面实现"十三五"发展目标，教育总体实力和国际影响力显著增强，劳动年龄人口平均受教育年限明显增加，教育现代化取得重要进展，为全面建成小康社会做出重要贡献。在此基础上，再经过15年努力，到2035年，总体实现教育现代化，迈入教育强国行列，推动我国成为学习大国、人力资源强国和人才强国，为到本世纪中叶建成富强民主文明和谐美丽的社会主义现代化强国奠定坚实基础。2035年的主要发展目标是：建成服务全民终身学习的现代教育体系、普及有质量的学前教育、实现优质均衡的义务教育、全面普及高中阶段教育、职业教育服务能力显著提升、高等教育竞争力明显提升、残疾儿童少年享有适合的教育、形成全社会共同参与的教

育治理新格局。①

全国教育大会的召开和《国家教育现代化 2035》的发布，都表明了中国教育现代化新战略规划已经形成，中国教育现代化进入了按照新的战略规划切实实施的新阶段，需要提高对新战略规划的认识，充分重视新战略规划对中国教育改革发展的重要指导意义和实践价值，落实好新战略规划，全面实现战略规划目标，为中国特色社会主义现代化建设做出新时代的应有贡献。首都教育现代化作为全国教育现代化的重要组成部分，作为我国教育现代化的先行者、引领者和探索者，在加快推进国家教育现代化中承担着重要的使命，需要坚定不移地贯彻落实全国教育大会精神，结合首都教育发展实践，创新性地制定和实施首都教育现代化战略，从而引领和服务全国教育现代化战略的实施，为实现全国教育现代化战略目标做出北京独特的重要贡献。

（四）首都教育现代化新阶段

党的十八大特别是十九大以来，在以习近平同志为核心的党中央的坚强领导下，北京市委、市政府全面贯彻党的教育方针，坚持立德树人根本任务，大力推进教育综合改革，持续加大教育投入，在 2010 年率先基本实现教育现代化的基础上向全面实现教育现代化又迈了一大步，公平、优质、创新、开放的现代教育体系和先进的学习型城市初步建成，首都教育总体发展水平处于全国前列，达到发达国家平均水平，站在了新的历史起点上。

在新的历史关键节点，北京市召开了全市教育大会，谋划了首都教育现代化新发展战略。北京市委书记蔡奇在全市教育大会上指出，要紧紧围绕首都城市战略定位，以凝聚人心、完善人格、开发人力、培育人才、造福人民为工作目标，扎实推进教育现代化，办好人民满意的教育，努力培养德智体美劳全面发展的社会主义建设者和接班人，为建设国际一流的和谐宜居之都

---

① 《中共中央、国务院印发〈中国教育现代化 2035〉》，2019 年 2 月 23 日，http：//www.moe.gov.cn/jyb_ xwfb/s6052/moe_ 838/201902/t20190223_ 370857.html，2019 年 2 月 23 日浏览。

提供强大的人才智力支撑。蔡奇强调，要牢牢把握社会主义办学方向，深入落实立德树人根本任务。要全面深化教育体制机制改革，努力办好人民满意的教育。要营造全社会尊师重教的浓厚氛围，全面加强师德师风建设，构建开放灵活的教师培养培训体系，提高教师政治地位、社会地位，建设高素质专业化教育人才队伍。要紧紧围绕首都城市战略定位，提高教育服务经济社会发展的能力。要加强党对教育工作的全面领导，加强教育系统党的建设，营造风清气正的政治生态和育人环境，构建学校、家庭、社会协同育人格局，形成推动教育改革发展的强大合力。[①]

全市教育大会的召开表明首都教育现代化发展进入新的阶段。需要适应国家和首都城市现代化发展形势，需要适应国家教育现代化发展形势，需要围绕首都城市战略定位，深化改革创新，全面推进首都教育现代化，继续走在全国教育改革发展的最前列。

二　首都教育现代化面临的新问题

我们要清醒地看到，进入新时代，首都教育现代化发展仍存在不平衡不充分的问题，还不能完全适应首都现代化发展的需要，还不能充分满足人民群众日益增长的新需求。主要表现在首都城市发展正经历着发展方式的全面转型，这种转型对教育提出了新的要求，而教育的体制机制由于制度的路径依赖和发展的强大惯性，还存在许多不相适应以及亟待改革创新的问题。

（一）城市减量发展与教育规模问题

人口资源环境矛盾日益凸显，人口过多、大气污染等"大城市病"问题突出，是制约首都发展的重点问题。要治病，首先要从增量发展转向减量

---

① 《全面加速推进北京教育现代化——北京市教育大会召开》，2018 年 10 月 19 日，http：//www. moe. gov. cn/jyb_ xwfb/gzdt_ gzdt/moe_ 1485/201810/t20181019_ 352113. html，2019 年 9 月 9 日浏览。

发展，切实减重、减负、减量发展。在控制人口规模上，要降低城六区人口规模，城六区常住人口在 2014 年基础上每年降低 2% ~ 3%，争取到 2020 年下降约 15%，控制在 1085 万人左右，到 2035 年控制在 1085 万人以内。① 城六区以外平原地区的人口规模有减有增、增减挂钩。山区保持人口规模基本稳定。到 2020 年，常住人口规模控制在 2300 万人以内，2020 年以后长期稳定在这一水平。而人口规模与教育发展密切相关，不同的人口规模需要不同的教育资源供给，需要与之相适应的教育规模。2017 年北京市教育总规模为 747.46 万人，约占全市常住人口的 34%，其中学校数为 3556 所，学历教育在校生数为 386.15 万人，非学历在校（注册）生数为 361.61 万人。② 这一教育规模是否适应北京城市人口规模发展的要求，如何根据城市不同地区的人口规模控制来调整各地区的各级各类教育规模，如何通过教育规模的调整来影响和引导不同地区的人口流动和规模控制，这些问题都需要切实研究，并根据形势发展变化来制定相应的解决对策。

（二）城市高质量发展与教育质量问题

城市减量发展不是单纯地减小城市发展的规模，而是要实现城市的高质量发展，要实现从侧重规模扩大的外延式发展向侧重质量提升的内涵式发展转变。首都城市高质量发展指的是体现创新、协调、绿色、开放、共享新理念的发展，是牢牢把握首都城市战略定位、疏解北京非首都功能、优化提升首都核心功能的发展。首都城市高质量发展需要将城市发展动力转向创新驱动，转向依靠科技创新，转向依靠高素质创新型人才。在推进首都城市高质量发展的过程中，首都教育如何通过自身的高质量发展来培养高素质人才，从根本上推动城市创新发展；如何体现和准确把握在首都城市战略定位中的地位和作用；如何在疏

① 《北京城市总体规划（2016 ~ 2035）》，2017 年 9 月 29 日，http：//www.beijing.gov.cn/ zfxxgk/ftq11GJ20/gh32j/2019 - 05/17/content_ 1c5698489dfc415098b44 d8debb17e6c.shtml，2019 年 9 月 9 日浏览。

② 北京市统计局、国家统计局北京调查总队：《北京统计年鉴 2018》，中国统计出版社，2018，第 485 ~ 487 页。

解非首都功能和优化提升首都核心功能上发挥特定的引领和支撑作用。这些问题都是首都教育适应首都城市高质量发展需求而要面对和解决的问题。

（三）城市和谐发展与教育公平问题

首都城市和谐发展是建设国际一流的和谐宜居之都的必然要求，也是建成国际一流的和谐宜居之都的重要路径。首都城市和谐发展需要解决不同人群在城市发展中所遇到的不公平问题，诸如就业不公平、教育不公平、福利待遇不公平等问题。如果首都城市发展中存在过多的社会不公平问题，存在激烈的由不公平问题引起的人群冲突或对抗现象，那么首都城市发展就不会健康也不会顺利，首都城市发展的目标也就难以实现。教育不公平作为首都城市发展中的不公平问题之一，由于其重要性和高关注性，往往会引起广泛的社会关注，如果处理不好，就会影响整个城市的和谐发展。同时，教育不公平问题往往与经济、政治、社会等不公平问题相互交织，彼此互为因果、互相影响，需要综合施策才能比较好地解决。首都城市和谐发展需要高度重视教育不公平问题，特别是不同人群在教育机会、教育过程和教育结果等方面存在的不公平问题，如非户籍人口在教育机会的享有上不如户籍人口问题、经济困难人群在教育过程和教育结果的实际获得中的不利地位问题、特殊人群在教育方面的不公平问题等。这些教育不公平问题需要在推动首都城市和谐发展中加以解决，并通过教育公平发展来促进整个城市的和谐发展。

（四）城市持续发展与教育治理问题

首都城市持续发展需要首都城市构建完善的现代治理体系，持续提升现代治理能力，从而有能力不断地解决城市发展中所遇到的问题，实现城市的永续发展。首都城市持续发展所遇到的最大挑战就是治好首都城市发展中的"大城市病"，纠正好首都城市发展中的盲目追求规模、追求大而全的不良倾向。教育是首都城市持续发展的重要基础和动力，教育治理体系的完善和教育治理能力的提升是首都城市持续发展的内在要求。在推动首都城市持续发展的过程中，如何完善教育法律法规体系，如何推动教育管理体制的创

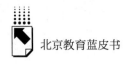
新，如何完善政府的教育治理方式，如何形成新型的政校关系、家校关系，如何扩大社会对教育的参与和共治，如何形成良好的教育发展环境，都是需要考虑的教育治理问题。

三　全面推进首都教育现代化策略

面对新时代新要求，我们要以更高远的历史站位、更宽广的国际视野、更深邃的战略眼光，贯彻落实全国教育大会精神，加快推进首都教育现代化，努力提高首都教育服务国家和北京现代化发展的能力，不断使教育同首都城市战略定位相适应、同人民群众期待相契合、同首都地位和首善标准相匹配，为实现中国梦谱写新篇章。

（一）切实将首都教育现代化作为"重要先手棋"，创新现代化战略实施机制

首都教育至关重要，是北京改革发展稳定的重要力量和重要阵地，贯穿于北京城市战略定位的方方面面，是全国政治中心的坚强保障，是文化中心的核心要素，是国际交往中心的重要载体，是科技创新中心的有力支撑，其基础地位和支撑作用不可动摇。要认真落实首都教育优先发展战略，将率先实现教育现代化作为推动首都现代化建设的重要先手棋，推动各部门各区切实落实优先发展教育的责任，在组织领导、发展规划、资源保障上把教育事业摆在优先发展地位，做到经济社会发展规划优先安排教育发展、财政资金投入优先保障教育投入、公共资源配置优先满足教育和人力资源开发需要，不断推进首都教育现代化。

教育发展规划对于明确教育发展目标、路径、策略、政策措施，指导公共资源配置，引导社会资源投入，统筹教育相关利益主体，共同推进教育发展发挥着战略性作用。与国家现代化发展战略部署相适应，国家制定发布了到 2022 年的教育现代化规划和到 2035 年的教育现代化战略规划。相应地，北京市也结合国家教育现代化规划的安排，结合北京城市总体规划的精神和

要求，科学编制了首都教育现代化到 2022 年的规划和到 2035 年的战略规划，并对 2050 年的发展提出原则性方向目标。规划编制工作的完成为全面推进首都教育现代化提供了基本的蓝图和科学的指导，紧接着的关键一步就是战略规划的实施，通过扎实高效的落实工作将蓝图变成现实，将指导变成教育事业的发展成果。尽管战略规划本身包含着规划实施的制度安排，但要将制度变成规划实施的保障，将制度变成规划完成的基础，还需要牢固树立改革创新意识，用新时代新理念新思想指导教育规划战略的实施和教育改革创新发展，进一步创新战略规划实施的管理机制，强化战略规划实施的系统性、整体性、协同性，围绕战略规划来统筹各方力量、配置各种资源、完善各种制度、优化各种环境，调动各方面的积极性、创造性，形成教育与经济社会协同联动、区域教育协同联动、中央和地方协同联动、学校和社会协同联动的新局面，分类指导、统筹协调各级各类教育发展，充分发挥政府、社会、学校、家庭、科研机构和相关人士的集体智慧，激发各级各类教育发展活力，齐心协力地实施规划，充分发挥规划指导和促进首都教育现代化发展的作用和功能，将战略规划蓝图变成首都人民共建共治共享的教育福利。

（二）健全现代首都教育体系，合理调整教育规模

构建现代首都教育体系是加快推进首都教育现代化的着力点，也是一项需要常抓不懈、持续不断创新完善的基础性教育发展工程。同时，根据首都城市人口规模变化，合理调整教育规模，形成与现代教育体系相匹配的教育规模，也是一项需要动态监测、适时调整的基础性工作。

完善线上教育体系，形成与线下教育体系相互补充、相互促进的教育体系；系统深化育人方式、办学模式、管理体制和保障机制改革，着力形成充满活力、富有效率、更加开放、有利于高质量发展的首都教育体制机制；加快构建德智体美劳全面培养的现代首都教育体系和更高水平的人才培养体系，健全家庭、学校、政府、社会协同的育人机制，形成全员育人、全过程育人、全方位育人的格局。加快构建医教一体、家园合作、保教融合的 0～6 岁学前教育体系，为人的终身发展提供良好开端；完善城乡一体化的基本公

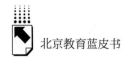
共教育体系，确保为每个人提供优质公平的基本公共教育服务；构建现代职业教育体系和高等教育体系，推进城教融合、产教融合、校企合作、产学研合作，为国家和首都现代化提供各类有用人才；完善终身教育体系，推进学习型社会建设，全面提升教育服务人终身发展、全面发展、个性化发展的能力，全面提升教育服务现代城市发展的能力。

加大学前教育供给力度，扩大公办幼儿园和普惠性幼儿园规模，满足幼儿入园需求；加快义务教育资源布局调整，推动中心城区教育资源疏解，加大新建城区教育规模，扩大优质教育资源覆盖面；扩大高中优质教育资源供给，适当加大高中教育规模；继续推动中等职业教育资源疏解，减小规模，提升质量；加快高等教育资源向津冀地区的疏解，适当减小首都高等教育规模，增加津冀高等教育资源，提升教育质量；扩大线上教育资源和规模，提升教育质量；加大社区教育和学习资源供给力度，形成与市民终身学习相适应的教育规模。

（三）创新首都教育与城市融合发展机制，服务首都"四个中心"建设

自北京城市发展战略定位"全国政治中心、文化中心、国际交往中心、科技创新中心"明确以来，首都的一切工作包括首都教育工作都是围绕实现北京城市发展战略定位来开展的。面对新时代推进城教融合发展的新要求，我们需要进一步创新首都教育与城市融合发展机制，充分发挥首都教育对"四个中心"建设的积极作用，既要在整体上为"四个中心"建设提供充足的人才支撑和及时可靠的智力支持，也要针对每个中心建设的特殊需求提供更为精准、更为周到有效的服务，从而在"四个中心"建设中真正起到全局性、基础性、先导性作用。

全国政治中心建设需要首都教育在培养什么人和为谁培养人上面做出表率，示范引领，坚持立德树人，切实将培养社会主义建设者和接班人作为根本任务，培养一代又一代拥护中国共产党领导和我国社会主义制度、立志为中国特色社会主义奋斗终身的有用人才；同时，全国政治中心建设也需要首

都教育充分发挥促进社会稳定、为中央和国家机关治国理政提供坚实保障的作用。全国文化中心建设需要首都教育充分发挥传承和创新中华民族优秀传统文化，吸纳和创新世界先进文化的基本功能，为首都城市文化的塑造、传承、创新和可持续发展提供最为可靠的途径和手段。全国国际交往中心建设需要首都教育更为积极主动地对外开放，加强留学生教育，促进教育对外交流，大力提升教育国际化水平，培养更多国际化人才，充分发挥首都教育在国家"一带一路"建设中的带头作用，为新时期国家对外开放做出更多贡献。全国科技创新中心建设需要首都教育特别是高等教育充分发挥优质教育资源、科技资源集聚，高端人才集聚的优势，更好地培养创新型人才，更好地推动知识创新和科技创新，更好地服务首都高精尖经济发展。

（四）加强薄弱环节建设，积极推进首都教育公平发展

首都教育公平发展需要坚持首善标准，着力构建以权利公平、机会均等、制度公平、资源配置公平为主要内容的教育公平保障体系，完善全社会共同参与治理、共同参与建设、共同分享教育发展成果的新机制，努力把每一所学校办成人民满意的学校，让每个人都能公平享有接受优质教育的机会，用教育公平促进社会公平。

坚持"政府主导、社会参与，保证基本、广泛覆盖，公益普惠、优质多样，合理分担、保障运行，保教结合、科学育儿，依托社区、就近就便"的原则，完善办园机制，构建以公办幼儿园和普惠性民办幼儿园为主体、公办民办并举的学前教育服务网络，扩大学前教育资源供给，提升学前教育质量，为儿童健康成长奠定良好基础。完善和实施全市及各区县基础教育设施专项规划，编制年度计划，加大资源统筹配置力度，促进中小学教育资源在区域之间和区域内部均衡配置，切实满足适龄儿童少年入学需求。重点推进城市功能拓展区、城市发展新区和生态涵养发展区的学校建设，促进城乡义务教育一体化发展。充分发挥优质教育资源的示范、辐射和带动作用，鼓励、支持各区县与学校深化名校办分校、集团化办学、城乡一体化办学、学区制管理、教育联盟、校际联盟等改革试点工作，以强带弱、以城带乡，积

极探索以多种形式扩大和延伸优质教育资源。鼓励、支持优质中小学通过接管周边相对薄弱学校或改扩建的方式办成九年一贯制学校。推进义务教育学校校长教师交流轮岗，有效利用绩效工资、职称评定、职务晋升等激励机制，采取挂职交流、定期支教、区域内流动、城乡一体化管理等方式，引导义务教育学校校长教师在城乡间、校际合理流动，并逐步实现制度化和常态化。对农村学校和城区一般中小学在教师岗位设置、职称评定、评优评先等方面给予政策倾斜，建立农村学校特设岗位制度，吸引优秀教师任教。坚持以流入地为主、以公办学校为主的政策，将常住人口全部纳入区域教育发展规划，将随迁子女全部纳入财政保障范围，并完善随迁子女入学资格联审机制，依法保障符合条件的来京务工人员随迁子女平等接受义务教育。逐步扩大优质高中招生计划名额分配比例，增加一般初中学校学生升入优质高中的机会。实现困难群体帮扶精准化，健全家庭经济困难学生资助体系，推进教育精准脱贫。办好特殊教育，推进适龄残疾儿童少年教育全覆盖，全面推进融合教育，促进医教结合。

（五）全面加强教师队伍建设，推进首都教育高质量发展

教师是教育的根本，是决定教育质量的最为重要的因素，是教育现代化发展的源动力。教育现代化越是发展到高级阶段，教育高质量发展就越是取决于教师队伍建设水平。首都教育现代化要加快推进由基本实现向全面实现的高质量发展，就必须将首都教师队伍建设放在所有教育现代化工作的首要位置，优先加强教师队伍建设，优先提升教师综合素质和育人水平，优先改善教师待遇，努力提高教师政治地位、社会地位和职业地位，让广大教师安心从教、热心从教。

坚持把师德建设放在教师队伍建设首位，实施师德建设长效机制。构建覆盖各级各类教育的师德建设制度体系，创新师德教育模式。强化师德的考核和运用，推行师德考核负面清单制度，实行"一票否决"。完善教师全员培训制度和分类、分层、分岗培训体系，促进教师终身学习和专业发展。构建开放灵活的培训体系，创新培训模式，建立教师按需选学机制，围绕教育

综合改革科学合理设置培训内容，强化教学实践和校本培训，提高培训时效性。盘活事业单位编制存量，加强编制统筹管理与优化配置，提高中小学教职工编制标准，加大中小学、幼儿园编制供给，优先保证教育发展需要。加大教职工编制统筹配置和跨区域调整力度，市级统筹、区级调剂、以区为主、动态调配。严格教师资格考试认定制度，完善教师准入标准，按标准补足配齐幼儿园、特殊教育学校和乡村学校教师。建立适应教育综合改革的岗位聘用制度，推进"区管校聘"和教师交流轮岗，均衡配置师资。推行校长职级制改革，建立校长专业发展制度和评价体系。提高教师薪酬待遇。建立教师工资增长长效机制，切实提升中小学、幼儿园教师薪酬水平，确保教师平均工资水平高于当地公务员平均工资水平，并在社会各行业中处于中上水平。探索对整体区域学校完成任务的绩效考核评价制度，优化绩效工资结构和发放办法，完善激励机制，体现岗位和实际业绩，向一线教师倾斜、向乡村教师倾斜、向重要岗位和艰苦岗位倾斜。深化市属高校薪酬分配制度改革，探索高层次人才年薪制分配方式，提高教学一线和教科研人员的薪酬待遇。

（六）加强教育治理体系建设，全面提升首都教育治理能力

统筹推进首都教育治理体系和治理能力现代化是全面实现首都教育现代化的基本要求和重要手段。必须坚持依法行政、依法治教、依法办学，加快推进"放管服"改革，深化管办评分离改革，加强治理能力建设，建立多元参与、协商协同、共建共享的教育治理新机制，不断提高政府依法科学民主管理、学校依法自主办学、社会依法积极参与教育的水平，实现教育治理现代化。

适应首都教育改革发展需要，结合国家教育法规体系建设进程，主动率先研究制定和完善有关学校教育、终身教育、学前教育、家庭教育、学习型城市等方面的地方法规，探索建立重大问题单项立法制度，提高法规的针对性、及时性、系统性，构建协调衔接、系统完备、科学有效、保障有力的首都教育法规体系。加强政府公共教育服务职能，加大市级政府教育统筹力度，推动政府综合运用法律规则、标准、信息服务、督导问责等，把握办学

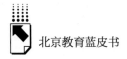

方向，提升教育改革发展的能力与水平，保障教育有序、健康发展。加强教育管理队伍建设，强化现代服务理念，明确服务内容和制度，提高公共服务能力和水平。健全教育信息管理机制，构建网络化的服务平台，提供高质量的教育信息、政策法规、专业支持、后期保障、纠纷调解、应急处置等基本公共服务，引导、规范和促进教育机构良性运转，实现教育服务的专业化、标准化、便捷化。依法保障督导机构独立行使职能，强化教育治理中的监管环节，加强对事中和事后的督导。完善学校督导评估体系，加强督学队伍建设，提升督导专业性和有效性。完善中小学校长负责制，健全教职工民主参与管理制度，保障校长依法自主办学。健全现代职业学校制度，建立学校、行业、企业、社区等共同参与的学校理事会或董事会。坚持和完善高校党委领导下的校长负责制，完善校长的遴选机制，优化管理团队结构，完善理事会、教职工代表大会、学生代表大会、学术委员会制度，构建行政权力与学术权力相互平衡、良性互动的机制，健全高校的内部治理体系。建立健全民办学校理事会（董事会）、监事会制度，规范理事会（董事会）、监事会成员结构，完善教职工代表大会制度，形成决策、执行、监督相互独立、相互制约的法人治理结构。完善社会参与教育治理机制，密切学校与家庭、社会的关系，形成教师、学生、家长、社区、用人单位、行业协会、基金会等共同参与学校治理的格局。加强新型教育智库建设，支持有条件的高校、科研机构建设具有国际视野、中国特色、首都特点的高端教育智库，充分发挥对教育决策的参与和咨询作用，提升教育决策的科学性。全面加强党对首都教育现代化的领导，坚持教育现代化发展的方向目标，确保学校办学沿着正确的政治方向，着力加强教育系统党的政治建设、思想建设、组织建设、作风建设和纪律建设，牢牢掌握教育领域意识形态工作的领导权、主动权，维护校园安全稳定，为教育现代化提供坚强的政治保证和组织保障。

政策规划篇
Policy Planning Reports

B.2

北京市"十三五"时期教育规划实施
中期评估报告

雷 虹*

摘　要：　中期监测评估表明：2016 年以来，北京市教育系统切实落实
教育规划，聚焦人民群众实际获得，持续优化教育结构布局，
大力增加优质学位供给，不断深化育人模式改革，积极构建
现代教育治理体系，努力促进全市教育事业更公平、更高质
量发展。但同时北京教育现代化建设也面临一系列突出问题：
基础教育学位供需和资源配置矛盾仍较为严峻；基础教育师
资总量供给和职业教育"双师型"教师供给面临困境；高校
服务首都经济社会发展能力有待增强；教育的国际影响力亟

* 雷虹，北京教育科学研究院教育发展研究中心副研究员，主要研究领域为教育规划与教育
政策。

待提升；教育信息化资源整合共享不够等。"十三五"后半期，北京教育系统必须顺应时代要求，进一步校准改革发展方向；加大工作力度，实现规划任务全面落实。

关键词： 北京市 "十三五"教育规划 中期评估

2016年以来，北京市教育系统贯彻落实《北京市"十三五"时期教育改革和发展规划》，围绕首都城市战略定位，聚焦人民群众实际获得，持续优化教育结构布局，大力增加优质学位供给，不断深化育人模式改革，积极构建现代教育治理体系，努力促进全市教育事业更公平、更高质量发展，为下阶段教育改革发展奠定了坚实基础。

一 主要任务进展情况

（一）全面深入实施素质教育，学生综合素养进一步提升

1. 核心价值观教育有效落实

积极构建大中小幼一体化德育体系，推进德育内容、途径、方法设计更加科学、合理。强化课程育人，积极推进《道德与法治》《思想政治》的统一使用，有效实施《中国梦》《中华优秀传统文化》等地方课程。出台《北京市义务教育阶段学科德育指导纲要（修订版）》和《北京市高中学科德育指导纲要（修订版）》，研究出台《北京市中小学养成教育三年行动计划（2017~2019年）》，将社会主义核心价值观教育细化到各学科课程的育人目标中，并通过行为规范教育，引导学生将社会主义核心价值观内化于心、外化于行。全面落实全国高校思想政治工作会议精神，开展地毯式工作督查。扎实推进习近平新时代中国特色社会主义思想和党的十九大精神"三进"全覆盖。强化思想政治理论课建设，构建北京高校思想政治理论课高精尖创

新中心课程资源平台。

2. 体育、美育、科技教育等扎实开展

大力加强体育教学和课外锻炼，努力让学生掌握一至两项运动技能，面向全市 38 所中小学开展"一校一品"体育教学改革试点，"一校一品""一校多品"的教学模式正在形成。成立健康教育研究中心，组织学校开展丰富多彩的"阳光体育"系列活动。不断完善美育机制和科技教育体系，持续推进高水平的艺术节、科技节、高雅艺术进校园等活动。积极调动高等院校和社会力量支持中小学体育、美育发展。

3. 实践育人体系不断完善

整合课内外、校内外资源，完善中小学实践育人体系。依托社会大课堂组织实施"一十百千"工程，组织开展"四个一"活动。继续实施初中开放性科学实践活动课程、中小学"学农"实践体验活动和"游学"活动，为学生创设更真实、更广阔的成长空间。截至 2018 年 6 月，全市参与综合社会实践活动的学生近 440 万人次，开放性科学实践活动共提供活动项目 1017 个。进一步加强中小学课后服务，服务内容和服务形式有所优化。

（二）全力增强学前教育供给，学位数量逐年显著增加

1. 学前教育学位供给不断增加

以实施《北京市第二期学前教育三年行动计划（2015～2017 年）》为抓手，通过新建、改扩建、提升办园条件等措施增加学位，建设学前教育社区服务中心、社区办园点，规范治理无证园，更好地满足了学前教育的普惠性、多样性需求。2017 年，新建、改扩建 127 所幼儿园，提供 2.8 万余个学位。2018 年加快推进第三期学前教育行动计划，大力发展普惠性幼儿园，截至 6 月底完成新增学位约 9000 个。

2. 学前教育质量不断提升

注重强化学前教育的教研工作，探索建立健全多层次、全覆盖、多级联动的学前教研体系。积极推进幼儿园课程改革，以使其更符合幼儿身心发展

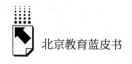

特点。建立健全学前教育质量动态监管机制，特别是强化对民办幼儿园办园行为的监管。部分区域探索对各类幼儿园实行业务统一管理，取得了较好的成效。全面加强对园长和教师的专业培训。进一步加强示范园建设，努力发挥示范园的示范辐射作用。

（三）优化基础教育供给结构，优质均衡发展格局持续强化

1. 优质资源供给显著增强

在城六区新增 50 所优质学校，城区跨区支持远郊区新增 23 所优质学校，在"三城一区"等重点产业功能区和引进人才密集地区新建 10 所左右优质学校。在继续实行名额分配招生和三类市级统筹招生的基础上，新增三类市级统筹招生，进一步提高远郊区和一般初中升入优质高中比例。坚持深入推进高校支持中小学建设、教科研部门支持中小学发展、民办教育机构参与中小学学科教学改革、外籍教师参与中小学英语教学改革等扩优改革项目。研究制定市、区两级对集团化办学在要素合理流动、优质资源共享等方面的配套支持政策体系，向全市推广成功经验。

2. 义务教育免试就近入学深入推进

取消推优入学，将特长生比例控制在 4% 以内，严管校外培训机构与中小学招生入学挂钩行为，稳妥实施本市户籍无房家庭在租住地入学办法，推进单校划片和多校划片相结合入学方式，规范寄宿招生和民办学校招生。依托信息技术全程规范入学工作，使用全市统一的义务教育入学服务平台，与市住建委住房租赁信息监管平台联网核验，确保入学信息安全规范。持续加大优质高中招生计划精准投放力度，增强了学生就近入学的意愿和积极性。

3. 特殊群体受教育权利保障有力

进一步加大对家庭困难学生的资助范围和力度，将义务教育阶段"寄宿生活补助"标准由每人每月 240 元提高至小学每人每月 300 元、初中每人每月 360 元。同步调整在特殊教育学校就读的具有本市户籍的普通高中、职业高中阶段残疾寄宿学生生活补助标准。各区政府牵头建立"五证"联网

审核机制，依法保障符合条件的非本市户籍适龄儿童少年在京接受义务教育的权利。成立"北京市特殊教育研究指导中心"，明确优先保障义务教育阶段残疾学生就近入学，启动义务教育阶段残疾学生服务实体试点，建设示范性学区融合教育资源中心和市级示范性教育康复基地。

4. 普通高中多样化特色发展有所强化

支持普通高中以课程建设为中心，挖掘自身优势，建设有本校特色的学校课程。指导普通高中在落实选修制度的基础上，推进走班制、导师制和学分管理等制度改革。主动赋权增能，减少在学校办学目标、课程设置、人事管理、教学评价等方面的行政干预。支持优质高中继续保持发展优势，支持办学质量较好的一贯制学校和集团化办学高中学校快速提升教育质量，支持在人文、科技、艺术、体育等领域学科优势明显、办学特色鲜明的学校建设精品特色高中。开展普职融通育人模式探索。支持民办高中发展，为非义务教育阶段学生提供多样选择。

（四）推进职业教育转型升级，服务首都发展能力不断提升

1. 改革创新步伐进一步加快

出台《北京市人民政府关于加快发展现代职业教育的实施意见》，研制《北京职业教育创新发展行动计划（2018～2020年）》等政策文件，进一步深化教育链和产业链的融合，继续推动高水平职业院校发展。

2. 学生成才通道更加畅通

强调"德技并重"，出台《关于提升中职学生职业素养的指导意见》。持续推进高端技术技能人才贯通培养试验、"3＋2"中高职衔接办学、职普融通、综合高中实验班、五年一贯制、德国胡格教育模式等改革试验，产教融合、校企合作培养人才模式均得到促进。

3. 服务产业发展能力持续增强

综合运用撤并、改造升级、优先发展、重点建设等手段，不断调整专业结构，2017年撤销和调整专业33个，新增专业52个。积极推进职业培训体系建设，大力提升职业院校向社会提供培训服务的规模和能力，服务对象

涵盖中小学生、高校学生、在职职工、农民、社区居民等群体，培训内容和形式不断丰富，包括职业体验、就业技能培训、岗位技能提升培训等，培训质量持续提升。

（五）深化高等教育内涵发展，育人与科研能力双提升

1. 高校发展思路更加明确

研究制定《关于统筹推进北京高等教育改革发展的若干意见》，厘清高等教育内涵、特色、差异化发展思路。逐一研究明确市属高校的办学定位，有效发挥资源配置和政策激励的导向作用，有序推进合理差异、定位互补、错位发展的高等教育格局的形成。

2. 学科和专业结构不断优化

统筹支持中央高校和市属高校"双一流"建设，加强一批高精尖学科和优势学科建设，升级一批特色学科，着力支持一批新兴交叉学科建设，围绕优势学科积极推进高校学科群建设。紧密围绕国家和首都发展重大战略需求领域，建设一批强势专业、急需专业和新兴交叉专业和相关专业群。

3. 人才培养能力有效提升

持续实施高水平人才交叉培养计划，推进市属高校和中央高校、国外高校及企事业单位共享优质资源，联合培养人才。遴选 125 个新兴、交叉、复合型专业服务于"双培计划"人才培养，每年近万名学生受益。制定落实高校人才培养能力提升计划，首批遴选建设 27 个一流专业。加强实践教学，支持 3200 余个项目供大学生开展科研训练。开展市属高校本科教学工作审核评估和专业评估，探索推进研究生培养质量评估监测。推进创新创业，高校示范性创业中心达 41 个，"一街三园多点"大学生创业园孵化体系基本建成。

4. 科技创新能力明显增强

出台并落实《关于提升北京高校科技创新能力的意见》，着力构建四类平台、三类项目、一项重大基础设施的"431"科技创新体系。持续推进 22 个"北京高校高精尖创新中心"建设，取得了一批重要科研成果，大力支

持、培养学科领军人物和高水平创新团队，引进千余名国际高端人才，成为市科技创新中心建设的亮点和重要支撑。继续加强人文社会科学学科建设，服务社会及价值引领能力稳步提升。

（六）强化学习型城市建设，终身学习体系在探索中推进

1. 终身学习资源建设持续深入

推动部分区建立"市民终身学习成果认证制度"。终身学习资源平台建设深入推进，加强学习型城市网、京学网、各区学习网站等平台建设。2017年全市首批 34 个"北京市民终身学习示范基地"挂牌，首批认定 18 所职业院校作为北京市职工继续教育基地，24 所成人学校和职业学校作为新型职业农民培训基地。继续加强市、区、街道（乡）、社区（村）四级社区教育机构建设，为构建覆盖全市的终身学习网络和区域性终身学习中心提供了坚实基础。

2. 学习型组织建设更加活跃

继续完善学习型企业、学习型社团等各类学习型组织建设的政策和制度安排，并积极组织展示、交流和评比活动。持续举办全民终身学习活动周等活动。大力加强专业研究与指导团队建设，2016 年，市教委与清华大学共建北京市组织学习与城市治理创新研究中心，依托北京开放大学成立北京市社区教育指导中心。

（七）有序疏解部分教育功能，区域协同发展取得阶段性进展

1. 教育布局结构更加优化

压缩市属高校和普通中专招生规模，实现 2017 年招生计划比 2013 年减少 0.9 万人。稳步推进北京建筑大学向大兴区疏解、北京工商大学向房山区疏解、北京城市学院向顺义区疏解、北京电影学院向怀柔区疏解、北京信息科技大学向昌平区疏解等重点项目。统筹推动良乡、沙河高教园区建设，组织规划修订三年行动计划。注重疏解整治与提升相结合，研究起草"北京教育疏解腾退空间使用的实施意见"。推动疏解高校原校区向研究生培养基

地、国际交流平台、研发创新智库方向发展，新校区通过建立产学联盟、支持特色小镇建设、就地科技成果转化等方式，提升承接地科技文化水平。将中等职业教育压缩后的腾退校舍用于举办中小学及幼儿园，推动高校在疏解承接地举办基础教育。

2. 北京新两翼教育联动格局渐显

其一，大力提升北京城市副中心教育品质。在行政办公区周边，统筹城六区优质教育资源规划建设 13 所左右优质中小学、幼儿园。在城市副中心范围内将"到 2035 年基础教育设施 385 公顷用地需求"落到规划图。制定《关于促进通州区教师素质提升支持计划（2017～2020 年）》和《通州区基础教育质量提升计划（2017～2020 年）》。统筹中心城区 31 所优质学校与通州区学校精准对接。其二，全力支持雄安新区提升教育质量。进一步完善支持合作机制，签署《关于雄安教育发展合作协议》。推进教育支持项目，按照"建 3 援 4"工作安排，正式挂牌 4 所对口帮扶学校（幼儿园）。成立由 28 位专家组建的"雄安新区教育规划北京专家顾问团"。

3. 区域教育协同发展扎实推进

一是基础教育优质均衡发展稳步推进。北京市 16 个区对口帮扶河北省 23 个教育贫困县。实施"河北省千名中小学骨干校长教师赴京挂职学习"项目。二是职业教育融合发展持续深化。北京和河北多地采取集团（联盟）建设、联合办学、设立分校等十余种形式合作发展职业教育。协同服务意识不断增强，建成"人力资源需求信息共用共享平台""产教融合校企合作区域性协作平台""现代服务业创新创业型人才共育平台""师资与学生交流交换平台""现代服务业区域性研究平台"5 个平台，先后成立商贸、外事服务、互联网＋、信息安全等 10 个跨区域特色职教集团（联盟）。三是高等教育协同发展水平逐步提升。推动京津冀高校先后组建"京津冀协同创新联盟""京津冀经济学学科协同创新联盟""京津冀建筑类高校本科人才培养联盟"等 12 个创新发展联盟，在师资共享、教育教学、联合培养、智库建设、产学研合作等多个方面开展交流合作。

（八）不断扩大教育对外开放，首都教育影响力不断提升

1. 对外开放格局进一步优化

制定《新时期北京教育对外开放工作规划（2016～2020年）》和《北京市对接共建"一带一路"教育行动计划实施方案》，将首都教育对外开放深度融入首都改革开放和现代化建设，深度嵌入国家外交战略。

2. 国际化人才培养力度加大

大力推进国际理解教育，重点培养和提高学生的全球视野和国际交往能力。着力搭建国际优质教育资源平台，积极与海外知名高校、职业院校建立联系，促进"外培计划"和"高端技术技能人才贯通培养计划"，致力于培养高层次国际化人才。

3. 中外合作办学持续推进

依法支持各级各类办学机构与国外优质学校开展高水平合作办学，借鉴国外先进办学经验和教育标准，促进北京教育质量提升。截至2017年底，北京市共有15所学校与15个国家和地区的15所学校合作开展了42个境外办学项目，1所学校在境外独立开设了办学机构。

4. 来华留学工作质量持续提升

进一步扩大接收外国学生资质校规模，高校达到92所，中小学达到286所。遴选40所学校作为"一带一路"国家人才培养基地，实施"一带一路"沿线国家留学生奖学金制度。注重加强留学生课程建设，特别是全英文授课项目开发。

（九）深化教育人事制度改革，教师综合素质加速提升

1. 师德师风建设不断强化

切实开展"做新时代'四有'好老师和'四个引路人'"学习实践活动，将社会主义核心价值观融入教师职前、职后培养和管理的全过程，将师德表现作为教师聘任、考核、评价的首要内容。

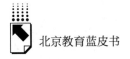

2. 中小学教师供给渠道有效拓展

积极探索建立中小学优秀教师跨校兼职制度，推进学区内教师统筹聘用改革。2016 年出台《北京市关于加强和改进师范生培养与管理的意见》，持续扩大师范生招生规模，市属高校师范生免学费并补助生活费。2016 年实施《北京市乡村教师特岗计划（2016～2020 年）》，每年计划招聘 300 名左右乡村教师。2018 年发布《北京市拓展中小学教师来源行动计划（2018～2022 年）》，提出扩大教育专业招生规模，切实补充城区紧缺学科教师。

3. 中小学教师管理制度改革稳步推进

大力推进中小学教师职称改革，出台推进义务教育学校校长教师交流轮岗的指导意见，推动义务教育校长教师合理有序流动。健全职称层级，将中小学教师职称等级最高设置到正高级。民办教师首次纳入职称体系，外语、计算机不再作为职称申报必备条件。2017 年，特级教师评选条件新增"积极参与教育综合改革，在促进教育公平、提高教育质量等方面发挥引领和辐射作用"等指标，对教师的评价转向专业能力和育人能力并举。建立更符合教育发展形势的教师绩效奖励机制，重点向承担教育教学改革发展任务重、为促进义务教育均衡发展做出突出成绩的一线教师、骨干教师倾斜。

4. 教师职业素质快速提升

进一步提高职业准入门槛，师范生招考增加教师职业能力倾向与心理人格测试环节，支持师范院校构建师范生国际化培养平台。进一步吸引非师范专业人才任教，提高入职资格标准。发布《北京市"十三五"时期中小学教师培训学分管理办法》，规定 2020 年每名中小学教师至少修满 36 分，新教师入职前必须完成 120 学时上岗培训。深入实施名师名校长工程，搭建优秀干部教师成长助力平台。深入推进开放型教学实践活动，增强教师对研修项目的自主选择性。出台《北京市支持乡村学校发展若干意见》等文件，增加乡村学校教师学习机会，为每一所乡村学校设置一名市级骨干教师专项指标。鼓励优秀教师服务乡村教育，补齐乡村教育短板，指导专家团队深入乡村学校开展整校或整学科研修活动。持续实施市属高校高水平教师队伍建设支持计划和职业院校教师素质提升计划。

（十）深化教育体制机制改革，教育治理能力持续增强

1. 办学体制改革不断深化

进一步健全政府主导、社会参与、办学主体多元、办学形式多样、充满生机活力的办学体制。继续落实学校办学自主权，在放权的同时，运用法规、标准、信息服务等手段为学校发展提供引导和支持性服务。基础教育持续推进学区制、教育集团、教育集群、名校办分校等改革举措，探索高校创办附中附小、市区教科研部门支持中小学发展、民办教育机构参与中小学学科教学改革、委托办学、政府购买服务等措施，在职业教育和高等教育方面继续深入推进职业教育集团建设、校企融合、"3+2"中高职衔接办学等改革。继续推进学校章程建设，完善学校内部治理结构，从决策、执行、监督等多个环节加快构建现代学校制度，促进学校办学自主权的规范使用和有效施行。依法加强民办教育分类管理与指导，扶需扶特，促优促强。

2. 教育督导改革不断深化

印发实施《关于深化教育督导改革的实施意见》和《北京市教育督导改革与发展三年行动计划（2018～2020年）》，深入推进教育管办评分离。第三方教育评估监测机制、督导结果使用机制、多元监督机制、区域协作机制等逐步健全，督政、督学、评估监测"三位一体职能"进一步完善，包括"职能体系""工作运行体系""政策标准体系""支持保障体系"在内的现代教育督导体系初步建成，教育督导模式、方法手段不断创新。专业化督学队伍、高素质教育督导管理队伍、高水平督导专家队伍、专业化社会支持机构和多元化社会监督队伍建设不断加强。

3. 考试招生制度改革不断深化

积极探索考试招生制度和多元录取机制改革。2018年平稳实施中考改革，根据教育部统一部署，研究出台新的中考改革方案。出台深化高考综合改革实施方案，制定普通高中学业水平考试实施办法、综合素质评价实施办

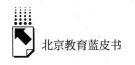

法等 14 个配套文件。从 2017 级高一学生起，施行《北京市普通高中学业水平考试实施办法（试行）》和《北京市普通高中学生综合素质评价实施办法（试行）》。深化中高考命题改革，坚持"四个突出，四个考出来"，具有首都特色的命题思路基本形成。深入推进义务教育免试就近入学，形成更加公平的就近入学规则，增强了学生和家长就近入学的意愿。与居住证制度和积分落户办法相配套的非京籍随迁子女在京接受义务教育后的升学政策形成初步方案，政策体系不断完善。

4. 教育信息化持续推进

贯彻"互联网＋教育"发展理念，不断完善北京市中小学学籍管理系统、义务教育入学服务平台、开放性科学实践信息平台等，建立健全教育管理服务体系。完善信息化管理服务平台，加大数据资源的统筹力度，确保信息化集约共享发展。持续加强教育信息化基础设施承载能力，宽带联通教室、无线网络覆盖校园。提升市教委网站服务能力，形成联通市区、衔接各级教育单位的统一对外门户。构建数字化教育资源共享服务体系，逐步整合名师课程、电子教材、数字图书及社会优质资源，创新数字化教育资源供给与应用模式。积极推动各区、各类学校开展信息技术改进教学实践活动，支持利用大数据、云计算、人工智能创新教育教学方式。

二　面临的突出问题

（一）基础教育学位供需和资源配置矛盾仍较为严峻

2016 年以来，北京市基础教育资源的总量供给和空间配置虽有较明显的改善，但随着户籍人口出生高峰和"全面放开二孩"生育政策的实施，全市基础教育各学段都将面临阶段性学位缺口的压力，受城市规划调整影响，人口区域变动将更加明显。因此，保障学位供给和优化资源配置将持续面临严峻挑战。

（二）基础教育师资总量供给和职业教育"双师型"教师供给面临困境

目前北京市基础教育教师编制较为紧张，部分学段、部分区域、部分学科的结构性缺编问题尤为突出。受北京市人口调控和事业单位编制控制等多重因素影响，师资供给仍处于供不应求状态。随着学龄儿童数量的增长和中高考改革对师资队伍需求的改变，师资规模缺口和结构性缺编问题将进一步扩大。2016 年和 2017 年，北京市中等职业教育"双师型"教师比例分别为 53% 和 56%，高等职业教育"双师型"教师比例维持在 65% 左右，职业教育"双师型"教师培养和补充亟待形成有效机制。

（三）高校服务首都经济社会发展能力有待增强

新版北京城市总体规划围绕"四个中心"城市定位，对高等教育服务首都经济社会发展提出了更高要求。面对新需求，目前市属院校分类发展的目标与路径还不够清晰到位，多数市属院校学科专业特色仍不够突出，相对竞争优势不明显，引进和留住高层次人才的能力尚显不足，总体科研实力还不够强，服务北京"四个中心"建设和京津冀协同发展等方面的能力亟待提升。

（四）教育的国际影响力亟待提升

建设"国际交往中心"是北京城市战略定位之一，北京教育必须具有较强的国际影响力。目前，北京教育的国际影响力显然还不够强。一方面，在京国际学生规模增速低于预期，学生就读的学历层次偏低，留学生仍以短期培训为主。另一方面，北京教育能够走出国门并在境外长期良性发展下去的资源还很有限。

（五）教育信息化资源整合共享不够

北京教育信息化建设统筹集约不够，跨教育类别和业务领域有效整合还

不足。各级各类教育数据分头管理，标准不统一、重复采集、利用率低，不能很好满足大数据、"互联网+"背景下信息化支撑教育改革与发展的需要。

三　进一步推进规划实施的思路

（一）顺应时代要求，进一步校准改革发展方向

必须进一步深入领会和贯彻党的十九大精神，对新时代首都教育面临的政治、经济、社会、科技等方面的新需求、新挑战以及教育系统自身的变化进行分析，从战略高度进一步校准自身发展方向和重点任务，明确进入新时代首都教育的功能定位和根本任务，进一步细化首都教育战略任务清单。

（二）加大工作力度，实现规划任务全面落实

强化问题意识，坚持问题导向，围绕规划评估中发现的突出问题，进一步加大工作力度，研制出台更有力的措施。诸如：实施好学前教育第三期行动计划，有效缓解学前教育资源缺口压力和提升学前教育质量。加强重点区域基础教育设施规划建设，加强核心区教育资源精细化管理，充分利用腾退空间，增强新城对中心城区人口和产业转移的吸引力。坚持推进基础教育扩优改革，促进教育资源优质均衡配置。落实教师教育振兴行动计划，多渠道有效增加教师来源，盘活事业单位编制存量，建立中小学教师编制统筹配置机制，多措并举增加教师总量，优化教师学科结构。大力支持师资培训基地、高水平学校与教师企业实践基地、知名企业联合培养"双师型"教师，建立职业院校教师与企业工程技术人员、高技能人才双向聘用机制。扎实推进高校"双一流"建设，引导相关高校更好地融入北京"四个中心"功能建设，主动服务首都经济社会发展。有效发挥资源配置和政策激励的导向作用，进一步研究并明确各个市属高校办学定位，推动每所学校办出特色，争创一流。加强高等学校创新平台体系建设，促进国内外创新资源深度融合、

科研与应用相互促进、科技创新与人才培养有机结合。服务国家开放大局，培育国际教育合作竞争新优势，积极服务"一带一路"建设，吸引更多优秀学生来京留学，加强务实合作，提高交流水平，不断扩大首都教育的国际影响力和吸引力。紧跟信息技术发展前沿，坚持需求引导、统筹推进、融合创新，整合完善教育云基础环境体系，优化教育管理服务，强化应用能力建设，创新教育教学模式。

参考文献

北京市教育委员会：《北京市教育委员会关于 2017 年度绩效管理工作自查报告》，http：//jw. beijing. gov. cn/xxgk/ywdt/zdly/201801/t20180109_ 35818. html。

北京市教育委员会：《北京市教育委员会 2017 年度绩效任务进展情况》，http：//jw. beijing. gov. cn/xxgk/ywdt/zdly/201711/P020171113552953178959. pdf。

北京市教育委员会：《2018 年度绩效任务上半年进展情况》，http：//jw. beijing. gov. cn/xxgk/ywdt/zdly/201807/P020180709547730676417. pdf。

北京市教育委员会：《2016～2017 学年度北京教育事业发展统计概况》，http：//jw. beijing. gov. cn/xxgk/ywdt/ywsj/201703/t20170314_ 18118. html。

北京市教育委员会：《2017～2018 学年度北京教育事业发展统计概况》，http：//jw. beijing. gov. cn/xxgk/ywdt/ywsj/201804/t20180404_ 41205. html。

B.3
各区实施北京市"十三五"教育规划情况监测（2018年）

曹浩文*

摘　要： 依据北京市"十三五"教育规划实施情况监测指标体系，对各区实施北京市"十三五"教育规划情况进行监测。监测表明，各区在教育发展保障、教育发展质量、教育公平发展和教育开放发展四方面都取得了重要进展。但是，一些区在教育发展保障方面仍存在不足，区际教育发展质量仍不平衡，教育公平发展取得重要突破但也存在数据可得性受限难题，教育开放发展的成效有待进一步提升。各区需要进一步落实教育优先发展战略，为教育改革和发展提供充足保障；进一步提高教育质量，化解首都教育质量不均衡问题；补齐教育短板，促进教育公平；提高教育开放发展的质量和效益。

关键词： 教育规划监测　区县教育　北京市　"十三五"

《北京市"十三五"时期教育改革和发展规划》（以下简称"北京市'十三五'教育规划"）在各区的落实情况如何，本文利用可获得的最新数据（以2018年为主，数据不可得的情况下使用2017年），对各区北京市"十三五"教育规划实施情况进行监测。

───────────

* 曹浩文，博士，北京教育科学研究院教育发展研究中心助理研究员，研究方向为教育政策。

一　监测指标体系及资料来源

本报告以北京市"十三五"教育规划文本为依据，使用定量监测为主、定性监测为辅的方法，构建监测指标体系。如表1所示，该指标体系包含四个一级维度，分别是教育发展保障、教育发展质量、教育公平发展和教育开放发展。在教育发展保障下，设置了3个二级维度，分别是人力资源保障、财力资源保障和物力资源保障。在教育发展质量下，设置了4个二级维度，分别是师资队伍质量、学校建设质量、人才培养质量和学习型城市建设成效。在教育公平发展下，设置了2个二级维度，分别是招生入学公平和特殊人群受照顾。在教育开放发展下，设置了3个二级维度，分别是京津冀教育协同、国际交流与合作和教育信息化。在二级维度下，共设置了20个指标，其中定量指标16个，定性指标4个。表1最后一列简要说明了每个指标的评价标准。

需要说明的是，由于数据可得性问题，有些指标并不能获取16个区的齐全数据，而只能获取部分区的数据。对于这些指标，本报告为了节省篇幅，只呈现能够获取数据的区。另外，对于定性指标，本报告主要介绍一些典型区的特色化实践。本报告的数据主要来源于历年《北京市教育事业统计资料》、北京市教委官方网站和《北京教育年鉴（2018）》。

表1　北京市"十三五"教育规划实施情况监测指标体系

一级维度	二级维度	编号	指标	指标性质	评价标准
教育发展保障	人力资源保障	1	各级各类教育生师比	定量	区际比较
	财力资源保障	2	一般公共预算教育支出占公共财政支出的比重	定量	17%
		3	教育财政拨款的增长是否高于财政经常性收入的增长	定量	高于
	物力资源保障	4	各级各类教育班级规模	定量	符合相关规定
		5	幼儿园园数和班数是否增长	定量	增长

续表

一级维度	二级维度	编号	指标	指标性质	评价标准
教育发展质量	师资队伍质量	6	市特级教师、市级学科带头人、市级骨干教师人数	定量	区际比较
	学校建设质量	7	市级示范幼儿园比例	定量	区际比较
		8	市级示范高中比例	定量	区际比较
		9	金帆艺术团承办学校比例	定量	区际比较
		10	金鹏科技团承办学校比例	定量	区际比较
	人才培养质量	11	中考分数段分布	定量	区际比较
		12	国家学生体质健康标准测试成绩合格率、优秀率	定量	区际比较
	学习型城市建设成效	13	建设全国社区教育示范区	定量	建成
		14	市级市民终身学习示范基地数量	定量	区际比较
教育公平发展	招生入学公平	15	公办中小学就近入学比例	定量	区际比较
		16	优质高中名额分配比例	定量	区际比较
	特殊人群受照顾	17	重视特殊教育发展	定性	区际比较
教育开放发展	京津冀教育协同	18	京津冀教育协同发展工作的积极性与成效	定性	区际比较
	国际交流与合作	19	跨国（境）教育科研交流和合作活动的成效	定性	区际比较
	教育信息化	20	建立开放灵活的教育信息公共服务平台，促进优质教育资源普及共享	定性	区际比较

二 监测结果

（一）教育发展保障

1. 人力资源保障

数量充足的教师是教育优质发展的重要前提。如表 2 所示，北京市小学的生师比最高，学前教育其次，职业高中的生师比最低，普通中学的生师比也较低。分区来看，顺义区、大兴区、平谷区和房山区的学前教育生师比最高（分别达到19.27、15.17、14.35和12.02），海淀区、朝阳区、石景山区和大兴区的小学生师比最高（分别达到21.90、20.21、19.51和18.93），其中大兴区的学前教育和小学生师比都很高，值得大兴区关注。

一些区在积极拓展教师来源方面采取了创新性的对策。例如，朝阳区出台《北京市朝阳区"十三五"时期教育人才发展规划》，加强人才引进与培育，实施人才租赁房政策。通州区教委实施《关于促进通州区教师素质提升支持计划（2017~2020年)》，完成7000余人次培训，6600名城乡教师受益。房山区、门头沟区和延庆区等通过落实北京市乡村教师支持计划，用好乡村特岗计划，补充乡村急需学科教师，让一批乡村教师"进得来""留得住"。

表2　2018年北京市各区各级各类教育生师比

项目	学前教育	小学	普通中学	职业高中
北京市	11.59	16.75	6.31	2.12
东城区	8.18	12.22	6.32	1.42
西城区	9.14	15.60	7.44	1.08
朝阳区	10.73	20.21	4.31	1.79
丰台区	11.81	15.20	5.10	2.34
石景山区	11.64	19.51	4.87	2.31
海淀区	11.88	21.90	8.79	5.88
房山区	12.02	16.02	7.20	1.96
通州区	11.81	16.56	7.02	2.28
顺义区	19.27	15.75	6.87	0.40
昌平区	11.34	15.72	4.51	4.07
大兴区	15.17	18.93	4.97	1.39
门头沟区	9.14	13.63	7.23	0.94
怀柔区	9.31	13.46	5.38	0.49
平谷区	14.35	10.74	6.60	2.82
密云区	11.28	13.14	8.03	2.92
延庆区	9.67	10.74	5.95	1.35

资料来源：《北京市教育事业统计资料》。

2. 财力资源保障

就一般公共预算教育经费占一般公共预算支出的比重而言，北京市"十三五"教育规划明确要求，2020年该指标要达到17%。在财政收入增

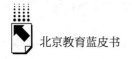

速下滑的背景下，对一般公共预算教育经费占一般公共预算支出的比重做出要求，有助于确保教育财政的稳定投入。从表3来看，2017年东城区、朝阳区、房山区、昌平区、门头沟区和延庆区共6个区已经达到北京市"十三五"教育规划制定的目标值。其中，东城区的比例最高，为26.07%，明显高于其他15个区。这6个区既有首都功能核心区、城市功能拓展区，也有城市发展新区和生态涵养发展区。可见，一般公共预算教育经费占一般公共预算支出比重的高低与各区经济发展水平、财政收入水平等并不存在必然关联。通州区的一般公共预算教育经费占一般公共预算支出的比重最低，仅为11.00%，远低于2017年全市平均水平。

就教育财政拨款的增长是否高于财政经常性收入的增长而言，2017年有3个区的教育财政拨款增长低于财政经常性收入的增长，分别是西城区、石景山区和昌平区。

表3　2017年北京市各区一般公共预算教育经费情况

单位：%

项目	一般公共预算教育经费占一般公共预算支出的比重	教育财政拨款的增长是否高于财政经常性收入的增长
东城区	26.07	是
西城区	13.59	否
朝阳区	18.74	是
丰台区	16.16	是
石景山区	16.31	否
海淀区	16.95	是
房山区	17.61	是
通州区	11.00	是
顺义区	16.28	是
昌平区	18.87	否
大兴区	15.94	是
门头沟区	17.30	是
怀柔区	13.77	是
平谷区	15.63	是
密云区	13.62	是
延庆区	19.59	是

资料来源：《关于本市2017年教育经费执行情况的公告》（京教财〔2018〕11号）。

3. 物力资源保障

就班级规模而言，《幼儿园工作规程》规定，幼儿园每班幼儿人数一般为：小班 25 人，中班 30 人，大班 35 人，混合班 30 人。按照平均班级规模为 30 人来处理，可见 2018 年海淀区和顺义区的幼儿园班级规模都超过 30人，分别达到 30.27 人和 32.52 人。《北京市中小学校办学条件标准》规定，独立设置的小学、初中和九年一贯制学校班级规模不应高于 40 人，独立设置的高中班级规模不应高于 45 人。2018 年北京市各区小学、初中和高中的平均班级规模都符合办学条件标准规定。但是，全区平均班级规模达标并不表示各校各班级都达标，一些区还存在大班额现象。其中，通州区、海淀区和西城区的小学班级规模高于 36 人，值得这些区关注。

表4 2018 年北京市各区基础教育班级规模

单位：人/班

项目	幼儿园	小学	初中	高中
东城区	29.53	35.56	31.86	29.00
西城区	27.23	36.80	33.69	30.78
朝阳区	25.97	29.79	23.31	25.35
丰台区	27.45	32.87	26.12	28.12
石景山区	26.53	31.42	27.22	26.93
海淀区	30.27	36.89	33.05	31.53
房山区	27.81	31.99	29.48	33.50
通州区	27.43	37.38	31.53	35.36
顺义区	32.52	34.06	32.93	35.01
昌平区	27.42	29.92	25.15	29.05
大兴区	28.25	33.30	27.77	30.65
门头沟区	26.63	31.13	28.10	30.30
怀柔区	27.02	34.17	24.53	30.94
平谷区	25.67	29.71	30.50	34.27
密云区	27.74	34.12	30.83	35.84
延庆区	26.73	27.46	26.15	32.16

资料来源：《北京市教育事业统计资料》。

就幼儿园园数和班数是否增长而言，2018 年有 13 个区的幼儿园园数和班数同时呈现正增长。如表 5 所示，在园数方面，朝阳区、大兴区、怀柔区、海淀区和顺义区的增长较多，尤其是朝阳区增加了67所。在班数方面，朝阳区、大兴区、昌平区和顺义区的增长较多，尤其是朝阳区增加了630个班。朝阳区、大兴区和顺义区的幼儿园园数和班数增长都较为明显。这些区在扩大学前教育学位供给方面采取了积极举措。例如，朝阳区着力解决"入园难"问题，在常营、豆各庄、三间房等地区加快推进配套幼儿园建设，开办10所配套幼儿园；在来广营、常营等地区租赁华贸城公共配套、非中心商业用房开办3所普惠性幼儿园；在平房、南磨房等地区加快审批17所民办园。这样，朝阳区通过加快新园建设、改扩建项目、以租代建、购买服务等举措，新增学位1.8万余个（630×30＝18900）。

也有个别区的幼儿园园数或班数呈现负增长。例如，通州区和延庆区的园数都减少了5所，石景山区减少了1所，通州区和房山区的班数分别减少了81个和17个。尤其是通州区作为北京城市副中心所在地，是北京市人口疏解的重要承载地，北京城市副中心加快推进了配套幼儿园建设，但通州区的幼儿园总数和班数都呈现负增长，这表明北京城市副中心以外的通州区其他区域幼儿园园数和班数下降比较明显。

表5 2018年北京市各区幼儿园园数和班数变化情况

单位：所，个

项目	园数			班数		
	2015年	2018年	△2018～2015年	2015年	2018年	△2018～2015年
北京市	1426	1657	231	14098	16176	2078
东城区	50	57	7	470	576	106
西城区	68	82	14	594	761	167
朝阳区	203	270	67	2555	3185	630
丰台区	132	140	8	1459	1546	87
石景山区	48	47	-1	537	544	7
海淀区	155	177	22	2014	2193	179
房山区	103	117	14	1159	1142	-17
通州区	136	131	-5	1063	982	-81
顺义区	83	105	22	690	899	209
昌平区	111	127	16	971	1202	231
大兴区	71	94	23	975	1261	286

项目	园数			班数		
	2015 年	2018 年	△2018~2015 年	2015 年	2018 年	△2018~2015 年
门头沟区	28	36	8	218	282	64
怀柔区	52	75	23	341	386	45
平谷区	62	75	13	365	473	108
密云区	68	73	5	438	469	31
延庆区	56	51	− 5	249	275	26

资料来源：《北京市教育事业统计资料》。

（二）教育发展质量

1. 师资队伍质量

表6呈现了2017年各区特级教师、市级学科带头人和市级骨干教师的人数。可见，优质师资在各区的分布很不平衡。以特级教师为例，特级教师人数最多的区为海淀区和朝阳区，分别达到214人和202人。这两个区特级教师人数合计占全市特级教师总数的46.2%。而特级教师人数最少的区为平谷区、怀柔区和门头沟区，分别为9人、14人和14人，与特级教师人数最多的区差距非常大。市级学科带头人和市级骨干教师的人数分布也呈现同样的特点。

表6　2017年北京市各区优质师资分布情况

单位：人

项目	特级教师	市级学科带头人	市级骨干教师
东城区	50	16	165
西城区	73	42	229
朝阳区	202	63	355
丰台区	80	28	162
石景山区	17	60	
海淀区	214	61	325
房山区	24	10	108
通州区	39	18	140

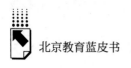
续表

项目	特级教师	市级学科带头人	市级骨干教师
顺义区	51	17	102
昌平区	36	24	123
大兴区	41	15	134
门头沟区	14	6	36
怀柔区	14	6	49
平谷区	9	6	50
密云区	21	12	62
延庆区	15	8	58

资料来源:《北京教育年鉴(2018)》。

2.学校建设质量

表7呈现了2018年北京市各区优质学校的分布情况。从中可见,优质学校在各区的分布很不平衡。以市级示范幼儿园为例,海淀区、朝阳区、丰台区、西城区和东城区数量最多,分别达到39所、37所、25所、23所和22所。其他区的市级示范幼儿园数量与这5个区的数量相差很大。市级示范普通高中、金帆艺术团承办学校和金鹏科技团承办学校的数量分布也表现出类似的特征。门头沟区、延庆区、怀柔区和平谷区等区的优质学校数量很少。通州区作为北京城市副中心所在地,优质学校数量与东城区、西城区等中心城区相比,仍存在较大差距。

表7 2018年北京市各区优质学校分布情况

单位:所

项目	市级示范幼儿园	市级示范普通高中	金帆艺术团承办学校	金鹏科技团承办学校
东城区	22	12	22	15
西城区	23	15	18	13
朝阳区	37	7	11	10
丰台区	25	4	5	4
石景山区	8	3	1	1
海淀区	39	11	28	16

项目	市级示范幼儿园	市级示范 普通高中	金帆艺术团 承办学校	金鹏科技团 承办学校
房山区	10	4	1	1
通州区	7	3	1	2
顺义区	10	3	1	2
昌平区	10	2	2	2
大兴区	9	2	3	4
门头沟区	2	1	2	2
怀柔区	4	1	0	1
平谷区	4	2	1	1
密云区	5	3	0	1
延庆区	3	1	0	0

资料来源：北京市教委官网。

3. 人才培养质量

就中考成绩分数段分布而言，由表8可见，570分以上考生占该区考生总数的比重在各区之间存在一定差距。通州区、东城区和朝阳区最高，分别达到1.16%、0.67%和0.59%。顺义区、大兴区、门头沟区、怀柔区、平谷区、密云区和延庆区没有570分以上考生。通州区、东城区和西城区的400分以下考生占该区考生总数的比重最低，分别为4.65%、9.10%和9.61%。而怀柔区、顺义区和门头沟区的400分以下考生占该区考生总数的比重较高，都在20%以上。可见，400分以下考生占该区考生总数的比重较高的区是较低的区的两倍多。

表8 2018年北京市中考成绩分数段分布比较

单位：%

项目	570分以上考生占 该区考生总数的比重	400分以下考生占 该区考生总数的比重
东城区	0.67	9.10
西城区	0.13	9.61
朝阳区	0.59	13.41
丰台区	0.17	13.90

续表

项目	570 分以上考生占 该区考生总数的比重	400 分以下考生占 该区考生总数的比重
石景山区	0.07	18.31
海淀区	0.28	11.65
房山区	0.03	13.80
通州区	1.16	4.65
顺义区	0.00	21.94
昌平区	0.09	10.56
大兴区	0.00	19.69
门头沟区	0.00	20.20
怀柔区	0.00	23.46
平谷区	0.00	18.18
密云区	0.00	10.75
延庆区	0.00	12.85

资料来源：北京教育考试院官网。

就国家学生体质健康标准测试成绩合格率、优秀率而言，如表9所示，各区中小学生体质健康测试成绩总体较好，不及格率较低。但是，各区中小学生体质健康优秀率的差别较大，如石景山区和朝阳区的优秀率达到25.67%和23.9%，而通州区的优秀率仅为13.51%。《北京市初中升学体育考试过程性考核方案（2018年修订）》将国家学生体质健康标准测试成绩计入中考体育过程性考核，并最终计入中考成绩。国家学生体质健康标准测试成绩将影响学生的中考成绩。

表9　2017年北京市各区国家学生体质健康标准测试结果

单位：%

项目	不及格率	合格率	优秀率
朝阳区	2.3	97.7	23.9
丰台区	2.62	97.38	21.19
石景山区	2.97	97.03	25.67
房山区	4.22	95.78	—
通州区	3.65	96.35	13.51

资料来源：《北京教育年鉴（2018）》、各区教委官网。

4.学习型城市建设成效

如表10所示，北京市共有9个区被评为全国社区教育示范区，分别是东城区、西城区、朝阳区、石景山区、海淀区、房山区、顺义区、大兴区和延庆区。这些区在社区教育组织机构建设、内涵建设（包括课程教材建设，实验项目、队伍建设，信息化建设等）、体制机制创新、特色品牌项目、示范引领作用等方面表现突出。同时，北京市还评选出64个市级市民终身学习示范基地。其中，数量较多的区有西城区（8个）和朝阳区（7个）。这些基地在拓宽服务内容、创新服务形式、突出特色、发挥引领示范作用、共享学习成果、满足市民不同需求的终身学习服务上卓有成效。

表10　2018年北京市各区社区教育和市民终身学习工作情况

单位：个

项目	是否全国社区教育示范区	市级市民终身学习示范基地数量
北京市	—	64
东城区	第二批	6
西城区	第一批、第四批[①]	8
朝阳区	第一批	7
丰台区	否	3
石景山区	第四批	1
海淀区	第一批	3
房山区	第二批	6
通州区	否	5
顺义区	第二批	6
昌平区	否	2
大兴区	第三批	4
门头沟区	否	2
怀柔区	否	3
平谷区	否	1
密云区	否	4
延庆区	第三批	3

注：2010年，北京市原西城区与宣武区合并，所以新西城区于2016年再次申报全国社区教育示范区。

资料来源：北京市教委官网、教育部官网。

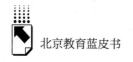
（三）教育公平发展

1. 招生入学公平

表 11 呈现了 2017 年北京市部分区义务教育就近入学比例和优质高中名额分配比例。从该表可以看到，怀柔区实现了义务教育适龄儿童 100% 免试就近入学，朝阳区实现了小学 100% 就近入学。各区小学就近入学比例在 99% 以上，初中就近入学比例在 95% 以上，优质高中名额分配比例为 50%。

表 11　2017 年北京市部分区义务教育就近入学比例和优质高中名额分配比例

单位：%

项目	小学	初中	优质高中
东城区	99.12	95.99	—
朝阳区	100.00	95.80	—
海淀区	99.12	97.30	50
怀柔区	100.00	100.00	50
延庆区	—	—	50

注：—表示数据不可得。

资料来源：《北京教育年鉴（2018）》。

2. 特殊人群受照顾

就是否重视特殊教育发展而言，本报告主要采用定性监测的方法，介绍一些区的特色和典型工作经验。例如，朝阳区逐步完善"1＋2＋15＋N"融合教育支持保障体系，其中"1"指区特教中心，"2"指培智教育中心和自闭症教育训练中心 2 个区域资源中心，"15"指 15 个学区，"N"指融合教育学校（资源教室）。该区还印发《朝阳区送教上门管理办法》，明确送教责任主体和送教工作方式，至 2017 年底为 119 名重度及多重残疾儿童少年提供送教服务 1.62 万课时。西城区、顺义区和怀柔区的特殊教育学校举办合作办学研讨会，特殊教育学校校长交流各校基本情况，分析地域、师资等方面的优势和劣势，学校取得的成绩、经验以及学校未来发展方向。[1]

---

① 北京市教育委员会：《北京教育年鉴（2018）》，方志出版社，2019。

（四）教育开放发展

1. 京津冀教育协同

海淀区与雄安主动对接，支持区内优质小学、幼儿园到雄安办学。支持北京城市副中心建设，首都师范大学附属中学通州校区、北京理工大学附属中学通州校区、人大附中通州校区建设工作稳步推进。与津冀地区教育行政部门开展教育交流，30 余所学校与津冀地区中小学开展结对帮扶及交流合作。[①]

通州区与天津市武清区、河北省廊坊市签订教育协同发展协议，建立学前教育、中小学校发展共同体，职业教育覆盖全学段的教育联盟。

2. 国际交流与合作

朝阳区出台《新时期朝阳区教育对外开放发展行动计划》，规范外籍教师、外籍学生和中外合作办学项目管理，深化 STEM 课程整合研究、外籍教师口语课程实验等项目。丰台区打造国际交流特色，与国外教育部门新签署教育交流合作协议 2 个（美国、加拿大），基层学校新签署国外（英）友好校合作协议 14 个、境外（港）友好校合作协议 8 个。

门头沟区率先探索实施乡村学校聘请外籍教师任教工作，推进教育国际化，建立中国—阿根廷友好学校。通州区开展外籍大学生进校园、京港两地校长交流等活动。潞河中学与香港景领书院、香港福建中学等学校缔结为京港姊妹校。8 所学校 10 个项目入选京港澳姊妹校交流项目。怀柔区制定《新时期怀柔教育对外开放工作规划（2017～2020）》，推动教育国际交流与合作。

3. 教育信息化

朝阳区深化"智慧校园"建设，11 万道试题资源库全部上线，互动课堂教学平台应用入选第一批国家数字教育资源公共服务体系建设与应用试点平台。怀柔区推进信息化基础环境建设，升级怀柔区教育城域网出口链路至

---

① 北京市教育委员会：《北京教育年鉴（2018）》，方志出版社，2019。

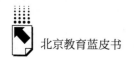

万兆。完成中小学优质资源班班通项目补充建设,实现教学区域无线网络全覆盖。建设怀柔区教育资源云平台,提供区、校、个人三级教育资源存储。

通州区教委召开"互联网+"助力通州区全面深化教育综合改革项目阶段总结会。北京师范大学未来教育高精尖中心专家分别做报告"大数据助力区域教育质量提升实践经验——通州整体视角""'互联网+'促进通州学科评学教一体化的实践路径——学科教学改进视角"和"北京市中学教师开放型在线辅导计划"通州试点阶段总结。

三 结论与建议

(一)结论

本报告从教育发展保障、教育发展质量、教育公平发展和教育开放发展四个方面建立指标体系,监测各区实施北京市"十三五"教育规划的情况。总体而言,各区在上述四方面都采取了有力举措,取得了重要成效,北京市"十三五"教育规划在各区稳步推进。具体而言,研究还得到了如下结论。

第一,在教育发展保障方面,各区在"十三五"时期面临教育人力资源保障不充分的挑战,尤其是海淀区、朝阳区、石景山区和大兴区的小学教育人力资源以及顺义区、大兴区、平谷区和房山区的学前教育人力资源已经初步呈现紧张态势,需要引起这些区的重视。西城区、石景山区和昌平区的教育财政拨款增速低于财政经常性收入的增速。海淀区和顺义区有待进一步扩充学前教育学位,这两个区的幼儿园平均班级规模都超过30人。通州区、海淀区和西城区的小学班级规模高于36人,需要引起关注。通州区作为北京城市副中心所在地,其幼儿园总数和班数都呈现负增长,这值得关注。

第二,在教育发展质量方面,一个突出的结论就是各区教育发展质量不平衡。无论是师资队伍质量、学校建设质量、人才培养质量,还是学习型城市建设成效，各区之间的差距都较大。本报告选取的各区市特级教师、市级学科带头人和市级骨干教师的人数，市级示范幼儿园、市级示范普通高中、金帆艺术团承办学校和金鹏科技团承办学校比例，是否为全国社区教育示范区和市级市民终身学习示范基地数量，中考成绩分数段分布和国家学生体质健康标准测试成绩合格率、优秀率等诸多指标，都呈现出优质教育资源仍在中心城区聚集的特征。

第三，在教育公平发展方面，各区在提高义务教育就近入学比例、优质高中名额分配比例方面采取多种措施，提高了人民群众的获得感。在照顾特殊人群方面，在《第二期特殊教育提升计划（2017～2020年）》实施背景下，一些区高度重视特殊教育发展，努力提升特殊教育水平。但是，由于数据可得性受限，本报告无法选取一些反映教育公平的更重要指标，例如教育资源配置水平及校际差异系数、教育质量水平及校际差异系数等。

第四，在教育开放发展方面，各区推进京津冀教育协同发展的力度不断增大，北京城市副中心教育公共服务水平提升，各区积极支持雄安新区提高教育资源配置水平。一些区与国（境）外教育部门及学校的合作力度进一步加大，北京教育的国际影响力进一步提高。各区积极推进互联网、人工智能等科学技术与教育深度融合，推进信息技术与教育教学融合创新。

（二）对策建议

第一，各区进一步落实教育优先发展战略，为教育改革和发展提供充足保障。北京市作为我国首都，经济发展水平高，教育发展基础好，教育资源保障比较充分，似乎成为其他省份羡慕的对象。但是，在北京市内部，也存在教育资源保障不平衡不充分的地方。尤其是，受教师编制以及落户指标限制，北京市教师资源补充存在困难；受人口生育政策变动影响，北京市基础教育学位供给压力增大；受财政收入增速下滑影响，北京市教育财政投入增长也面临挑战。解决这些问题，需要加大教育、人力资源与社会保障、公安、国土、财政等多个部门的协作力度，充分发挥区级层面的统筹、规划、

协调和指导作用，优先确保教育改革发展所需的人才支撑、经费保障和土地储备，创造宽松的政策和制度环境。贯彻落实北京市第三期学前教育三年行动计划，通过整合资源、新增幼儿园、设立社区办园点、鼓励社会力量办园、政府购买服务、为外迁人口安置地配置优质教育资源等方式扩大学前教育资源供给，保存量、扩增量。

第二，进一步提高教育质量，化解首都教育质量不均衡的问题。北京市通过集团化办学、学区制改革、名校办分校等多种举措，持续扩大优质教育资源覆盖面。未来，需要进一步把握好市级统筹和区级主责的关系，市区两级联动共同化解首都教育质量不均衡的问题。市级统筹是总体布局上的统筹，是涉及全市教育资源优质均衡的统筹，是需要市区联动的统筹。各区是落实教育改革任务的责任主体，要保障教育投入，促进教育公平，均衡教育布局，履行监管职能，加强教师队伍建设，充分激发各类学校的主观能动性和内生动力。[1]

第三，补齐教育短板，促进教育公平。北京市乡村教育仍占有一定比重，乡村教育与城镇教育的差距还较为明显。以2017年为例，北京市小学阶段乡村学生占14.0%，乡村专任教师占17.9%，初中阶段乡村学生占14.6%，乡村专任教师占17.9%。虽然乡村学校的教育财政投入逐步提高，但教师队伍质量亟待提高、课程无法开齐开足、教育管理理念相对落后等因素，制约了乡村教育水平的提高。北京市各区要加大乡村教师队伍建设，加强乡村小规模学校和乡镇寄宿制学校建设，提高城乡义务教育一体化水平。提升特殊教育普及水平、教育质量和保障条件。

第四，以开放促改革、促发展，提高教育开放发展的质量和效益。积极服务国家和首都对外开放全局，深度融入"一带一路"建设，加强务实合作，提高交流水平，不断提升首都教育的国际影响力。快速提升北京城市副中心教育质量，全力支持雄安新区教育发展，提升京津冀教育协同发展水

---

① 刘宇辉：《提高教育治理现代化水平办好人民满意的首都教育》，《教育家》2018年第4期。

平。构建与教育现代化发展目标相适应的教育信息化体系，支撑首都教育改革发展。

参考文献

北京市教育委员会：《北京教育年鉴（2018）》，方志出版社，2019。

刘宇辉：《提高教育治理现代化水平办好人民满意的首都教育》，《教育家》2018年第4期。

B.4

北京市贯彻落实《国家职业教育改革实施方案》的举措、问题与政策建议

王春燕*

摘　要： 《国家职业教育改革实施方案》为职业教育深化改革提供了依据和方向。分析北京市职业教育当前的举措和问题，提出了明确新时代职业教育地位、加强职业教育立法建设、完善现代职业教育体系、建设北京职业教育标准、深化产教融合校企双主体育人、加强制度保障建设等相关建议，促进北京职业教育深化改革，实现特色化、高端化、融合化、国际化发展。

关键词： 国家职业教育改革　北京职业教育改革　"职教20条"

2019年国务院政府工作报告指出加快发展现代职业教育，既有利于缓解就业压力，也是应对高技能人才短缺的战略之举。党的十九大提出的"完善职业教育和培训体系，深化产教融合、校企合作"成为新时代职业教育的总纲，也是新时代职业教育工作的行动指南。2019年1月24日，国务院印发《国家职业教育改革实施方案》（简称"职教20条"），提出了七个方面二十条政策举措和六大创新点，明确了全面深化职业教育改革的顶层设计和施工蓝图，为实现2035中长期目标以及2050远景目标奠定了重要基础。

＊ 王春燕，北京教育科学研究院职业教育研究所研究员，主要研究领域为职业教育。

一 "职教20条"的基本内容和主要创新点

"职教 20 条"第一句话开宗明义地提出"职业教育与普通教育是两种不同教育类型，具有同等重要地位"，这是非常重要的一个新判断，开启了职业教育发展的新征程。文件有七个方面基本内容。一是完善学历教育与培训并重的现代职业教育体系，为各行各业培养亿万高素质的产业生力军。二是健全国家职业教育制度框架，启动"学历证书 + 职业技能等级证书"（简称"1＋X"）试点，培养复合型技术技能人才。三是促进产教融合、校企"双元"育人，实施"三教"（教师、教材、教法）改革。四是建设多元办学格局，激发企业参与和举办职业教育的内生动力。五是完善技术技能人才激励保障政策，落实提高待遇、健全经费投入机制。六是加强职业教育办学质量督导评价，组建国家职业教育指导咨询委员会。七是做好改革组织实施工作，加强党对职业教育工作的全面领导，建立国务院职业教育工作联席会议制度。

"职教 20 条"的主要创新点。一是确立以习近平总书记关于教育的重要论述精神为办好新时代职业教育的根本特征。二是明确办好类型教育的发展方向。三是建立一批制度标准，加快标准化进程。四是推出一批有基础、可操作的重大项目，包括一大批普通本科转型、建设 50 所高水平高等职业学校和 150 个骨干专业（群）、培育数以万计的产教融合型企业等。五是启动一批重大改革试点，深化复合型技术技能人才培养培训模式改革，启动"1＋X"制度试点、推进职业教育国家"学分银行"建设等。六是产教融合校企"双元"育人，职业院校主动与具备条件的企业在人才培养、技术创新、就业创业、社会服务等方面开展合作。

二 明确新时代职业教育的地位，加强职业教育立法建设

"职教 20 条"明确提出了"把职业教育摆在教育改革创新和经济社会

发展中更加突出的位置"。李克强总理在十三届全国人大二次会议政府工作报告中，把稳就业作为六稳之首，首次列入宏观经济调控措施，提出加快发展现代职业教育的战略决策，进一步明确了职业教育在经济社会持续发展中的重要支撑作用。近年来，上海、天津、广东、青岛等发达地区以及广西、贵州等欠发达地区为了解决职业教育和经济社会发展不协调问题，更好地服务国家和地方重大发展战略，破解职业教育机制体制问题，陆续颁布和修订了地方职业教育条例。上海市职业教育条例已修订7次，但北京在职业教育立法方面还很匮乏。

建议从以下几方面入手。一是由市人大常委会牵头制定《北京市职业教育条例》，将职业教育纳入国民经济和社会发展的整体规划，引导职业院校服务国家战略和北京城市发展，围绕三城、两区、一中心全面优化职业院校和专业人才培养布局，为北京经济社会发展和提升城市服务能力提供优质技术技能人才支撑，并根据发展阶段定期修订。二是北京市各级党委和政府应把职业教育纳入北京市经济社会发展规划，集市教委、发展改革委、工业和信息化委、财政局、人力资源和社会保障局、农业农村局、国资委、税务局、扶贫办等各部门合力突破体制机制的障碍，全面落实"职教20条"等国家文件要求。三是职业教育作为类型教育，既与其他类同为教育的一部分、具有教育的基本规律，又具有差异性特征，但目前其独特的理论体系尚未形成，需要在京研究部门开展适用于发达地区类型教育的政策保障等理论体系的研究。

三　完善现代职业教育体系，建设北京职业教育标准

（一）建立"职教高考"制度，发展高层次职业教育人才培养体系

"职教20条"提出建立"职教高考"制度，探索长学制培养人才，加强专业学位硕士研究生培养，推动普通本科高校向应用型转变，开展本科层次职业教育试点。

招考制度方面，北京市实施了"文化素质＋职业技能"考试招生，但由于升入本科的招生比例受限，还不能在高等教育阶段实施职普互通。应研究"职教高考"方案，逐步建立与普通高考并行的职业教育高考制度，试点"文化素质＋职业技能"招生方式及大赛等免试入学制度，扩大市属应用型本科高校逐步扩大招收中职和高职毕业生的比例和规模，为学生接受高层次职业教育、培养高端技术技能人才提供多种途径。发展高层次职业教育方面，北京已提出构建"中职—高职—应用型本科—专业硕士"相衔接的人才培养体系，实施了8年的"3＋2"中高衔接项目，衔接专业点覆盖面达到81%；实施了5年"中职—高职—本科"贯通培养中高本衔接项目，院校和专业规模逐年扩大。从目前情况看，北京市高端技术技能人才贯通培养项目已经打通了本科职业教育的通道，还未至专业硕士，在衔接过程中存在职业教育与高等教育的制度壁垒和类型教育思想的突破问题，本科阶段是否能够保持职业教育的类型教育，还有待下阶段各方协同推进应用型本科内涵的转变。一是市政府出台政策明确北京市本科和研究生层次职业教育人才规格标准，根据基础条件，由应用型本科院校、特色高水平高等职业学校共同实施。二是调整优化高等教育布局结构，推动高校招生计划向产业发展急需技术技能人才倾斜，在高校设置工作中更加重视本科层次职业教育院校的建设，推动市属本科高校向应用型本科院校转型，以贯通培养试验项目专业和特色高水平骨干专业为重点，开展中本衔接、高本衔接培养，提高技术技能人才培养比重。三是加强应用型本科高校与中、高职院校共同研制一体化人才培养方案和课程标准，推进以课程为核心的人才培养衔接办法，实施中高职、专业学位、硕士研究生的学习成果认定、积累和互换。四是建立中高职学校、应用型本科高校和行业企业三方融合的平台，按照职业教育类型特点建设实训环境和平台基地，鼓励吸引行业企业参与，建设产学研一体的产教融合型实训基地。

（二）学历教育和职业培训并举，适应职业教育生源结构新常态

"职教20条"要求，落实职业院校实施学历教育与职业培训并举的法

定职责，招收退役军人、新型职业农民等各类人员接受职业教育，联合中小学开展劳动和职业启蒙教育，深化复合型技术技能人才培养培训模式改革，启动 1 + X 证书制度试点工作。北京市已大规模、广范围地开展了职业体验、就业技能培训、岗位技能提升培训和创业培训等职业培训，初步形成学历教育和职业培训并举的职业教育人才培养格局，对于提高劳动者素质、增强企业核心竞争力、提升首都市民生活品质发挥了重要作用。但职业教育生源结构由学龄段生源进入学龄段生源与社会生源共生共长的新常态，职业教育相关部门还没有做好充分的准备：培训资质和取酬还未明确、职业启蒙教育与普职交流机制还很不完善、教师开展培训的能力和积极性还不足等。北京市相关文件提出了探索建立"学分银行""市民终身学习卡"等终身学习制度，旨在打通学历证书、非学历证书、职业资格证书之间的转换通道，实现学分互认的要求，但目前实践层面还未试点。建议从以下几方面落实。

一是借鉴发达国家和地区职业教育经验，职业院校通过搭建"校企'双主体'育人"平台、实施多元产教融合，实施"指导性路径""弹性学制、灵活学习"多元教法改革，提供适恰的教学内容、实施多元课程改革，采取大力培育企业兼职教师、建设专兼职协作的师资团队等举措，应对生源结构的新常态。

二是给予职业院校、应用型本科高校开展培训的资质和培训收费许可，出台职业培训监管细则，列支人员经费、设备耗材等相关细则，拨付相应经费，培训教师及管理服务人员可合理取酬，培训收入一部分可用于抵扣成本，一部分可用于职工绩效工资。探索"以生为本、普职双向交流"的职业启蒙教育机制，学生可在普职教育间互转，推动在普教阶段将职业启蒙教育与德智体美教育放在同等地位，纳入学生综合素质评价并加大评价力度，探索中职和普高学习成果互认制度。

三是根据国家出台的职业技能等级相关制度政策及要求，结合职业院校实际情况，探索依据职业技能等级证书要求开展高质量培训，积极探索北京地方"学分银行"制度，以课程为载体，对学历证书和职业技能等级证书所体现的学习成果进行认定、积累与转换，实现书证融通。

（三）提升职普比，稳定中职教育根基

"职教 20 条"提出，保持高中阶段教育职普比大体相当。北京市中职在校生职普比 36∶64，与全国 39∶61 基本持平，招生职普比 26∶74，远低于全国 41∶59，这是由《北京市新增产业的禁止和限制目录》的第 8236 项持续要求不再扩大中等职业教育办学规模，不设立中职学校，不新增占地面积，以及北京学龄段生源面临历史低谷期所致。

根据北京市经济社会发展对高端技术技能人才的需求，建议完善北京市职业教育体系建设，高职院校逐步以招收中职毕业生为主，市属应用型本科招收中职毕业生的规模逐步占到当年招生计划的一半以上，扩大应用型本科招收高职学校毕业生的规模。同时，调整中考招生计划结构，减少普通高中招生计划数，使中职和高中招生计划比例逐步达到 4~4.5∶5.5~6。

（四）在国家标准指导下，逐步建立北京标准

"职教 20 条"提出，完善中等、高等职业学校设置标准，持续推进专业目录、专业教学标准等建设、更新，并在职业院校落地实施；将标准化建设作为统领职业教育发展的突破口。目前北京市职业院校学校设置的关键指标值均超出国家标准及其他省份标准，其中，中职"生均教学科研仪器设备总值"33753 元，高于全国中职平均水平的 6261 元，高于国家标准的3000 元；高职"仪器设备中位数"41111 元，高于江苏（13124 元）、上海（15706 元）等发达省市；高职院校参与开发国（境）外认可的专业教学标准和课程标准，据不完全统计，2018 年开发数量分别为 22 个和 189 个，较上年增长 29% 和 70.27%；但全市统一的专业教学标准、课程标准、顶岗实习标准、实训条件建设标准目前尚不完善。建议逐步建立高于国家标准的北京地方标准，对接发达国家标准及国际标准，支撑十大高精尖产业发展，助力京津冀协同发展和雄安新区建设，逐步在教学质量管理、专业建设、职业院校典型岗位标准、毕业生质量标准等方面制定北京标准，根据标准实施相关人员培训，提升教师队伍能力，改善学校教育教学质量。

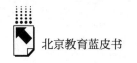

四　建设多元办学格局，深化产教融合校企双主体育人

近年来，国家陆续出台《关于深化产教融合的若干意见》《职业学校校企合作促进办法》等产教融合文件。"职教20条"又指出，"深化产教融合、校企合作，育训结合，健全多元化办学格局，推动企业深度参与协同育人"，标志着"产教融合"从理念进入发展战略和制度设计与实施的新阶段，引导教育和产业形成统筹融合、良性互动的发展格局。

（一）调整优化专业布局，紧密对接首都城市功能和产业需求

"职教20条"提出，健全专业设置定期评估机制，学校依据专业目录灵活自主设置专业。北京市教委每年根据北京产业及城市功能需要，发布新增中职、高职专业相关文件，引导学校每年调整专业设置。近四年，高职新增156个专业，中职新增160个专业；高职撤销15个专业，中职撤销34个专业。面向第三产业的专业布点占布点总数的78%，正在重点建设100个左右紧贴产业转型发展、校企深度融合，社会认可度高的国内领先、世界一流的骨干专业群（首批建设48个），尚未实施院校专业设置定期评估制度。

为了使北京职业教育更好地适应全球新一轮科技革命和产业变革，提出以下几点建议。一是市教委会同发改、人社、工信等部门根据首都经济社会需求，定期出台职业教育专业发展规划，引导职业学校办学和调整专业，城区职业院校以服务首都功能为方向，精准化办学，其他区职业院校立足本区域功能定位或行业企业需求，特色化办学。二是进一步调整优化专业布局。针对城市发展规划布局急需专业，做好加法，重点扶持产业发展急需的专业，优先支持支撑新兴产业的基础专业，为中国制造2025、"互联网＋"行动计划相关领域培养高端技术技能人才服务；针对促进传统产业转型升级的示范专业，做好乘法，打造升级版转型专业，重点建设区域发展中对人才需求较大的专业；调整重复建设专业，做好减法和除法，调整撤销连续3年不

招生的专业点、就业率连续2年低于60%的专业点、对口就业率连续2年低于50%的专业点，人才培养明显不适应社会需求、特色不鲜明的专业。

（二）实施校企双主体育人，深化人才培养培训模式改革

"职教20条"提出，校企共同研究制定人才培养方案，及时将新技术、新工艺、新规范纳入教学标准和教学内容，高等职业学校要培养服务区域发展的高素质技术技能人才，重点服务企业特别是中小微企业的技术研发和产品升级。北京市在近年来相关的各类文件中的24处不同程度反复提及职业教育与企业的合作关系，职业院校也在探索校企育人培养模式，服务首都经济社会成效初见，但校企浅层次合作、产教融合程度不够在职业院校中普遍存在。

建议从以下几方面落实。一是实施校企"双主体"全过程育人。校企共同开发源自真实职业岗位的项目或任务作为学习载体，打造一批产教融合课程，运用现代信息技术改进教学方式方法，校企合作开发一批体现新技术、新工艺、新规范，对接国际认证、传承传统文化的教材，采用职业化、多样化、个性化的学习方式，开展课堂革命，培养学生的职业能力、通用能力、社会能力和发展能力。二是职业院校要逐步建立校企合作的科技服务平台，以市场需求为目标，紧盯产业发展前沿技术问题，瞄准服务企业的生产需求、产品升级与技术改造，以应用技术为企业亟待解决的技术难题提供服务，提高企业的生产效率、产品质量和服务品质，推动中小企业的技术研发和产品升级，将研发的新技术、新工艺和新产品转化为职业教育的专业教学内容。三是支撑北京作为国际交往中心的城市功能定位，推进职业教育国际交流合作，全面提升国际化技术技能人才培养水平，借鉴国际先进的人才培养模式，在课程教学、师资队伍建设等层面形成系列本土化教学模式，开展国际职业教育服务，鼓励职业院校在共建"一带一路"国家设立职业培训基地，面向共建"一带一路"国家培养国际化技术技能人才，输出"北京方案"。

（三）打造校企育人平台，建设产教融合型实训基地

"职教20条"提出，建立产教融合型企业认证制度，打造一批具有辐

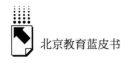

射引领作用的高水平专业化产教融合实训基地。北京目前已组建职教集团13 个，吸引了 20 余所本科高校、100 余所职业院校、200 余家企业、10 余个行业协会和近 30 家科研机构参与，集团在人才需求调查、专业设置、课程开发、专业教师培训、兼职教师选聘、实训基地建设、技能大赛组织、科研成果转化等方面共同推动职业教育发展。重点建设 100 个左右工程师学院及技术技能大师工作室，2019 年已立项首批建设 40 个高水平实训基地（工程师学院和技能大师工作室）建设，涵盖了智能制造、智能设备及装配维修、智能技术、物联网、智能汽车、数字贸易、云财务、文创等首都高精尖产业。

建议从以下几方面落实。一是研制北京市产教融合型企业认证制度和"金融+财政+土地+信用"的组合式激励政策细则，在北京重点发展的产业中遴选若干国内外龙头企业或行业认定为产教融合型企业或行业，开展产教融合试点，探索实施组合式激励政策，把深化产教融合作为落实结构性减税政策，企业投资或与政府合作办学用地按科教用地管理。二是实施引企入校，校内实训基地在新设备、新技术方面保持与市场同步，设备技术水平和生产水平要与企业的实际生产相吻合；建设服务于人工智能新兴产业的实训基地，推动人工智能在传统产业中规模化应用，发展为智能制造、智能农业、智能物流、智能金融、智能商务以及智能家居等产业技术技能人才培养服务的人工智能技术应用实训基地；实训基地按照企业实际设计，体现岗位关键技能的培养和训练；职业院校依托工程师学院及技术技能大师工作室与企业创新实训基地管理及运营模式，打造高素质技术技能人才培训基地、京津冀共享型实训基地和生产型实训基地。三是更大范围实施智慧校园建设，建立智能数据分析与决策系统，以智能手段服务教育教学及管理的全过程，职业院校与行业企业共同建设优质在线开放课程、教学资源库及在线学习平台，为学生提供自主、泛在、个性化真实职业场景的学习资源。

（四）建设高水平、结构化"双师型"教师队伍

"职教 20 条"对职业教育教师的准入条件、教师素质、教师培养培训、

教师待遇等方面提出了明确的要求，建议从以下几方面落实。

教师准入方面。北京市已培育职业技术教育专业硕士，如北京联合大学（经济管理和电子商务方向）、北京理工大学工程技术方向等，继续引导一批高水平高等学校二级学院举办职业技术师范教育，鼓励招收在国家技术技能大赛中获奖的学生进行定向培养，进入职业院校教师队伍。在兼职教师聘用方面，制定兼职教师管理制度，允许学校根据需要和条件依法自主聘请兼职教师、确定兼职报酬。

教师双师素质提升方面。目前中职"双师型"教师在专业课教师中的占比为56.01%，全国平均31.5%，高出将近25个百分点；高职占比68%，全国平均39.7%，高出28个百分点，但与北京市到2020年"双师型"教师占专业教师的比例达到80%的目标还有差距。应在职业技术师范学院、职业院校教师培训基地、产教融合型企业平台中遴选建设一批职业院校教师创新实践基地，实施教师和管理干部轮训制度，教师深入企业一线，全面参与企业产品的开发、生产环节；实施专业领域的"双师"型教师的认定工作。

教师开展社会服务的待遇方面。目前北京市相关文件未提出社会服务取酬及绩效工资相关政策，无法调动教师职业培训及校企合作积极性，应研制北京市职业院校聘用企业人员合理取酬、评定奖励、突破级别上升限制等各类待遇支持办法，明确教师到企业兼职兼薪的工作量核定和取酬许可及标准。支持企业工程技术人员和职业院校教师双向流动，职业院校通过校企合作、技术服务、社会培训、自办企业等所得收入，可按一定比例作为绩效工资来源，可在北京市职业院校"特高计划"等重点改革项目中先行探索改革。

（五）吸纳行业企业参与学校治理，探索治理多元化改革

"职教20条"提出，发挥企业重要办学主体作用，各级人民政府可按规定给予适当支持，鼓励发展股份制、混合所有制等职业院校和各类职业培训机构。北京市相关文件已提出鼓励社会力量参与职业教育办学、管理和评价，但由于企业改革，有的院校被剥离、有的院校被削弱支持，较少企业能

参与学校治理。

建议政府支持大企业、行业办好所属的职业学校，以合资、合作等方式依法参与举办职业教育，按投资额的一定比例抵免该企业当年应缴教育费附加和地方教育附加。吸纳行业企业参与学校治理，开展学校的二级学院混合所有制试点，对校企董事治理、技术服务、人员取酬等体制机制进行探索。

五 落实技术技能人才保障政策，加强质量和制度保障建设

（一）提高技术技能人才和职业教育教师待遇

"职教20条"提出，逐步提高技术技能人才特别是技术工人收入水平和地位，推动职业院校毕业生在落户、就业、参加机关事业单位招聘、职称评审、职级晋升等方面与普通高校毕业生享受同等待遇。北京市相关文件提出促进企业提高技能人才收入水平，鼓励企业建立高技能人才技能职务津贴和特殊岗位津贴制度，但没有明确如何实施，且没有将教育系统的奖励和荣誉纳入。

建议相关部门制定提升技术技能人才待遇和职业教育教师待遇的细则。一是制定符合职业教育和应用型高校特点的教师资格标准和专业技术职务（职称）评聘办法；二是市、区政府对在职业教育中做出突出贡献的单位和个人给予表彰和奖励；三是修订目前人社局颁布的相关政策，将教育系统的奖励、荣誉等纳入政策范畴；四是职业教育作为类型教育，参与各类立项及评奖应区别其他类型的教育，给予不同的评价标准。

（二）教育经费向职业教育倾斜，生均拨款高于普通高中

"职教20条"提出，优化教育支出结构，新增教育经费要向职业教育倾斜，完善中职学校生均拨款制度，生均财政拨款水平可适当高于当地普通高中，高职根据发展需要和财力逐步提高拨款水平。北京市中职生均财政拨款水平低于普通高中，某区职业高中生均公用经费低于普教高中生40元，

国家级示范职高教师职务津贴及绩效额是普通市级示范校的19%，很多中职校人员经费预算存在较大缺口。高职校2015年生均经费（折算得出）57388.92元（2016年49343.01元），高于全国生均拨款水平，但有14.02%的减幅。

建议一是市、区人民政府加大对职业教育的资金支持，合理确定并提高相关拨款和投入水平，确保职业教育财政经费投入持续稳定增长。二是财政局、人社局等相关部门制定中职校公用经费、教师职务津贴及绩效额高于或等于普通高中的政策，将学费收入、培训收入按一定比例作为绩效工资来源。

（三）树立先进的质量观，实施职业教育质量评价和保障

"职教20条"提出，树立新职业教育质量评价观，实施职业教育质量年度报告制度，报告向社会公开，积极支持第三方机构开展评估，建立职业教育定期督导评估和专项督导评估制度。北京市教委已持续4年发布《北京市中等职业教育质量年度报告》，其中2015年度报告为全国首份年报。持续发布《北京高等职业教育质量年度报告》。2016年全面实施了北京市中等职业学校课堂教学调研；2017年全面实施了北京市高等职业院校教学诊断与改进，促进了职业院校对质量的关注和提升。

建议继续落实质量年报制度和督导评估制度，同时，借鉴国际组织和世界发达国家和各地区质量保障的先进经验，建立以学生为中心、持续改进的质量观，内驱力与外推力相结合、优化各方职能、加强质量反馈、全面管理质量生成过程的理念机制，从专业设置、内涵建设、校企合作、教师准入、教学资源、制度体系、课堂效能等建立起提升职业教育质量的实践体系。

（四）建立北京市职业教育指导咨询委员会，健全职业教育工作局际联席会议制度

"职教20条"提出，加强党对职业教育工作的全面领导，组建国家职业教育指导咨询委员会，完善国务院职业教育工作部际联席会议制度。北京

市已建立职业教育工作局际联席会议制度，但体制机制尚不够健全，工作力度不够。

建议首先健全北京市职业教育工作局际联席会议制度，由市教委、人社局、市发改、财政局、市国资委、税务局等单位组成，由分管教育工作的副市长担任召集人，办公室设在市教委。按照国家部际联席会议制度要求，落实相关职责和内容，统筹协调职业教育发展遇到的问题。同时相应建立区级职业教育工作联席会议制度。市、区人民政府将发展职业教育纳入国民经济和社会发展的总体规划。其次筹建北京市职业教育指导咨询委员会。由教育、发改、人社、财政等行政部门人员，北京典型企业代表，北京及全国职业教育教学科学研究人员，社会团体人员等组成，下设专门化工作协作组和管理办公室，秘书处设在市教科院，协助组织开展重大改革研究，提供咨询意见，做好政府职教发展科学化决策的智库。

"职教20条"是中央深化职业教育改革的重大制度设计，是推动职业教育基本实现现代化的关键举措，是职业教育大有可为的政策红利期和发展机遇期，北京职业教育围绕首都"四个中心"功能建设，契合高精尖产业结构、高品质民生对一大批高端技术技能人才的需求，贯彻落实"职教20条"，聚焦面临的问题深化改革，实现首都新时代职业教育的特色化、高端化、融合化、国际化发展。

参考文献

《党的十九大报告辅导读本》，人民出版社，2017。

《国务院关于印发国家职业教育改革实施方案的通知》（国发〔2019〕4号），2019年2月13日，http://www.gov.cn/zhengce/content/2019 - 02/13/content _ 5365341.htm，2019年5月15日浏览。

李克强：《政府工作报告——2019年3月5日在第十三届全国人民代表大会第二次会议上》，人民出版社，2019。

中华人民共和国教育部：《2017 年全国教育事业发展统计公报》，2018 年 7 月 19 日，http：//www. moe. gov. cn/jyb_ sjzl/sjzl_ fztjgb/201807/t20180719_ 343508. html，2019 年 5 月 1 日浏览。

北京市教育委员会：《2018 年北京市中等职业教育质量年度报告》，2019 年 3 月 25 日，http：//jw. beijing. gov. cn/bjzj/tzgg/201712/t20171206_ 33914. html，2019 年 5 月 1 日浏览。

北京市教育委员会：《2018 年北京市高等职业教育质量年度报告》，2019 年 3 月 25 日，http：//jw. beijing. gov. cn/bjzj/gdzyreport/gdreport/201904/t20190402_ 69720. html，2019 年 5 月 1 日浏览。

上海市教育科学研究院、麦可思研究院：《2018 年中国高等职业教育质量年度报告》，高等教育出版社，2018。

王扬南、刘宝民：《2018 年中国中等职业教育质量年度报告》，高等教育出版社，2019。

学前教育篇

Pre-School Education Reports

B.5

北京市学前教育发展状况
监测报告（2018）

叶奕民*

摘　要： 2018～2019 学年北京市学前教育事业在原有基础上继续向前推进，学前教育规模稳步增长。但入园需求与学位不足的矛盾仍未消除，北京市幼儿园学位仍然存在缺口，特别是普惠性学位供给还难以满足群众的需求，北京市学前教育依然存在发展不均衡、不充分的问题。教育部公开数据显示，北京市幼儿园各项指标排名后续趋势不容乐观。

关键词： 学前教育　幼儿园　数据监测　北京市

* 叶奕民，北京教育科学研究院中学高级教师，主要研究领域为教育统计、学前教育督导。

一 监测数据汇总分析

本报告资料来源为政府公开数据——《北京市统计年鉴（2018）》和《北京市教育事业统计资料（2018～2019 学年度）》。经汇总分析，结果显示：2018～2019 学年北京市学前教育事业在原有基础上继续向前推进，学前教育规模稳步增长。入园需求与学位不足的矛盾仍未消除，北京市幼儿园学位仍然存在缺口，特别是普惠性学位供给还难以满足群众的需求。北京市学前教育依然存在发展不均衡、不充分的问题。教育部公开数据显示，北京市幼儿园各项指标排名后续趋势不容乐观。

（一）学前教育规模继续增长

2018～2019 学年度，全市共有具备独立法人资质的幼儿园 1657 所①，比上年增加了 53 所；全市幼儿园在园幼儿人数 45.1 万，比上年（44.6 万）增加 0.5 万。其中公办园在园幼儿 28.3 万人，占比 63%，民办园在园幼儿 16.7 万人，占比 37%。幼儿园教职工总数 7.2 万，比上年增加 2000 余人，其中幼儿园园长和专任教师共 4.1 万人，保育员 1.1 万人，保健医 3000 余人，其他人员 1.6 万人。

表1 2018～2019 学年北京市幼儿园主要规模指标较上一学年变化

学年度	园数（所）	班数（个）	在园人数（人）	教职工总数（人）	专任教师（人）
2017～2018	1604	15810	445535	69100	37903
2018～2019	1657	16176	450645	71686	38867
增加↑	53	366	5110	2586	964

---

① 另有 530 所分园（址），其中 414 所公办分园（址）、116 所民办分园（址）。

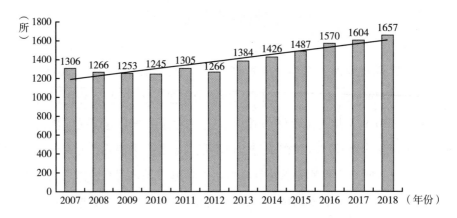

图1　2007～2018年北京市幼儿园数量变化

（二）幼儿园班数稳步上升

北京市幼儿园班数稳步上升，以十年为时间区间观察，从2008年的8382个班增加到2018年的16176个班，增加了将近1倍。2018年全市幼儿园比2017年增加了366个班。

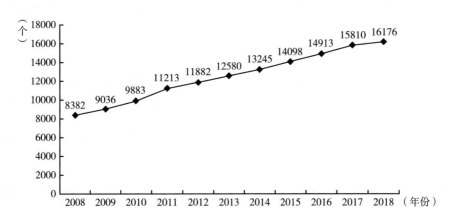

图2　2008～2018年北京市幼儿园班数统计

从全市平均班额来看，大、中、托班都在国家规定范围内，小班略超 1 人①，教育部《幼儿园工作规程》中规定幼儿园小班为 25 人，本市小班平均 26 人。

表 2　2018～2019 学年北京市幼儿园不同班型班额情况

单位：个，人

项目	托班	小班	中班	大班
班数	379	5722	5676	4399
人数	5539	146574	168276	130256
平均班额	15	26	30	30

（三）在园儿童数连续12年净增长，连续3年创历史纪录

2018～2019 学年在园儿童数 450645 人，达到有统计数据以来峰值，相当于近 40 年中在园人数最低年份（2003 年 19.9 万人）的 2.3 倍。

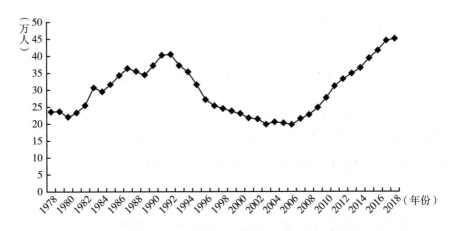

图 3　1978～2018 年以来北京市幼儿园在园人数变化

---

① 教育部颁布并于 2016 年 3 月 1 日开始实施的《幼儿园工作规程》中第十一条规定：幼儿园每班幼儿人数一般为：小班（3 周岁至 4 周岁）25 人，中班（4 周岁至 5 周岁）30 人，大班（5 周岁至 6 周岁）35 人，混合班 30 人。

表3 1978～2018北京市幼儿园在园人数统计

单位：人

年份	在园人数	年份	在园人数	年份	在园人数	年份	在园人数
1978	235923	1990	372555	2002	213794	2014	364954
1979	237037	1991	402699	2003	199390	2015	394121
1980	219407	1992	404779	2004	205532	2016	416982
1981	233089	1993	372368	2005	202301	2017	445535
1982	254458	1994	352979	2006	197546	2018	450645
1983	306975	1995	315277	2007	214423		
1984	295427	1996	271752	2008	226681		
1985	316024	1997	253478	2009	247778		
1986	342824	1998	245046	2010	276994		
1987	364011	1999	237055	2011	311417		
1988	354367	2000	229012	2012	331524		
1989	344394	2001	217521	2013	348681		

资料来源：《北京市统计年鉴（2018）》。

（四）公办幼儿园在园人数比例高于全国平均水平

2018年，北京市公办幼儿园在园幼儿28.32万人（上年度28.6万人），占比63.1%（上年度64.3%），民办园在园幼儿16.68万人，占比36.9%，如图4所示。北京市2018年公办幼儿园在园人数比例远高于全国平均水平。①

（五）幼儿园专任教师和教职工总数进一步增加

2018年幼儿园教职工数71686人（较上年69100人增加3.74%），其中专任教师数达到38867（较上年37903人增加2.54%）。

---

① 据2017年全国教育事业发展统计公报，全国范围内公办园在园儿童数占总数的44.08%。

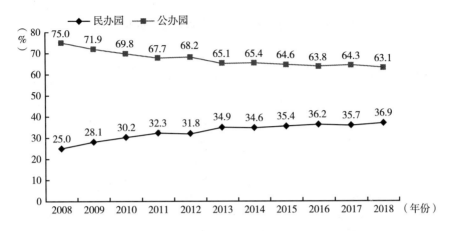

图 4　2008～2018 年公办园/民办园在园人数比例

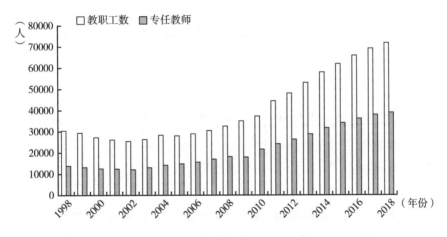

图 5　1998～2018 年北京市幼儿园师资人数

近五年来，北京市幼儿园师幼比指标在入园人数高峰的冲击之下在 1∶6.3 至 1∶6.4 之间小幅度波动，仍然保持相对稳定，如图 5、表 4 所示。北京市幼儿园师幼比已经优于教育部于 2013 年颁布的《幼儿园教职工配备标准（暂行）》中规定的标准①。

---

① 教育部《幼儿园教职工配备标准（暂行）》（2013）中规定全日制幼儿园保教人员与幼儿比应为 1∶7 至 1∶9。

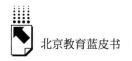

表 4　北京市幼儿园教师数、师幼比年度对照（2008～2018 年）

单位：人

年份	在园幼儿数	专任教师	教职工数	师幼比 1：x（专任教师）	师幼比 1：x（教职工）
2008	226681	18176	32535	12.5	7.0
2009	247778	19752	34973	12.5	7.1
2010	276994	21677	37227	12.8	7.4
2011	311417	24170	44458	12.9	7.0
2012	331524	26330	48080	12.6	6.9
2013	348681	28806	53049	12.1	6.6
2014	364954	31692	57950	11.51	6.3
2015	394121	34040	61903	11.57	6.4
2016	416982	36071	65806	11.56	6.3
2017	445535	37903	69100	11.75	6.4
2018	450645	38867	71686	11.6	6.3

（六）幼儿园教师学历水平进一步提升

近年来，北京市幼儿园师资的学历水平逐步提升。2018 年，93.86% 以上的幼儿园教师达到大专及以上学历水平，46.49% 的幼儿教师已获得初、高级教师系列职称。

表 5　北京市幼儿园师资（园长、专任教师）学历、职称情况对照

单位：%

学历	研究生	本科	专科	高中	高中以下	专科及以上合计
2016 年	1.30	39.42	48.99	9.73	0.55	89.72
2017 年	1.40	42.08	46.87	7.24	2.41	90.35
2018 年	1.52	45.32	47.03	6.02	0.11	93.86
职称	中学高级	小学高级	小学一级	小学二级	小学三级	未定职级
2016 年	1.14	13.39	20.44	7.48	1.27	56.28
2017 年	1.74	13.13	19.25	10.21	0.53	55.14
2018 年	2.19	13.63	19.78	10.88	0.01	53.51

二 北京学前教育在全国的指标表现①

（一）每十万人口平均在园儿童数

2017 年北京市每十万人口平均在园儿童数 2050 人，每十万人中较上年增加在园儿童 129 名。北京市该指标项在全国②排在第 28 位，居天津、吉林、黑龙江之前，在四个直辖市中排名第 3 位，在经济发达十省份中排名第 9 位。

表6 北京市每十万人口平均在园儿童数在全国排名情况

单位：人

年份	每十万人口平均在园儿童数	直辖市排名	各省份中排名	全国平均
2016	1921	3	28	3211
2017	2050↑	3	28	3327↑

2015～2017 年在经济发达十省份＊中排名

排名	2015 年		2016 年		2017 年	
1	福建	3974	福建	4079	福建	4272
2	广东	3751	广东	3887	广东	4013
3	浙江	3452	浙江	3463	浙江	3503
4	江苏	3150	江苏	3225	江苏	3257
5	重庆	3061	重庆	3091	重庆	3145
6	山东	2776	山东	2795	山东	2787
7	内蒙古	2369	内蒙古	2419	内蒙古	2540
8	上海	2209	上海	2304	上海	2367
9	北京	1831	北京	1921	北京	2050
10	天津	1665	天津	1724	天津	1674

注：＊根据《中国统计年鉴（2017）》国内各省份"人均地区生产总值"前十位分别为：1. 北京；2. 上海；3. 天津；4. 江苏；5. 浙江；6. 福建；7. 广东；8. 内蒙古；9. 山东；10. 重庆。文中取此十省份做横向排名比较。

---

① 本节引用数据来自中华人民共和国教育部官方网站信息公开页［http://www.moe.gov.cn（2018年9月）］，为本文截稿日前最新全国数据。

② 全国数据中未含港澳台地区，包含31个省、自治区、直辖市。

（二）幼儿园平均班额

北京市 2017 年幼儿园平均班额为 28.2 人，在全国经济发达十省份中排名第四，在 4 个直辖市中，排名第二。班额大小适当是幼儿园开展"以游戏为基本活动"实现高质量师幼互动的必要保障，在班额这项幼儿园基础指标上北京市在全国排名中上。

表7　2017 年北京市幼儿园平均班额在全国排名情况

单位：人

年份	平均班额	全国平均	直辖市中排名	十省份排名
2017	28.2	28.5	2	4

表8　2017 年幼儿园班额各省份排名

单位：人

排名	省份	班额
1	天津	24.7
2	内蒙古	24.9
3	山东	27.3
4	北京	28.2
5	浙江	29.2
6	上海	29.6
7	福建	29.9
8	重庆	30.0
9	广东	30.5
10	江苏	33.3

注：因取整数时较多省份数值相同，无法比较差异，所以班额省份排名中取 1 位小数。

（三）幼儿园师幼比

《幼儿园教职工配备标准（暂行）》（教育部教师〔2013〕1 号）中规定全日制幼儿园保教人员与幼儿比为 1∶7 ～ 1∶9，且每班应配备 2 名专任教师和 1 名保育员。该标准换算可得专任教师与幼儿比应为 1∶10 ～ 1∶13。北京市幼儿园保教人员师幼比和专任教师师幼比皆在国家标准范围内，且教职工师幼比、专任教师师幼比、保育员与幼儿比、保健医与幼儿比四项排名在全国均居于首位。

表9 2016～2017学年全国部分省份幼儿园师资配比排名

排名	省份	教职工	省份	专任教师	省份	保育员	省份	保健医
1	北京	6.4	北京	11.8	北京	38.9	北京	153.5
2	浙江	8.5	上海	14.3	广东	39.5	上海	241.9
3	广东	8.6	内蒙古	14.9	浙江	39.5	浙江	263.4
4	上海	8.6	天津	15.6	江苏	42.1	天津	293.2
5	天津	9.2	浙江	15.7	重庆	46.5	广东	322.5
6	内蒙古	9.2	广东	15.7	上海	49.5	内蒙古	367.8
7	江苏	10.2	山东	15.9	福建	55.7	江苏	369.6
8	山东	10.8	江苏	17.7	天津	61.2	重庆	451.8
9	重庆	11.1	福建	19.4	内蒙古	62.9	福建	496.2
10	福建	11.2	重庆	21.6	山东	91.9	山东	640.1

注：表中数字为每名教职人员所对应的幼儿数（1：X），以下表相同。

表10 2016～2017学年北京市师幼比与全国标准对照

项目	专任教师	教职工
2016学年北京市幼儿园师幼比	1：11.6	1：6.3
2017学年北京市幼儿园师幼比	1：11.8↓	1：6.4↓
《幼儿园教职工配备标准(暂行)》	1：10～1：13*	1：7～1：9

注：*《幼儿园教职工配备标准（暂行）》（教育部教师〔2013〕1号）中未设定专任教师师幼比标准，此处根据"保教人员与幼儿比为1：7～1：9，且每班应配备2名专任教师和1名保育员"换算后得出专任教师配备标准。

（四）幼儿园教师学历与职称

2017年北京市幼儿园教师专科及以上比例91.77%（上年度89.72%），和上年同期对照有所提升，在全国排位第四。北京市幼儿园专任教师中进入专业技术职称系列的占比44.79%，位居全国第四，与第一名上海市相差将近30个百分点。北京市幼儿园教师的总体学历水平和职称评定率有待提高。

表 11　十省份 2016 学年、2017 学年幼儿教师学历占比排序

单位：%

专科及以上学历占比				本科及以上学历占比			
2016 学年		2017 学年		2016 学年		2017 学年	
上海	96.22	上海	96.98	上海	70.67	上海	72.63
江苏	94.19	江苏	95.64	天津	50.38	天津	53.11
浙江	90.36	浙江	93.77	江苏	42.70	江苏	46.39
北京	89.72	北京	91.77	北京	40.72	北京	43.53
内蒙古	88.23	内蒙古	89.73	内蒙古	36.29	浙江	38.55
天津	85.06	天津	86.00	浙江	35.06	内蒙古	37.60
重庆	79.00	重庆	82.32	全国均线	21.18	全国均线	22.67
全国均线	77.55	全国均线	79.97	山东	19.19	山东	21.10
山东	75.65	山东	78.18	福建	18.78	福建	20.56
广东	70.94	广东	77.40	重庆	16.43	重庆	17.34
福建	70.50	福建	72.00	广东	11.61	广东	13.48

表 12　十省份 2016 学年、2017 学年幼儿教师职称评定占比排序

单位：%

中级及以上职称占比				职级评定率			
2016 学年		2017 学年		2016 学年		2017 学年	
天津	26.09	上海	25.54	上海	72.16	上海	71.42
上海	26.02	天津	25.36	浙江	46.24	浙江	49.56
内蒙古	17.72	内蒙古	16.35	天津	45.01	天津	45.24
北京	14.53	北京	14.93	北京	43.72	北京	44.79
江苏	12.89	江苏	11.48	江苏	41.83	江苏	40.72
浙江	11.11	浙江	10.67	内蒙古	34.76	内蒙古	34.63
全国均线	9.68	全国均线	8.57	全国均线	27.06	全国均线	25.97
福建	9.22	福建	8.10	福建	25.88	福建	25.74
山东	7.67	山东	7.32	山东	21.16	山东	20.74
广东	5.41	重庆	4.50	广东	15.90	广东	16.05
重庆	5.14	广东	4.11	重庆	15.33	重庆	14.39

（五）学前教育硬件环境

表 13 显示，在十省份的 12 项硬件生均指标排名中，北京市得到 3 个第一名、2 个第二名、2 个第四名、4 个第五名、1 个第七名。从项目分布

上看，排名第一的 3 个指标分别是洗手间、睡眠室、厨房，而在诸如活动室、运动场、绿地等与贯彻"幼儿园以游戏为基本活动"[①] 密切相关的指标上，北京市表现出的数值和排名未能与首善之区的地位相匹配。

从排名趋势上看，2017～2018 学年，在十省份的 12 项硬件生均指标排名中，北京市在 1 项指标上较上年提升，在 3 项指标上较上年下降，在 8 项指标上较上年排名持平。在幼儿园"新增校舍面积"这一重要的发展性指标上，北京市由上年的排名第 2 名降至第 5 名，显示出北京市幼儿园在以规模提升应对学位需求增长上后劲不足。从数值趋势上看，2017～2018 学年，在十省份的 12 项硬件生均指标数值中，北京市在 2 项指标上较上年提升，在 7 项指标上较上年下降，在 3 项指标数值上较上年持平。北京市幼儿园指标排名和数值的变化后续趋势皆不容乐观。

表 13　十省份学前教育 12 项生均硬件资源占有量排序

单位：平方米

新增校舍面积			校舍总面积			占地总面积		
排名	全国平均	0.48	排名	全国平均	6.97	排名	全国平均	12.53
1	天津	0.70	1	上海	10.94	1	内蒙古	21.41
2	浙江	0.66	2	北京	9.90	2	山东	17.68
3	山东	0.65	3	江苏	9.01	3	江苏	15.99
4	内蒙古	0.62	4	内蒙古	8.94	4	上海	15.79
5	北京	0.45	5	浙江	8.91	5	北京	15.40
6	福建	0.27	6	广东	7.88	6	天津	13.81
7	上海	0.24	7	山东	7.87	7	浙江	12.61
8	江苏	0.22	8	天津	7.60	8	广东	10.29
9	广东	0.17	9	福建	6.71	9	福建	8.63
10	重庆	0.13	10	重庆	6.17	10	重庆	8.46
上年排名	2	↓	上年排名	2	—	上年排名	3	↓
上年数值	0.47	↓	上年数值	9.98	↓	上年数值	15.72	↓

[①] "遵循幼儿身心发展规律，坚持以游戏为基本活动，合理安排幼儿生活作息。"——中共中央办公厅、国务院办公厅印发的《关于深化教育体制机制改革的意见》。

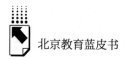

续表

活动室			洗手间			睡眠室		
排名	全国平均	2.82	排名	全国平均	0.47	排名	全国平均	1.21
1	上海	4.61	1	北京	0.70	1	北京	1.81
2	江苏	3.65	2	上海	0.64	2	浙江	1.54
3	浙江	3.45	3	江苏	0.62	3	内蒙古	1.50
4	内蒙古	3.39	4	浙江	0.59	4	江苏	1.50
5	山东	3.34	5	天津	0.58	5	上海	1.35
6	广东	3.19	6	内蒙古	0.57	6	广东	1.27
7	北京	3.06	7	山东	0.54	7	天津	1.18
8	天津	2.94	8	福建	0.48	8	重庆	1.16
9	福建	2.75	9	广东	0.42	9	山东	1.11
10	重庆	2.65	10	重庆	0.42	10	福建	1.06
上年排名	6	↓	上年排名	1	—	上年排名	1	—
上年数值	3.12	↓	上年数值	0.69	↑	上年数值	1.79	↑

保健室			图书室			教师办公		
排名	全国平均	0.14	排名	全国平均	0.20	排名	全国平均	0.27
1	山东	0.16	1	山东	0.25	1	内蒙古	0.37
2	内蒙古	0.15	2	江苏	0.25	2	北京	0.35
3	江苏	0.15	3	内蒙古	0.23	3	山东	0.33
4	北京	0.14	4	广东	0.21	4	上海	0.31
5	上海	0.14	5	北京	0.19	5	浙江	0.29
6	天津	0.14	6	浙江	0.18	6	江苏	0.29
7	重庆	0.13	7	重庆	0.17	7	天津	0.29
8	广东	0.12	8	上海	0.16	8	福建	0.24
9	浙江	0.12	9	天津	0.15	9	广东	0.23
10	福建	0.09	10	福建	0.13	10	重庆	0.21
上年排名	5	↑	上年排名	5	—	上年排名	2	—
上年数值	0.14	—	上年数值	0.19	—	上年数值	0.36	↓

厨房			绿地			运动场		
排名	全国平均	0.34	排名	全国平均	2.15	排名	全国平均	4.18
1	北京	0.58	1	上海	4.52	1	内蒙古	6.56
2	内蒙古	0.51	2	江苏	3.51	2	山东	6.29
3	上海	0.48	3	内蒙古	3.36	3	江苏	6.01
4	天津	0.45	4	山东	3.21	4	北京	5.27

续表

厨房			绿地			运动场		
排名	全国平均	0.34	排名	全国平均	2.15	排名	全国平均	4.18
5	浙江	0.45	5	北京	2.68	5	天津	4.91
6	江苏	0.40	6	浙江	2.56	6	浙江	4.48
7	广东	0.38	7	广东	2.06	7	上海	3.96
8	山东	0.37	8	天津	1.97	8	广东	3.78
9	福建	0.31	9	福建	1.42	9	福建	3.25
10	重庆	0.29	10	重庆	1.25	10	重庆	3.05
上年排名	1	—	上年排名	5	—	上年排名	4	—
上年数值	0.59	↓	上年数值	2.68	—	上年数值	5.42	↓

注：↑或↓表示指标当年值或排名与上年同期比较提高或下降。

三 需要进一步研究和关注的问题

（一）幼儿园学位持续紧张

由于受到出生人口周期以及"全面二孩"政策①和外来人口聚集效应的多重叠加影响，北京市常住学前教育适龄人口仍处于逐年递增的"上升阶段"。2018年末全市常住人口2154.2万人，比上年末减少16.5万人。

根据北京市近6年的出生人口数据，2016年常住人口出生数（20.25万人）将是2019年秋季入园儿童的基数。以此类推，2020年入园儿童基数19.67万人，2021年入园儿童基数17.75万人。

2016年北京市出生的20.25万常住人口将在2019年秋季入园，2019年幼儿园秋季学位需求较大，当年入园学位缺口预估在4万左右，入园紧张将会一直延续到2020年、2021年。

---

① 2016年1月1日起新修订的《中华人民共和国人口与计划生育法》施行。

表 14 2017～2021 年北京市预期入园人数

单位：万人

出生年份	常住人口出生数	按入学时段修正后人数*	预计入园年份	当年预计离园人数	当年入园需求学位缺口
2014	20.98	20.28	2017	14.9	—
2015	17.28	18.51	2018	14.9	—
2016	20.25	19.26	2019	15.2	4.06
2017	19.67	19.86	2020	16.8	3.06
2018	17.75	18.39	2021	14.7	3.69

注：*出生人数的时间区间是当年 1～12 月，而入园人数时间区间应修正为上年 9 月至当年 8 月。假设出生人数在各个自然月的分布相对平均，则修正公式为：修正后人数＝上年出生数×1/3＋当年出生数×2/3。

（二）新学年入园人数比上学年减少1.2万人

2018 年秋季新学年，北京市幼儿园新入园人数为 16.5 万人，入园人数较上学年减少 1.2 万人（-6.89%），在入园数年度曲线（见图 6）上画出向下的拆线。分析原因，不排除 2015 年受生肖偏好的影响出生人口下降[①]，而当年出生的儿童适逢 2018 年秋季入园。入园人数下降的后续变化值得密切关注。

（三）普惠性民办幼儿园办园

2018～2019 学年，全市各区普惠性民办幼儿园共 221 所。普惠性民办幼儿园认定标准出现变化，导致总数比上年的 271 所减少 50 所，普惠园在园幼儿 4.9 万人[②]，占全市在园幼儿总数的 10.9%（2017 年：15.92%；2016 年：13.36%）。

---

① 国家卫计委表示，2015 年出生人口减少的影响因素主要是生肖偏好。2015 年是农历羊年，一些家庭有推迟生育的情况，北方地区表现得更为明显。

② 《北京市教育事业统计资料（2018～2019 学年度）》显示，普惠民办园 222 所，在园人数 49159 人。据此计算，普惠园占比为 10.9%。

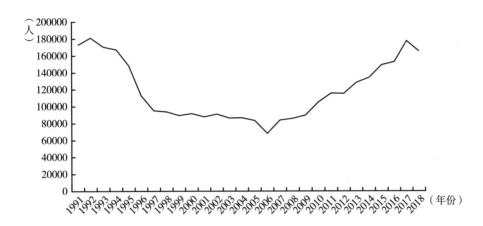

图6　1991～2018年以来北京市幼儿园入园人数变化

表15　北京市幼儿园历年新入园人数（1991～2018年）

单位：人

年份	入园人数	年份	入园人数	年份	入园人数
1991	172884	2001	87892	2011	115539
1992	181299	2002	91092	2012	115248
1993	170580	2003	86465	2013	128106
1994	167267	2004	86672	2014	133977
1995	148272	2005	83485	2015	149042
1996	112449	2006	68299	2016	152769
1997	95140	2007	83969	2017	177354
1998	93819	2008	85938	2018	165130
1999	89463	2009	89761		
2000	91724	2010	105048		

资料来源：《北京市统计年鉴（2018）》。

　　本学年中，北京市普惠性民办园的认定标准步入制度化和规范化轨道，在统计口径上对全市各区上报的普惠园数量产生了影响（数量暂时下降）。

　　北京市普惠性幼儿园的发展轨迹经历了几个关键节点。在2018年之前，为鼓励和引导民办幼儿园办成普惠性幼儿园，北京市曾经将收费标准每生每月在2000元以下的民办园，认定为普惠园，并予以相应财政补助。2018年

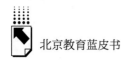

9月10日，北京市财政局、北京市教委共同制定了《北京市学前教育资助管理办法（修订）》，其中定义普惠性民办幼儿园为："注册登记性质为非营利性，收费项目和标准不高于同级公办幼儿园政府指导价的民办幼儿园"。2019年1月31日，北京市教育委员会印发《北京市普惠性幼儿园认定与管理办法（试行）》，进一步明确了普惠性民办幼儿园的认定标准、申报条件和认定程序。

教育部等四部门《关于实施第三期学前教育行动计划的意见》（教基〔2017〕3号）和《北京市第三期学前教育行动计划》都提出："到2020年普惠性幼儿园覆盖率（公办幼儿园和普惠性民办幼儿园在园幼儿数占在园幼儿总数的比例）达到80%左右。"

本学年北京市公办幼儿园和普惠性民办幼儿园在园幼儿数占在园幼儿总数的比例为74%（上年为80.18%），略高于全国当前水平①（73.07%），低于教育部提出的2020目标（80%），落后于上海市和重庆市当前的水平②（80%）。

（四）幼儿园师资紧张，供不应求

到2020年，北京市常住人口中3~6岁学前教育适龄儿童数量达57.2万（按85%入园率，入园49万），在保持目前幼儿园专任教师师幼比（1：11.6）的前提下③，共需4.9万名专任教师，目前有3.89万名专任教师，缺口1万（按85%入园率，缺口3000名）。北京市大专院校学前教育

---

① 2019年2月26日，教育部发展规划司公布，2018年全国共有幼儿园26.67万所，普惠性幼儿园18.29万所，普惠性幼儿园占全国幼儿园的比重为68.57%；全国共有在园幼儿4656.42万人，普惠性幼儿园在园幼儿3402.23万人，占全国在园幼儿的比重为73.07%。

② 目前上海公办园占幼儿园比例为62.23%，通过持续加大对举办非营利性民办园的倾斜鼓励力度，普惠性幼儿园已达80%。2018年12月3日，重庆学前教育推进工作取得阶段性成果，超过80%的适龄儿童在公办园和普惠性幼儿园就读，公益普惠属性进一步提高。

③ 本学年全市公办幼儿园专任教师师幼比同上年比保持相对稳定，但民办幼儿园专任教师师幼比同上年比较略有下降。

专业每年招生量约 1500 人，毕业时还会有一定数量的流失，因此幼儿园师资将长期供不应求。

四 政策建议

（一）抓紧落实国家2020目标和北京市学前三年行动计划

《中共中央国务院关于学前教育深化改革规范发展的若干意见》（2018年11月7日发布）提出："到 2020 年，全国学前三年毛入园率达到 85%，普惠性幼儿园覆盖率（公办园和普惠性民办园在园幼儿占比）达到 80%。"

入园率达到 85% 是北京市学前教育目前最首要的目标。同时，还要完成普惠性幼儿园覆盖率（公办园和普惠性民办园在园幼儿占比）达到 80%。

（二）开展城镇小区配套幼儿园治理工作，扩大普惠性幼儿园学位供给量

认真落实《国务院办公厅关于开展城镇小区配套幼儿园治理工作的通知》（国办发〔2019〕3 号），依法落实城镇公共服务设施建设规定，着力构建以普惠性资源为主体的学前教育公共服务体系，进一步提高学前教育公益普惠水平。

教育行政部门应积极参与到小区配套幼儿园规划、建设、验收、移交等各个环节。根据国家和地方配建标准，统筹规划、补建城镇小区配套幼儿园。规范小区配套幼儿园使用，对小区配套幼儿园移交、办园等情况进行治理，切实扩充学前教育学位，特别是扩充公办幼儿园和普惠性民办幼儿园学位。同时，坚持开放、平等竞争原则，支持鼓励社会力量举办普惠性幼儿园。

（三）完善普惠性幼儿园奖补政策，加大对普惠性民办幼儿园的扶持力度

普惠性民办幼儿园限价与补贴不平衡的矛盾，已经成为普惠性政策推进

面临的现实困境。即便按目前北京的高补贴标准，准备转普的一些民办幼儿园也将面临未来成本与支出不确定性的风险，因为经营成本动态浮动。

研究落实对地处不同区域位置，因地价、物业租金不同办园成本不尽相同的普惠性民办幼儿园实行精算化和差异化的认定和财政补助政策，实行普惠性幼儿园财政补助标准动态调整机制，确保既有普惠性民办园不流失，同时提高办园主体在办园场所租金较高但确有学位需求的城市人口密集区开办普惠性民办幼儿园的积极性。

（四）加大幼儿师资培养力度，拓宽师资来源渠道

按标准配备幼儿园教职工。按照国家颁布的幼儿园教职工配备标准，采取核定编制、公开招聘等多种方式及时补充公办幼儿园教职工。

制定幼儿园教职工配备的中长期规划，逐步调整幼儿园教职工人员结构，提高专任教师占教职工总数比例（北京54%），力争超过全国平均水平（58%），追上全国先进水平（上海65%）。

根据幼儿园发展情况及学位增加情况，采取有效措施，进一步拓宽幼儿教师来源渠道。积极扩充北京市属大专院校学前教育专业年招生数量，同时在京津冀地区建立幼儿教师师资代培基地。

B.6
北京市学前教育质量的
观念转变和改革路径

张霞　苏婧*

摘　要：　提升学前教育质量是当前及未来很长一段时间内北京市学前教育事业发展的重要议题。在观念转变方面，北京市愈发重视以课程为核心的过程性质量的提升，愈发重视学前教研体系对幼儿园教育质量改进的持续支持作用；在改革路径方面，北京市开展生活化、游戏化、自然化的幼儿园课程研究和实践，完善了纵向深入、横向联动的北京市全覆盖学前教研体系，多种方式提升和壮大教研人员专业力量，创新教研方式，发挥教研实效性，增进教研工作交流研讨。

关键词：　学前教育质量　观念转变　改革路径　北京市

一　北京市学前教育质量面临的挑战

近年来，北京市大力发展学前教育事业，在扩大学前教育规模，提升学前教育供给能力方面获得较大进展。随着规模扩大及事业的发展，北京市学

---

* 张霞，北京教育科学研究院早期教育研究所助理研究员，研究方向为学前教育政策、幼儿园课程等；苏婧，北京教育科学研究院早期教育研究所副研究员，研究方向为学前教育政策、幼儿园管理等。

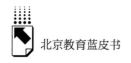
前教育质量提升和内涵发展面临着愈发凸显的诸多挑战。

其一，随着经济社会发展和人民群众对学前教育需求的不断提升，北京市学前教育事业发展所面临的矛盾不仅仅来源于日益增长的学前教育需求规模的增长，更体现在人民群众日益增长的对高质量学前教育的需求与供给之间的矛盾。一方面优质低价的普惠性学前教育资源需求持续增长，另一方面多样化的学前教育需求增长明显。"幼有所育，学有所教"是十九大对学前教育和整个教育事业的新要求。要"努力让每个孩子都能享有公平而有质量的教育"，保证全体人民在共建共享中有更多获得感。因而，如何提升学前教育质量，满足人民日益增长的对高质量学前教育的需求成为北京必须面对的重要问题，树立以提高质量为核心的教育发展观，注重教育内涵发展是北京必须遵循的发展方向。

其二，北京市学前教育供给规模快速扩大，特别是园所数、班数、教师数的快速增加，给北京市学前教育质量带来了较大的内部挑战。2015～2018年，北京市幼儿园专任教师数从34040人增加到38867人，4年间新任教师增加4827人，新任教师教育实践能力相对不足、专业化水平亟待提升，给学前教育质量带来了较大冲击，特别是新建园所较多且发展相对薄弱的农村区域，学前教育质量面临的挑战较大。

其三，幼儿园课程种类繁多、来源混杂、质量参差不齐问题凸显，也是制约学前教育质量提升的重要因素。2010年7月，北京教育科学研究院早期教育研究所对全市17个区县注册幼儿园进行了"课程与教材使用情况"的调查，调查结果显示：全市幼儿园使用的各类教材共计314种（其中境内出版的正式出版物268种，境外出版物19种，内部资料27种），各幼儿园所采用的课程种类繁多，所用教材种类多、来源杂，水平参差不齐，部分课程和教材科学性、适宜性有待进一步探讨商榷。面对内外部挑战和压力，北京市应着力转变质量发展观念，以课程建设和教研体系建设作为切入点，着力提升学前教育整体质量。

二 北京市学前教育质量提升的观念转变

（一）从关注结构性质量走向强调过程性质量，强调课程的核心地位

已有研究认为，学前教育机构质量评价一般可以从两个方面进行，一是结构性质量维度，包括一些可具体规范和控制的变量，如教师儿童比例和班级人数、教育行政管理、教师资格和所受训练等；二是过程性质量维度由家长参与、健康与安全、学习环境、课程、儿童—教师互动等构成。[①] 其中幼儿园课程作为过程性质量维度的重要组成部分，是影响学前教育质量的重要因素。已有研究发现，教育质量的过程性质量因素对儿童发展的影响比结构性质量因素更大，因而它是托幼机构质量评价中最重要的部分。[②]

近年来，北京市大力发展学前教育事业，着力扩大学前教育规模，同时愈发重视学前教育质量的稳定和提升，将过程性质量的因素作为质量提升的重要内容予以重视，并重点强调课程的核心价值和地位。一方面，北京市从政策层面将课程作为提升质量的重要因素。《北京市第二期学前教育三年行动计划（2015～2017年）》在不断扩大学前教育供给的同时，将"实施学前教育质量提升项目，全面促进幼儿园内涵发展"作为二期计划的重点项目之一，从"《3～6岁儿童学习与发展指南》的贯彻落实工作，重点做好《3～6岁儿童学习与发展指南》……加强学前教育教研队伍建设与教研管理……坚持幼儿园分级分类管理，提高保教质量……健全幼儿园监管体系"等方面提出了要求。其中，课程是贯彻落实《幼儿园教育指导纲要（试行）》和《3～6岁儿童学习与发展指南》的重要载体，是幼儿园分级分类管理、提高保教质量，防止小学化倾向的重要途径。另一方面，北京市也先后进行了

---

① 周欣：《托幼机构质量评价的内涵及对儿童发展的影响》，《学前教育研究》2003年第Z1期。

② 项宗萍、廖贻：《六省市幼教机构教育评价研究》，教育科学出版社，1995。

一系列课程研究工作，着力从理论研究和实践层面推动课程质量的提升。比如开展《北京市幼儿园快乐与发展课程》的回顾和相关研究，总结梳理经验，发现面临的问题和挑战，为课程研究奠定基础；开展"国际视野下北京市幼儿园课程的实践与创新研究"，探索新时期适宜北京市的幼儿园课程；开展北京市幼儿园半日活动展示，以向全市展现高质量的课程实践现场，引领北京市各类型幼儿园课程实践能力和教师专业化水平的提升等。

（二）从关注外评走向强调自我改进，强调教研体系的支柱作用

北京市是国内较早确立幼儿园质量评价标准的地区。1989 年北京市颁布《北京市托幼园所分级分类验收标准及细则（试行草案）》，对幼儿园开展级类评定和质量监管。这一标准通过级类的评定，引发了幼儿园对保教质量的重视，对北京市幼儿园发展起到了很好的促进和引领作用。教育质量是持续改进的过程，只有充分调动幼儿园自我改进、自我提升的内在动力，才能实现幼儿园教育质量的不断提升。正是基于这一假设，北京市近年来的教育质量评价，也愈发关注幼儿园自我评价和自我改进。然而各类型幼儿园发展状况不一、教师专业化程度不一等条件决定了仅仅依靠幼儿园的自我改进，教育质量提升的道路将会漫长且艰辛。同时，学前教育教研工作是将理论与实践相连接的桥梁，是幼儿园内涵发展和质量提升的重要推动力量，是教师深入探究保育教育规律，不断实现专业发展的重要途径。

基于此，北京市愈发重视学前教育教研系统的完善和质量提升，通过专业的教研团队的支持、完善的教研体系的构建实现对教育质量提升的支持和保障。正如前文所述，《北京市第二期学前教育三年行动计划（2015～2017年）》《北京市第三期学前教育三年行动计划（2018～2020 年）》均强调学前教育教研体系建设和教研质量提升。《北京市"十三五"时期教育改革与发展规划（2016～2020 年）》中，也着重强调了幼儿园课程建设和学前教育师资培养培训，要求通过加强学前教育教科研队伍建设，全面提升和完善区域教研和园本教研制度，不断提高教研员综合素质、研究能力和实践指导能力，从而切实全面提高保教质量。北京市教委于 2019 年 3 月启动"创新教

研方式，推进北京市全覆盖教研"项目，力求探索适合北京市学前教育发展实际需要的全覆盖教研体系与有效方式，通过区域联动、优势互补，实现学前教育质量的整体提升。

三 北京市学前教育质量提升的改革路径

（一）路径一：构建生活化、自然化、游戏化的幼儿园课程

1. 以观念转变为先，从儿童观、课程观着手重构课程理念

（1）重新明确儿童形象——幼儿是独立的个体，是学习与发展的主动建构者

儿童是独立的个体，尊重儿童的主体性，承认儿童的独立地位，是幼儿园课程的基本出发点。幼儿园课程应当尊重幼儿，尊重幼儿的独立地位。同时，儿童具有内在的学习和发展动力，即儿童并不是被动地接受外界环境的简单塑造，而是作为学习发展的主体，主动建构自身的发展。正如已有研究所说"学习是建构知识，而不是传递知识"。[1]

（2）重构课程理念——生活化、自然化、游戏化的幼儿园课程

幼儿园课程生活化。课程生活化是相对于学科化的课程而言的，它强调课程应回归现实生活，扎根生活。这就意味着，幼儿园课程的生活化并不是单纯地将社会生活搬到课程之中，抑或从生活中取材、通过生活的形式实施课程，而是将生活本身作为一种精神、态度和实践方式，真正关注幼儿本身、关注儿童的生存和发展状态。其一，课程生活化意味着幼儿一日生活皆课程。陶行知先生指出："学校以生活为中心。一天之内，从早到晚莫非生活，即莫非教育之所在。一人之身，从心到手莫非生活，即莫非教育之所在。一校之内，从厨房到厕所莫非生活，即莫非教育之所在。"[2] 其二，课

---

[1] 简楚瑛：《幼教课程模式》，心理出版社，1999。
[2] 陶行知：《我之学校观》，载《陶行知文集》，江苏教育出版社，2008。

程生活化要求我们关注幼儿的生活、兴趣和需要。陶行知认为，幼儿园周围的人、事、物，凡是幼儿感兴趣的都是活生生的生活教育材料，都应当成为课程的内容。其三，课程生活化要求我们将知识、技能及品德等还原为经验，将建构知识的过程还给幼儿，让幼儿在行动中学习、在行动中感受、在行动中发展。

幼儿园课程自然化。幼儿园课程自然化要求我们尊重儿童的发展规律。这就意味着：其一，幼儿园课程自然化即要求课程遵循幼儿的身心发展规律，符合幼儿年龄特点和学习方式，并遵循幼儿发展的自然进程，提供适宜的教育支持；其二，幼儿园课程自然化要求课程的推进是随着幼儿的兴趣和发展，自然而然地深入、拓展、延伸或者结束的；其三，自然化的幼儿园课程应遵循循序渐进的原则，遵循由简单到复杂、由易到难、由已知到未知的逻辑，沿着幼儿发展特点和发展规律，以"最近发展区"为依据，逐步展开相应的活动。

幼儿园课程游戏化。课程游戏化不是用游戏去替代其他实施途径，也不是把幼儿园所有活动都变成游戏；而是应当切实贯彻落实《幼儿园教育指导纲要（试行）》和《幼儿园工作规程》中关于"游戏是基本活动，寓教育于其他活动之中"的游戏精神，并将其融入幼儿园一日生活之中，渗透到各类活动之中。具体而言，其一，将游戏精神贯穿在幼儿园课程之中。游戏精神贯穿在课程之中意味着幼儿在课程中具有主体地位，是积极主动的学习者。课程应关注幼儿主体地位，尊重幼儿的兴趣需要和年龄特征，尊重幼儿的选择权和决定权。游戏精神贯穿在课程之中还意味着幼儿喜欢幼儿园生活，在园一日生活是愉悦的。其二，保障幼儿游戏的权利。此处游戏指的是幼儿园具体的自由游戏/区域游戏/其他形式的游戏。保障幼儿游戏的权利意味着应保障幼儿自由游戏时间，应创设适宜幼儿开展游戏的环境，提供适宜的工具材料，并为幼儿游戏提供适宜支持。其三，采用游戏化方式开展一日生活。这就意味着幼儿园一日生活中各类型活动、各个环节应尽可能以游戏方式进行。

（3）推进领域融合和发展融合——整合的幼儿园课程

幼儿园整合课程是相对于分科课程而言，其意图在于解决学科之间相互隔绝、相互割裂问题，在不同学科之间建立有机联系，形成跨学科、超越学科的课程系统，使之成为服务儿童发展的有机整体。"课程整合的首要基础在于促使学科知识的整合。这即意味着学校课程要在一定程度上打破学科之间的人为界限，探寻不同门类知识的内在联系。把各种知识资源统整地组织和运用在真实问题情境之中。"① 当前，幼儿园课程已然打破了学科的分化，将相关学科的知识囊括在一个相对大的领域之内，形成了以学科为基础的相关学科的连接，建立了以领域为基础的课程——实现了学科间的整合。

课程整合可以从以下几方面进行。一是课程目标的整合。从宏观层面上看，课程目标的统整体现在整个课程目标，即到底要培养什么样的人这一核心之上。从中观和微观层面来看，课程目标应当跳出学科知识、技能等范畴，进一步明确不同学科对于个体发展的核心价值，注重确立立足于个体发展的长远目标。二是课程内容的整合，包括课程内容组织结构的统整、具体活动内容的整合。课程内容组织结构的统整即改变分科或分领域课程内容组织模式，围绕某一问题组织相应的课程内容。主题活动、项目教学等均是围绕一个中心，整合各领域、各学科内容开展，即课程内容组织结构的统整。具体活动内容的整合，即具体活动中摒弃一个活动以某一领域或者某一个方面为唯一目标的模式，而应考虑该活动可能带给儿童多方面、多维度的发展可能。三是课程的整合还包含着统整人各方面发展的含义，即课程整合应以人的知情意行各方面统整的发展为宗旨，既包含知识技能的发展，也包括情感态度、能力素养的发展，既包括身体发展也包含心灵的成长。四是课程整合不应仅限于学校内部系统，不应局限于知识系统，幼儿园课程整合应实现对儿童、家庭、幼儿园整个生态系统的有机联系，将儿童的生活、学习融为一体，构建儿童生活、学习、发展的有机系统。

2. 着眼长远，以适应力、学习力、生活力、交往力培养为目标

怀特海在《教育的目的》中说："教育的根本目的是'人'。"党的十九大报告提出，要"幼有所育""办好学前教育"，"幼有所育"怎么育，

---

① 冯加渔：《教师课程整合的实践意蕴》，《教育学术月刊》2012 年第 7 期。

该育什么，要思考孩子在幼儿园需要什么样的教育才能去适应未来社会。《反思教育：向"全球共同利益"的理念转变》序言中说：世界在变，教育也必须做出改变。社会无处不在经历着深刻的变革，而这种变革呼唤着新的教育形式，培养今日和明日社会、经济所需要的能力。这意味着超越识字和算术，聚焦学习环境和新的学习方法，以促进公平正义、社会平等和全球团结。面向未来，我们要培养什么样的人才，培养什么样的儿童。

人的教育既要关注当下，又要关注未来。关注当下就是要关注当下的幼儿习惯养成、学习品质，但更重要的是要着眼于未来，为孩子的未来着想，为国家和民族的未来培养优秀的公民，要能适应未来发展之需要。教育的目标是为了孩子今天快乐，明天幸福。立足现实，着眼于未来，在 UNESCO 提出终身学习的支柱——1996 年提出的是学会求知、学会做事、学会共同生活、学会生存，2013 年提出学会变化、接受、适应、主动、引领的基础上提出我们的目标，即以发展幼儿的适应力、学习力、生活力、交往力为目标。

3. 逐步构建北京市幼儿园课程资源库

课程资源是指课程要素以及实施课程必要而直接的条件。本报告中探讨的是广义的课程资源，指有利于实现课程和教学目标的各种因素，即如何在课程实施中因地制宜地利用一切可利用的资源。

幼儿园课程内容和资源选择的原则包括：①兴趣性原则——课程内容的选择必须要考虑幼儿的兴趣；②发展适宜性原则，包含两层含义——适宜于年龄、适宜于个体，课程内容的选择要考虑幼儿之间的个体差异；③基础性原则：幼儿的年龄特点决定了幼儿园选择的课程内容应该是涉及的学科教育中最基本的知识和技能；④关键经验化原则：课程内容的选择一定要关注幼儿各年龄段的关键经验；⑤生活化原则：理论与实践都表明，与幼儿现实生活联系越紧密的内容越容易引起幼儿的兴趣，并容易为幼儿所理解和掌握。

基于以上原则，北京市幼儿园课程资源库建设已开展并形成一系列优质资源，包括半日活动案例资源——北京市幼儿教师教育活动展示优秀活动案例精选、主题活动资源、幼儿园环境资源——幼儿园环境资源的开发与利用等一系列课程资源、幼儿园园本教研资源、语言故事资源——语言故事真美妙（小班、中班、大班）、体育游戏资源——体育活动真好玩（小班、中班、大班）等。

4. 以学习内容特点与儿童发展需求为本，探索灵活多样的活动形式

其一，学习内容本身的特点和幼儿学习的特点是决定课程组织形式的重要因素。以科学领域为例，在科学领域中探索适宜的活动组织形式，就要考虑幼儿学习科学的特点和规律、思考科学领域教育的独特之处。

其二，对于适宜组织形式的选择，建议依据幼儿在不同情境下的典型表现，以及针对典型表现教师做出的幼儿需求解读与发展价值判断和经验梳理来确定。以健康领域为例，在由于个体差异个别幼儿需要教师支持和指导的情况下，可采用个别指导形式，如幼儿的卫生习惯和能力发展个体差异较大时；当幼儿面临的问题和情境是小范围存在时，可采用小组活动形式，如幼儿在户外活动中，由于兴趣自觉分成小组进行合作游戏，发现了一个新玩法；当幼儿面临的问题具有典型性和普遍性，或者引入新的经验或活动时，可采用集体活动形式，如教师观察到班级幼儿普遍存在饮水量不够的问题，帮助幼儿认识喝水的重要性，培养幼儿良好的饮水习惯。

其三，以儿童发展需求为导向，灵活采用不同的活动组织形式。在选择设计与实施每种活动的组织形式时，每个阶段都要充分考虑幼儿的需求和发展，全面考虑和统筹，依据幼儿在参与不同内容的活动中遇到的不同情况、不同问题等，选择适宜的组织形式。

5. 构建课程方案评价、活动评价与儿童发展评价相呼应的课程评价体系

北京市幼儿园课程的实践与创新研究坚持以评价促改进的基本原则，研究形成了涵盖课程综合评价、半日活动评价、儿童学习与发展评价三位一体的北京市幼儿园课程评价体系。

研究确立北京市幼儿园课程综合评价标准。课程综合评价是评价者了解被评价对象的课程方案及实施过程适宜性、有效性的必要手段，是调整和改进教育工作的重要依据。该课程综合评价标准包括：课程实施情况评价、教师与幼儿评价、课程方案评价三部分内容；其中，课程实施情况评价由教育

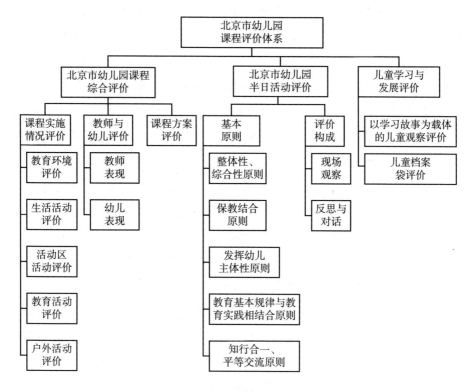

图1 北京市幼儿园课程评价体系

环境、生活活动、活动区活动、教育活动和户外活动五部分组成。教师与幼儿评价则由教师表现部分和幼儿表现部分组成。课程综合评价标准最终由3个一级指标、7个二级指标、107个三级指标构成，并附有具体指标评价细则和说明。

注重实践，研发半日活动评价标准。为支持和引导幼儿园开展课程实施现场——幼儿园活动现场评价，研究制定了北京市幼儿园半日活动评价标准，该标准包含北京市幼儿园半日活动现场评价表和对话提问环节的维度，活动方案及标准制定的基本原则有如下几个。①注重教育与学习的整体性、综合性的基本原则。②注重保教结合的基本原则。3~6岁幼儿身心发展规律和特点决定了幼儿园应实施保教结合的原则，这也是学前教育有别于其他阶段教育的重要特征。本次展示活动强调"保育"与"教育"同等重要，两者相互融合、相互渗透，贯穿在幼儿园一日生活的各项活动之中。③注重发挥幼儿主体性的基本原则。幼儿的主体性不仅体现在环境和材料的创设和提供中，更体现在幼儿的一日生活活动之中。④注重坚持教育基本规律与教育实践相结合的原则。⑤注重知行合一、平等交流的基本原则。

回归儿童本原，以学习故事为载体推进儿童学习与发展评价。研究确立儿童学习与发展评价原则为：以促进儿童学习和发展为首要目的；扬长促短式的、融入真实教育过程的形成性评价；评价内容聚焦对儿童学习和发展过程的了解和分析。具体可以从以下几方面着手。一是意识到评价无处不在。教师需要对幼儿园里的幼儿学习和发展评价有一定程度的觉察，教师对孩子学习行为和片段的每一次观察和判断就是一次评价实践，都有可能对儿童的学习和发展带来一定的影响。二是将评价过程视为研究儿童、研究学习的过程。三是将"注意、识别、回应、记录、回顾"的形成性评价过程融入日常教育教学实践中。四是建立儿童学习成长档案册，记录每个儿童独一无二的学习和发展轨迹。《作品取样系统：教室里的真实性表现评价》①的作者们认为，学习成长档案是有目的地搜集学生的作品，是记录学生知识、技能、成就和学习方式的有效方式，可以提供儿童学习与应用知识的质性信息，也可以提供儿童作为学习者的概况图，展现独特性，述说儿童的学习历程。瑞吉欧的教育者认为，学习成长档案是记录文档，通过制造痕迹、文件来阐明个体和群体的学习方式，并让它们可以被看见。②

（二）路径二：完善学前教育教研体系，提升教研质量

1. 开展学前教研工作的基本原则

在市级教研工作统筹下，各区域教研共同体带领园本教研共同体活动，要发挥积极主动性，以问题为导向，以需求为根本出发点，选择有价值的教研内容，创新教研方式，真正发挥教研指导对教师专业发展与园所质量发展

---

① 玛格丽特·卡尔：《另一种评价：学习故事》，周欣等译，教育科学出版社，2016。
② 卡丽娜·里纳尔迪：《对话瑞吉欧·艾米利亚：倾听、研究与学习》，周菁译，南京师范大学出版社，2014。

的实际作用。北京市全覆盖教研体系的有效运行需遵循以下原则。

自上而下的规划计划与自下而上的需求相结合。将市级教研工作统筹部署的精神贯彻到区域和园所具体的教研规划工作中，在统一精神指导下，结合区域和园所的实际情况和需求，制定教研培训与指导工作计划，并设计具体内容和方式。

教研内容和方式要保证科学性、专业性、前瞻性，符合《幼儿园教育指导纲要（试行）》和《3~6岁儿童学习与发展指南》精神，要符合《国务院关于学前教育深化改革规范发展的若干意见》，符合北京市《关于进一步加强北京学前教育工作管理的意见》，体现学前教育发展的趋势与要求。

教研内容和方式要满足实际需要，解决实际问题，满足区教研队伍教研指导工作的需要，满足一线园所课程建设与教师发展的实际需要，帮助园所发现问题、分析问题，在不断解决问题的过程中提升质量，提升教研人员与教师的满足感、获得感。避免出现形式化的脱离实践需要的教研内容和方式。

创设以人为本的教研文化。教研内容和方式要秉持科学性与创新性、计划性与随机性、原则性与灵活性相结合，紧密跟随各区和园所教育实际，以园为本、以师为本、以人为本；在教研活动中，力求突出尊重、理解、对话，注重创设以人为本的教研氛围和文化，为教师创造良好的教育生态发展系统。

2. 完善学前教育教研体系、提升教研质量的策略

完善纵向深入、横向联动的北京市全覆盖学前教研体系。继续推进建构纵向深入、横向联动的北京市全覆盖学前教研体系，并完善相应的体制机制，从制度、人员、财力、物力等方面给予相应保障和激励，使各区各级各类型幼儿园都能够分层、分步骤被纳入教研体系，使跨区域学前教研共同体能够通过区域联动，真正发挥资源共享、优势互补的作用，最终实现对薄弱区域、薄弱园所的示范辐射性，尤其是对农村园和普惠性民办园的帮扶和拉动，从而达到共同提升北京市学前教育和教研质量的目的。

多种方式提升和壮大教研人员专业力量。建议在北京市教委领导下，各

行政区完善机构设置，明晰学前教育教研室对区域教研、园本教研发展发挥专业引领主责，依据区域园所数量和规模，按照一定比例配齐教研人员，研训分离，教研员专人专编专用；加强学前教研员专业培训，设立学前教研员培训专项经费，纳入教师全员培训制度和继续教育规划，培训时间和次数不少于国家规定，以此提升教研员专业能力与业务指导水平；完善学前教研员待遇保障机制、职称评定和评优政策等，以此激发教研员的工作积极性，促进教研员的专业发展。制定激励机制，发挥兼职教研员、特级教师、正高级教师、市级学科带头人、示范园园长、市区骨干教师等人员在教研工作中的专业引领和示范作用，使之充实到区域教研与园本教研指导队伍中。由市级统筹，邀请学前教育相关领域知名专家学者与资深教研专家组建顾问智库，为区域教研、园本教研提供专业引领。

创新教研方式，发挥教研实效性，增进教研工作的交流研讨。发挥区域教研和园本教研的主动性和创造性，兼顾目标导向和问题导向，有效整合已有教研经验和方法，合理使用互联网技术，创新探索适合北京市全覆盖教研体系的教研方式。创新教研方式需遵循继承性与创新性相结合的原则、计划性与灵活性兼顾的原则、自上而下的计划与自下而上的需求相结合的原则、科学性与实效性并重的原则，充分发挥教研现场的作用，采取文本解读式、案例辨析式、问题引领式、录像回放式、同伴互助式、家园合作式等多种教研方式的不同作用，避免出现形式化、脱离内容的教研方式，定期开展市、区、园三级教研经验交流与现场研讨活动，促进区域教研与园本教研之间的联动合作，真正促进教育实践，提升保教质量。

参考文献

周欣：《托幼机构质量评价的内涵及对儿童发展的影响》，《学前教育研究》2003 年第 Z1 期。

项宗萍、廖贻：《六省市幼教机构教育评价研究》，教育科学出版社，1995。

简楚瑛：《幼教课程模式》，心理出版社，1999。

陶行知：《我之学校观》，载《陶行知文集》，江苏教育出版社，2008。

冯加渔：《教师课程整合的实践意蕴》，《教育学术月刊》2012年第7期。

玛格丽特·卡尔：《另一种评价：学习故事》，周欣等译，教育科学出版社，2016。

卡丽娜·里纳尔迪：《对话瑞吉欧·艾米利亚：倾听、研究与学习》，周菁译，南京师范大学出版社，2014。

中小学教育篇

Primary and Secondary Education Reports

B.7
北京市义务教育优质均衡视域下资源配置的现状、挑战及改进策略

段鹏阳　赵丽娟　范文凤　赵学勤*

摘　要： 每百名学生拥有区级及以上骨干教师数、生均体育运动场馆面积、生均教学及辅助用房面积是影响资源配置水平综合达标情况最主要的三项指标，且各项指标的校际差异系数未达标比例较高；民办学校给部分区义务教育优质均衡发展带来较大影响。市、区两级政府要持续加大对突出问题的改进力度；对民办学校在办学条件改善、教师队伍建设方面给予更

* 段鹏阳，博士，北京市教育督导与教育质量评价研究中心助理研究员，主要研究领域为教育经济；赵丽娟，北京市教育督导与教育质量评价研究中心副研究员，主要研究领域为教育评价；范文凤，博士，北京市教育督导与教育质量评价研究中心助理研究员，主要研究领域为教育经济；赵学勤，北京市教育督导与教育质量评价研究中心主任、研究员，主要研究领域为教育评价。

多政策支持。

关键词： 义务教育　优质均衡　民办学校　北京

一　研究背景与意义

党的十九大指出，新时代我国社会的主要矛盾已经转化为人民日益增长的美好生活需要和不平衡不充分的发展之间的矛盾，体现在教育领域，主要表现为家长对优质教育的需求与教育发展不平衡之间的矛盾。在全国大多数地区实现义务教育基本均衡之后，优质均衡成为今后义务教育发展的努力方向。李克强总理在第十三届全国人民代表大会第二次会议中，对 2019 年教育工作提出要发展更加公平更有质量的教育，具体到义务教育阶段，就是更加均衡更加优质的教育。因此，从优质均衡的视角对北京市义务教育阶段的资源配置现状、挑战进行分析并提出相应的改进策略具有重要的理论意义和实践价值。

从政策演变来看，我国实现基本普及九年义务教育后，均衡成为引领义务教育发展的主旋律。2004 年，国务院办公厅转发教育部《关于建立对县级人民政府教育工作进行督导评估制度的意见》（国办发〔2004〕8 号）首次提出："促进义务教育的均衡发展。"2012 年，《国务院关于深入推进义务教育均衡发展的意见》（国发〔2012〕48 号）提出"努力提高义务教育办学水平和教育质量，到 2020 年，全国实现基本均衡的县（市、区）比例达到 95%"；同年，教育部印发《县域义务教育均衡发展督导评估暂行办法》（教督〔2012〕3 号），开启了教育基本均衡（区）县的评估认定工作，截至 2018 年底，全国 92.7% 的县级单位实现义务教育基本均衡，16 个省份整体通过国家认定。① 2017 年，国务院督导办颁布《县域义务教育优质均衡发

---

① 《笔直奋进答好人民群众"关切题"——2018 年教育改革发展取得新的突破性进展》，《中国教育报》2019 年 1 月 19 日，第 2 版。

展督导评估办法》（教督〔2017〕6 号），提出了包含资源配置、政府保障
程度、教育质量和社会认可度四个维度的评估指标体系。北京市于 2015 年
整体通过均衡评估，并出台《关于推进义务教育优质均衡发展的意见》，标
志着北京市义务教育已由"基本均衡"迈进"推动义务教育优质均衡发展"
的新阶段。2018 年 3 月，北京市教委和督导室颁布了《北京市推进义务教
育优质均衡发展督导评价实施方案（试行）》，从工作推进的视角对各区义
务教育优质均衡发展情况开展督导评估。

通过政策分析发现，义务教育发展的导向从强调公平的基本均衡转向为
兼顾公平和质量的优质均衡。无论是国家出台的督导评估方案还是北京市的
督导评估方案，从基本均衡到优质均衡，对义务教育阶段的资源配置提出了
更高的标准和要求。本报告通过开展全市范围的义务教育资源配置优质均衡
状况监测，及时发现各区义务教育优质均衡发展的短板和薄弱环节，发挥监
测的诊断功能，推动各区政府切实履行教育职责，为开展区级人民政府推进
义务教育优质均衡发展督导评价工作提供数据支持，为市、区两级政府及教
育行政部门推进义务教育优质均衡发展，办好人民满意的首都教育提供决策
依据。

二 文献述评

义务教育优质均衡方面的文献大致可归为四类：对优质均衡发展内涵的
界定与辨析、对优质均衡评价指标体系的建构、结合数据考察优质均衡的现
状和影响因素、从国际比较的视角探索如何推进优质均衡的实现。

对于义务教育优质均衡发展内涵的界定，代表性的观点包括：优质均衡
与基本均衡是层级递进关系，优质均衡发展是建立在"基本均衡"基础上的
更高一级的发展阶段，[1] 优质均衡意味着教育资源尤其是优质教育资源需在地

---

① 线联平：《北京市推进义务教育优质均衡发展的实践与思考》，《北京教育（普教版）》2012
　年第 7 期；尹后庆：《上海义务教育高位均衡发展的战略抉择》，《基础教育参考》2014 年
　第 8 期。

区、城乡与学校间实现更为均衡的配置。① 有学者把"优质均衡"理解为"优质＋均衡"，认为"质量优良且相对均衡才是义务教育优质均衡发展的根本性质"。② 有学者更加强调"优质均衡"含义中的"质量均衡"，③ 以质量为核心的优质均衡不同于以资源均衡为核心的基本均衡。④ 也有学者认为，义务教育均衡是相对的，义务教育均衡发展"差异系数的值未必越低越好"，"认为推进义务教育均衡发展差异系数越小越好"是人们认识上的一个误区。⑤

关于义务教育优质均衡监测指标的构建，学者栗玉香从受教育权利与机会均衡、教育资源配置均衡、教育结果均衡以及政府财政投入努力水平均衡等方面设计了监测指标体系。⑥ 袁振国用指标筛选的方法选出教育经费、办学条件、教师队伍、生源、教育质量5个一级指标和14个二级指标，构建出县域义务教育均衡指标体系。⑦ 董世华、范先佐选择了教师、学生和教育保障系统三个方面15个关键因素组成的县域义务教育均衡发展监测指标矩阵。⑧ 政府层面，国务院督导办颁布《县域义务教育优质均衡发展督导评估办法》之后，全国31个省（自治区、直辖市）已有21个针对义务教育优质均衡督导评估出台了相关政策文件，其中的评估指标体系基本以国务院督导办的评估指标体系为基准，包括资源配置、政府保障程度、教育质量和社会认可度四个方面。北京市出台的优质均衡评价指标包括组织领导、资源配置、队伍建设、教育治理、教育质量、创新发展六个方面。

关于义务教育优质均衡发展的实证研究，国内学者主要侧重于均衡方面

① 姚继军：《发达省份基础教育优质均衡发展的量化测度——以江苏省为例》，《教育科学研究》2014年第6期。
② 彭波：《义务教育优质均衡发展的实践与反思》，《当代教育论坛》2015年第5期。
③ 杨小微：《以"多样优质均衡"回应"高端需求"——我国东部地区义务教育促进社会公平的新思路与新实践》，《基础教育》2013年第2期。
④ 冯建军：《义务教育优质均衡发展的理论研究》，《全球教育展望》2013年第1期。
⑤ 史亚娟：《警惕教育均衡发展中的几个误区》，《中国教育报》2015年9月8日。
⑥ 栗玉香：《教育均衡指数化监测财政投入机制改革》，经济科学出版社，2010。
⑦ 袁振国：《义务教育均衡发报告2010》，教育科学出版社，2010。
⑧ 董世华、范先佐：《我国县域义务教育均衡发展监测指标体系的构建——基于教育学理论的视角》，《教育发展研究》2011年第9期。

的分析，包括从资源配置、教育质量等不同角度，选取全国部分地区，使用差异系数、基尼系数、方差分析、泰尔指数等方法分析了义务教育均衡的现状和影响因素。[①] 也有学者侧重从教育投入的视角分析我国义务教育均衡状况。[②] 关于优质均衡的实证分析目前还相对较少。

从实践探索来看，世界主要发达国家都采取了一系列重要政策来促进本国的义务教育优质均衡发展。例如美国推行"择校制度"，优化教育资源配置；针对处境不利的群体，实施"补偿教育"。英国采取了"教育行动区"计划以改造薄弱学校、"追求卓越的城市教育"计划以促进教育均衡发展、"教育优先区"计划以对教育处境不利地区和人群进行补偿等。国内教育发达城市和地区，如北京、上海、江苏、浙江采取了诸如取消"择校"、学区制改革、集团化办学、名校办分校、建设优质校等一系列措施扩大优质教育资源供给，提升义务教育办学水平和教育质量，促进义务教育优质均衡发展。

通过文献分析发现，围绕义务教育优质均衡发展在内涵界定、评估指标体系构建等方面有较为丰富的学术研究成果，但是对义务教育优质均衡的现状分析较为缺乏，已有分析主要衡量义务教育基本均衡状况。本报告从资源配置视角考察北京市义务教育优质均衡现状，分析挑战，提出改进策略。

三　研究设计

（一）义务教育资源配置分析指标设置

依据教育部《县域义务教育优质均衡发展督导评估办法》（教督〔2017〕6 号），对资源配置的 7 项指标〔每百名学生拥有高于规定学历教

---

① 沈有禄：《中国基础教育公平——基于区域资源配置的比较视角》，教育科学出版社，2011；龙雨甘：《泰尔指数在教育均衡化研究中的应用》，云南大学硕士学位论文，2015；上海教育科学研究院智力开发研究所课题组等：《中国义务教育均衡发展评估实证研究——基于三省六区县的实地调研》，《教育政策观察》2015 年第 5 期；辛涛、田伟、邹舟：《教育结果公平的测量及其对基础教育发展的启示》，《清华大学教育研究》2010 年第 2 期。

② 王善迈：《中国基础教育发展的不平衡和资源配置》，《中小学管理》2000 年第 3 期。

师数、每百名学生拥有区级及以上骨干教师数、每百名学生拥有体育/艺术（美术、音乐）专任教师数、生均教学及辅助用房面积、生均体育运动场馆面积、生均教学仪器设备值、每百名学生拥有网络多媒体教室数〕要求体现"高水平、高均衡"。"高水平"标准要求学校各项指标水平值达到规定标准，即每所学校至少6项指标达到要求，余项不能低于要求的85%，由此测算该区域学校资源配置水平的综合达标率，即综合达标学校所占的比例；"高均衡"要求各项指标校际差异系数达到标准，即小学各项指标校际差异系数均小于或等于0.50，初中各项指标校际差异系数均小于或等于0.45。需要强调的是，义务教育优质均衡评估对象包括民办学校。具体指标详见表1。

表1　义务教育资源配置分析指标及标准

序号	指标	指标水平标准	综合达标标准	差异系数标准
1	每百名学生拥有高于规定学历教师数	小学:4.2人 初中:5.3人	每所学校至少6项指标达到上述要求，余项不能低于要求的85%	各项指标校际差异系数:小学均小于或等于0.50,初中均小于或等于0.45
2	每百名学生拥有区级及以上骨干教师数	1人以上		
3	每百名学生拥有体育/艺术（美术、音乐)专任教师数	0.9人以上		
4	生均教学及辅助用房面积	小学:4.5平方米 初中:5.8平方米		
5	生均体育运动场馆面积	小学:7.5平方米 初中:10.2平方米		
6	生均教学仪器设备值	小学:2000元 初中:2500元		
7	每百名学生拥有网络多媒体教室数	小学:2.3间 初中:2.4间		

注：九年一贯制、十二年一贯制、完全中学依据教育部《县域义务教育优质均衡发展督导评估办法》（教督〔2017〕6号）按学段拆分为小学、初中。

（二）资料来源和分析方法

本文资料来源于 2017～2018 学年北京市教育事业发展统计数据。该数据由各区教委统一组织学校进行填报，北京市教委、教育部进行审核，具有法定效力。

数据分析方法包括描述性分析和差异系数分析，描述性分析计算每所学校各项指标均值及区域的综合达标率，综合达标率 =7 项指标综合达标学校数/全区学校总数；

差异系数分析计算各项指标在区域内校际差异程度。差异系数计算公式表示为：

$$CV = \left(\frac{S}{\bar{X}} \right)$$

CV 为差异系数，S 为标准差，$\bar{X}$ 为全区平均数。

式中，$S = \sqrt{\sum_{i}^{n} (P_i/P_N) \times (X_i - \bar{X})^2}$，$X_i$ 表示区均衡指标体系中第 i 个学校（初中或小学）某个指标值，$X_i = x_i/P_i$，x_i 为该指标第 i 个学校的原始值，P_i 为第 i 个学校（初中或小学）的在校生数；$\bar{X}$ 表示该指标的区平均值，其中 $\bar{X} = \sum_{i=1}^{n} x_i/P_N$，$P_N$ 为区内所有初中（或小学）学校的在校生数，$P_N = \sum_{i=1}^{n} P_i$。

四 北京市义务教育优质均衡视域下资源配置的现状

为更全面和深入地考察北京市义务教育优质均衡视域下的资源配置现状，本文把各区资源配置水平的达标情况及校际差异达标情况分为总体（含民办学校）和公办学校进行呈现。

（一）资源配置水平达标情况

各区小学和初中资源配置 7 项指标水平的综合达标比例均未达到

100%，初中综合达标情况好于小学。

小学学段，资源配置7项指标水平综合达标比例仅有4个区超过50%，有3个区综合达标比例低于10%；值得关注的是区2，所有小学7项指标水平均未综合达标。初中学段，资源配置7项指标水平综合达标比例超过50%的区有11个，超过80%的区有4个，有2个区的综合达标比例低于30%。除区1外，15个区初中资源配置7项指标水平的综合达标情况好于小学（见表2）。

（二）资源配置的校际差异情况

各区7项指标的校际差异系数均未全部达标。小学学段，资源配置7项指标的校际差异系数均未全部达标，其中3个区校际差异系数的达标项数低于3项。初中学段，有7个区校际差异系数的达标项数低于3项（见表2）。比较而言，首都功能核心区和城市功能拓展区小学资源配置7项指标的校际差异系数达标情况普遍好于初中。

表2　北京市16区义务教育资源配置综合达标比例及差异系数达标项数

单位：%，项

区	资源配置水平综合达标比例		差异系数达标项数	
	小学	初中	小学	初中
区1	19.0	17.1	5	4
区2	0.0	41.0	6	3
区3	23.8	51.2	4	0
区4	31.5	69.4	5	0
区5	7.9	35.0	5	1
区6	9.1	21.1	6	3
区7	66.7	83.3	3	3
区8	41.2	71.4	3	3
区9	16.3	62.2	3	3
区10	22.4	46.4	3	0

区	资源配置水平综合达标比例		差异系数达标项数	
	小学	初中	小学	初中
区 11	45.5	53.2	0	0
区 12	26.0	76.2	3	2
区 13	48.3	76.9	3	6
区 14	72.9	82.4	1	3
区 15	56.1	90.0	4	6
区 16	81.8	87.5	1	1

（三）每百名学生拥有高于规定学历教师数是北京市义务教育资源配置最接近优质均衡的指标

总体来看，北京市 16 个区小学、初中每百名学生拥有高于规定学历教师数达标比例分别超过 93%、85%，其中 9 个区小学、初中均达到 100%。从校际差异来看，小学、初中分别有 15 个区和 10 个区每百名学生拥有高于规定学历教师数校际差异系数达到国家规定标准。说明北京市各区每百名学生拥有高于规定学历教师数实现优质均衡情况较好。

（四）北京市义务教育资源配置优质均衡呈现明显的区域特征

小学和初中生均教学及辅助用房面积、生均体育运动场馆面积达标比例，均表现为首都功能核心区的达标比例最低，其次为城市功能拓展区与城市发展新区，生态涵养发展区的达标比例最高。换言之，从首都功能核心区向外扩散，生均教学及辅助用房面积和生均体育运动场馆面积达标比例依次升高，与城区的学校规模和占地面积有很大关系（见图 1）。

小学每百名学生拥有高于规定学历教师数、每百名学生拥有体育/艺术专任教师数校际差异系数，首都功能核心区最低，即均衡程度最高，生态涵养发展区差异系数最高，即均衡程度最低。初中的趋势与小学相反，每百名

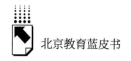

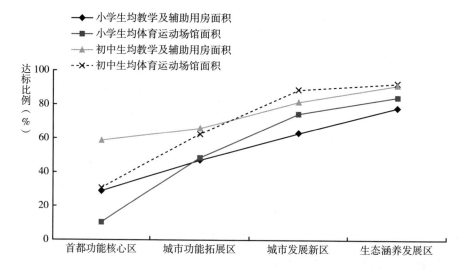

图1 各功能区生均教学及辅助用房面积、生均体育运动场馆面积达标比例

学生拥有高于规定学历教师数、每百名学生拥有体育/艺术专任教师数，生态涵养发展区的均衡程度最高，首都功能核心区的均衡程度最低（见图2）。

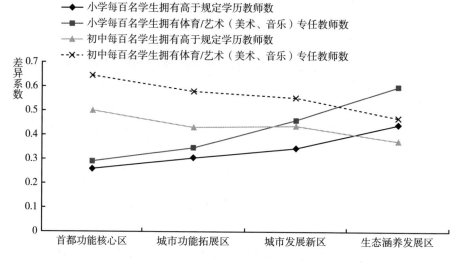

图2 各功能区每百名学生拥有高于规定学历教师数、每百名学生拥有体育/艺术（美术、音乐）专任教师数校际差异系数

五　北京市义务教育优质均衡视域下资源配置面临的挑战

（一）资源配置水平达标情况面临的挑战

每百名学生拥有区级及以上骨干教师数、生均体育运动场馆面积、生均教学及辅助用房面积是影响各区资源配置综合达标情况最主要的 3 项指标。

为进一步分析各项指标对资源配置综合达标情况的影响，针对资源配置的 7 项指标，去掉某一项指标后，计算余下 6 项指标的综合达标情况，得到该项指标对资源配置综合达标情况的影响程度，即去掉该项指标后各区资源配置综合达标的提升比例。

结果发现，每百名学生拥有区级及以上骨干教师数、生均体育运动场馆面积、生均教学及辅助用房面积是影响各区资源配置综合达标情况最主要的 3 项指标。其中，生均体育运动场馆面积对首都功能核心区和城市功能拓展区的影响较大，每百名学生拥有区级及以上骨干教师数对城市发展新区和生态涵养发展区的影响较大（见表 3）。

（二）资源配置均衡面临的挑战

优质均衡要求资源配置各项指标校际差异系数，小学均小于或等于 0.50，初中均小于或等于 0.45。表 4 呈现了资源配置各项指标校际差异系数未达标的区的数量。除了每百名学生拥有高于规定学历教师数校际差异系数未达标区的数量相对较低外，其他 6 项指标校际差异系数未达标数量均较高。总体来看，15 个区的小学和初中生均体育运动场馆面积校际差异系数未达到国家标准；11 个区的小学和 14 个区初中每百名学生拥有区级及以上骨干教师数的校际差异系数未达到国家标准（见表 4）。

表3 去掉某项指标后各区资源配置综合达标的提升比例

单位：%

类别	每百名学生拥有高于规定学历教师数		每百名学生拥有区级及以上骨干教师数		每百名学生拥有体育/艺术专任教师数		生均教学及辅助用房面积		生均体育运动场馆面积		生均教学仪器设备值		每百名学生拥有网络多媒体教室数	
	小学	初中	小学	初中	小学	初中	小学	初中	小学	初中	小学	初中	小学	初中
区1	0.0	0.0	3.2	11.4	0.0	0.0	0.0	8.6	14.3	37.1	0.0	0.0	0.0	0.0
区2	0.0	0.0	1.6	0.0	0.0	0.0	4.9	10.3	37.7	30.8	0.0	0.0	0.0	0.0
区3	0.0	0.0	22.4	13.4	0.7	0.0	8.4	6.1	13.3	15.9	0.0	0.0	0.0	0.0
区4	0.0	0.0	9.0	13.9	0.0	0.0	6.7	8.3	18.0	5.6	0.0	0.0	0.0	0.0
区5	0.0	0.0	52.6	25.0	0.0	0.0	10.5	10.0	0.0	0.0	0.0	0.0	0.0	0.0
区6	0.0	0.0	4.5	2.8	0.0	0.0	10.9	12.7	23.6	19.7	0.9	0.0	0.9	0.0
区7	0.0	0.0	4.2	0.0	0.0	0.0	8.3	0.0	8.3	0.0	0.0	0.0	0.0	0.0
区8	0.0	0.0	34.2	9.5	0.9	0.0	3.5	4.8	6.1	2.4	0.0	0.0	0.0	4.8
区9	0.0	0.0	41.3	13.5	0.0	0.0	2.2	0.0	2.2	5.4	0.0	0.0	1.1	0.0
区10	0.0	0.0	15.5	25.0	0.0	0.0	34.5	17.9	1.7	3.6	0.0	0.0	0.0	0.0
区11	0.0	0.0	9.8	12.8	1.9	0.0	7.1	10.6	1.8	2.1	0.9	2.1	1.8	0.0
区12	0.0	0.0	31.7	2.4	0.0	0.0	11.5	2.4	3.8	7.1	0.0	0.0	0.0	0.0
区13	0.0	0.0	31.0	7.7	0.0	0.0	6.9	0.0	3.4	7.7	0.0	0.0	3.4	0.0
区14	0.0	0.0	10.4	11.8	0.0	0.0	6.3	0.0	2.1	0.0	0.0	0.0	2.1	0.0
区15	0.0	0.0	14.6	0.0	0.0	0.0	24.4	10.0	0.0	0.0	0.0	0.0	0.0	0.0
区16	0.0	0.0	12.1	12.5	0.0	0.0	3.0	0.0	3.0	0.0	0.0	0.0	0.0	0.0

表4 资源配置各项指标校际差异系数未达标的区数量

指标	学段	未达标区数(个)
每百名学生拥有高于规定学历教师数(人)	小学	2
	初中	6
每百名学生拥有区级及以上骨干教师数(人)	小学	11
	初中	14
每百名学生拥有体育/艺术(美术、音乐)专任教师数(人)	小学	6
	初中	10
生均教学及辅助用房面积(m²)	小学	8
	初中	11
生均体育运动场馆面积(m²)	小学	15
	初中	15
生均教学仪器设备值(元)	小学	8
	初中	9
每百名学生拥有网络多媒体教室数(间)	小学	7
	初中	9

（三）民办学校带来的挑战

义务教育优质均衡监测包括民办学校，也给各区义务教育资源配置实现优质均衡带来较大的挑战。分析发现，若仅监测公办学校，大多数区义务教育资源配置的优质均衡程度有所提高。尤其对于民办学校较多的区，若仅监测公办学校，资源配置的优质均衡程度有不同程度的提升。小学有3个区，初中有4个区，若仅监测公办学校，资源配置的综合达标比例有不同程度的提升，各指标差异系数的达标项数均至少增加了2项。其中，区10初中学段，若仅监测公办学校，各项指标的校际差异系数达标项数由0项增加到6项（见表5）。

表5　北京市16区公办和民办学校综合达标比例及差异系数达标项数

单位：%，项

区	资源配置水平综合达标比例				差异系数达标项数			
	小学		初中		小学		初中	
	公办	总体	公办	总体	公办	总体	公办	总体
区1	19.0	19.0	17.1	17.1	5	5	4	4
区2	0.0	0.0	40.5	41.0	7	6	4	3
区3	28.6	23.8	63.6	51.2	6	4	2	0
区4	32.9	31.5	70.6	69.4	5	5	0	0
区5	8.8	7.9	43.8	35.0	6	5	3	1
区6	10.4	9.1	27.3	21.1	6	6	6	3
区7	66.7	66.7	83.3	83.3	3	3	3	3
区8	43.9	41.2	75.0	71.4	4	3	3	3
区9	18.3	16.3	71.9	62.2	4	3	3	3
区10	25.5	22.4	65.0	46.4	5	3	6	0
区11	55.4	45.5	63.2	53.2	2	0	1	0
区12	28.4	26.0	82.1	76.2	4	3	2	2
区13	48.3	48.3	76.9	76.9	3	3	6	6
区14	74.5	72.9	82.4	82.4	1	1	3	3
区15	56.1	56.1	90.0	90.0	4	4	6	6
区16	84.4	81.8	87.5	87.5	1	1	1	1

六　改进策略

义务教育优质均衡发展监测的核心要义在于通过监测反映北京市各区义务教育优质均衡发展现状，发现问题，提出改进建议，从而为各区级政府推进义务教育优质均衡发展提供证据支持和决策依据。

（一）市、区两级政府应把推进义务教育优质均衡发展摆在更加重要的地位

推进义务教育优质均衡发展是落实国家提出的"促进公平、提高质量"

任务要求的重大举措,也是当前和未来一个时期各级教育行政部门、教育督导部门的一项重要任务。监测发现,尽管北京市义务教育发展水平在全国处于领先地位,但各区实现义务教育优质均衡仍然面临较大挑战,尤其在资源配置水平和校际均衡方面仍有较大的改进空间。市、区两级政府应把推进义务教育优质均衡发展摆在更加重要的地位,市级教育行政部门要做好义务教育优质均衡发展的整体规划和顶层设计,市级督导部门要充分发挥督导评估和问责职能;区级政府要进一步转变观念,主动作为,借助义务教育优质均衡发展,促进本区义务教育向更加公平、更高质量的方向发展。

(二)充分利用义务教育优质均衡发展监测结果,科学诊断和分析各区存在的问题

与基本均衡侧重考察资源配置的均衡不同,优质均衡既要体现均衡,也要体现质量,标准更高。从优质均衡的角度来衡量资源配置,北京市各区义务教育发展呈现新的特征,如中心城区的学校在"两个面积"等方面不达标比例较高,资源配置7项指标的校际差异系数未达国家标准的区较多等。市、区两级教育行政和督导部门要充分利用义务教育优质均衡发展监测结果,科学诊断和分析各区存在的问题,了解全市和各区在义务教育优质均衡的视域下呈现新的特征,面临的新挑战。

(三)针对问题,因地制宜,精准施策,持续加大对突出问题的改进力度

监测结果表明,各区义务教育优质均衡发展面临的问题各不相同,需要因地制宜,精准施策。针对学校生均教学与辅助用房面积、生均体育运动场馆面积达标比例较低的问题,区级教育部门可以通过租赁等形式租用学校周边的适合教育教学的场地及体育场馆,或通过利用校园内部地下、楼顶空间的形式来扩展生均面积。针对每百名学生拥有高于规定学历教师数、每百名学生拥有体育/艺术专任教师数校际差异大的问题,教育部门应在区级层面统筹协调校际师资队伍配置的差异,切实解决部分学校体育/艺术专任教师不足问题。

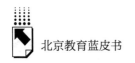
（四）市、区两级政府对民办学校在办学条件改善、教师队伍建设方面给予更多政策支持

义务教育优质均衡发展将民办学校纳入监测范围，体现了优质均衡的全纳性，但会对民办学校较多的区的义务教育优质均衡情况造成较大的影响。民办学校在招生入学、办学条件、课程设置等方面具有一定的灵活性，但在教师职称评定、骨干教师评选等教师队伍建设方面尚未能与公办学校享有同等权利，尤其是每百名学生拥有区级及以上骨干教师数成为制约民办学校资源配置水平达标不可逾越的瓶颈，同时会影响该指标的校际差异系数。市、区两级政府应当把义务教育阶段民办学校的发展纳入各区义务教育发展规划中进行统筹考虑，在教师职称评定、骨干教师评选等方面适当向民办学校倾斜，进一步加大对民办学校办学条件改善方面的支持力度。

本文基于教育部《县域义务教育优质均衡发展督导评估办法》关于资源配置的 7 项指标及相应标准，采用 2017～2018 年北京市教育事业统计数据，主要从教育督导工作推进的视角分析了北京市义务教育资源配置的现状、面临的挑战和改进策略。从学术研究和教育实践层面而言，采用哪些指标反映北京市义务教育资源配置的优质均衡状况仍值得进一步研究；从分析结果的客观性而言，本文采用 2017～2018 学年教育事业统计数据进行分析，存在一定的滞后性，与北京市各区当前的义务教育资源配置实际情况可能存在一定偏差。

参考文献

线联平：《北京市推进义务教育优质均衡发展的实践与思考》，《北京教育（普教版）》2012 年第 7 期。

尹后庆：《上海义务教育高位均衡发展的战略抉择》，《基础教育参考》2014 年第 8 期。

姚继军：《发达省份基础教育优质均衡发展的量化测度——以江苏省为例》，《教育科学研究》2014 年第 6 期。

　　彭波：《义务教育优质均衡发展的实践与反思》,《当代教育论坛》2015 年第 5 期。

　　杨小微：《以"多样优质均衡"回应"高端需求"——我国东部地区义务教育促进社会公平的新思路与新实践》,《基础教育》2013 年第 2 期。

　　冯建军：《义务教育优质均衡发展的理论研究》,《全球教育展望》2013 年第 1 期。

　　史亚娟：《警惕教育均衡发展中的几个误区》,《中国教育报》2015 年 9 月 8 日。

　　栗玉香：《教育均衡指数化监测财政投入机制改革》,经济科学出版社,2010。

　　袁振国：《义务教育均衡发展报告 2010》,教育科学出版社,2010。

　　董世华、范先佐：《我国县域义务教育均衡发展监测指标体系的构建——基于教育学理论的视角》,《教育发展研究》2011 年第 9 期。

　　沈有禄：《中国基础教育公平——基于区域资源配置的比较视角》,教育科学出版社,2011。

　　龙雨甘：《泰尔指数在教育均衡化研究中的应用》,云南大学硕士学位论文,2015。

　　上海教育科学研究院智力开发研究所课题组等：《中国义务教育均衡发展评估实证研究——基于三省六区县的实地调研》,《教育政策观察》2015 年第 5 期。

　　辛涛、田伟、邹舟：《教育结果公平的测量及其对基础教育发展的启示》,《清华大学教育研究》2010 年第 2 期。

　　王善迈：《中国基础教育发展的不平衡和资源配置》,《中小学管理》2000 年第3 期。

B.8
首都基础教育阶段学位需求预测（2020~2035年）

赵佳音*

摘　要： 教育资源是为学生服务的，学位需求变动对教育资源配置有直接影响。学位需求预测也是科学的教育规划中不可回避的一个环节。首都的学位需求预测还需要特别考虑到生育周期、"全面二孩"政策、"非首都功能疏解"政策和京津冀协同发展等相关因素的影响。本文使用北京市教委网站公布的教育事业统计资料、历年北京市统计年鉴、2000年及2010年北京市人口普查资料，2015年北京市1%人口抽样调查资料，对2020~2035年首都基础教育阶段学位需求分低、中、高方案进行了预测。总体来说，未来15年内，全市学前至高中教育阶段学位需求会分别在2021年、2027年、2030年、2033年达到峰值。对比低方案和高方案的预测值，现阶段"全面二孩"政策对学前教育阶段及小学教育阶段的学位需求有较大的影响。

关键词： "全面二孩"政策　生育周期　学龄人口　北京市

---

* 赵佳音，博士，北京教育科学研究院助理研究员，研究方向为学龄人口预测、教育财政、教育经济。

一　问题的提出

国家的首都大致可以分为两类，一类为单一功能型首都，如美国华盛顿、澳大利亚堪培拉。此类城市人口规模小，其功能围绕政治中心展开，城市功能满足其政治功能即可。另外一类为多层次功能型首都，如我国北京、日本东京、英国伦敦、法国巴黎。多层次功能型首都，人口规模较大，都市圈层较多，对资源环境承载力要求较高。同时对医疗、教育、交通等公共服务的供给也提出了非常高的要求。

2000 年至 2016 年，北京市人口进入快速增长期，常住人口从 1363.6 万人增长至 2172.9 万人，净增长 809.3 万人。北京市大城市病及综合承载力不足的问题逐步显现。面对北京大城市病及综合承载力不足的问题，北京市开始实施"非首都功能疏解"政策，表现为中心城区人口向周边省市或南方转移，通过城市功能带动疏解。而 2016 年 3 月"全面二孩"政策①在北京市正式落地，当年北京市常住人口生育婴儿数达到 28 万人。两个政策相互叠加，为公共服务的供给提出了较大的挑战。

二　首都基础教育阶段现状分析

本部分对首都 2016 年基础教育阶段教育事业发展及教育经费情况进行分析，并与 2015 年进行了比较。包括各教育阶段的学校数、招生数、在校（园、所）生数、教师、教育经费及办学条件情况。

1.学前教育阶段②

2016 年，全市共有幼儿园 1570 所，比 2015 年增加 83 所；入园（班）

---

①　2016 年 3 月 14 日，北京市第十四届人民代表大会常务委员会第二十六次会议通过《北京市人口与计划生育条例修正案》，标志着中央提出的"全面实施一对夫妇可以生育两个孩子的政策"在北京正式落地。

②　学前教育阶段的教育经费及办学条件的相关统计数据现阶段无法获得。

幼儿 15.28 万人，比 2015 年增加 0.37 万人，在园（班）幼儿 41.70 万人，比 2015 年增加 2.29 万人；幼儿园园长和专任教师共 3.84 万人，比 2015 年增加 0.21 万人，学生与专任教师比为 10.86∶1。

2. 义务教育阶段

2016 年，全市共有义务教育阶段学校 1325 所，比 2015 年减少 11 所；招生 23.71 万人，在校生 113.67 万人；专任教师 7.35 万人。小学 984 所，比 2015 年减少 12 所；招生 14.53 万人，比 2015 年减少 602 人，在校生 86.84 万人，比 2015 年增加 1.81 万人。小学教职工 5.97 万人①，比 2015 年增加 1408 人，专任教师 5.18 万人，比 2015 年增加 1734 人。生师比为 14.0∶1②。全市普通小学生均事业费为 25793.55 元，比 2015 年的 23757.49 元增长 8.57%；生均公用经费为 10308.69 元，比上年的 9753.38 元增长 5.69%。校舍建筑面积 700.78 万平方米，比 2015 年增加 20.50 万平方米。

初中 341 所，比 2015 年增加 1 所；招生 9.19 万人，比 2015 年增加 2702 人，在校生 26.83 万人，比 2015 年减少 1.51 万人。教职工 2.85 万人③，比 2015 年减少 167 人，专任教师 2.17 万人，比 2015 年增加 220 人。生师比 8.0∶1。生均事业费为 45516.37 元，比上年的 40443.73 元增长 12.54%。生均公用经费初中为 16707.86 元，比上年的 15945.08 元增长 4.78%。校舍建筑面积 405.68 万平方米，比上年增加 9.04 万平方米。

3. 高中教育阶段

2016 年共有学校 426 所，比 2015 年减少 2 所；招生 8.90 万人，比 2015 年减少 0.83 万人，在校学生 28.42 万人，比 2015 年减少 1.96 万人。其中，普通高中 305 所，比 2015 年减少 1 所；招生 5.35 万人，比 2015 年减少 0.32 万人，在校学生 16.31 万人，比 2015 年减少 0.63 万人。教职工 5.69 万人④，比 2015 年增加 0.15 万人，专任教师 4.29 万人，比 2015 年增

---

① 不含九年一贯制学校、十二年一贯制学校小学段。
② 数据来源于教育部官方网站。
③ 含九年一贯制学校，不含完全中学、十二年一贯制学校初中段。
④ 含完全中学、十二年一贯制学校。

加 938 人。生师比为 7.7∶1。普通高中生均事业费为 50802.57 元，比 2015 年的 42192.74 元增长 20.41%。生均公用经费 18425.09 元，比 2015 年的 14807.38 元增长 24.43%。普通高中共有校舍建筑面积 971.42 万平方米，比 2015 年增加 37.70 万平方米。

中等职业学校 121 所，比 2015 年减少 1 所。招生 3.55 万人，比 2015 年减少 0.51 万人，占高中阶段教育招生总数的 39.86%。在校生 12.17 万人，比 2015 年减少 1.33 万人，占高中阶段教育在校生总数的 42.60%。中等职业教育学校共有教职工 1.38 万人，比 2015 年减少 744 人。专任教师 0.82 万人，比 2015 年减少 639 人。生均教育事业费为 38661.50 元，比 2015 年的 34433.36 元增长 12.28%。生均公用经费 15587.33 元，比上年的 14945.67 元增长 4.29%。校舍建筑面积为 257.43 万平方米，比 2015 年减少 0.75 万平方米。

全市学生数的主要增长点在学前阶段，原因为学前阶段普及率上升，以及北京市进入新一轮的生育高峰，而初中阶段、高中阶段在校生数有所减少。小学教育在校生处于增长阶段，学校却减少了 12 所。全市基础教育各阶段教师数除中等职业学校外，均有所增加。各阶段生均教育经费也有不同程度的增长，增幅较大的为普通高中阶段，生均教育事业费和生均公用经费增幅均超过 20%。校舍面积除中等职业学校外也都有不同程度的增长。

三　首都人口学基本特征

总体来看，2000 年至 2016 年，北京市人口进入快速增长期，常住人口从 1363.6 万人增长至 2172.9 万人，净增长 809.3 万人，其中非户籍人口对常住人口净增长的贡献率为 68.4%。常住人口性别比在 102.6 至 109.5 的区间内变动，但总体基本稳定，男性略多于女性。从粗出生率来看，2000 年至 2016 年，呈现振荡上行的趋势，逐渐从 6‰ 恢复至 9‰ 的水平，2003 年、2015 年的粗生育率都明显低于周围年份，分别为 5.06‰ 与 7.96‰。常住人口死亡率由 2000 年的 5.30‰ 振荡下行至 2011 年的 4.27‰ 后，又开始逐步上升，2016 年达到 5.20‰ 回到 2005 年水平。常住人口自然增长率呈现震荡

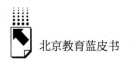

上行的趋势,从 2000 年的 0.90‰增长至 2016 年的 4.12‰,具体数值详见表 1。从人口净增角度来看,北京市人口增速已经放缓。

一方面,快速增长的常住人口,特别是 18 岁至 65 岁年龄段的人口,为北京市经济社会的快速发展提供了有力的保障;另一方面,快速增长的常住人口也成为北京市"大城市病"的主要来源之一,相对于人口的快速增长医疗、交通、教育以及水资源出现严重短缺。

表 1　2000～2016 年北京市人口基本情况

年份	常住人口 (万人)	户籍人口 (万人)	性别比	常住人口 出生率(‰)	常住人口 死亡率(‰)	常住人口 自然增长率 (‰)
2000	1363.6	1107.5	108.9	6.20	5.30	0.90
2001	1385.1	1122.3	108.9	6.10	5.30	0.80
2002	1423.2	1136.3	109.3	6.60	5.73	0.87
2003	1456.4	1148.8	109.5	5.06	5.15	−0.09
2004	1492.7	1162.9	109.4	6.13	5.39	0.74
2005	1538.0	1180.7	102.6	6.29	5.20	1.09
2006	1601.0	1197.6	104.4	6.22	4.94	1.28
2007	1676.0	1213.3	103.1	8.16	4.83	3.33
2008	1771.0	1229.9	103.4	7.89	4.59	3.30
2009	1860.0	1245.8	104.4	7.66	4.33	3.33
2010	1961.9	1257.2	106.8	7.27	4.29	2.98
2011	2018.6	1276.4	106.4	8.29	4.27	4.02
2012	2069.3	1295.5	106.7	9.05	4.31	4.74
2013	2114.8	1312.1	106.5	8.93	4.52	4.41
2014	2151.6	1332.9	105.9	9.75	4.92	4.83
2015	2170.5	1347.9	105.3	7.96	4.95	3.01
2016	2172.9	1362.9	105.3	9.32	5.20	4.12

资料来源:根据《北京统计年鉴 2017》表 3-2 计算整理。

生育情况。北京市常住人口从粗出生率来看,2000 年至 2016 年呈现振荡上行的趋势,逐渐从 6‰恢复至 9‰的水平。但 2003 年与 2015 年的粗出生率明显低于临近的其他年份,详见图 1。而这两个年份的生肖都是羊,说明父母对子女的属相还是有明显偏好的。仅研究粗出生率还不足以对学龄人口进行较精确的预测，因此本文还对分年龄别生育率与总和生育率进行了研究。

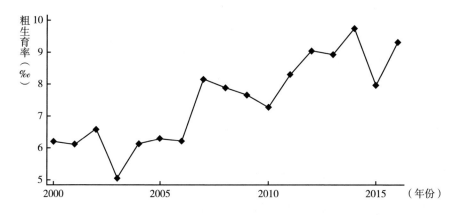

图 1 2000～2016 年北京市粗出生率情况

图 2 对人口普查年份 2000 年、2010 年，以及 1% 人口抽样调查年份 2015 年分年龄别生育率的计算结果进行了呈现。可以看出，2000 年至 2010 年的 11 年间，生育情况发生了很大的变化，具体表现为初生年龄后移，生育高峰后移且较 2000 年生育高峰数值低近 20%，并且生育年龄区间变宽。[①] 而 2010 年至 2015 年的分年龄别生育情况的形态基本相同，没有发生较大的变化。

2000 年，从 20 岁开始，分年龄别生育率开始急速攀升，至 25 岁时达到峰值，然后急速回落。而 2010 年，分年龄别生育率从 20 岁开始迅速攀升，但速度比 2000 年慢，在 24～27 岁还有一段较平缓的上升期，而后继续迅速攀升，到 29 岁时到达峰值，然后开始逐渐下降，其下降速度要比 2000 年慢，超过 40 岁后还有一部分妇女继续生育，而 2000 年超过 40 岁的高龄产妇数量很少。这一现象的形成与北京市常住人口教育程度提升，特别是女

---

① 北京市 2000 年分年龄别生育率根据《北京市各区县 2000 年人口普查资料》计算整理；北京市 2010 年分年龄别生育率根据《北京市 2010 年人口普查资料（乡、镇、街道卷）》中全部资料计算整理；北京市 2015 年分年龄别生育率根据《2015 年北京市 1% 人口抽样调查资料》中全部资料计算整理。

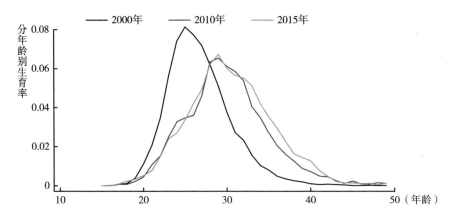

图 2 北京市 2000 年与 2010 年、2015 年分年龄别生育率分布

性教育水平的提升，育儿成本的提升，女性工资水平的提升，以及医疗水平的提升密不可分。2015 年，分年龄别峰值与 2010 年相同，33 岁之后的分年龄别生育率略高于 2010 年分年龄别生育率，这一现象与 2015 年"单独二孩"政策的实施相关。

考虑总和生育率（Total Fertility Rate）的原因，除了这个指标考虑到了性别与年龄结构的因素外，还有就是其代表的含义。总和生育率可以近似看成一个妇女从进入生育年龄至生育年龄结束生育孩子的数量，也就是说如果总和生育率为 1，则代表一名妇女从 15 至 49 岁可能生育 1 个孩子，较其他衡量生育情况的指标更有解释力。从普查年份的分年龄别生育率可以计算出，2000 年及 2010 年总和生育率分别为 0.68 和 0.71，即北京市到 2010 年，1 名妇女一生约可生育 0.71 个孩子。如想通过人口自然增长来保持常住人口规模，一般认为总和生育率至少要达到 2.1，而北京市现阶段的总和生育率处于深度低的状态。根据美国中央情报局对 2014 年世界 224 个国家和地区总和生育率的排名情况来看，北京未达到新加坡的 0.83，而新加坡已经是排名最低的国家。①

---

① 美国中央情报局官网，https：//www.cia.gov/library/publications/the – world – factbook/ rankorder/2127 rank. html。

四 "非首都功能疏解"政策影响分析

人口疏解是大型城市进行人口调控的主要方式之一，表现为中心城区人口向周边地区转移，常常通过城市功能疏解共同带动。20 世纪初，国外学者开始对城市功能及人口疏解的关系进行研究，芬兰规划师 Eliel Saarinen 首次提出了"有机疏散理论"。一种疏解方式主要是通过政府在中心城区外有计划地建设卫星城减缓中心城区压力，从而实现中心城区的人口及功能疏散。另一种方式是通过"郊区化"来完成的，即将人口、就业及公共服务从中心城区迁移至郊区。近代学者对人口疏解的研究主要集中在疏解测度、疏解方式和疏解成效评价等领域。区域人口数量、人口密度梯度、比重及密度变化、胡佛指数和人口增长率等指标也能有效衡量城市人口变化。

面对北京"大城市病"及综合承载力不足的问题，2014 年初，北京市政府印发了《市政府党组党的群众路线教育实践活动整改方案》，提出了人口规模调控的整改目标。目标指出：综合运用法律、行政、经济等各种手段，合理控制人口规模，优化人口空间布局，改善人口发展环境，疏解中心城区功能，落实"以证管人、以房管人、以业控人"，使人口增速明显下降。而后出台的《京津冀协同发展规划纲要》更是提出，到 2020 年，北京市常住人口力争控制在 2300 万人以内，城六区常住人口争取下降 15% 左右。各区也按照北京市人口调控目标都规定了各区未来 5 年的人口调控目标。2015 年习近平总书记提出"非首都功能疏解"，指明北京市近期城市发展目标是保留与首都功能定位相适应的产业、逐渐移出非首都功能相关产业。城市人口与产业发展密不可分，产业结构调整伴随人口规模与结构的调整，城市功能疏解与人口疏解应同步推进。

五 首都基础教育阶段学龄人口预测方法

本文使用队列要素构成进行预测，该方法主要考虑人口年龄分布效应，

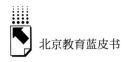

也是人口预测中最常用的一种方法。塞缪尔·普雷斯顿等人在为宾夕法尼亚大学人口统计学研究生所著的教科书中宣称："该方法几乎是人口预测中唯一使用的方法，代表了社会科学中罕见的一致认同。"

队列预测法的基石是人口平衡方程，使用离散时间模型表达人口变动的过程，即时间每向前推移一个年龄段，该年龄段内所有存活的人口加上净迁移的人口会自然地进入下一个年龄段。属于这种预测方法的有keyfitz矩阵方程，该方程是美国数理人口学家、社会学家内森·凯菲茨所创立，初创时仅考虑人口的出生与死亡两个因素，但没有考虑迁移对预测的影响。现阶段，较常用的为Leslie矩阵方程，该方程是1945年澳大利亚学者Leslie提出的，最初用于研究动物的数量变化，后来才应用于人口预测。Leslie矩阵考虑了生育、死亡以及迁移三个要素，较内森·凯菲茨的矩阵方程更为合理。对生育、死亡及迁移的预测也有很多不同的方式，因此，在与Leslie矩阵进行组合的过程中也有很多的变化。我国学者宋健的人口发展方程，也是在改进了Leslie矩阵生育分布模式的基础上建立起来的。国家计生委研发的人口预测CPPS软件也是队列预测法的一种。另外，与其他人口预测方法相比队列预测法可以对人口结构进行预测，如对不同年龄段、不同性别的人口数进行预测，而不仅仅只是对人口总数进行预测，并且预测结果比较稳定。在对学龄人口进行预测时，需要对特定年龄段的适龄人口数进行具体预测，因此，队列预测法在学龄人口预测中也被广泛地应用。但队列预测法也有其局限性，例如除了基年的人口数据外，其余变量都需要进行假设，假设是否符合实际情况，对预测是否准确有非常大的影响。

（一）Leslie矩阵模型

人口数随年龄发生变动，而年龄又随时间推移发生改变。即在第 t 年第 x 岁存活下来的人口加上该年 x 岁迁移的人数等于第 $t+1$ 年 $x+1$ 岁的人数（x 代表具体年龄数）。

其矩阵表达形式为：

$$\begin{bmatrix} P_{0(t+1)} \\ P_{1(t+1)} \\ P_{2(t+1)} \\ P_{3(t+1)} \\ \cdots \\ P_{w-1(t+1)} \end{bmatrix} = \begin{bmatrix} B_0 & B_1 & B_2 & \cdots & B_{w-2} \\ S_0 & 0 & 0 & \cdots & 0 \\ 0 & S_1 & 0 & \cdots & 0 \\ 0 & 0 & S_2 & \cdots & 0 \\ & & & \cdots & \\ & & & \cdots & \\ 0 & 0 & 0 & & 0 \end{bmatrix} \begin{bmatrix} P_{0(t)} \\ P_{1(t)} \\ P_{2(t)} \\ P_{3(t)} \\ \cdots \\ P_{w-1(t)} \end{bmatrix} + \begin{bmatrix} G_{0(t)} \\ G_{1(t)} \\ G_{2(t)} \\ G_{3(t)} \\ \cdots \\ G_{w-1(t)} \end{bmatrix}$$

其中，B_x 表示年龄为 x 的出生率，根据本研究对"全面二孩政策"的估算[①]，出生率在原基础上分别乘以 1.15、1.25、1.50；S_x 表示年龄为 x 的存活率，G_x 表示年龄为 x 的净迁移人数，P_0 到 P_{w-1} 构成了人口生命表。

（二）预测步骤

步骤 1：根据六普和 2015 年统计数据，对分年龄人口数进行调整。

步骤 2：使用 Leslie 矩阵对 2020～2035 年常住及户籍新生人口进行预测。

步骤 3：将新生人口数、各区教育相关分年级在校生数与 2017～2016 年学前至高中阶段在校生数进行对接，形成队列。

步骤 4：使用队列位移得到 2020～2035 年学前至高中阶段学位需求数。

步骤 5：使用学位需求与学位供给数预测学位缺口数。

六　首都基础教育阶段学龄人口预测资料来源及假设

（一）资料来源

本文使用了 2015 年 1% 人口抽样调查北京市分年龄的相关数据。使用了 2010 年第六次人口普查通州区分年龄的数据对于抽样调查数据进行验证。将 2015 年北京市分年龄别生育率作为生育结构资料来源；存活情况使用 2015 年北京市 0 岁人口的存活率。并使用北京市教委公布的各区分年级教

[①]　乔晓春根据庄亚儿 2013 年对全国生育意愿的调查与估算符合"普遍二孩"人群占全部生育人群的比例上限 21.9% 和下限 28.1%，本文取 25% 作为年新生婴儿增幅的中方案。

育事业统计数据做验证。

通过 2010 年第六次人口普查数据结合最近 5 年常住与户籍人口出生情况进行推算,可以发现,新增外来人口增加集中在 20～24 岁,5 年间增长约有 100 万人。另外,0～9 岁年龄段增加也比较显著,表明外来人口迁移模式从单一劳动力迁移向家庭式迁移逐步转变。25～44 岁新增外来人口增量基本为负,说明该年龄段人口已有部分离开北京。

表 2　2015 年分年龄人口与"六普"推算人口比较

单位:万人

项目	常住人口	"六普"推算	户籍人口	"六普"推算
合　计	2170.50	2052.46	1345.19	1326.34
0～4 岁	93.80	91.69	67.13	70.01
5～9 岁	74.00	68.59	49.29	48.81
10～14 岁	51.30	50.13	33.95	33.25
15～19 岁	71.40	50.03	46.81	38.23
20～24 岁	207.70	107.11	72.75	61.66
25～29 岁	254.10	263.30	114.31	122.94
30～34 岁	233.20	237.90	118.67	110.78
35～39 岁	177.10	182.43	91.17	87.54
40～44 岁	177.20	172.06	92.34	92.12
45～49 岁	170.70	165.64	103.20	100.81
50～54 岁	169.30	162.88	124.11	122.89
55～59 岁	150.20	134.70	113.45	114.06
60～64 岁	117.70	120.46	103.82	101.55
65～69 岁	76.70	75.13	64.26	63.82
70～74 岁	50.60	51.64	44.57	45.64
75～79 岁	45.70	50.40	44.48	46.71
80～84 岁	31.60	38.64	34.75	36.90
85 岁及以上	18.20	29.75	26.10	28.61

资料来源:《北京统计年鉴(2016)》《北京市 2010 年人口普查资料》。

(二)人口预测部分假设

生育率,假定 2016 年至 2035 年"全面二孩"政策实施效果显著,每年新生儿增幅按照低、中、高三方案分别达到 15%、25%、50%；全市及各区育龄妇女分年龄生育结构保持 2010 年水平不变，出生男女比例为 56∶44。死亡率，假定未来 15 年医疗水平有所提升，新生儿死亡率下降至 2‰水平。人口迁移，假定人口疏解政策执行良好，年新增外来人口控制在 5 万以内且年龄分布在 18～24 岁。在羊年分年龄别生育率较前一年减少 20%。

（三）各教育阶段学位预测假设

学前阶段，假定学前阶段毛入学率可以保持北京市 2015～2016 学年水平，0～2 岁入园率为 2%，3 岁入园率达到 75%，4 岁入园率达到 79%，5 岁入园率达到 92%。[①] 小学阶段，假定小学一年级至小学六年级对应在校生年龄段为 6～11 岁，入学率达到 100%。初中阶段，假定初一至初三年级对应在校生年龄段为 12～14 岁，升学率达到 100%。高中阶段（普通高中 + 职业高中），假定高一至高二年级对应在校生年龄段为 15～17 岁，升学率达到 90%。

七 首都基础教育阶段学龄人口预测结果

笔者使用教育事业统计资料、北京统计年鉴、北京市第六次人口普查资料、1% 抽样调查数据对 2020～2035 年北京市学前至高中阶段学位需求情况分低、中、高方案进行了预测。中方案详见表 3，低方案和高方案在表 4、表 5 中进行了呈现。

从 2020 年至 2035 年，北京市学前教育阶段常住人口学位需求会经历先增长后下降的过程，2021 年达到峰值 73.48 万人，较预测初始年份 2020 年增长 11.7%，而后开始逐步下降，2025 年基本回到 2020 年水平，到 2035 年预测结束年份，学位需求只有 2020 年的 42.0%。

---

① 根据《北京市第六次人口普查资料》推算，《北京市教育事业统计资料》（2015～2016 年度）表 8-2 整理所得。

　　从 2020 年至 2035 年，北京市小学教育阶段学位需求在 2027 年前呈震荡上行趋势，峰值为 137.56 万人，较 2020 年增长 13.6%，而后开始逐步下降，2030 年基本回到 2020 年学位需求水平，到 2035 年预测结束年份，学位需求只有 2020 年的 64.6%。

　　初中教育阶段，从 2020 年至 2035 年，北京市学位需求呈震荡上行趋势，到 2030 年达到峰值 68.50 万人，较 2020 年增长 50.19%，而后开始逐步下降，2035 年学位需求水平为 2020 年的 1.21 倍。高中教育阶段，北京市学位需求处于震荡上行的过程，2033 年达到峰值 62.46 万人，较 2020 年增长 129.38%。

　　总体来说，未来 15 年内，全市学前至高中教育阶段学位需求会分别在 2021 年、2027 年、2030 年、2033 年达到峰值。对比低方案和高方案的预测值，不难发现"全面二孩"政策对学前及小学教育阶段的学位需求影响较大。各区达到峰值的时间与增幅并不相同，对于峰值增幅较大的区域应该重点关注。

表 3　首都基础教育学龄人口预测中方案（二孩增加 25%）

单位：万人

年份	学前阶段	小学阶段	初中阶段	高中阶段
2020	65.77	121.09	45.61	27.23
2021	73.48	120.84	47.37	32.36
2022	71.84	128.52	47.06	37.50
2023	69.52	133.56	49.35	41.16
2024	66.57	134.70	55.81	43.22
2025	63.13	136.33	59.53	42.89
2026	59.35	133.66	65.48	44.75
2027	55.35	137.56	59.10	50.32
2028	51.14	132.51	61.90	53.85
2029	46.86	126.47	62.51	59.58
2030	42.71	119.59	68.50	53.83
2031	36.50	112.04	66.93	57.02

年份	学前阶段	小学阶段	初中阶段	高中阶段
2032	33.02	104.11	64.72	55.91
2033	29.97	96.08	61.92	62.46
2034	29.74	85.79	58.68	61.07
2035	27.64	78.17	55.14	59.09

表4　首都基础教育学龄人口预测低方案（二孩增加15%）

单位：万人

年份	学前阶段	小学阶段	初中阶段	高中阶段
2020	62.58	121.09	45.61	27.23
2021	68.74	120.84	47.37	32.36
2022	67.21	126.92	47.06	37.50
2023	65.03	130.36	49.35	41.16
2024	62.28	129.96	55.81	43.22
2025	59.05	130.09	59.53	42.89
2026	55.52	125.99	65.48	44.75
2027	51.78	128.69	59.10	50.32
2028	47.84	123.96	60.30	53.85
2029	43.84	118.31	59.32	59.58
2030	39.96	111.88	64.08	53.83
2031	34.15	104.81	62.61	55.65
2032	30.89	97.39	60.54	53.19
2033	28.04	89.88	57.93	58.43
2034	27.82	80.26	54.89	57.13
2035	25.86	73.13	51.58	55.28

表5　首都基础教育学龄人口预测高方案（二孩增加50%）

单位：万人

年份	学前阶段	小学阶段	初中阶段	高中阶段
2020	73.75	121.09	45.61	27.23
2021	85.33	120.84	47.37	32.36
2022	83.43	132.54	47.06	37.50
2023	80.73	141.54	49.35	41.16
2024	77.31	146.55	55.81	43.22

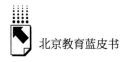
续表

年份	学前阶段	小学阶段	初中阶段	高中阶段
2025	73.31	151.94	59.53	42.89
2026	68.93	152.85	65.48	44.75
2027	64.27	159.75	59.10	50.32
2028	59.39	153.89	65.92	53.85
2029	54.42	146.87	70.49	59.58
2030	49.60	138.88	79.55	53.83
2031	42.39	130.11	77.72	60.43
2032	38.34	120.90	75.16	62.69
2033	34.81	111.57	71.91	72.53
2034	34.53	99.63	68.14	70.92
2035	32.10	90.78	64.03	68.62

八 预测结果对策分析

在各级各类教育资源配置过程中需要保持一定的弹性。不要在学位需求下降时盲目撤并学校。北京市在2000年学位需求下降较大时，撤并了大量的学校。而恢复或新建一所学校要经历一个较长的时间。教育资源规划时，可以加强9年一贯制以及12年一贯制学校的推广，以便于适时、适度在学校内实现不同阶段教育资源共享，缓解各教育阶段入学压力。根据报告的人口预测结论，以全市学前教育阶段为例，常住人口学位需求2021年达到峰值时，较2020年增长11.7%，而2035年学位需求只有2020年的42.0%。

建立人口出生和适龄人口迁移的动态预判机制。以片区为单位，建立多部门协调，以科研机构为基础的学龄人口预测机制。由于学龄人口预测的复杂性、特殊性，需要教育、计划生育、公安户籍等部门提供数据，并由研究机构对学龄人口进行科学的预测。对学龄人口预测较为重要的是学前教育及义务教育阶段，这两个阶段的学生大部分就近入学，而且这两个阶段学校的事权及财政支出责任在区级政府。因此，加强对本区学龄人口预测是教育部门的重点工作。如果片区内人口规模较大，应以片区为单位进行学龄人口预测。各部门协同、提前行动及时发布引导性政策，共同保障公共教育服务的充分供应。

政策变动因素对人口分布的影响有待进一步研究。公共资源变动对人口分布影响还没有一致的结论，而且多种政策的叠加效果难以精确的量化。医疗、教育等因素对人口流入的影响机制还需进一步量化研究。可以通过进一步调研及大数据积累，用更精确的计量模型逐步预测和模拟。

参考文献

刘擎：《非首都功能疏解背景下北京人口调控政策研究》，首都经济贸易大学硕士学位论文，2017。

赵佳音：《"全面二孩政策"背景下全国及各省市学龄人口预测——2016至2025年学前到高中阶段》，《教育与经济》2016年第4期。

尹文耀：《中国生育率地理波与先进生育文化的区域传播》，《人口研究》2003年第2期。

尹文耀、姚引妹、李芬：《生育水平评估与生育政策调整——基于中国大陆分省生育水平现状的分析》，《中国社会科学》2013年第6期。

赵佳音：《人口变动背景下北京市及各区县义务教育学龄人口与教育资源需求预测》，《教育科学研究》2016年第6期。

张灏：《特大城市副中心发展研究——东京经验及对上海的思考》，《上海城市规划》2018年第4期。

B.9
北京市中小学生态文明素养培育的
评价与政策建议

史枫 王巧玲 张婧 沈欣忆*

摘 要： 本文主要从生态文明价值观、生态文明知识、生态文明关键
能力、生态文明行为习惯四个主要方面对首都四个功能区的
中小学生进行生态文明素养现状调查，通过网上问卷调查与
数据分析进行生态文明素养的现状分析，得出调查结果。调
查结论主要有三方面：一是中小学生态文明素养亟待提升；
二是首都四个功能区在中小学生态文明素养培育方面应各有
侧重、协同发展；三是中学生与小学生的生态文明素养培育
需根据学段特点。基于调查结果提出三个层面的政策建议：
一是从教育行政层面，建议尽快确立生态文明教育的总体目
标与分段目标、将生态文明内容纳入各级教师培训、创新培
训方式；二是从学校层面，普及生态文明知识、将生态文明
教育融入教育教学、建设和谐生态校园，增强学生生态文明
与可持续发展意识、将生态文明内容融入综合实践活动；三
是从社会层面，建立发展机制保障生态文明与可持续发展教

---
* 史枫，北京教育科学研究院终身学习与可持续发展教育研究所所长、副研究员，主要研究方
向为终身学习与职业教育；王巧玲，教育学博士，北京教育科学研究院终身学习与可持续发
展教育研究所副所长、副研究员，主要研究方向为可持续发展教育与生态文明教育；张婧，
史学博士，北京教育科学研究院终身学习与可持续发展教育研究所副研究员，主要研究方向
为生态文明与可持续发展教育、国际比较教育；沈欣忆，教育技术博士，北京教育科学研究
院终身学习与可持续发展教育研究所助理研究员，主要研究方向为终身学习、在线教育、成
人教育。

育实施、全机构参与推进生态文明教育实践进而构建区域良性生态体系与学习场域、建立首都区域生态文明教育共同体，深度参与首都与全球环境治理。

关键词： 中小学 生态文明素养 实施评价 北京市

一 研究背景

联合国教科文组织（UNESCO）倡导的可持续发展教育近二十年来取得了一系列丰硕成果。2005 年《联合国可持续发展教育十年计划（2005 ～ 2014）》颁布，标志着联合国教科文组织对可持续发展教育的重视与关注进入新的时期；2014 年《塑造我们期望的未来》和《全球可持续发展教育行动计划》（Global Action Program，GAP），2015 年《教育 2030 行动框架》，2017 年《可持续发展教育目标：学习目标》，联合国教科文组织自 2014 年世界可持续发展教育大会后颁布的一系列指导性文件为进一步深化可持续发展教育奠定了坚实的基础。

党的十七大首次提出生态文明，标志着社会的文明程度进入了发展的新阶段，"五位一体"的战略格局也逐步形成。党的十八大、十九大都强调了树立生态文明理念与培育生态价值观；2018 年"生态文明"被写入宪法，生态文明的重要性与必要性确立，成为国家意志的重要体现。建设人与自然、社会和谐的生态文明社会，促进人与社会的可持续发展，建设美丽中国，是当代社会与全体成员的历史使命。

教育是实现生态文明建设目标的重要路径之一。《国家"十三五"教育规划》对开展生态文明教育提出了建设目标，倡导加强生态文明教育，广泛开展可持续发展教育。《北京市"十三五"教育规划》对可持续发展教育示范区建设、培育学生的可持续发展素养等方面也提出了具体规划。《北京市中小学德育工作指南》中强调深入推进中小学生态文明与可持续

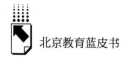

发展教育，引导广大中小学生提高生态文明意识与可持续发展素养，并在行为方式上践行生态文明。北京市教委出台的《北京市中小学生态文明宣传教育实施方案》（2019）的指导思想是构建中小学生态文明与可持续发展教育体系，逐步提升中小学生的生态文明素养，进一步拓展、丰富生态文明宣教内容，为建设美丽中国、美丽首都做出贡献。加强生态文明与可持续发展教育，积极培育青少年生态文明素养，是生态文明教育的重中之重。

二　调查基本情况

（一）调查内容

依据《北京城市总体规划（2016~2035)》的最新规定，从首都功能核心区、城市功能拓展区、城市发展新区、生态涵养区四类区中分别择取①东城区、西城区；②石景山区、朝阳区；③通州区、房山区；④密云区、延庆区8个区作为调查样本区，以《北京市"十三五"教育规划》、《北京市中小学德育工作指南》（2016）、《北京市中小学生态文明宣传教育实施方案（试行)》（2019）等为依据，结合首都教育发展实际，将学生生态文明素养四个维度调查问卷内容确定为：生态文明价值观、生态文明知识、生态文明关键能力、生态文明行为习惯，主要内容见表1。

表1　生态文明素养要素

要素	主要指数
生态文明价值观	尊重生命与健康、尊重资源与环境、尊重多样性与差异性、尊重当代人与后代人
生态文明知识	生态环境、生态城市、生态人居
生态文明关键能力	自我和谐能力、处理冲突的能力、问题解决能力、跨文化理解力、面向未来思考能力
生态文明行为习惯（可持续生活）	健康生活、低碳生活、适度消费、休闲习惯

（二）调查对象

本研究采用分层随机整群抽样的方式抽取北京中小学的学生样本。本次调研以东城区、西城区，石景山区、朝阳区，通州区、房山区，密云区、延庆区八个区作为调查样本，其中小学采集五年级学生，收到问卷 2443 份；中学采集初二学生，收到问卷 2465 份，共收 4908 份。各区中小学生生态文明素养调查的参与人数如下：东城区 579 人，占 11.8%；西城区 491 人，占10%；石景山区 874 人，占 17.81%；朝阳区 1002 人，占 20.42%；通州区1038 人，占 21.15%；密云区 541 人，占 11.02%；延庆区 374 人，占7.62%。

（三）研究工具

本研究团队以结合生态文明素养的四个维度自行编制的学生问卷作为调查工具，经过专家审定以及结构效度分析，工作基本满足测量学的要求。

（四）研究方法

1. 文献分析法

通过中国知网、中国期刊网等文献查阅平台，搜集生态文明教育、生态文明素养等相关信息资料，了解与掌握生态文明教育与素养的研究现状，通过阅读文献，借鉴前期相关学者的研究成果，研究团队编制完成了生态文明素养调查问卷。

2. 问卷调查与统计分析法

本次研究主要是通过问卷星网上问卷调查的形式获取相关数据信息，调研对象为可持续发展教育实验学校的中小学生。本研究团队根据调查问卷的填写情况，运用 SPSS20.0 统计软件进行分析处理，对各项指标从各个维度进行相关分析。通过定量与定性研究分析，整体把握首都中小学生态文明素养的现状，分析生态文明素养的培育标准，提出相关政策建议。

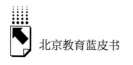
三 生态文明素养调查分析

（一）整体调查情况

1. 生态文明价值观指数

生态文明价值观指数主要包括尊重生命与健康、尊重环境与资源、尊重多样性与差异性、尊重当代人与后代人等四个方面，其中尊重当代人与后代人得分最高为 4.62，其后依次是尊重生命与健康、尊重多样性与差异性，尊重环境与资源得分最低为 3.93 分，说明学生在对于环境与资源的尊重方面还存在一定的差距（见图 1）。

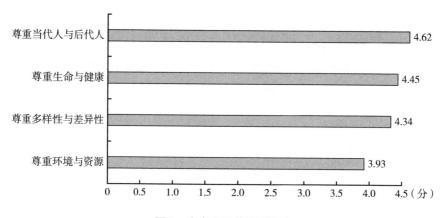

图 1　生态文明价值观得分

2. 生态文明知识指数

在生态文明知识素养题目的回答中，对于"气候变化对你个人/家庭有什么影响"，82.64% 选择了空气污染严重，76% 选择对健康带来困扰，74.53% 的选择出行不便，44.62% 选择会带来经济损失，可见大多数学生对于气候变化的影响有较好的理解。

关于"剩饭剩菜应投入什么颜色的垃圾桶中"问题，只有 50.04% 的学生选择正确，可见垃圾分类知识欠缺；关于北京最大的湿地自然保护区问题，只有59.64%选择了野鸭湖自然保护区；关于2019北京世园会举办地问题，65.69%回答是延庆区；关于"联合国2030可持续发展目标有多少个"，只有32.46%选择17个发展目标，可见学生对于国际上发布的2030年可持续发展目标了解甚少。对于北京城市发展目标定位这一问题，67.89%选择了国际一流和谐宜居城市，69.58%选择了生态城市，67.01%选择文明城市，说明学生对于北京城市发展定位的了解欠缺。

3. 生态文明关键能力指数

生态文明关键能力指数的问卷调查显示，自我和谐能力得分最高，问题解决能力、面向未来思考能力、跨文化理解力得分较低。可见，在生态文明关键能力素养方面还需要进一步提升（见图2）。

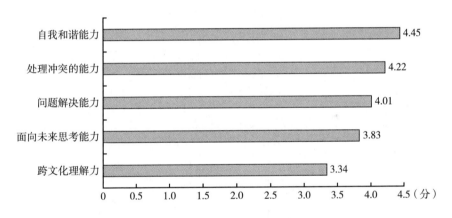

图2　生态文明关键能力指数

4. 可持续生活方式指数

本指数包括健康生活、低碳生活、适度消费、休闲习惯等，从问卷调查结果可见低碳生活、适度消费得分较高，健康生活、休闲习惯两项偏低（见图3）。

（二）不同区域中小学生生态文明素养状况比较

在生态文明知识指数方面，小学生显著高于中学生；在生态文明关键能力指数上，中学生显著高于小学生（见表2、表3）；而在生态文明价值观指数和可持续生活方式指数方面，中学生和小学生无显著差异。

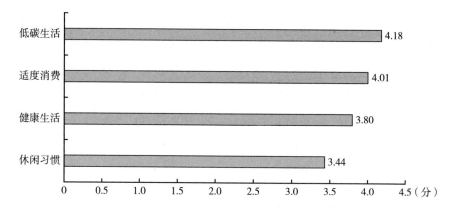

图3　可持续生活方式指数

表2　生态文明知识指数差异分析

群组统计资料					
项目	学段	N	平均数	标准偏差	标准错误平均值
生态文明知识指数	中学生	2465	1.913	1.2646	.0255
	小学生	2443	2.245	1.2139	.0246

独立样本 T 检验							
项目		Levene 的变异数相等测试		针对平均值是否相等的 T 检验			
		F	显著性	T	df	显著性（双尾）	平均差异	标准误差
生态文明知识指数	采用相等变异数	2.991	.084	−9.393	4906	.000	−.3324	.0354
	不采用相等变异数			−9.395	4900.998	.000	−.3324	.0354

表3　生态文明关键能力指数差异分析

群组统计资料					
项目	学段	N	平均数	标准偏差	标准错误平均值
生态文明关键能力指数	中学生	2465	3.999299280840879	.710676312710419	.014314077971476
	小学生	2443	3.944963346109488	.678073025561736	.013718756085011

		Levene 的变异数相等测试		针对平均值是否相等的 T 检验				
项目		F	显著性	T	df	显著性（双尾）	平均差异	标准误差
生态文明关键能力指数	采用相等变异数	.005	.943	2.740	4906	.006	.054335934731391	.019830848257507
	不采用相等变异数			2.741	4898.937	.006	.054335934731391	.019826676390498

表格标题：独立样本 T 检验

（三）不同区域类型生态文明素养指数差异分析

研究团队依据《北京城市总体规划（2016 年 – 2035 年）》的最新要求，从首都功能核心区、城市功能拓展区、城市发展新区、生态涵养发展区四类区中分别选取 8 个区作为调查样本区。

1. 生态文明价值观指数差异分析

在生态文明价值观指数方面，首都功能核心区明显低于城市功能拓展区、城市发展新区、生态涵养发展区，城市功能拓展区明显低于城市发展新区和生态涵养发展区，城市发展新区和生态涵养发展区无明显差异（见表4）。

表 4　生态文明价值观指数差异分析

变异数分析

生态文明价值观指数

项目	平方和	df	平均值平方	F	显著性
群组之间	8.585	3	2.862	10.442	.000
在群组内	1344.000	4904	.274		
总计	1352.586	4907			

续表

多重比较				
因变量:生态文明价值观指数				
LSD				
(I)区域类型	(J)区域类型	平均差异(I−J)	标准错误	显著性
首都功能核心区	城市功能拓展区	−.064581421471098*	.020055455368604	.001
	城市发展新区	−.105656570524865*	.022790367322696	.000
	生态涵养发展区	−.116241942797265*	.023530891860137	.000
城市功能拓展区	首都功能核心区	.064581421471098*	.020055455368604	.001
	城市发展新区	−.041075149053767*	.020232562688643	.042
	生态涵养发展区	−.051660521326166*	.021063205406108	.014
城市发展新区	首都功能核心区	.105656570524865*	.022790367322696	.000
	城市功能拓展区	.041075149053767*	.020232562688643	.042
	生态涵养发展区	−.010585372272399	.023682022182264	.655
生态涵养发展区	首都功能核心区	.116241942797265*	.023530891860137	.000
	城市功能拓展区	.051660521326166*	.021063205406108	.014
	城市发展新区	.010585372272399	.023682022182264	.655

注： *表示平均值差异值在0.05等级显著。

2. 生态文明知识指数差异分析

在生态文明知识指数方面，城市功能拓展区、城市发展新区和生态涵养发展区的生态文明知识指数显著高于首都功能核心区，城市发展新区和生态涵养区的生态文明知识指数显著高于城市功能拓展区，生态涵养区的生态文明知识指数显著高于城市发展新区（见表5）。

表5　生态文明知识指数差异分析

变异数分析					
生态文明知识指数					
项目	平方和	df	平均值平方	F	显著性
群组之间	171.113	3	57.038	37.281	.000
在群组内	7502.843	4904	1.530		
总计	7673.956	4907			

多重比较				
因变量:生态文明知识指数				
LSD				
(I)区域类型	(J)区域类型	平均差异(I−J)	标准错误	显著性
首都功能核心区	城市功能拓展区	−.2238*	.0474	.000
	城市发展新区	−.3349*	.0538	.000
	生态涵养发展区	−.5736*	.0556	.000
城市功能拓展区	首都功能核心区	.2238*	.0474	.000
	城市发展新区	−.1110*	.0478	.020
	生态涵养发展区	−.3498*	.0498	.000
城市发展新区	首都功能核心区	.3349*	.0538	.000
	城市功能拓展区	.1110*	.0478	.020
	生态涵养发展区	−.2387*	.0560	.000
生态涵养发展区	首都功能核心区	.5736*	.0556	.000
	城市功能拓展区	.3498*	.0498	.000
	城市发展新区	.2387*	.0560	.000

注：＊表示平均值差异值在0.05等级显著。

3. 生态文明关键能力指数差异分析

生态文明关键能力指数方面，城市发展新区、首都功能核心区、城市功能拓展区三区域之间的生态文明关键能力指数无显著差异。但生态涵养发展区的生态文明关键能力指数较高，显著高于首都功能核心区、城市功能拓展区和城市发展新区（见表6）。

表6 生态文明关键能力指数差异分析

变异数分析				
生态文明关键能力指数				
项目	平方和	df	平均值平方	F	显著性
群组之间	10.455	3	3.485	7.241	.000
在群组内	2360.427	4904	.481		
总计	2370.883	4907			

续表

多重比较				
因变量:生态文明关键能力指数				
LSD				
(I)区域类型	(J)区域类型	平均差异(I-J)	标准错误	显著性
首都功能核心区	城市功能拓展区	-.002777470820441	.026578356650219	.917
	城市发展新区	-.038495434019148	.030202780229082	.203
	生态涵养发展区	-.123522786081761*	.031184155366300	.000
城市功能拓展区	首都功能核心区	.002777470820441	.026578356650219	.917
	城市发展新区	-.035717963198707	.026813066928836	.183
	生态涵养发展区	-.120745315261320*	.027913870574924	.000
城市发展新区	首都功能核心区	.038495434019148	.030202780229082	.203
	城市功能拓展区	.035717963198707	.026813066928836	.183
	生态涵养发展区	-.085027352062613*	.031384439804043	.007
生态涵养发展区	首都功能核心区	.123522786081761*	.031184155366300	.000
	城市功能拓展区	.120745315261320*	.027913870574924	.000
	城市发展新区	.085027352062613*	.031384439804043	.007

注：*表示平均值差异值在0.05等级显著。

4.可持续生活方式指数差异分析

在可持续生活方式指数方面，生态涵养发展区、城市功能拓展区与城市发展新区的可持续发展指数显著高于首都功能核心区。城市功能拓展区、城市发展新区二者的可持续生活方式指数无显著差异，但是要显著低于生态涵养发展区。城市发展新区的可持续生活方式指数要显著低于生态涵养发展区（见表7）。

表7 可持续生活方式指数差异分析

变异数分析					
可持续生活方式指数					
项目	平方和	df	平均值平方	F	显著性
群组之间	19.741	3	6.580	18.476	.000
在群组内	1746.617	4904	.356		
总计	1766.358	4907			

多重比较				
因变量:可持续生活方式指数				
LSD				
(I)区域类型	(J)区域类型	平均差异(I-J)	标准错误	显著性
首都功能核心区	城市功能拓展区	-.0936841*	.0228629	.000
	城市发展新区	-.1086069*	.0259807	.000
	生态涵养发展区	-.1986517*	.0268249	.000
城市功能拓展区	首都功能核心区	.0936841*	.0228629	.000
	城市发展新区	-.0149228	.0230648	.518
	生态涵养发展区	-.1049675*	.0240117	.000
城市发展新区	首都功能核心区	.1086069*	.0259807	.000
	城市功能拓展区	.0149228	.0230648	.518
	生态涵养发展区	-.0900447*	.0269971	.001
生态涵养发展区	首都功能核心区	.1986517*	.0268249	.000
	城市功能拓展区	.1049675*	.0240117	.000
	城市发展新区	.0900447*	.0269971	.001

注：＊表示平均值差异值在 0.05 等级显著。

四　主要结论

（一）中小学生态文明素养亟待提升

中小学生在生态文明与可持续发展教育相关知识方面明显不足，虽具有一定的价值观意识，但在生活中的有些表现不能与价值观一致，说明价值观与行为没有做到有效融合。关键能力方面，学生的自我和谐能力、处理冲突的能力得分较高，问题解决能力、跨文化理解力、面向未来思考能力等较弱，需要逐步培养提升。生态文明行动习惯维度，适度消费与低碳生活得分相对较高，健康与休闲习惯等需要进一步改进与提升。

（二）首都四个功能区在生态文明素养培育方面应各有侧重、协同发展

首都功能核心区、城市功能拓展区、城市发展新区、生态涵养发展区在生态文明素养方面存在一定差异。在生态文明价值观、知识指数、关键能力、生活方式等层面，生态涵养发展区高于其他三个功能区，首都功能核心区得分较低。近年来，生态涵养发展区地处首都郊区，周围的资源是学生学习、开展活动的非常适宜的在地化场域，因而生态涵养发展区学生的生态文明素养高于其他几个功能区。因此，生态文明教育需要各个区域的协力合作与经验、资源共享，只有如此，才能真正实现建设国际一流的和谐宜居之都的目标。

（三）中学生与小学生生态文明素养培育需根据学段特点

在生态文明知识要素方面，小学生显著高于中学生，说明目前在基础教育的小学阶段，小学生接触生态文明知识的概率较大。小学阶段生态文明教育活动比初中更为频繁，因而小学生生态文明知识指数高于初中生；在生态文明关键能力维度，中学生显著高于小学生，关键能力涉及高阶思维能力，中学生的高阶思维能力体现在面向未来思考能力与进行科技创新解决当地生态问题等方面，因此能力优于小学生。而在生态文明价值观指数和可持续生活指数方面，首都中学生和小学生基本上没有明显差异。

五　政策建议

（一）教育行政层面

1. 尽快出台生态文明教育的总体目标与分段目标

中小学生态文明教育的总目标即中小学在这一领域应培养什么样的"人才"，他们应具有怎样的层次、类型和规格。具体而言，就是要使学生成为符合生态文明社会要求的、具有较高生态文明素养的合格公民。具体包括以下四个层面：培养学生树立正确的节约、环保的生态文明价值观，掌握较为系统的生态文明科学知识与政策法规，培养学生的以解决问题为导向的生态文明关键能力，培养学生践行节约、环保的生活方式并培养学生关注和参与解决生态文明实际问题的能力。针对不同学生的年龄特点、不同阶段的教育对象来确定生态文明教育目标是一项循序渐进的系统工程。小学阶段教师可以通过多种途径使学生更多地学习与了解中华民族勤俭节约的历史传统，了解当前能源浪费、消耗及环境污染的社会现状及对人类产生的危害与后果，以及与资源和能源相关的基本知识。中学阶段的生态文明教育要以逐步扩展学生的知识面，并以提高分析问题与解决问题的能力为重点，尤其是注重培养其创新与实践能力，使节约、环保的价值观深入中学生的内心。

2. 组建专家培训与课程研发团队，开展教师培训与课程教材研发

首都教育行政部门与各区域教育部门应组建专家团队开展教师培训并编制研发生态文明与可持续发展教育市级、区级专题教材。生态文明教师队伍建设关系到生态文明教育的全局，加强生态文明与可持续发展教育知识专题培训是生态文明教育的基础路径。在培训过程中，培训者应指导教师将生态文明与可持续发展教育的知识融入教育教学工作中。市（区）各级教研员、各级各类学校教师应系统学习生态文明与可持续发展教育的相关知识，与教育教学相融合。同时引导教师转变教与学方式，拓展新的学习场域，运用新媒体与混合式学习，引导学生转变学习方式，结合学科知识更好地践行生态文明与可持续发展教育理念，参与绿色社会建设，如参观生态村、污水处理厂等，关注身边的可持续发展问题，开展合作探究，提出解决方案等。在教师培训内容方面应重点集中在：自然资源、可持续能源的开发利用；可持续发展社区与城市的建设与规划治理、可持续生活方式、饮食习惯与绿色消费；垃圾分类与回收的具体行动等。

同时，研发相关跨学科线上线下课程，并与中小学各科课程标准相对接，将其纳入中小学必修课程，注重本土化、民族化和国际化相结合，既能够体现中华优秀传统文化的学习与传承，又能够渗透联合国 2030 年可持续发展目

标，从而培养学生参与绿色社会建设与解决问题的能力与生态文明素养。

3. 创新培训方式，提升培训实效

教师培训除了面授集中培训之外，还需开辟更便捷的学习途径，借助新媒体，通过官方网站、微信、微博等学习平台开展自学与集体学习，降低实地培训成本，加强参与的深度与广度，从而使教师能够更好地引领学生将课内与课外、线上与线下更好地结合，多种实施路径创生更多的、更具成效的实施模式，以更好地进行生态文明教育实践，提升师生的生态文明素养，促进教育与社会的可持续发展。

（二）学校层面

绿色（生态）校园给予师生们轻松愉悦的学习生活环境，同时为师生提供了新的探索空间。将生态文明相关知识融入学校的整体实践活动课程中，引领学生广泛参与，逐步养成健康生活方式与生态文明行为，树立生态文明建设的道德感、责任感与使命感。

1. 普及生态文明知识，将生态文明教育融入教育教学

学校在三级课程中融入生态文明理念是生态文明教育的重要基础环节。学校应引导学科教师准确把握生态文明教育的渗透点、结合点与生长点，根据学校周边的学习资源，关注社会问题、文化多样性、环境与资源问题，实现生态文明理念与三级课程的有机融合，潜移默化地培育学生的生态文明素养。

生态校园能够为学生的环境教育提供新鲜的内容和素材，让学生在校园生活中多感官地接触环境，培养学生的生态思维和生态价值观。《北京教育与改革发展规划纲要（2010～2020年）》中提出了"建设可持续发展学校"的目标。在绿色校园建设中渗透生态文明与可持续发展教育理念是重要的生态文明教育实施路径之一。首先各学校制定生态校园实施方案，根据各学校办学、人文、历史等特色，合理利用校园空间，开辟微型种植园、文化角、垃圾回收站等专题研究空间，以便让学生亲身体验劳动与研究的乐趣；其次注重校园生态设施建设，在设计上体现生态文明与可持续发展教育理念，如

设置雨水回收、新能源与清洁能源的使用、厨余垃圾分类转化设施等，让更多的学生在校园内切身体验低碳环保、资源回收利用的实践与社会意义，从而培育生态文明素养。

2. 将生态文明内容融入综合实践活动

以党的十九大报告和《2030年可持续发展议程》17个可持续发展目标为引领，开展学生活动更能将生态文明与可持续发展意识深入根植于学生内心，促使其培养并践行生态文明价值观，真正在学生内心种下生态文明的种子。学校的生态文明教育实践从学校到家庭再到社区，通过"小手拉大手""社区志愿"等方式进入学校周边社区，组织如"和白色污染 say 拜拜""让小鱼再次欢乐起来""环保思想我来传""种下一份希望"等环保活动，并把自制的宣传画、海报张贴在宣传区，从清洁、环保、节能等方面进行宣传，潜移默化地培育学生的生态文明素养。在此过程中，生态环境法制教育是当代生态文明教育必不可少的内容。学生必须掌握与生态环境相关的法律、法规，在生态文明建设中做到知法、懂法、守法、护法。通过各种教育实践活动，让学生从国际、国内层面了解相关法律法规，并逐步渗透生态法制教育，让青年一代逐步树立法律意识，知法懂法，爱护环境，关注身边的可持续发展问题，通过调查研究等合作探究过程，提出可行性建议，营造和谐的环境友好型社会，促进社会可持续发展。

（三）社会层面

1. 完善发展机制，保障生态文明与可持续发展教育实施

建立制度保障机制。制度是生态文明教育有效实施的载体。教育行政部门应出台中小学相关制度，如《中小学生生态文明行为规范》《中小学生低碳生活行为守则》等，用一系列制度的具体条目规范青少年的行为，进而养成绿色生活方式，培养正确的价值观。

建立全机构协同发展机制。基础教育领域内应结合学校的具体情况，完善协同发展机制，如师生互助机制、家校互动机制、学校—社区合作机制、全机构合作机制，充分利用社会、社区、家庭等方面的线上、线下的有效资

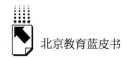

源，构建全机构教育模式，形成多方合力，助力生态文明与可持续发展教育。建立考查与评价机制。逐步将生态文明与可持续发展教育内容纳入中高考的考查范围，纳入北京市中小学生综合实践课程、开放性科学实践课程与综合素质评价的考核，重点考查与评价学生对社会环境、资源、文化等方面的了解、参与绿色社会建设与分析解决相关问题的能力，以此推动各级教育部门的高度重视，实现更佳的实施效果。

2. 全机构参与推进生态文明教育实践，构建首都良性生态体系与学习场域

加强首都学校与政府、社区、企业之间的联系与合作是生态文明建设的主要合作机制。生态文明教育应吸引更多的各级各类学校、师生开展实践与研究。借鉴 PPP（Public Private Partnership）模式，各级政府建立和完善全方位、宽领域、多层次的学校与政府、企业之间的协同发展机制，构建良性循环的区域可持续发展生态体系与优质学习场域，实现区域内与教育相关的生态要素与可持续发展教育协调发展，保障首都生态文明教育有效推进。

山水林田湖草是生命共同体，首都区域生态文明教育亦是学习发展共同体。利用各区资源优势，进行资源整合，做到资源共享，开展生态文明教育，培育青少年生态文明素养，是今后生态文明教育的主要路径之一。首都四个功能区生态文明教育需要协同发展，区域之间应有政府、教育行政部门之间的合作与交流，有不同区域之间学校、教师、教育教学、生态文明教育层面的战略协议与合作，进而实现不同区域、不同利益主体间的协同发展，有效培育学生的生态文明素养。如以世园会为例，城市核心区可以与延庆拉手结对，以世园会为学习资源和核心学习场域，开展系列生态文明素养培育活动，让学生了解生态文明知识、科技创新、绿色生活、美丽家园的具体呈现，进而树立生态文明价值观与意识，在首都乃至全球生态文明与可持续发展教育实践中贡献力量。

结　语

人类文明的发展史有力印证了"生态兴则文明兴"的结论，生态文明

建设的神圣历史使命为首都各级教育工作者带来了新的挑战。各区域中小学需要在校内外不断挖掘生态文明与可持续发展教育的丰富内涵与资源，强化生态文明教育的育人主题，营造可持续发展的育人环境。结合学校育人特色，从认识自然、认识规律、尊重自然、保护环境层面，整体构建首都区域生态文明教育的整体实施方案与计划，持续深化生态文明教育，培育学生的生态文明素养，为国家与社会的可持续发展服务。

B.10
北京市基础教育的家长评价：
成绩、问题及建议

——基于连续十年教育满意度调查结果的分析

卢 珂　赵丽娟　王 玥　赵学勤*

摘　要： 基于连续十年北京市教育工作满意度调查数据，研究发现：十年来学生及家长对北京基础教育满意度呈上升趋势，学校安全、教育收费规范等得到学生及家长高度认可，对教育信息公开、学校布局、入学办法等满意度提升幅度较大，对教育领域综合改革举措评价较高；但同时学生及家长对义务教育均衡发展、入园问题、社会资源用于教育、学校周边环境等方面满意度较低，且认为还存在一定范围的违规办学行为。建议进一步扩大优质教育资源供给，促进义务教育优质均衡发展；进一步统筹规划幼儿园布局，逐步缓解入园难问题；加大统筹协调力度，解决社会资源用于教育、校园周边环境等问题；加强学校规范办学的监督和管理，促进学生全面健康发展。

关键词： 基础教育　家长满意度　北京市

---

* 卢珂，博士，北京教育科学研究院副研究员，主要研究领域为教育经济与管理、教育政策；赵丽娟，北京教育科学研究院副研究员，主要研究领域为教育评价；王玥，北京教育科学研究院助理研究员，主要研究领域为心理测量与评价；赵学勤，北京教育科学研究院北京市教育督导与教育质量评价研究中心主任、研究员，主要研究领域为教育评价。

一 引言

自党的十七大明确提出"努力办好人民满意的教育"以来，十八大进一步提出深化教育领域综合改革，"努力办好人民满意的教育"，十九大对新时期"努力办好人民满意的教育"做出一系列重大部署，对教育改革发展提出了新的更高要求——把教育事业放在优先位置，加快教育现代化，办好人民满意的教育，充分说明了国家对教育工作的定位已上升到秉承以人为本精神、让人民群众满意的民生层面上。"办好人民满意的教育"已经成为我国改善民生、促进和谐社会建设的重要内容，这就要求政府及其教育行政部门在制定教育政策、实施管理时，以满足百姓需求为导向，切实解决人民群众广泛关注的教育热点、难点、焦点问题。因此，了解学生和家长对教育工作的满意状况，是各级政府、教育行政部门和学校办好人民满意的教育、提高公共教育服务水平的一项基础性工作。

学生及家长满意度是从顾客满意度演变而来的。20世纪80年代，许多发达国家或地区开始研究顾客满意度并形成模型，如美国用户满意度指数模型（ACSI）、欧洲顾客满意度指数模型（ECSI）等。随着西方国家兴起新公共管理运动，从90年代开始，满意度逐渐被引入包括教育在内的公共服务领域。[①] 从概念界定上来看，"满意"是指一个人通过将其对一种产品或服务可感知的效果或结果与其期望相比较后所形成的一种失望或愉悦的感觉状态，"满意度"就是满意水平的量化。[②] 满意度主要有两个特性：一是主观性，无论是期望值还是可感知的效果，都属于主体主观世界的范畴并非客观现实本身，满意度则是主体在这两种主观认识相互作用下产生的一种心理感

---

① Heiserman R. J., Parent Involvement and Parent Satisfaction with Public Schools, Northern Arizona University, 1994；彭国甫、刘静：《政府教育管理公众满意度测评研究的理论基础与现实需求》，《湖南大学学报》（社会科学版）2012年第1期；褚卫中、褚宏启：《"新公共服务"理念对当前我国基础教育管理改革的启示》，《中国教育学刊》2007年第8期；朱国玮、郑培：《服务型政府公众满意度测评理论与实践》，科学出版社，2010，第18页。

② Kotler, P. & Armstrong G., *Principles of Marketing* (7th Edition) (NJ: Prentice Hall Inc, 1996), p. 5.

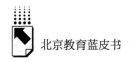

受；二是相对性，主体的满意或不满意是与自己的预期比较的结果。

学生及家长的教育满意度作为一个主观的、总体性的复杂概念，它的高低不仅反映公众对区域或学校教育质量优劣的感受，也反映了公众对区域内教育公平与否的判断，是从教育的受众视角来评价教育改革与发展成效的。因此，教育满意度研究的主要目的是通过收集民意，了解大众期盼，致力于提升政府的工作效率和服务质量，从而增强公众对政府的信任，形成和谐的教育氛围。在实践层面，不少地区政府直接开展或委托第三方开展的教育满意度调查，结果主要用于政府部门绩效评价等方面。[①] 学术研究层面，尽管近年来，国内陆续有学者把目光转向教育满意度研究这个领域，但相关的实证研究还是太少，[②] 主要关注了教育满意度的现状调查和影响因素，[③] 有关教育满意度年度纵向变化趋势的研究较少，横向分析学前教育、义务教育、高中教育工作满意度的研究也比较缺乏。[④]

近年来，北京市不断深化教育领域综合改革，在缓解入园难问题、完善义务教育入学政策、促进义务教育均衡发展、扩大优质教育资源、减轻学生课业负担、治理学校周边环境等热点难点问题方面采取了一系列政策措施，也取得了很大成绩。然而政策的制定与执行，虽然出发点是解决问题，让公众满意，但这与满意度之间并不一定正相关，不是政策制定且执行了，公众

① "全国教育满意度测评研究"课题组：《基础教育满意度实证研究》，《教育研究》2016年第6期。

② 胡平、秦惠民：《户籍、教育水平及社会职业等级对家长义务教育满意度的影响研究——以北京市为例》，《软科学》2011年第25（10）期。

③ 汤林春：《2009年上海市基础教育满意度调查报告》，《上海教育科研》2010年第4期；曹瑞、王敏、肖庆顺、李凤堂：《2010年天津市市内六区基础教育满意度调查报告》，《天津市教科院学报》2011年第2期；李志峰、赵承福：《基于SEM的义务教育满意度研究——以山东省为例》，《中国人民大学教育学刊》2013年第1期；张娜：《公众对区域基础教育满意度影响因素研究——基于北京市公众教育满意度调查》，《中国教育学刊》2012年第8期；张娜、王玥、许志星：《家庭社会经济地位对家长教育满意度的影响研究》，《教育学报》2013年第3期。

④ 李伟涛、郐庭瑾：《基础教育公共服务的家长满意度分析与建议——以上海市为例的实证研究》，《全球教育展望》2014年第7期；卢珂、王玥：《北京市学生家长对教育工作的满意度分析——基于连续七年教育满意度入户调查数据》，《教育科学研究》2017年第8期。

就一定满意。因此，从教育服务的受众——学生及家长的角度，检验政策制定与执行的效果至关重要。本报告将基于连续十年收集的教育满意度调查数据，从教育的受众群体——学生及家长的视角分析和评价北京市基础教育取得的成绩、存在的问题，为下一步调整、完善、制定政策，办好人民满意的教育提供决策参考。

二 资料来源及研究方法

（一）资料来源

本报告资料来源于 2009～2018 年十年间由第三方完成的"北京市区县教育工作满意度入户调查"项目数据库。调查对象均为北京市 16 个区县及燕山地区幼儿园、小学、初中及普通高中学生及其家庭成员，要求学生上学的学校与住所在同一区，含在本区居住一年以上的外来人口家庭。

调查内容上，在充分分析国家及北京市相关政策文件基础上，结合北京教育发展实际，调研内容包括政府职责、学校管理、师资队伍、教育效果四个方面，涉及入学办法、课业负担等教育热点难点问题；同时，每年根据最新政策文件要求对调查内容进行完善，调查指标的数量从 2009 年的 22 项增加到 2018 年的 49 项。

问卷调查采用分层随机抽样（各区按照不高于 5% 的误差确定样本量）入户调查方式，由学生和家长共同作答。经测算，问卷的内部一致性信度良好，结构方程模型显示模型的拟合度各项指标良好，问卷具有较好的结构效度。

（二）样本分布

样本量上，除了 2009 年抽取了 10500 名学生家长以外，其他年份均抽取 11600 名学生家长。每年抽样学生和家长的构成比例（如学段分布、户籍类型分布等）基本稳定。以 2018 年为例，幼儿园、小学、初中、普通高中

分别占总体的 25.6%、49.0%、15.7%、9.7%，61.3% 的学生来自公办学校（幼儿园），32.9% 的学生为非京籍学生，六成以上的调查对象为学生的父亲或母亲。

（三）统计分析方法

本研究使用 SPSS 17.0 软件进行统计分析。主要采用满意度得分考察家长对各项教育工作的评价，通过赋值方法计算满意度得分。将"满意"赋值为100 分，"比较满意"赋值为 75 分，"一般"赋值为 50 分，"不太满意"赋值为 25 分，"不满意"赋值为 0 分，其中 75 分为"比较满意"水平。

三 北京市基础教育取得的成绩

（一）学生及家长对北京市基础教育的满意度呈上升趋势

2018 年北京市基础教育学生及其家长对教育工作满意度综合得分为 86.9分，比上一年提高了 5.6 分，相对于 2009 年则提高了 7.1 分；从十年来的趋势来看，2009～2018 年北京市学生及家长对基础教育的满意度波动式上升，满意度综合得分 2009 年相对最低，"十二五"时期呈现逐年小幅提升趋势，虽然 2016 年和 2017 年出现小幅下降，但 2018 年又出现较大幅度的提升。

从学生及家长对政府职责、学校管理、师资队伍、教育效果四个维度的满意度得分来看，十年间基本均表现为对政府职责的满意度得分相对最低，对教育效果的满意度相对最高。四个维度中，2009～2011 年学生及家长对政府职责的满意度尚未达到 75 分的"比较满意"水平，且学生及家长对政府职责的满意度与对其他三个维度的满意度得分差距相对较大，而 2012 年以来，政府职责的满意度超过了"比较满意"水平，且与其他维度的得分差距逐年缩小，说明公众对政府教育职责履行情况及其努力程度越来越认可（见图 1）。

从不同学段学生及其家长对教育工作的满意度得分来看，2018 年幼儿

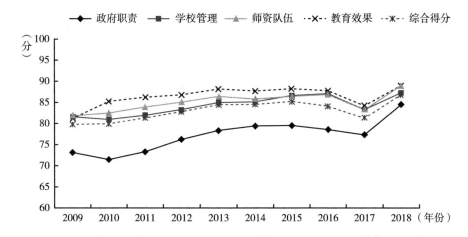

图1　2009～2018年北京市学生及家长对基础教育四个方面的满意度及综合得分

园、小学、初中、普通高中学生及其家长对教育工作的满意度综合得分分别
为87.4、86.6、85.9、88.1，普通高中学生及其家长满意度相对最高，而
初中学生及家长满意度相对最低，这与2009～2017年相比有较大变化，除
2016年以外，各年度各学段均表现为小学生及其家长满意度相对最高，普
通高中满意度相对最低。各学段满意度的十年变化趋势与基础教育整体情况
类似。

（二）学校安全状况、学生对学校（幼儿园）的喜欢程度、教育收费规范状况等方面得到学生及家长的高度认可

从十年调查结果来看，学生及家长在学校安全状况、学生对学校
（幼儿园）的喜欢程度、教育收费规范状况、学生身体健康状况、学生
心理健康状况等方面的满意度较高，属于教育满意度得分高位稳定的指
标，尤其是连续十年学校安全状况、学生对学校的喜欢程度两项指标的
满意度得分均排在所有指标的前五位。这在一定程度上说明，北京市多
年来在校园安全治理、规范教育收费等方面工作成效显著，同时，在素
质教育背景下，学校对学生的身心健康教育工作取得了良好的效果，深
受家长好评。

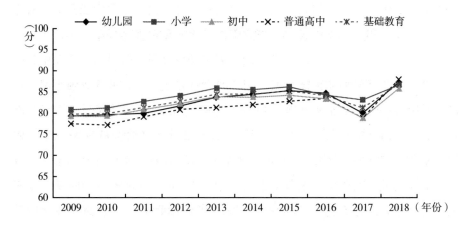

图 2　2009～2018 年北京市基础教育各学段学生及其家长的教育满意度

表 1　2009～2018 年北京市基础教育学生及其家长的教育满意度前五名
（按得分由高到低）

排名	2009 年	2010 年	2011 年	2012 年	2013 年	2014 年	2015 年	2016 年	2017 年	2018 年
1	学校安全状况	学校安全状况	学校安全状况	学校安全状况	学生思想道德状况	教育收费规范状况	学校安全状况	学校安全状况	学校安全状况	学校安全状况
2	对学校的喜欢程度	学生身体健康状况	学生心理健康状况	学生心理健康状况	学生心理健康状况	学校安全状况	学生心理健康状况	对学校的喜欢程度	对学校的喜欢程度	教育收费规范状况
3	班团队会教育活动	学生心理健康状况	学生身体健康状况	学生身体健康状况	学校安全状况	学生心理健康状况	学生身体健康状况	教育收费规范状况	教育收费规范状况	对学校的喜欢程度
4	师生关系融洽	学生思想道德状况	学生思想道德状况	学生思想道德状况	学生身体健康状况	学生身体健康状况	学生思想道德状况	校风（园风）	校风（园风）	师生关系融洽
5	教师工作态度	对学校的喜欢程度	对学校的喜欢程度	对学校的喜欢程度	对学校的喜欢程度	对学校的喜欢程度	对学校的喜欢程度	校风（园风）	设施条件	学生思想道德状况

　　不同学段学生及其家长认可度高的方面呈现一定的学段特征，四个学段学生及家长对学校安全状况评价均连年排名靠前，幼儿园、小学、初中学生

及其家长对学生喜欢学校（幼儿园）的程度评价得分历年均排名前位，尤其是幼儿园、小学家长，明显地表现出学生所处学段越低，学生及其家长对学校（幼儿园）的喜欢程度评价得分越高的趋势。幼儿园学生及其家长对师资队伍的满意度排名也较为靠前，尤其是对师生关系、教师工作态度的评价较高。自 2010 年开始调查以来，小学、初中和普通高中学生及其家长每年对教育收费规范状况的评价得分均排在前位。此外，小学、初中连续 7 年对班团队会教育活动的满意度评价排名处于前位。

（三）学生及家长对教育信息公开状况、学校布局状况、入学办法、教育收费规范情况等方面的满意度提升幅度较大

从十年间学生及家长对基础教育各项工作的满意度评价得分来看，教育信息公开状况、学校布局状况、入学办法、教育收费规范情况等方面满意度提升幅度较大，学生及家长对教育信息公开状况的评价得分提升达 31.3 分，对学校布局状况、入学办法、教育收费规范情况、学校对学生学习兴趣培养的重视情况、学校周边环境的评价得分均提升了 10 分左右，说明这些方面的工作越来越得到家长的认可。

从不同学段的调查结果来看，幼儿园家长对教育信息公开状况、教育教学符合学生身心发展状况、教育收费规范状况、幼儿园布局状况、教师与家长沟通状况的评价得分提升幅度较大，均提升了 10 分以上；小学生家长对教育信息公开状况、入学办法、学校布局状况、学校组织的课外校外活动评价得分均提升了 10 分以上；初中学生及其家长对教育信息公开状况、学校布局状况、入学办法、艺术课开设情况、学校周边环境、学校校风、学校心理健康教育工作、校际办学条件均衡程度的评价得分均提升了 10 分以上或近 10 分；普通高中学生及其家长对教育信息公开状况、艺术课开设情况、学校组织的课外校外活动、学校组织的体育锻炼、学校心理健康教育工作、教师与家长的沟通、学校周边环境、教育收费规范状况等方面的评价均提升了 10 分以上。

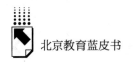
（四）学生及家长对教育领域综合改革举措评价较高

结合国家及北京市相关政策文件，2015年以来，满意度调查增加了教育领域综合改革四项教育重点改革项目，包括对小学、初中、普通高中学校的社会主义核心价值观教育情况的评价，对初中阶段的实践育人政策实施效果的评价，对小学和初中阶段15：30以后课外活动，推动义务教育优质资源共享相关措施实施效果的评价四个方面。

整体来看，学生及其家长对教育领域综合改革的系列举措评价较高，除了2017年初中学生及其家长对实践育人政策落实效果的评价未达到75分的"比较满意"水平以外，其他均达到"比较满意"水平。其中，学生及家长对社会主义核心价值观教育情况的评价得分相对最高，四年间小学、初中、普通高中学生及家长对此的满意度评价得分均达到80分以上，特别是2018年得分提升较大，达到或接近90分；义务教育阶段15：30以后课外活动，得到小学和初中学生及其家长较高的评价，前三年小学生及其家长对该活动的评价得分明显高于初中，高出4分左右；对于初中阶段的实践育人政策（开放实践活动），学生及家长对其实施效果的评价得分虽然在2017年有较大幅度的下降（下降了8分），但三年的结果均达到或接近"比较满意"水平。此外，小学和初中学生及其家长对政府推动义务教育优质资源共享相关措施的实施效果认可度较高，满意度得分分别达到了82.0和82.5。

表2　2015～2018年北京市基础教育学生及其家长对教育领域综合改革的评价

单位：分

调查内容	学段	2015年	2016年	2017年	2018年
社会主义核心价值观教育	小学	85.8	84.8	85.4	89.2
	初中	84.9	86.0	82.6	90.2
	普通高中	85.4	84.8	80.5	89.6
15：30以后课外活动	小学	83.8	83.8	83.2	83.5
	初中	79.6	80.5	78.9	83.3
实践育人政策	初中	—	81.5	73.5	89.0

调查内容	学段	2015 年	2016 年	2017 年	2018 年
推动义务教育优质资源共享相关措施的实施效果	小学	—	—	—	82.0
	初中	—	—	—	82.5

注：—表示该年度该学段未涉及此项调查。

（五）教育公平得到较好的保障

通过对历年调查结果进行不同群体的差异分析，得出大致相同的结论：从地域看，学生及其家长的满意度郊区高于城区，农村高于城市；从户籍看，非京籍学生及其家长的满意度高于京籍；从学生家庭社会经济地位（家长受教育水平、职业和收入）看，家庭社会经济地位较低的家长的满意度更高。这从一定程度上可以看出，北京市基础教育在保障城乡教育一体化和弱势群体子女就学方面取得了一定的成效，得到了家长的认可。

四　北京市基础教育存在的问题及分析

（一）义务教育均衡发展状况与家长的期望还存在一定差距

2012 年起调查了学生及家长对义务教育均衡发展状况的评价，调查结果显示，家长对义务教育均衡发展相关指标（包括义务教育学校间办学条件、教师队伍以及育人质量的均衡程度）的满意度虽然近三年呈现逐年提升趋势，至 2018 年首次达到"比较满意"水平，但与其他指标相比相对偏低，小学和初中学生及其家长对三项指标的满意度得分排名均较为靠后，尤其是对义务教育学校间教师队伍的均衡程度评价得分多年排名后五位。

开放题结果显示，家长对义务教育均衡发展、优质教育资源不足等方面的意见和建议相对也比较多，认为亟须进一步缩小义务教育学校间办学条件

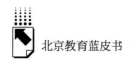
的相对差距，建议通过师资交流推动优质资源共享，提高集团化办学的实效性。

（二）"入园难""入园贵"问题依然需要进一步改善

历年调查结果显示，家长对幼儿园布局状况、"入园难"改善情况、入园办法等指标的评价相对较低，在各项指标中满意度得分排名多年靠后，特别是对"入园难"改善情况的评价自2012年调查起一直处于低位徘徊状态（65分左右），七年均未达到"比较满意"水平（75分）；同时，民办幼儿园学生家长对教育工作的满意度显著低于公办幼儿园学生家长。

开放题调查结果显示，历年来幼儿园学生家长对统筹规划教育布局、幼儿园收费等问题的意见和建议也较为集中，家长普遍反映公办幼儿园太少，幼儿园分布不均，想让孩子进公办幼儿园太难，好的民办幼儿园又太贵，家长对一般民办幼儿园的教育质量不放心。由此可见，受二胎政策放开等多重因素的影响，部分地区的幼儿园布局不合理、学位供给不足已成为北京市学前教育发展面临的突出问题。

（三）中小学生课业负担过重现象依然在一定范围内存在

调查显示，中小学生课业负担过重现象依然在一定范围内存在。在课业负担的主观感受上，2018年15%左右的小学生家长认为学生学校、校外、总体课业负担"很重"或"较重"，20%以上的初中、普通高中学生家长认为学生学校、校外、总体课业负担"很重"或"较重"，且多年基本均表现为小学生及其家长认为课业负担"很重"或"较重"比例校外高于学校，而初中和普通高中学生及其家长认为课业负担"很重"或"较重"比例学校高于校外。在课业负担的客观表现上（含睡眠时间、课后作业量、考试次数等方面），学生及家长的满意度较低，连年低位徘徊，十年间有六年对睡眠时间、课后作业量的满意度得分排名靠后。从不同学段来看，初中、普通高中课业负担问题比较突出，尤其是初中学生及其家长对睡眠时间的评价十年均排名靠后，且有六年得分最低或次低；普通高中学生及其家长对课业负担（含睡眠时间、课后作业量等）、艺术课开设情况等方面的评价基本均排名靠后，对睡眠时间的评价连续十年均为所有指标中的最低分，而在艺术课开设情况上，部分学生及家长（主要涉及高三年级）甚至反映学校未开设美术、音乐等艺术课。总之，调查结果呈现学生所处学段越高，学生及家长对课业负担状况的评价得分越低的趋势，主要表现在学生课业负担感受较重、睡眠时间不够充足、作业量偏多、美术音乐等艺术类课程被占用等方面。

开放题中，小学、初中、普通高中学生及其家长对课业负担问题的意见也较为集中，小学和初中存在两种倾向，部分家长认为学生负担过重，但同时有少部分家长呼吁学校多布置些作业，高中学生及家长则比较一致地认为学生的负担过重，呼吁减轻学生负担。

（四）在学生及家长看来，北京市中小学尚存在一定范围的违规办学行为

十年来的调查结果显示，在学生及家长看来，北京市基础教育阶段还存在一定范围的学校规范性办学违规行为，尤其是课业负担相关问题。特别需要关注的是，家长反映一些学校和老师仍然会通过各种方式变相公布学生的考试排名，这种将学生成绩排名的简单化处理，无疑会增加学生和家长的压力，加重了学生的学业负担，不利于其身心健康发展。此外，小部分基础教育学生及其家长反映还存在学校寒暑假违规补课现象，主要存在于普通高中学段。个别学生及家长认为学校还存在教师体罚或变相体罚学生现象、教师有偿补课行为。调查结果呈现学生所处学段越高，学生及其家长反映学校寒暑假违规补课现象、学校或班级公布（或变相公布）考试成绩排名现象的百分比相对越高的趋势。

（五）学生及家长对统筹社会资源用于教育、治理校园周边环境、改善学校伙食等方面诉求较高

社会资源用于教育、治理校园周边环境等历年来都是幼儿园、小学、初中、普通高中学生及其家长满意度得分较低的方面，其中，社会资源用于教

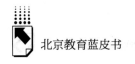

育的满意度十年中有八年得分在所有指标中最低，且近年来得分还存在下降趋势，对校园周边环境的满意度连续十年排名后五位。而学校伙食也是中小学学生及其家长意见和建议比较集中的方面，多年处于意见和建议条数排名的前五位。

在社会资源用于教育问题上，学生及家长，尤其是远郊地区的学生及家长反映区域内博物馆、图书馆、体育运动场馆、课外活动中心等资源较少，存在场馆布局不够合理、场馆开放时间不能满足学生需求、设施设备等资源陈旧且更新不及时等问题。校园周边环境还存在交通拥堵、交通安全隐患、脏乱等情况。无论城区还是郊区，中小学午餐还存在种类单一、口味差、量小、质量差、缺乏营养、不卫生等问题。学生处于长身体的重要阶段，吃不好午饭，对孩子的身体影响很大。

五 政策建议

（一）进一步扩大优质教育资源，缩小义务教育学校办学差异，促进义务教育优质均衡发展

针对家长反映的义务教育学校间差距问题，进一步推动各级政府切实履行教育职责，多措并举，扎实推进义务教育优质均衡发展。市级层面应进一步完善教师交流轮岗、优质资源共享、城乡教育一体化等相关政策，加大对薄弱区域和农村的扶持力度，逐步缩小区域间和城乡间师资、办学条件等方面的差异；同时，加大督导力度，督促并引导各区义务教育从基本均衡逐步走向优质均衡；区级层面应当认真落实《国务院关于统筹推进县域内城乡义务教育一体化改革发展的若干意见》《北京市人民政府办公厅关于进一步做好城乡义务教育一体化有关工作的通知》《北京市教育委员会关于推进中小学集团化办学的指导意见》等文件精神，深度推进中小学集团化办学，充分发挥优质教育资源的引领和辐射作用，扩大优质教育资源覆盖面，缩小区内城乡间、校际差距，促进区域义务教育优质均衡发展。

（二）进一步统筹规划幼儿园布局，积极发展和扶持普惠性幼儿园，逐步缓解入园难问题

对于入园难和民办园存在的入园贵、办园规范和质量等问题，各级政府应当进一步科学规划幼儿园布局，增加人口密集地区公办幼儿园的数量，保障新建小区的配套园建设。同时，加大对普惠性幼儿园的投入，还要探索各种方式，规范和完善学前教育机构收费管理体制，激励普惠性民办幼儿园的发展，通过完善合理的成本分担机制、学前教育办园标准、学前教育管理规范等措施，规范民办园的办园行为；加强对民办园幼儿教师的培训和管理，切实提高民办园的办园水平，以此提高公办幼儿园学位供给能力，提高普惠性幼儿园比例，规范民办幼儿园办学行为，逐步缓解"入园难"、民办园"入园贵"问题，促进学前教育普惠、健康发展，保障幼儿快乐健康成长。

（三）加大统筹协调力度，着力解决社会资源用于教育、校园周边环境、学校伙食等公众满意度低及意见和建议集中的问题

对于社会资源用于教育、校园周边环境、学校伙食等满意度较低及意见和建议较为集中的方面，建议市、区政府加大统筹协调力度，统筹协调文化、社区、教育管理等部门，制定有针对性的整改措施，逐步解决相关区域内场馆资源少、利用率低、资源陈旧且更新不及时等问题；统筹协调交通、城管、卫生等部门，缓解部分学校周边交通拥堵，解决安全隐患、环境脏乱等问题；统筹卫生等部门及相关企业，逐步解决学校伙食（或营养餐）的质量问题。

（四）加强学校规范办学的监督和管理，杜绝违规现象发生，促进学生全面健康发展

针对屡禁不止的违规办学问题，建议市、区政府进一步加强对学校办学行为的监督、检查和问责，杜绝寒暑假违规补课、杜绝义务教育学校公布考试成绩排名现象，引导学校教师科学布置作业，提高课堂教学效率；同时，加强舆论引导，切实减轻学生的课业负担；广泛开展课外校外活动，注重学

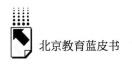
生学习兴趣和实践能力的培养，切实提高办学水平和教育教学质量，促进学生综合素质全面发展。

参考文献

Heiserman R. J., Parent Involvement and Parent Satisfaction with Public Schools, Northern Arizona University, 1994.

彭国甫、刘静：《政府教育管理公众满意度测评研究的理论基础与现实需求》，《湖南大学学报》（社会科学版）2012 年第 1 期。

褚卫中、褚宏启：《"新公共服务"理念对当前我国基础教育管理改革的启示》，《中国教育学刊》2007 年第 8 期。

朱国玮、郑培：《服务型政府公众满意度测评理论与实践》，科学出版社，2010。

Kotler, P., Armstrong G., *Principles of Marketing*（*7th Edition*）（NJ：Prentice Hall Inc，1996）.

"全国教育满意度测评研究"课题组：《基础教育满意度实证研究》，《教育研究》2016 年第 6 期。

胡平、秦惠民：《户籍、教育水平及社会职业等级对家长义务教育满意度的影响研究——以北京市为例》，《软科学》2011 年第 25（10）期。

汤林春：《2009 年上海市基础教育满意度调查报告》，《上海教育科研》2010 年第 4 期。

曹瑞、王敏、肖庆顺、李凤堂：《2010 年天津市市内六区基础教育满意度调查报告》，《天津市教科院学报》2011 年第 2 期。

李志峰、赵承福：《基于 SEM 的义务教育满意度研究——以山东省为例》，《中国人民大学教育学刊》2013 年第 1 期。

张娜：《公众对区域基础教育满意度影响因素研究——基于北京市公众教育满意度调查》，《中国教育学刊》2012 年第 8 期。

张娜、王玥、许志星：《家庭社会经济地位对家长教育满意度的影响研究》，《教育学报》2013 年第 3 期。

李伟涛、郓庭瑾：《基础教育公共服务的家长满意度分析与建议——以上海市为例的实证研究》，《全球教育展望》2014 年第 7 期。

卢珂、王玥：《北京市学生家长对教育工作的满意度分析——基于连续七年教育满意度入户调查数据》，《教育科学研究》2017 年第 8 期。

B.11
2019年北京市减轻中小学课外
负担的现状与建议

张 熙　李海波　蒲 阳　袁玉芝*

摘　要： 本报告聚焦于学生课外负担研究，通过对学生、家长和教师的
　　　　　问卷调查，了解学生参加课外班的数量、科目、时间等现状，
　　　　　了解家长对于费用支付和负担情况的感受；了解教师对减负的
　　　　　基本判断和态度，揭示当前学生课外负担方面出现的新变化和
　　　　　新问题，并对学生课外负担形成的原因进行分析，在此基础上
　　　　　提出多措并举形成育人合力、推进校外机构专项治理、充分发
　　　　　挥学校主体作用、综合施策破解课后难题、科学设定课后服务
　　　　　规范和标准以及引导家长回归教育理性等政策建议。

关键词： 课外负担　校外教育机构治理　教育理性　北京

为深入贯彻习近平总书记对教育工作重要指示精神，有效减轻中小学生
课外负担，保障中小学生健康成长，按照教育部和北京市教委等四部门
《关于印发校外培训机构专项治理行动实施方案的通知》精神，建立健全减
轻中小学生课外负担长效管理机制，促进中小学生课外教育活动有序、有
益、规范开展，保障中小学生健康成长。本报告在调查北京市中小学生课外

* 张熙，教育学博士，北京教育科学研究院基础教育科学研究所所长、研究员，主要研究领域
为教育政策、学校发展等；李海波，北京教育科学研究院基础教育科学研究所教育政策研究
室副研究员，主要研究领域为教育政策；蒲阳、袁玉芝分别为北京教育科学研究院基础教育
科学研究所教育政策研究室副研究员、助理研究员，研究领域均为教育政策。

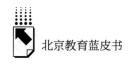

负担现状的基础上，分析中小学生课外负担的主要来源及出现的新问题，深化研究减轻学生课外负担的具体对策与途径，为保障中小学生健康成长提供政策建议。

一　调研对象及研究目标

本报告通过在北京市 17 个区（含燕山办事处）各抽取 4~6 所学校，每校抽取四年级、六年级、八年级、九年级各两个班学生及其家长和每校对应年级班主任及任课教师确定样本量。共对 9486 名学生、9330 位家长和725 名教师进行了问卷调查，呈现学生课外负担现状及主观感受，发现课外负担的新变化和新问题，分析了中小学生课外负担产生的主要原因，并提出减轻课外负担的治理策略及政策建议。

二　中小学生课外负担现状

本次中小学生课外负担现状调研分别针对学生、家长和教师三方利益群体采集了相关信息，具体负担现状分析如下。

（一）学生参加课外辅导班的数量情况

有七成以上的学生参加课外班，城市学校学生参加课外辅导班的比例高于城镇、农村学校，办学水平越好的学校的学生参加课外辅导班的比例越高，具体数据如图 1、图 2 所示。

（二）学生参加课外辅导班的科目情况

在学生参加课外辅导班的科目中英语、数学比例最高。数据显示，学生选择参加课外辅导班的科目中，比例最高的是英语、数学，分别为 24.4%、20.4%。家长选择学生参加培训频次最高的学科是英语、数学，分别为26.7%、20.9%。选择艺术类（音乐、舞蹈、书法、美术等）科目的学

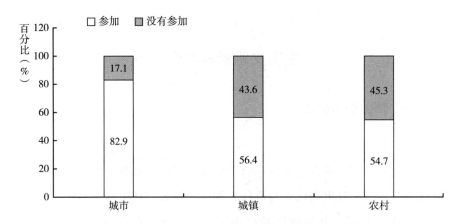

图1 不同地域学校学生参加课外辅导班的比例

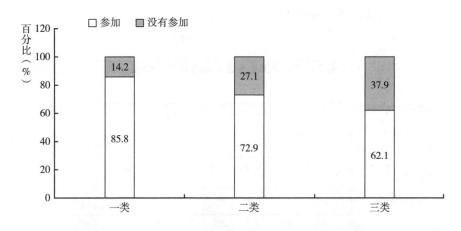

图2 不同学校学生参加课外辅导班的比例

生/家长占19.3%/19.1%，体育类占10.1%/8.9%，科技类（机器人、天文、航模等）占3.3%/2.3%，选择课后托管班以及其他类别的分别占3.0%/2.6%、1.4%/2.3%（见图3）。学生和家长课外班科目选择高度拟合。

（三）学生参加课外辅导班时间情况

从参加课外辅导班时间来看，三成多的学生每周参加课外辅导班时间在6小时以上；参加课外班的学生有85.6%需要完成课外班的作业；呈现城市

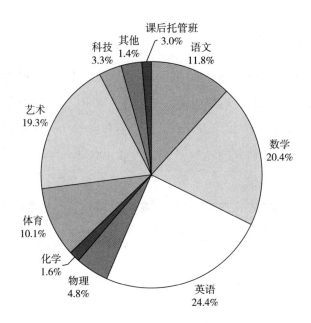

图3　学生选择参加课外辅导班学科分布

多于城镇、农村（见图4）；一类①学校多于二类、三类学校；小学生时间多于初中学生，具体数据如下。

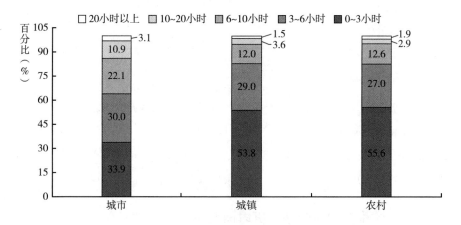

图4　不同地域学生课外辅导班时间分布

① 一类、二类、三类学校，分别代表办学水平好、比较好、一般的学校。

学生/家长数据显示，不同办学水平的学校，学生参加课外辅导班的每周时间在 3 小时以内的比例为：一类学校 35.0%/31.0%，二类学校 36.8%/52.0%，三类学校 47.2%/56.2%。说明参加课外辅导班时间一类学校学生多于二类学校与三类学校。这与不同地域学生参加课外班学习的整体比例情况一致。

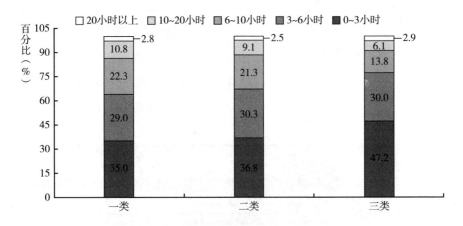

图5 不同办学水平学校学生课外辅导班时间分布

家长数据显示，四、六年级学生每周培训时间 6 小时以上所占比例均高于八、九年级（见图6），即小学生课外辅导班学习的时间高于初中学生。

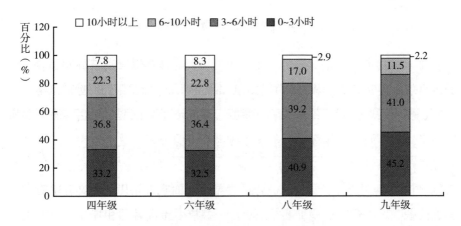

图6 不同年级学生课外辅导班学习时间分布

（四）家长支付课外辅导班费用情况

30%的学生每月课外辅导班学习费用在4001元以上，另有28.1%的学生在2001元至4000元，41.9%的学生在2000元以下，具体数据如图7所示。

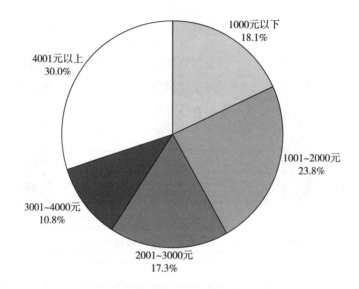

图7　学生每月课外辅导班学习费用分布

（五）学生对参加课外辅导班的效果感受情况

关于"参加课外辅导班的主要原因"，排在前三位的原因分别是："培养自己的兴趣特长""学习跟不上，需要提高""喜欢课外班教师的教学方法"（见图8）。从对课外班的喜欢感受上看，小学生比初中生更喜欢上课外辅导班。总体而言，年级越低的学生越喜欢上课外班。这是因为，低年级课外辅导班可以针对学习知识的薄弱点，使学生在学习浅层知识上获得"奇效"。但是，初中知识具有更高难度、深度、广度，知识体系趋于复杂，对知识储备、思维逻辑的积淀要求更高，所以感觉情况截然相反，初中生比小学生更感觉课外班的学习内容很难，其中，九年级学生感觉最难和最累。

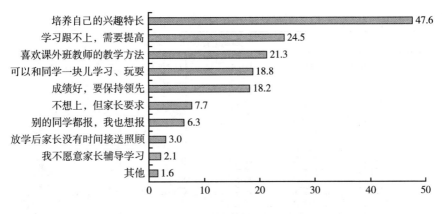

图 8　参加课外辅导班的原因分布

（六）家长对参加课外辅导班的效果感受情况

家长对参加课外班学习后学生在"成绩提高了""学习兴趣提高了""学习习惯改善了"方面达到的效果总体比较认同，其中家长认可度最高的是学习成绩的提高，说明课外辅导班有其"提高成绩"的暂时作用。家长对课外辅导班的大部分"教学特点"的认可程度较高，显示这与校外辅导机构基于学生个性需求，提供定制化和精准服务有关。而对于"寒暑假集中授课"的认可程度最低，原因是辅导班没有考核任务，课给孩子讲了，至于孩子能学进去多少，却往往不会在意；辅导班老师根本无法做到了解每个孩子的学习情况，假期集中性的补习大多数是把所学的知识点从头到尾再讲一遍。

（七）学生和家长对课外负担的总体感受情况

从学生和家长数据分析，中小学生课外学习存在一定负担，属于可以接受的一般水平。学生数据显示（非常符合48.1%，比较符合23.7%），参加课外辅导班的学生对课外辅导班的认可度较高。学生喜欢上课外辅导班，喜欢听课外辅导班的老师上课，并不认为上课外辅导班很累，课外辅导班的学习内容很难。家长数据显示，学生课外负担感受处于"比较不符合"与"一般"之间（见图10），接近"一般"水平。

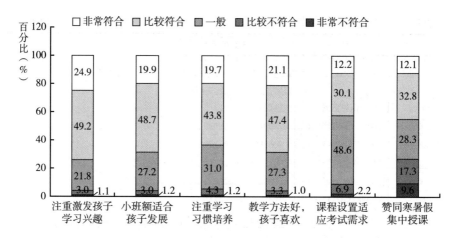

图9　家长对课外班学习结构教学特点的感受情况

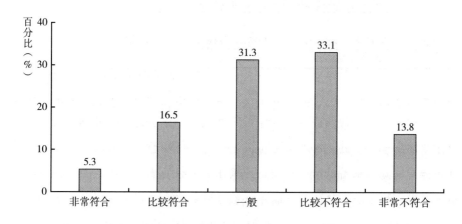

图10　家长对学生课外负担的感受分布

（八）参加学校课后服务的意愿情况

课后服务旨在解决当下流行的过度课外辅导问题，把学生从繁重的课外负担中解脱出来，给学生充分的自我学习和锻炼的时间。数据显示，近八成学生参加学校组织的课后服务活动，家长偏向于认为学校应为学生在放学后提供社团活动与学科辅导，其中47.2％的家长选择"校内社团"，32.1％的家长选择了"校内教师学科辅导"（见图11）。但是，有约三成家长不太满意目前状况，认为目前学校的课后活动不能满足孩子的发展需求。具体数据如图 12 所示。

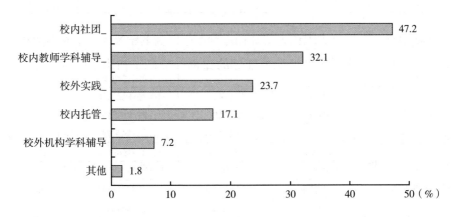

图 11　家长认为学校提供放学后活动的内容分布

约三成的家长认为目前学校的课后活动不能满足孩子的发展需求。1/3 的家长不确定是否满足需求，原因有三点：一是家长认为学校场地、设施不足；二是课后活动专业教师和仪器设备不足；三是家长对学校的认识不足。因此，需要教育部门增加投入，引进优秀教师以提高课后服务的水平，加强对家长的培训。

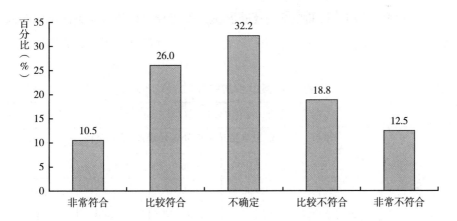

图 12　家长对学校活动能否满足孩子发展需求的感受分布

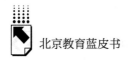

（九）教师认为多重原因导致学生课外负担重

从教师角度来看，很大一部分教师表示授课班级的学生超过一半参加了课外辅导班，且城市表现更为明显；办学水平越高的学校学生参加课外辅导班的比例越高，小学生参加课外辅导的比例一般高于初中生；值得注意的是，教师愿意有条件地支持学校开展下午 3：30 放学后活动，53.69% 的教师认为学生下午 3：30 放学后活动应该由学校和校外机构合作开展，有32.51% 认为可以由校内教师有偿负责，仅有 13.79% 认为应该委托校外机构。建议活动内容以校内社团、校外实践、校内教师学科辅导为主，具体教师调研数据见图 13 至图 16。

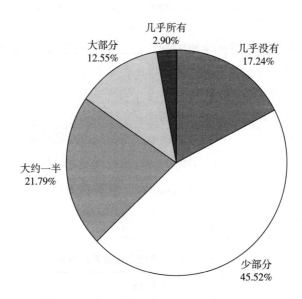

图 13　任教班里学生参加课外辅导班情况

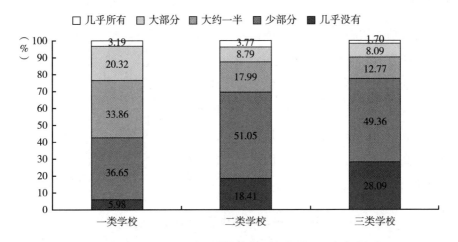

图14　不同类型学校班里学生参加课外辅导班情况

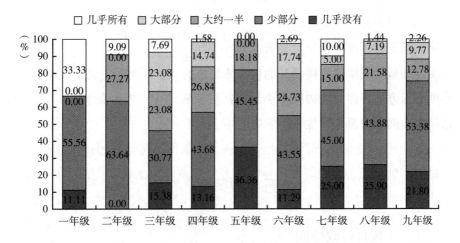

图15　不同年级班里学生参加课外辅导班分布

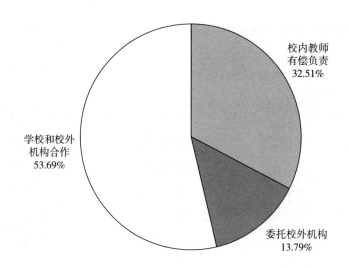

校内教师
有偿负责
32.51%

学校和校外
机构合作
53.69%

委托校外机构
13.79%

图 16　下午 3∶30 放学后活动的组织方式

三　中小学生课外负担初步分析

（一）群体趋同仍是学生课外负担的主要推动力

调查显示，群体趋同仍是学生课外负担的主要推动力。北京是政治、文化中心，也是科技、金融、企业总部经济云集的大城市，高学历人士云集，这一影响因子迥异于其他省份。

数据显示，随着父母学历提升，孩子参加课外辅导班的比例逐渐上升。户籍数据显示：北京户籍学生参加课外辅导班学习的比例为 77.1%，高于非北京户籍的学生（59.6%）；城乡差别上，城市学校学生参加课外辅导班的比例最高；城镇、农村的比例低于城市；校际差异上，办学水平为一类的学校学生参加课外辅导班的比例最高。

以上数据都指向一个焦点，即高学历群体因素。因为北京城市、户籍以及一类学校都存在高学历家庭占总体优势的特征，这个优势又充分集中在"孩子参加课外辅导班学习的比例逐渐上升"这一点上。这一聚焦，也得到课外辅导班学习费用数据的印证："三成学生每月的课外辅导班学习费用在4001元以上"；而且也聚焦于"城市学校学生"和"一类学校学生"上。

（二）学生课外负担的新现象：校内外教育互激趋势愈加明显

数据显示，超过一半的教师认为家长有必要额外给学生布置作业，说明教师对学校教学的自信不足。校内教育者责怪校外教育"提前教学""超纲教学"，增加了学生负担和家庭教育开支，制造教育焦虑；而校外教育者责怪校内教育千面一人的格式化模式，有违因材施教的教育原则。在这种争议、比拼的形势下，校外培训机构顺势而起，迅速增多，校内外教育互激趋势愈加明显。

（三）学生课外负担的新变化

1. 语文学科成为"新锐"，其培训比例逐渐上升，居于高位

学生数据显示，城市学校学生参加语文、体育、科技课外班比例最高；在一类学校中"学生参加语文、科技课外班比例最高"；另外，教师数据也显示，"教师子女参加英语辅导班的比例最高，其次是语文辅导班"。这些说明，在英语和数学培训"一统天下"的格局中，语文学科成为"新锐"，其培训比例逐渐上升居于高位。主要原因可能是教育改革持续推进后，考查大量语文的阅读内容、考查全科素质成为标配，语文小学基础打不好，到初高中很难实现弯道超车。随着一系列高考改革政策出台，高考"语文难"就已经成定势。校内教育对即将面临的语文学科的教学及考试改革尚缺乏有力的应对措施，不能满足学生、家庭的需求，而教育市场和家长则即时做出反应，校外语文教育供给增加。同时说明，语文素养要求提升的变革使家长产生焦虑，从而加重了学生负担。

2. 教师对学生负担认识不足，教学有加速和跳过行为，同时存在言行不一现象

数据显示，多数学生已经学习过知识时，教师选择"跳过或适度提高教学速度"。一方面说明校外培训机构存在"超纲教学""提前教学"，另

一方面反映教师教学行为问题，具体数据显示，多数学生已经学过知识时，"超过一半的英语和语文教师选择跳过或适度提高教学速度"，而英语课外班和语文课外班，恰恰又是数据最高的两门科目。另外，教师认为"参加学科类辅导班对学生成绩的影响并没有那么大，并不认为参加辅导班和没有参加辅导班的学生表现有差异"，但是，教师调查数据显示，"71.45%的有孩子的教师，选择让自己的孩子上课外辅导班"。这说明教师存在言行不一的现象。

3. 家长和学生普遍认可校外辅导班质量和效果

来自学生的调研显示，参加课外班的学生对课外班的认可度较高。来自家长的调研显示，大部分家长认同课外班学习的效果，对学习成绩提高的认可度最高。当前的校外教育已经是竞争教育，靠质量和效果求生存，不然无法立足和存在。质量和效果是其存在的市场前提，也是校外教育具有生命力的表现。

4. 家长和学校对下午3∶30后教育的管理主体认识不一

调查结果显示：认为应该由学校负责学生下午3∶30放学后活动的家长占66.7%，反映出家长的强烈意向共识。而教师方面则截然相反：72.00%的教师认为不应该由学校负责学生下午3∶30放学后的活动。教师有其不情愿和不赞成的理由，一方面是教师研修时间保障问题，另一方面是教师额外工作量问题。针对这个新需求，不同群体基于不同立场和利益，缺乏共识。教师赞成有偿服务和引入校外机构。如何既达到减负目的，又维护教师利益，需要仔细权衡。

（四）进一步讨论

1. 本次调查未发现学校教师水平与学生课外负担之间存在因果关系

数据显示，城市参加课外班的比例最高，城市课业负担大于城镇、农村；办学水平高的一类学校参加课外班的比例，高于二、三类学校；办学水平越高的学校学生参加课外班学习的时间越多。从现状来看，学生参加课外辅导班大致分三类：一是学生的学习能力较强，课堂学习有余力，家长们不愿让孩子浪费课余时间给孩子加压，或是受更高期望值的驱使，上课外辅导班；二是学生学习能力较弱，学校知识"消化、吸收不了"，家长们不惜一切代价找辅导班，给孩子补课；三是学生处于中等水平，并没有补课的必要，但是看到其他同学纷纷参加，迫于无奈随大流的从众行为。这也验证了"有七成以上的学生参加课外班"的现象。这说明在课业负担问题上，教师因素不是唯一因素，教师水平和学生负担之间并没有直接的因果关系。

2. 英语与数学的课外培训需求反映出家长与学校课程标准之间的认识差异

在学生培训科目的多项选择上，部分学生同时参加了一科以上的校外学习，在所有选项中比例最高的学科是英语、数学，分别有 24.4%、20.4% 的学生参加了该类学科的课外辅导班，这个数据得到家长调研数据（分别是 26.7%、20.9%）的支撑，可信度很高。这两组数据都说明英语与数学成为学生课外班的优先选择，其实说明家长认为学校教育是在"保基础"，而课外班则是"重提高"。

3. 参加校外班的原因反映出学校在个性化指导和兴趣特长培养上有提升空间

来自学生的调研，关于"参加课外辅导班的主要原因"，排在前三位的分别是："培养自己的兴趣特长"（47.6%）、"学习跟不上，需要提高"（24.5%）、"喜欢课外班教师的教学方法"（21.3%）。这些数据得到来自家长调研数据的支撑，排在前三位的原因分别是："尊重孩子兴趣，培养孩子特长"（37.7%）、"激发孩子的学习兴趣"（25.9%）、"孩子成绩不好，需要补一补"（24.3%）。

以上数据具有高度互证性，既证明学校教育的优势——在短时间内集中解决共性问题，又折射出了学校教育的不足——在充分培养学生的兴趣特长、激发学生兴趣方面不占优势；教学方法上对个性化指导也存在不足。校内教育满足不了学生兴趣特长发展的需求，必然的结果就是家长和学生的外向寻求。因此，单靠教育市场禁止，是不能解决根本问题的。

把以上数据聚到一起，可以看出：有近一半的学生外向寻求兴趣特长的发展，有近 1/4 的学生喜欢课外班老师的教学方式，还有 1/4 的学生跟不上

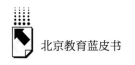
校内学习而外向寻求补救。而且，这三者之间又具有关联性，即前两者会导致后者的产生，即导致校内学习失利者的增加。

四　中小学生课外负担调研结论

第一，本市中小学生课外学习存在一定负担，学生和家长均表示属于可以接受的一般水平。学生数据显示，参加课外班的学生对课外班的认可度较高。家长数据结果显示，学生课外负担感受处于"比较不符合"与"一般"之间，接近"一般"的水平。

第二，本市有七成以上的中小学生参加课外班，校内减负、校外增负的趋势已形成。课外负担现状的基本特征，从区域看，城市重于城镇、农村区域；从学校类型看，优质学校重于一般学校；从学科看，英语、数学学科重于其他学科；从群体看，高学历群体子女重于低学历群体子女；北京户籍子女重于非北京户籍子女。

第三，本市小学六年级阶段因升学问题课外负担趋重，升学考试指挥棒效应明显。数据显示，小学阶段六年级学生参加课外班时间在 6 小时以上的所占比例最高，且六年级参加语文学科的比例最高。在初中随着年级升高，参加数学、物理、化学课外班学习的比例逐渐升高，而其余科目如体育、艺术等非应试类学科的比例下降幅度较大。这一点充分显示了升学考试指挥棒对课外负担趋重的巨大催生效用。

第四，八成左右学生参加学校组织的课后服务活动，家长偏向于认为学校应为学生在放学后提供社团活动与学科辅导，其中 47.2% 的家长选择"校内社团"，32.1% 的家长选择了"校内教师学科辅导"。但是，有约三成家长不太满意目前状况，认为目前学校的课后活动不能满足孩子的发展需求。

第五，减负政策从内容上增添了严管校外培训机构，但还是局限于基础教育自身搞减负，针对深层根源，如高等教育的等级制、考试、用人制度等问题，对教育课外负担的指挥棒催产效应触及不够。

五 减轻中小学生课外负担的政策建议

本次减负政策出台层次之高，联动部门之多是近年来史上第一次。根据以上调查研究，为减负工作提出以下政策建议。

（一）多措并举形成育人合力

中小学生课外负担重，有多种深刻复杂的社会原因。从根本上解决这个问题，需要加强顶层设计，提高认识水平。"减负"的焦点不一定是缩短在校时间、减少作业数量和取消考试。"减负"不是不再提倡勤奋刻苦的学习态度，更不是降低教学质量、片面追求教育资源均衡，而是坚决减去违背教育规律和青少年成长规律的功利化教学行为和违规办学乱象。进一步推进普通高中招生的"分配生"制度，大力提升初中的办学水平和质量，遏制各个初中之间的激烈竞争，大力推进初中办学均衡，积极拓宽小学到初中的出口，降低小学生升学的压力和家长择校的欲望，从而为减负创造良好的教育生态。

（二）推进校外机构专项治理

加强组织领导，大力推进校外培训机构专项治理，按照《校外培训机构专项治理行动实施方案》，治理行动要责任到级、责任到人、责任到部门；明确治理标准和时间表，开发校外培训机构管理服务平台，实现排查登记、治理跟踪、备案审核、信用公示等全业务监管；开展部门协同联合执法，对热点区域开展全时段、无死角检查，采用开发监管APP、面部识别设备、举报平台等基于信息技术的手段，使监测机制的人防、技防等措施逐步落实到位，规范培训机构办学行为，尽快取得"违规必查"的社会效果。

（三）充分发挥学校主体作用

学校必须进一步反思改进，寻找"减负"空间，挖掘"减负"潜力，

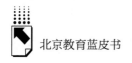

进一步发挥"减负"的主导作用。数据显示，英语与数学成了增负的显性源头，也成了增负的校内主源，导致学生涌向课外班。因此，课程设置专家和教学指导专家要开展精准把握、解决关键问题能力的研究，探索分层教学、分专题教学实验研究，提高教学质量，力争把问题解决在课堂、在校内。

（四）综合施策破解课后难题

数据显示，在满足学生兴趣特长方面，学生和家长普遍认为"中小学校不如校外培训机构吸引力大"，一方面说明中小学校开发的课程不足，而校外培训机构做得比较专业；另一方面中小学教师不一定具有强于校外培训机构教师的能力。解决这些问题，需要通过政府出资购买社会教育服务入校，满足学生全面发展的现实需求。同时，发挥现有的学院制资源、实践基地资源、社会大课堂资源、劳动基地资源等的作用，为课后提供丰富多样的艺术类、体育类、科技类、阅读类等课程。学生参加课后服务课程，在完成参加次数并取得学习成果后赋予学分，计入综合素质评价档案。

（五）科学设定课后服务规范和标准

课后服务要做到"三全"——全自愿、全免费、全覆盖，"三不"——不赢利、不强制、不与教学挂钩。资源补充，一是引入体育、艺术和美育方面的优质民办机构资源；二是发挥公益组织的力量，如少年宫、共青团、大学生志愿者等的参与作用；三是培养学校有特长的老师和管理者。建立校长、家长、社会公益组织的三方管理体系，共同商量确定托管形式、内容。课后服务标准和内容：小学阶段一、二年级以团队活动、课外阅读、实践活动、手工操作、作业辅导为主，不得借课后服务布置书面家庭作业；三年级以上以课外阅读、作业辅导、兴趣小组、团队活动、综合实践为主；初中阶段以作业辅导、答疑解惑、课外阅读、兴趣小组、综合实践、团队活动为主；高中阶段以学法指导、课外阅读、社团活动和对学习有困难的学生进行补缺补差为主。

（六）引导家长回归教育理性

现实生活中，部分家长对孩子未来期望过高，导致中小学生课外负担过重，已超出了中小学生身心成长可接受的程度。教育行政主管部门要积极作为，不断深化基础教育和中高考改革，改革评价体系，尊重学生个性和兴趣，满足家庭对孩子培养的多样需求。学校应积极推动家校互动、家校协同，依托家委会、家长学校等，加强对家长的培训和指导，宣传先进教育理念和科学育人方式，避免"学校减负、家长增负"情况的发生。重视舆论引导，让家长真正能够从孩子成长的实际出发，尊重教育规律，回归教育理性。

教育改革篇

Educational Reform Reports

B.12
北京市基于证据的教学改进与实践研究*

贾美华　李晓蕾**

摘　要： 本报告充分利用大数据时代的技术进步，构建基于证据的课
堂教学评价框架，实现了对教学行为更加精细化的诊断分析；
并通过基于核心素养五大领域的实验研究，进一步明晰了将
核心素养融入教与学的有效路径；实现了从经验性教研向实
证性教研的有力转型。

关键词： 基于证据　教学改进　录像课分析　核心素养　教研转型

---

* 本报告为北京市教育科学"十二五"规划重点课题"北京市义务教育阶段基于证据的课堂教学
改进研究"（ABA14014）研究成果，主要参与人包括（按姓氏拼音排序）：顾瑾玉、何光峰、黄冬
芳、贾福录、贾欣、金利、荆林海、康杰、李伏刚、李青霞、李英杰、孟献军、彭香、乔文军、秦晓文、王
彤彦、吴洋、夏宇、张玉峰，特此鸣谢！
** 贾美华，北京教育科学研究院基础教育教学研究中心主任、研究员，主要研究领域为基础教
育课程与教学改革；李晓蕾，教育学博士，北京教育科学研究院基础教育教学研究中心助理
研究员，主要研究领域为课程与教学论、基础教育课程与教学改革。

教育领域综合改革与基础教育课程改革的逐步深入，令"教育质量提升"成为我国面临的重大时代主题与首要行动主线。《国家中长期教育改革与发展规划纲要（2010～2020年）》明确提出，要"把提高质量作为教育改革发展的核心任务。……树立以提高质量为核心的教育发展观。……把教育资源配置和学校工作重点集中到强化教学环节、提高教育质量上来。"①

作为帮助中小学校进行教学质量提升的首要指导力量，教研部门应如何充分利用大数据时代的技术进步，可靠地掌握和运用实证数据，生成言之有物、令人信服的教育教学解释，为学校、教师提供超越一般认知水平的、更加科学、专业的教学指导服务，成为教研部门在新的社会历史发展条件下必须认真思考的关键问题。

基于"有效的教研工作应是一个动态发展的系统工程"②，北京教育科学研究院基础教育教学研究中心（简称北京教科院基教研中心）以"关注证据、强调实证"为思路，在整体规划和系统设计的基础上，持续开展了一系列探索行动。既为促进首都基础教育质量提升和教师专业素养发展提供了更加科学的智力支持，又逐步明晰了将核心素养融入教与学的有效路径，实现了国家教育政策的现实推进。

一 构建基于证据的录像课分析指标框架

虽然实践行动和理论研究均已证实，教研员扎根教学现场进行听评课，是帮助教师提升专业发展水平的重要指导力量；但是，关于听评课"存在'证据缺失'典型特点"的诟病仍然不时跳出，认为教研员在评课

---

① 顾明远、石中英：《〈国家中长期教育改革与发展规划纲要（2010～2020年）〉解读》，北京师范大学出版社，2010，第34、38页。
② 张晓红等：《分层联动教研模式的建构——以中学物理为例》，《课程·教材·教法》2018年第6期。

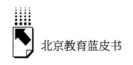

中所做的判断、建议"绝大部分是基于经验和印象的，缺乏足够的证据支撑"。①

鉴于审慎的教育需要专业智慧和实证数据两方面的引领，北京教科院基教研中心尝试突破思维定式，以新的视角和技术手段满足实践中的现实需求。

通过充分吸收借鉴国内外已有研究成果，项目组发现，作为对理论研究及实践困境的积极回应，基于证据的教学改进研究，已成为国际教育研究的潮流和教学研究进步的核心推动力。无论是美国的"综合学校改革质量中心"，还是英国的"为政策与实践提供证据和合作中心"，乃至国际性的"坎贝尔合作组织"，都投入了大量资金来支持基于证据的教学改进研究。②而所谓"证据"，在《辞源》中解释为"证明事实的根据"；在教学研究领域，也绝非仅指量化的数据，而是包含"历史事实、大型教育研究调查数据、教学视频以及课例经验等"③极为多元化的表现形式。比如 TIMSS 和 LPS 两大国际研究项目④，早自 20 世纪 90 年代中期起，就开创了以大型录像课研究进行基于证据的教学质量评价的先例，在转化、编码技术、样本选择、录像课摄制等方面进行了先期探索，取得了良好的研究成效。

借鉴前人的探索，北京教科院基教研中心项目组也着眼于建构基于证据的教学分析与改进机制，在参考国内外相关文献的基础上，结合课改以来的学科教学数据与案例，设计开发了专业的录像课分析平台。并综合传统沿用的课堂教学评价等级指标（见表1）和西方学者提出的"S－T 分析指标、弗兰德斯语言互动分析指标"等分类系统编码，研制完成了录像课分析的评价标准与指标框架。其中，S－T 分析指标主要用于分析教学过程中教师

① 崔允漷、沈毅：《课堂观察 20 问答》，《当代教育科学》2007 年第 24 期。

② Robert E. Slavin.，"What Works? Issues in Synthesizing Educational Program Evaluations"，*Educational Researcher* 2008（1）.

③ 虞天意、马志强、周文叶：《基于证据的课程与教学研究范式转型——第十四届上海国际课程论坛综述》，《全球教育展望》2017 年第 2 期。

④ TIMSS（Trends in International Mathematics and Science Study）指国际数学与科学教育成就趋势调查；LPS（Learner's Perspective Study）指学习者视角研究。

行为与学生行为的适切性,① 弗兰德斯语言互动分析指标则主要用于分析师生语言互动的有效性（见表2）。

表1 录像课分析指标框架中的课堂教学评价等级指标

代码	指标
1	符合课标要求和学生实际的程度(1~5)
2	可操作的程度(1~5)
3	学习环境的创设(1~5)
4	学习资源的处理(1~5)
5	学习指导的范围和有效程度(1~5)
6	教学过程调控的有效程度(1~5)
7	学生参与活动的态度(1~5)
8	学生参与活动的广度(1~5)
9	学生参与活动的深度(1~5)
10	课堂气氛的宽松度(1~5)
11	课堂气氛的融洽度(1~5)
12	目标的达成度(1~5)
13	解决问题的灵活性(1~5)
14	师生的精神状态(1~5)

表2 录像课分析指标框架中的弗兰德斯语言互动分析指标编码

代码	指标
1	接纳学生情感
2	称赞或鼓励
3	接纳或利用学生的观点

---

① S－T分析法将课堂中的教学行为分为教师行为和学生行为两大类，每5秒钟记录一次，根据最终计算的教师行为比例、学生行为比例，以及师生行为的转换率，将课堂教学分为对话型、练习型、混合型、讲授型。

代码	指标
4	提问
5	讲授
6	指示和命令
7	批评或维护权威
8	学生回答问题
9	学生主动讲话
10	课堂沉默

不过，尽管建立了录像课分析平台，令传统的"听评课"进化为"基于视频案例的分析与跟踪指导"，项目组却没有简单生硬地将分析数据作为评价教学过程的唯一证据，而是将之作为对教研员专业经验的有益补充。通过把传统"中医式"的课堂观察、案例分析与现代"西医式"的数据诊断进行有机结合，对教学课例的质量和问题予以整体评判，从而避免在证据和结论间进行一种简单的机械连接。

实践证明，通过录像课平台的多轮编码，能够对课堂教学的目标、内容、方法、过程、时间、语言、行为等各个方面进行评价，提供结构化的实证数据，实现了对师生课堂行为从整体到细节的把握，克服了传统听评课常遭诟病的"随意、零散"等缺陷。而平台系统所建立起来的由可视化数据分析图表构成的教学诊断档案，也便于研究者更加直观地发现课堂教学中的问题，并对教学效果的增值状态和教师教学设计、实施水平的提升状况进行短期比对和长期跟踪，大大提高了对学校、教师的教学指导效率和科学化水平。

而除了基于证据为学校、教师提供全景式的教学改进建议外，项目组所研发的录像课分析平台还能够通过技术挖掘，对逐年积累下来的大量教学数据信息进行分类、加工、整理，剖析大数据中显现的问题及其原因，进而组织开展具有针对性的、基于证据的教学改进行动。比如，2013~2014年，录像课分析平台就被应用于北京市义务教育教学质量监测与评价项目中，通过对教学基础数据的深度挖掘、横向比较、纵向跟踪，实现了对首都义务教育阶段教学质量的有效监测和诊断，为教育行政部门进行理性决策提供了科学依据。此后，逐年积累下来的 1000 余节录像课分析数据与每年的义务教育教学质量监测数据，又共同成为项目组后续研制北京市义务教育学科能力标准和学业标准的重要参考。

二 开展基于数据探索核心素养培养路径的教学实验

近年来，核心素养研究浪潮席卷全球，欧盟、美国、日本均建立起本地区（本国）的核心素养框架，我国教育部也于 2014 年 4 月发布《关于全面深化课程改革落实立德树人根本任务的意见》，将"研究制订学生发展核心素养体系"定位为"着力推进关键领域和主要环节改革"的首要任务之一。

面对以核心素养为纲的时代背景，项目组于 2015 年启动了基于核心素养五大领域（阅读、数学、科学、技术、问题解决）的教学实验研究，借助实证数据探索在课堂教学中培养核心素养的有效策略。

鉴于"大规模调查与测量数据为欧盟核心素养的确立和相关教育政策的研制、实施和监控提供了重要的决策依据"，[①] 而我国此类大规模调查与测量还比较欠缺的现状，项目组将实验研究的切入点聚焦在了"利用前测，收集整理当前教学背景下，学生于核心素养方面存在的主要问题与缺陷"上，并专门建立了"从抽象概念到实证数据再到工具测量"的研究流程。

通过对北京市"近十年义务教育教学质量监控与评价数据，教学设计征集与评选数据，近万节常态课教学分析数据，小学近 5 万名教师、初中近 3 万名教师与高中教师基本功问卷数据，以及 2013～2015 年的 400 节教学录像课分析数据"进行重新整合与挖掘分析，项目组前瞻性地完成了将宏观、上位的核心素养与日常学科教学中的关键问题以及更加微观的学科知识进行对接的过程，——不但与后来教育部将学生发展核心素养融入学科、细化为学科核心素养的做法、思路不谋而合，而且令实验测查的角度更加明晰化和具体化。

以科学素养领域为例，通过融合物理、化学、科学三个学科的数据分析

---

① 裴新宁、刘新阳：《为 21 世纪重建教育——欧盟"核心素养"框架的确立》，《全球教育展望》2013 年第 12 期。

结果，项目组将该领域实验研究的主要问题定位于两个方面：一是依据概念
发展进阶理论，促进科学概念的理解，并在此过程中发展学生的逻辑思维、
批判思维与创新思维，二是聚焦高级思维能力，探索在科学实验探究教学
中，提高学生高级思维能力的有效教学模式与策略。高中物理学科学生前测
的 36 道题目，也据此分别从物理观念、物理思维、实验探究三个维度进行
了问题设计（见表 3）。

表 3　高中物理学科学生测试卷设置

核心素养维度	二级指标	前测（pre-test）测试题目
物理观念	抽象概括与推理	1 3 8 9 15 29.1
	关联整合	2 12
	解释说明	4 5 6 7 42 14 17 19 20 30.2
	判断预测	10 11 16 18 21 23 30.1
物理思维	模型建构	22 29.2 31.1 42.1
	科学推理	24 25 42 42.1 42.2
	科学论证	42 28 29.3 31.2 42.2 42.3
	质疑创新	30.3 35.1
实验探究	发现问题与猜想假设	13 26 27
	设计实验与获取证据	34.1 34.2 34.3
	分析论证与反思评估	34.4 35.2 35.3 36.1 36.2 36.3

　　而除了上述学业测试卷，各素养领域还分别设计了学生调查问卷，用于调
查学生的学习兴趣、学习习惯、学习策略与自我效能感，并借助录像课分析平
台收集教师教学行为数据。以便在实验结束后，能够通过前后测数据对比，分
析学生学科能力、学科态度以及教师课堂教学行为的变化，并对实验班和控制
班的学习效果与教学效果进行差异分析，从而评估教学策略的有效程度。

　　在前测实施完成后，通过 SPSS17.0 软件和 Rash 模型处理各素养领域前
测数据，分析整理出了当前教学背景下，学生于核心素养方面存在的一系列
主要问题，为后续实验方案与教学设计提供了有力依据，各素养领域实验方
案如表 4 所示。例如，在问题解决素养领域，前测数据显示：学生解决实际
问题的能力普遍较差，在质疑思考、逻辑推理等高级思维能力方面表现较

弱。而结合近年来的课堂观察数据、录像课分析数据、义务教育教学质量监控与评价数据进行综合分析，项目组发现，学生问题解决素养缺失的很大一部分原因要归结于：教学实践中"师讲生听"的单一教学方式，忽视了学生对观点逐步理解与生成的过程、限制了学生独立思考的空间；而脱离学生生活与社会现实的、偏于僵化的教学氛围，又禁锢了学生对观点进行研究、运用的热情；最终导致学生在面对实际问题时，无法形成有主见的、辩证的、富有个性的分析与认识。针对这样的问题归因，项目组决定从创设基于社会性话题讨论的课题开始，先引导学生围绕课题展开自主研究与调查活动，再通过组内或班级的小型研讨交流，于对话和观念的碰撞间，促使学生提出更高层次的研究问题，并尝试予以解决；从而引领学生在逐步深入的逻辑思维中，实现对事物间相互关联与内在规律的系统思考，提升分析问题、解决问题的能力，实现从表层学习向深层学习的彻底转型。

表4　各素养领域实验方案

素养领域	实验方案
阅读素养	基于教学实践的课内外阅读资源整合
数学素养	以形助数、以数解形——用画图促进学生数学思维的教学策略
科学素养	基于逻辑推理的高阶思维能力， 实施促进科学概念理解的教学和组织科学探究活动的教学
技术素养	任务驱动整合教学
问题解决素养	在社会性话题中运用问题解决学习方式促进学生社会认识能力提升

　　值得一提的是，在整个实验研究进程中，各领域项目组始终秉持相当审慎的态度，对实验干预方案进行反复讨论、详细规划。这一方面是因为从核心素养到学科素养，再到学科素养与学科教学内容的结合与落实，需要系统的研究梳理与顶层设计，以确保实验干预方案的可操作性；另一方面则是因为实验涉及全市多达249个班级，必须避免因干预方案不够科学而给学生带来负面影响。

　　于是，各素养领域首先对实验的内容载体进行了精心选择，以确保所选

内容能够同时具备体现学科价值和促进学生核心素养发展的价值。并且，由于所有的学科核心素养，都具有跨课时、跨学期、跨学年的典型特点，项目组还特别留意加强单元设计，以实现"上挂下联"。

此外，为了使核心素养的评价有据可依，项目组还基于前期研制学科能力标准的经验，以学科核心素养发展作为中心线索，针对实验内容载体，分层次水平细化描述学科能力体系。以数学素养领域为例，项目组针对学生进入初中后，"几何图形认知水平不高，画图、识图、用图技能有待提高"的问题，将实验研究聚焦在提高学生通过画图策略解决问题的能力上，并归纳出了画图技能的三个水平（见表5）；从而使实验教师能够根据每一层级能力水平的具体表现，准确认知学生数学素养的发展状况。而项目组也可据此及时调整教学预案，设计更具针对性的干预策略，充分发挥以评价带动教学调整、促进学生发展的作用。

表5 初中数学学科学生画图技能水平划分

水平1 直观—测量	能够对线段、角、三角形等简单几何图形进行识别
	能够对组合图形（由三角形、四边形等组成）进行分解和辨别
	能够对几何图形中的线段和角等特征进行正确测量
水平2 翻译—构造	能够根据给出的几何图形中的关系，用符号正确表示
	能够依据文字语言规范地画出大小适宜、比例恰当的几何图形
	能够概括出几何图形所蕴含的规律，并用文字加以叙述
	能够按照明确的指示，用尺规画出需要构造的图形
水平3 迁移—创造	面对与常见任务略有不同的问题情景，能用画图的方法加以解决
	能够利用画图创造性地解决崭新的问题，或提出创造性的见解

三 研究的结果与分析

在实验后期的效果测试、数据处理阶段，项目组通过实验后测、录像课分析、追踪访谈、问卷调查等多种方式进行了数据采集。在通过SPSS17.0

软件和 Rash 模型处理后测数据，并与前测数据进行比对后，分析结果显示，各素养领域的实验干预方案均对促进学生核心素养发展产生了显著成效。

在数学素养领域，前测时无显著差异的实验班与对照班，在后测平均成绩及三个水平上均呈现明显差异（见表6），显示出画图教学策略的实施对学生数学思维的发展产生了较强的促进作用。特别是在水平3上，实验班的成绩提升最为明显，表明实验干预策略能够有力促进学生于迁移应用和创造性解决几何问题方面的能力发展。

表6　数学素养领域前后测成绩数据对比

单位：分

比较维度	测试类型	实验班	对照班
平均成绩	前测	58.1	54.3
	后测	63.6	51.0
水平1	前测	17.0	18.1
	后测	21.5	18.9
水平2	前测	29.7	23.7
	后测	21.7	17.3
水平3	前测	11.4	12.5
	后测	20.4	14.9

在阅读素养领域，课内外资源的整合显著提升了学生对阅读文本的整体感知能力和在阅读中获取有效信息并付诸运用的能力。分析数据显示，实验班后测得分率最高的三道题目，均是考查学生阅读文本后的应用能力。并且，在前测时，初中对照班学生的阅读整体表现、获取信息能力、实际运用能力均优于实验班，且差异显著。而在后测时，实验班学生的获取信息与实际运用能力与对照班相比已没有显著差异，形成解释能力甚至已优于对照班学生且差异显著（见表7）。此外，阅读资源的丰富和拓展，对学生写作能力的提升也产生了积极的促进作用。教师们深切地感受到，与非实验班相比，实验班学生的写作素材更为丰富，更具独特的情感体验和独到的思想认识，且表现手法也更加灵活。

表7　阅读素养领域初中阶段学生前后测数据对比

关键能力	前测		后测	
	实验班得分率	对照班得分率	实验班得分率	对照班得分率
试卷整体	0.51	0.55	0.78	0.74
整体感知	0.49	0.51	0.78	0.79
获取信息	0.59	0.66	0.80	0.76
形成解释	0.49	0.52	0.77	0.71
做出评价	0.48	0.44	0.75	0.76
实际运用	0.37	0.50	0.81	0.76

在科学素养领域，与对照班相比，实验干预有效促进了实验班学生观念理解与观念应用能力的发展。在科学思维能力方面，实验班学生在模型建构、科学推理方面的能力提升显著优于对照班。在科学探究能力方面，实验班学生在获取证据、做出解释、交流讨论方面的发展同样远远优于对照班（见表8）。

表8　科学素养领域初中化学学科实验班前后测对比结果

关键能力	前测平均得分率	后测平均得分率
控制变量推理能力	0.49	0.60
依据实验数据分析实验结论的能力	0.38	0.50

在技术素养领域，针对分析成品材料的能力以及工具的选择使用与规范认知能力，实验班学生的测试正确率分别由前测时的55.11%和45.86%提高到后测时的95.32%和72.86%，而对照班的正确率则均无显著提高。此外，在面对"遇到难度较大问题该如何处理"时，实验班近80%的学生选择"先根据学习材料自学，遇到问题后等待老师讲解"，而对照班近70%的学生选择"先看老师演示操作步骤，然后模仿练习"。

在问题解决素养领域，对于后测中的开放性问题，实验班学生对问题的分析更加全面，对问题的认识能够做到具体分析、辩证理解。例如，对于后测中"根据两难情境创编对话"问题，实验班80%以上的学生能从"女孩、父亲、朋友"这三方面来谈论各方感受与可采取的策略，与对照班学生相比，显示了更加明显的从多维角度进行辩证思考与认知的特点。

四　研究的成效与影响

首先，在基于证据的教学改进研究过程中，项目组与参与各方均深刻地体会与意识到："证据"能够最大限度地消除研究者基于个人主观偏见或价值立场的自我诠释，回归客观性解释。以科学素养领域为例，教师们在实验过程中发现，学生学习的真实障碍与教师的经验设定往往并不完全一致。比如在"速度"概念的教学中，部分教师一直强调比值定义法，并将之作为教学的重难点；但是，科学概念理解测试的结果表明，对高中学生来说，难点并不在此，而是在于"为什么初中要将'速度'定义为在一段时间内路程与所用时间的比值"，以及"如何根据极限思想从'平均速度'引入'瞬时速度'的概念"。

其次，项目组对"证据"重要性的不断渗透，也促使教师在教学中注重引导学生尝试将自己对问题解决的想法付诸实践，而非仅仅停留于"纸上谈兵"。于是，学生们对问题的分析、思考与解决方案，也不再停留于"想当然"的状态。以问题解决素养领域为例，在面对如何解决学校"诚信水站"回款率低的问题时，起初有些学生提出了"在人员活动密集时间加强监督"的方法。但经过一周的"两人一组课间轮流守护"实践，学生们发现，尽管诚信回款率提高了2.3%，却是以看护者完全牺牲了课间活动的自由为代价，从而深刻地意识到，依靠他人监督来实现诚信的方法并不可行，并会在今后解决问题时，更加注重解决方案的实操性与可执行度。

最后，除了对学生核心素养发展的有效促进外，该项目研究还对教师专业能力的提升产生了积极影响。在实验过程中，项目组十分注重组织实验教师参与实验方案设计、干预材料研制等关键环节，努力促其成为行动研究的主体，以确保教师能够充分领会实验干预的教学思想与方法，在后续实验中能够准确执行。于是，无论是数学学科对二、六年级画图技能点的梳理，还是语文学科12个主题阅读资源包的开发设计，均大幅提高了教师们在研究中深入钻研教材的能力，并充分推动了教师专业实践的改善。以科学素养领

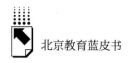
域为例，参与实验的教师在专业素养方面得到了整体性的显著提升：对科学学科的教学理解更为深刻；对概念的把握由零散变得系统；在进行教学策略选择时，能够考虑到学生的实际状况；在重视概念的同时，能留意到技能发展与概念学习间的紧密联系。因此，即便是在实验结束后，没有项目组在场，教师们也将依然能够凭借已成形的行动框架持续前行，进入将核心素养有效融入教学的良性循环当中。

正如菲利普·戴维斯（Philip Davies）所言，尽管基于证据的研究"对于现代教育不是万灵药，但它的一系列规则与实践，会改变人们思考教育、制定教育政策与着手实践的方式，也撼动人们做出专业判断和开展专业实践的基础。"① 未来，项目组还将在从经验性教研走向实证性教研的道路上继续前行，努力为教学行为的改进和教育政策的制定提供确切依据。

参考文献

顾明远、石中英：《〈国家中长期教育改革与发展规划纲要（2010~2020年）〉解读》，北京师范大学出版社，2010。

张晓红等：《分层联动教研模式的建构——以中学物理为例》，《课程·教材·教法》2018年第6期。

崔允漷、沈毅：《课堂观察20问答》，《当代教育科学》2007年第24期。

Robert E. Slavin, "What Works? Issues in Synthesizing Educational Program Evaluations", *Educational Researcher* 2008（1）.

虞天意、马志强、周文叶：《基于证据的课程与教学研究范式转型——第十四届上海国际课程论坛综述》，《全球教育展望》2017年第2期。

裴新宁、刘新阳：《为21世纪重建教育——欧盟"核心素养"框架的确立》，《全球教育展望》2013年第12期。

Philip Davies, "What Is Evidence – Based Education?", *British Journal of Educational Studies* 1999（2）.

---

① Philip Davies, "What Is Evidence – Based Education?", *British Journal of Educational Studies* 1999（2）.

B.13
北京市劳动教育实践特征、
问题与推进策略

张 熙 李海波 蒲 阳 蔡 歆 赵艳平 *

摘 要： 劳动教育事关党的教育方针、培养目标的贯彻落实，事关社会主义教育的性质、本质和特点，事关学生的德智体美劳全面发展，具有重要的时代意义。本报告在辨析相关概念的基础上，梳理了我国劳动教育的历史脉络，将新中国成立后的劳动教育划分为五个发展阶段，并总结了不同发展阶段劳动教育的时代特征和内容。结合我国劳动教育实践现状，提出把握劳动教育时代新内涵、加强劳动教育课程体系建设、依据学龄规律设置劳动教育内容、完善劳动教育实施途径、建立劳动教育评价体系及保障机制等进一步推进学校有效落实劳动教育的对策建议。

关键词： 劳动教育 实践特征 推进策略

2018年9月10日，习近平总书记在全国教育大会上强调要在学生中弘扬劳动精神，教育引导学生崇尚劳动、尊重劳动，懂得劳动最光荣、劳动最崇高、劳动最伟大、劳动最美丽的道理，长大后能够辛勤劳动、诚实劳动、创

---

* 张熙，教育学博士，北京教育科学研究院基础教育科学研究所所长、研究员，主要研究领域为教育政策、学校发展等；李海波、蒲阳，北京教育科学研究院教育政策研究室副研究员，主要研究领域为教育政策；蔡歆、赵艳平，北京教育科学研究院义务教育研究室副研究员，研究领域为学校发展。

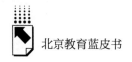

造性劳动。这一讲话再次引发了关于劳动教育的讨论热潮，贯彻落实劳动教育，事关社会主义教育的性质、本质和特点，事关学生的德智体美劳全面发展，具有重要的时代意义。本报告试图厘清我国劳动教育的历史脉络，比较国外关于劳动教育的相关探索，基于北京劳动教育实施现状，探索劳动教育的有效实施路径，为进一步推进学校劳动教育的有效落实，促进学生全面发展提供参考。

一 劳动教育的概念辨析

（一）政策文件中的劳动教育

国家的相关政策文件多次提及劳动教育，本报告选取其中三份较具典型意义的文件进行概括比较：1999 年《中共中央国务院关于深化教育改革，全面推进素质教育的决定》首次将劳动教育定义为劳动技术教育；2001 年《基础教育课程改革纲要（试行)》将劳动教育定义为劳动与技术教育，要求国家课程和地方课程双落实；2015 年教育部联合共青团中央、全国少工委发布的《教育部等关于加强中小学劳动教育的意见》则明确规定了劳动教育的内容主要包括劳动素养、良好的劳动习惯和积极的劳动态度以及勤奋学习、自觉劳动、勇于创造的精神，在实施途径上强调了校内、校外、家庭的合力实施。

（二）学术研究中的劳动教育

近年来，学者们分别从教育的意义和价值、人的发展、实践异化等不同角度对劳动教育的相关问题进行了大量的论述，其中关于劳动教育的定义大致可以归纳为三类。

内容论：强调劳动教育的本质目标在于培养受教育者对劳动的内在热情与积极性，劳动教育应该包括劳动价值观、社会制度正义观、现代教育观等内容。[①]

---

① 檀传宝：《劳动教育的本质在于培养劳动价值观》，《人民教育》2017 年第 9 期；白雪苹：《对当代中小学劳动教育缺失的"冷"思考》，《教学与管理》2014 年第 13 期。

技能论：认为劳动教育是劳动与教育的统一，应聚焦于核心技能的培养以及学习、劳动能力的提升。[①]

素养论：指出劳动教育的目的在于劳动素养的培养，如劳动观念、劳动意识和劳动习惯。[②]

（三）与相关概念的辨析

1. 劳动教育与技术教育

两者重心有所不同，劳动教育是通过劳动实践提升劳动意识，培养劳动观念；技术教育侧重掌握技术，形成技能，在过程中体会劳动思想。

2. 劳动教育与职业教育

劳动教育是从学生素养的内容来划分的，它与德智体美并列；而职业教育是从教育体系来划分的，与基础教育、高等教育并列。劳动教育要渗透进基础教育、职业教育、高等教育等各个教育阶段。

3. 劳动教育与综合实践活动

劳动教育主要包括劳动素养、良好的劳动习惯和积极的劳动态度以及勤奋学习、自觉劳动、勇于创造的精神；而综合实践课程作为必修课程，其内容主要包括信息技术教育、研究性学习、社区服务与社会实践以及劳动与技术教育。

综上所述，劳动教育是教育与生产劳动相结合的一种实践形式，通过独立课程、学科渗透、综合实践活动、校内外及家庭教育等多种形式，培养学生劳动素养，形成劳动习惯，掌握劳动技能，从而促进学生全面发展。

二 劳动教育的历史沿革

漫长的中外教育史都表明，体脑分离后，劳动教育一开始都受到鄙视，

---

① 傅添、姜啸：《劳动教育需要新的时代内涵》，《中国德育》2017 年第 9 期；徐譞玮：《追寻教育之源——对当前中小学劳动教育的审思》，贵州师范大学硕士学位论文，2018。

② 卓晴君：《劳动教育：培育学生核心素养的关键工程》，《创新人才教育》2017 年第 3 期；司图南：《劳动教育的定位及意义》，《教育科学研究》2018 年第 9 期。

长时间相对处于低位。根据不同时期的政治经济特点、教育体系的整体发展阶段以及标志性政策法规的颁布，大致可以将新中国成立后我国的劳动教育划分为五个发展阶段，分别有不同的时代特征和内容。

（一）探索阶段：服务生产劳动（1949～1956年）

新中国成立之初，鉴于当时对劳动教育的落后观念与生产力亟待提高的社会现实，该阶段劳动教育的目的主要在于改造思想、树立正确的劳动认识和提高劳动效率、促进社会生产发展两方面；探索内容主要呈现效仿苏联、制定劳动教育相关条例与规范劳动教育发展方向的特点；内容以生产技术教育为主；实施途径以教师讲授，结合实验，带领学生到工厂实习、做工，以及参观生产技术为主，以社会服务活动和手工技术活动为辅。此外，校园打扫，教室卫生、桌椅摆放以及轮流值日安排等也是当时劳动教育的主要形式。

（二）调整发展阶段：确立正式课程（1957～1965年）

该阶段，随着国内形势的转变和中苏关系的恶化，劳动教育实施逐渐脱离苏联课程内容的影响，重新对劳动教育的内容和实施方式进行了调整。这一时期，我国教育的主要培养目标是培养"有社会主义觉悟的有文化的劳动者"，劳动教育作为培养"劳动者"的一种有效途径，其课程目的旨在引导学生树立正确的社会主义思想。正式开设了农业常识课、生产劳动课等课程，在我国基础教育历史上确立了劳动教育的课程地位。此外，国家大力提倡勤工俭学和半工（农）半读思想，对培养学生成为有社会主义觉悟的有文化的劳动者意义重大。劳动教育在该时期获得大力发展。

（三）偏向脱轨阶段：全民劳动教育（1966～1977年）

"文化大革命"时期实施的劳动教育带有思想政治教育的特点，其内容特点显示为劳动扩大化。一方面，对劳动教育的理解，主要是从人的思想道德建设的角度；另一方面，劳动教育空前的扩大化，强调学军、学农、学工、劳动锻炼，以劳动代替教学，整个学校的课程内容设置、教学实施方法都以劳动为主，全部选择在农村、工厂进行，劳动完全取代了正规教育，影响了教育教学的正常发展。

（四）改革规范阶段：劳动技术教育（1978～1998年）

1978年教育部《关于试行〈全日制中学暂行工作条例（试行草案）〉、〈全日制小学暂行工作条例（试行草案）〉的通知》的颁布，重申了对中小学生进行劳动教育和参加生产劳动的规定，劳动教育驶入规范发展轨道。该时期劳动教育的目的在于培养学生热爱劳动的精神，同时促进学生掌握劳动技术，手脑并用，全面发展。在实践中，中小学劳动教育的课程内容逐渐被劳动技术课所替代；此外，劳动教育的部分内容开始成为德育的一部分，劳动教育课程地位的独立性越来越模糊。

（五）拓展深化阶段：综合实践活动（1999年至今）

这一时期劳动教育开始成为培养学生综合素质的重要组成部分。1999年6月13日，《中共中央国务院关于深化教育改革全面推进素质教育的决定》明确提出："学校教育不仅要抓智育，更要重视德育，还要加强体育、美育、劳动技术教育和社会实践。"要求各级各类学校要从实际出发，加强和改进对学生的生产劳动和实践教育，由此开始了劳动教育的社会实践教育期。劳动教育内容融合于综合实践活动课程之中，成为高考改革内容的一部分，课程地位的独立性弱化，然而对劳动教育的目的、对学生的素质要求却在拓展深化：培养学生热爱劳动、尊重劳动的观念和技能；获得积极劳动体验、获得良好技术素养，促进多方面共同发展；了解必要的通用技术和职业分工，形成初步技术意识和技术实践能力。

三　北京中小学劳动教育实施特点

我国历来重视劳动教育，教育部先后印发《关于在全国各级各类学校

深入开展"爱学习、爱劳动、爱祖国"教育的意见》、《关于加强中小学劳动教育的意见》（2015 年）等一系列文件，指导各级各类学校开展劳动教育，不断推进劳动教育课程建设，完善劳动教育的保障和激励机制，并在全国设立了 10 个劳动教育实验单位，带动全国中小学深入开展劳动教育，为全国树立了典型和学习榜样。

北京作为首善之区，牢固树立"四个意识"，与以习近平同志为核心的党中央保持高度一致，坚持以社会主义核心价值观为引领，坚持教育优先发展、优质育人，全面深化教育领域综合改革，积极探索劳动教育的专门课程、学科共育、日常管理、专项活动以及家校结合五种实施途径，具体表现为四个特征。

（一）坚决贯彻国家政策，大力推进课程改革

北京市始终高度重视中小学劳动教育工作，在中小学学科教学及义务教育课程设置中融入、推进劳动教育，切实落实了《关于加强中小学劳动教育的意见》精神。

积极推进劳动技术课程改革，市区县合力推进，取得了优异成绩。2003~2018 年北京市经历了初步实验、实施推进、重新修订三个阶段。具体来讲，初步实验阶段（2003~2007 年）拉开了北京市劳动技术课程改革实验的序幕。实施推进阶段（2007~2012 年）学校依据北京市《义务教育课程设置实验方案》课程计划的要求，开课专题主要有金工、木工、电子、编织、茶艺等近 20 种，课程模块的开设呈现多样化。重新修订阶段（2012 年至今）为了将劳动技术课程更好地与高中通用技术课程相衔接，规范劳动技术教学行为，修订劳动技术课程采用"3＋6"专题教学方式。

（二）创建实践育人体系，增加资源建设投入

加大经费投入。全市中小学现有劳动技术教室 2072 间，劳技资产数量109.7 万件，资产金额达 4.45 亿元，为中小学开展劳动技术课程奠定了物

质基础。

建立了中小学劳动技术教育中心。全市已有西城、海淀、门头沟、大兴4个区建立了中小学劳动技术教育中心。2017年市级财政投入5.6亿元,招标综合实践活动、开放性科学实践活动项目1200余个,为学生开展综合实践、开放性科学实践活动创造了实践条件。

启动中小学生社会大课堂(2008年),健全学校、社会、家庭三方协同育人机制,实现了北京市独具特色的"实践育人体系",获得了中央领导的肯定。十年来,有超过100万名学生参加活动,全市中小学生社会大课堂共有社会资源单位1300余家。

启动了初中学生学农教育实践活动(2015年),开发了学农学工教育课程平台,形成了北京市中小学劳动教育的创新成果。截至目前,北京市教委已建设包括北京农业职业学院、中国农业机械化研究院和北京农业学院在内的3个劳动教育基地,覆盖城六区的107所学校,2018年完成学农活动的学生人数近3万人。

(三)推进中高考改革,构建开放学习平台

2017年10月北京市教委印发《中小学综合实践活动课程指导纲要》,明确了小学、初中、高中各学段具体的教学目标,对活动课程的内容设计、组织实施、指导评价等都提出明确要求。2018年《关于初中综合社会实践活动、开放性科学实践活动计入中考成绩有关事项的通知》规定,北京市初中学生综合社会实践活动和开放性科学实践活动成绩计入相关科目中考原始成绩。同年,印发了《北京市教育委员会关于进一步推进高中阶段学校考试招生制度改革的实施意见》,明确指出"劳动技术"课程为考试科目。北京市考试招生制度改革,突出实践育人,引导学生按时、足额、认真参加实践活动,构建开放学习平台,培养了学生的社会责任感、创新精神和实践能力。

(四)发挥学校能动性,探索校本实施路径

发挥学校能动性,因地制宜、因校制宜地探索校本实施路径。例如,

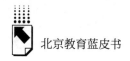
北京教科院大兴实验小学开设了农耕课程，使学生走入田间学习栽培技术的同时，加强了运动，锻炼了身心。当观察发现有病虫害时，学生要对病因和解决方法进行文献查阅、农户请教、小组讨论，使劳动不仅仅停留在简单的技能层面，还增加了科学探究性。史家胡同小学开展了服务性学习活动，将学习和服务相关联，通过服务进行学习，将学习成果转化为服务实践，等等。

四　北京中小学劳动教育实施存在的问题

可以看出，北京市中小学劳动教育越来越受到重视，劳动教育内容丰富、形式多样，劳动对于学生综合素质的发展起到了有力的推动作用。但还存在以下六个方面问题。

（一）劳动教育理念认识尚不到位

尽管已经颁发了一系列关于劳动教育的政策文件，在课标中也指出了劳动教育的实施途径与内容，但由于对劳动教育的界定不够明确，理论支撑以及实践操作体系研究不够，特别缺乏对于劳动技术教育、综合实践活动以及综合实践活动中的劳动技术教育三者及它们之间关系、利弊以及内部逻辑性的研究，因此缺乏对劳动教育核心内容和标准的规定，各个学校只能基于自身资源和对劳动教育的理解力所能及地开展一些教育活动，教育活动的目标、内容与方式缺乏系统设计，随机性比较强，这就导致劳动教育整体质量难以把握和衡量。

（二）劳动教育内涵的时代特征不够凸显

目前的劳动教育多以体力劳动实践体验为主，强调对劳动过程的初步认识和感受，这虽是劳动素养不可或缺的部分，但并不是全部。特别是置身信息化社会，面对人工智能等技术变革对劳动者素质要求的新挑战，劳动教育必须加入新的要素。

（三）劳动认知与行为脱节的现象依然存在

调查发现，大部分学生都认为做家务是有必要的，这证明在认知层面学生已经具有很好的认识了，但在行为层面，很大一部分学生并不会主动做家务，学生的劳动认知与劳动行为严重脱节。有些教师还用传统的教学观念教授劳动教育课程，往往只重视学生知识的获得，而忽视让学生在劳动中体验生活，收获技能，懂得珍惜劳动成果以及学习方式的变革。同时，很多学校虽然开展了多种劳动教育活动，但仅限于在课程和活动中对学生进行劳动教育，在实际校园生活中对学生的自主管理还不敢完全放手，造成劳动教育成果不能及时向生活运用迁移。

（四）教师素质、配置与要求有距离

从目前情况看，学校劳动教育相关课程教师基本上由其他学科改行而来，或者是由行政人员兼任，专职教师少，整体水平偏低，严重影响劳动与技术课程的教学质量。以北京市劳技教师为例，从总体情况来看，劳动技术课程的教师队伍数量还不能满足所有学校开设课程的要求，许多学校还没有配备专职初中技术教师，基本功调查问卷显示专职教师仅占54.18%；有的学校只有一名劳动技术课程教师，一个年级分两批开课，即一个专题只学半个学期。

（五）劳动教育缺乏统筹机制与专业引领

由于缺乏实施劳动教育的统筹机制、明确的责任主体和负责部门，缺乏市级层面的劳动教育实施纲要引导学校、教师深入了解劳动教育的指导思想和基本原则、目标、任务、措施、要求以及相关政策，无法提高实施劳动教育的自觉性和责任感。缺乏专业引领，由于各区教研、科研部门对劳动教育的理解程度不同，对课程理念、内涵的认识不同，学校实施劳动教育的指导、培训水平和力度存在差异，出现了"各自为政"的局面。

（六）经费与安全问题制约

作为国家规定的必修课程，劳动教育活动需要一定的经费保障，如劳动工具费、实验材料费、交通费等经费支出需要有经常性经费支持，而目前此方面专项经费投入不足，需要从日常经费中列支，限制了活动的开展。另外，学生的安全问题也会影响学校开展劳动教育的积极性，劳动实践活动的需求与安全管理成为一对经历漫长撕扯而又不可调和的矛盾，成为劳动教育实施中的一个现实问题。

五 对策建议

（一）深刻领会精神，把握劳动教育的时代内涵

学习领会习近平总书记在全国教育大会的讲话精神，切实理解"德智体美劳全面发展"，开展劳动教育就是把立德树人融入各环节，这是办人民满意的教育的战略决策。新时期的劳动教育，并不仅仅表现在学会某种劳动技能，而是通过劳动教育不断提高中小学生的劳动素养，培养学生的劳动态度和习惯。特别是置身信息化社会，面对人工智能等技术变革对劳动者素质要求的新挑战，劳动教育必须加入新的要素，将劳动教育从简单的以技能为主的体力训练提升为更加适应未来社会劳动需求的实操技能以及以沟通、应变、探究和创造为主的脑体结合能力培养上来，同时需加强契约、环保、协作等现代劳动观念的培养。

（二）依据学龄规律，科学设置劳动教育的内容

抓住劳动教育的关键环节，根据学生身心发育规律和年龄结构特点，在学校开设劳动教育课程。小学阶段的劳动教育以自我服务、家务劳动、公益劳动以及适量的技能培养为主，主要培养学生的劳动习惯。初中阶段以培养学生积极主动分担力所能及的家务劳动，积极参加校园、社区等公益劳

动，形成基本的劳动技能为主。高中阶段培养学生良好的生活习惯和独立生活能力，使之能够胜任家务劳动，能积极承担公益劳动，能为家庭和社会服务。

（三）统筹协同配合，完善劳动教育的实施途径

实施劳动教育应遵循有机融入和求同存异的原则，即合理利用北京现有教育资源，根据各校的办学特色和条件，因地制宜组织劳动教育的活动内容。劳动教育的实施过程中需要统筹各环节协同配合，明确整合协调、课堂教学、学科融合和家校配合的实施途径。学校应将劳动教育纳入学校教育计划，包括课堂教学、公益劳动和社区服务等，统一安排，努力做到定人、定时、定岗，统筹组织。在开足开齐劳动技术课，做到课时落实、师资落实、管理落实的同时，通过学科融合开展劳动教育。家校配合也是开展劳动教育的一个重要途径，家长与学校明确各自承担的任务与责任，共同帮助学生将劳动教育成果迁移到现实生活应用中。

（四）明确课程导向，加强劳动教育课程体系建设

劳动教育课程是有目标、有计划、有系统、有独立内容和方式的教育课程，在开设前必须具备与其他学科相同的课程目标、课程计划、课程内容、授课时间和课程评价，应在抓好"开齐、开足"课时的同时，努力实现高效教学；做到相同教学内容统一教学进度、统一教学要求，避免上课的随意性；加强教师对课程目标、教学目标、教学内容、教学方法、学习方法等方面的深入分析，深刻理解劳动教育课程的要求和内涵；采取以任务为驱动的教学，保证每学期学生能完成任务；组织各种形式的研究课、观摩课、教学设计评选等教学研究活动；鼓励教师申报劳动教育相关课题，通过课题研究解决本课程推进实施过程中的教育教学问题，提高教师自身实施课程的能力。

（五）统筹协调体系，建立劳动教育的保障机制

建立劳动教育统筹协调、师资建设、资源保障和督导评价四大体系的统

筹整合和总体设计体系，才能聚焦聚力、取得实效。统筹协调是指加强对劳动教育的领导，明确劳动教育责任主体和负责部门，确保劳动教育的时间、师资等落实到位。师资建设是指采取有效措施，积极建立专兼职结合的劳动教育教师队伍，加强对劳动教育教师的专业培训，促进劳动教育教师专业化。资源保障是指因地因校制宜，充分利用北京市独具特色的中小学资源来保障劳动教育的实施。督导评价是指将学校劳动教育实施情况纳入中小学责任督学挂牌督导内容。

（六）针对不同层面，建立劳动教育的评价体系

建立起一套科学合理、针对不同层面劳动教育的课程教学、学生个人和学校管理的评价体系，以保证学生参与劳动教育实践的深度和广度。课程教学评价是指针对课时计划、备课教案、成绩记载、教学技能等要素开展的评价。学生个人评价是指从实际出发，以劳动态度、劳动技能、劳动质量、劳动习惯等为评价内容，评价过程是以学生为主体、教师为指导、社区为依托、家长为后援的双向评价。学校管理评价是指对学校劳动教育的组织领导、学期劳动课程计划等管理工作的评价。

因此，在总结以往探索、提炼和总结优秀经验的同时，更要清醒地认识到面临的问题和困难，以问题为导向，努力破解难题，将劳动教育落到实处，最大限度地促进学生的全面发展。

B.14
北京市教育信息化转段升级推进策略研究

唐亮 田鹏*

摘 要： 教育信息化发展进入 2.0 时代和北京市教育改革发展迫切需要北京市教育信息化转变传统发展思路，构建新的转段升级推进策略。本文首先从信息化基础设施、教育管理信息化、教师信息素养、信息技术与教育教学深度融合、中小学数字校园建设和网络信息安全防护等六个方面描述了现状。分析了北京市教育信息化面临的机遇和挑战，从支撑服务国家和北京战略部署、优化提升基础环境与网络安全环境、推进数字教育资源融通共享、全面提升师生信息素养、发挥融合创新和示范引领作用、提升"互联网＋教育"治理能力等六个方面提出了转段升级推进策略。

关键词： 教育信息化 转段升级 推进策略 北京

一 引言

习近平总书记强调"没有信息化就没有现代化""信息化为中华民族带来了千载难逢的机遇"。习近平总书记在 2018 年全国教育大会的讲话中指出，党的十九大从新时代坚持和发展中国特色社会主义的战略高度，做出了

---

* 唐亮，博士，北京教育科学研究院高工，主要从事教育信息化、在线教育研究；田鹏，北京市教育委员会副处长，主要从事教育信息化、教育电子政务研究。

优先发展教育事业、加快教育现代化、建设教育强国的重大部署。教育信息化作为教育和信息化的交叉领域，在加快教育现代化、建设教育强国进程中无疑具有基础性、战略性和全局性作用，已经成为国家层面教育改革发展的重要战略任务。中共中央、国务院印发的《中国教育现代化2035》将"加快信息化时代教育变革"列为十大战略任务之一；中共中央办公厅、国务院办公厅印发的《加快推进教育现代化实施方案（2018～2022年）》将"大力推进教育信息化"列为十大重点任务之一。为深入贯彻落实党和国家战略，顺应信息技术发展趋势，引领推动教育信息化转段升级，教育部发布了《教育信息化2.0行动计划》，对新时代教育信息化发展的基本原则、发展目标、主要任务等进行了系统部署。

北京作为全国首善之区和教育高地，近年来在推进信息技术与教育融合创新等方面开展了卓有成效的工作。围绕北京市教育改革和发展以及相关信息化、大数据等规划计划要求，在教育部发布《教育信息化2.0行动计划》之后，北京市教委率先印发《北京市教育信息化三年行动计划（2018～2020)》，计划到2020年实现"两新一融一提升"的工作目标，形成北京教育信息化新模式。

为更好地落实"三年行动计划"工作任务，发挥信息化引领推动北京市教育改革发展、促进实现高水平教育现代化的作用，实现新时代教育信息化转段升级成为当前和今后北京市教育所面临的重要理论和实践课题。美国政策学者艾利森说：在实现政策目标过程中，方案确定的功能只占10%，而其余的90%有赖于有效执行。[1] 因此，研究北京市教育信息化转段升级推进策略成为顺应时代发展、探索理论创新、推动实践应用的顺势之举、应有之义。

二 北京市教育信息化建设与应用完善

按照"服务大局、聚焦核心、改革驱动、统筹规划"的发展思路，北

---

[1] 陈振民主编《政策科学——公共政策分析导论》（第二版），中国人民大学出版社，2004，第160～244页。

京市教育信息化在基础设施、教育管理、教师培训、教育教学、数字校园、网络信息安全等方面取得了显著成效。

（一）教育信息化基础设施不断完善

建成由骨干网、区县区域网和校园网三级网络构成的高速、宽带的教育网络系统——北京教育信息网，骨干环路带宽达到40G，首都功能核心区和城市功能拓展区80%、城市发展新区和生态涵养区60%以上的中小学已实现教学区域无线网络全覆盖。[①] 建成涵盖网络、服务器、存储、安全等设备，面积达千余平方米的核心机房环境，在各区、各级各类学校建成不同规模的网络和机房环境，共同满足教学、科研、管理等业务需求，保障信息化教学、中高考巡查等重点业务开展。

（二）教育管理信息化应用进展显著

在义务教育入学方面，北京市义务教育入学平台实现了全流程信息化管理，推动入学政策实施更加规范、办事流程更加清晰、工作程序更加透明。

在学籍管理方面，市、区、校三级应用的中小学学籍管理信息系统基本建成并持续完善，形成中小学学籍基础数据库，实现与其他主要市级教育平台的数据对接与贯通应用。北京市中小学学生卡管理系统建成并投入使用，实现"一人一号，一号一卡"，成为全市中小学生的数字名片。依托教育部建设的信息系统，高等教育、职业教育实现了从入学、毕业到就业的全周期信息化管理。

在课程改革方面，整合社会科技教育资源，搭建无边界、跨学科开放性科学实践信息平台，满足不同层次学生个性化、多样化发展需求，支持学生在线选课、成绩记录、"人脸"签到等。搭建教师开放性教学实践活动平台，促进中小学教师专业化发展。

[①] 王振强等：《互联网学习发展区域推进策略——以北京教育领域为例》，《现代教育》2018年第16期。

在教育督导方面，构建融合督政、督学、评估监测等功能的信息化支撑平台，积累海量教育督导数据，全面实现市、区两级督导人员信息入库及动态管理，中小学挂牌督导工作在线记录。

在治理服务方面，推动实施北京教育新地图、中学教师开放型在线辅导计划等项目，充分发挥信息技术在助力教育教学改革，促进区域间、学校间、学科间师资均衡配置，补齐义务教育公共服务短板等方面的重要作用。

（三）教师信息素养显著提升

以教育部"一师一优课，一课一名师"活动为引领，通过市区培训、专家评课等形式，鼓励指导教师开展网上"晒课"。举办北京市中小学师生电脑作品制作与评比、中小幼教育教学视频评优、中小学虚拟现实（VR）创意设计大赛等活动，调动广大教师利用信息技术开展教育教学的热情，促进学科教师信息素养提升。搭建网管教师网上学习平台，开发继续教育课程，开展针对性、常态化培养。

（四）信息技术与教育教学深度融合持续推进

建成北京教育资源网，采用"教师先选择，财政后付费"的政府采购模式，为教师提供自主选择的"数字资源超市"。完成"北京数字学校"政府实事工程，组织全市名师广泛参与，录制约1.2万节优质课程、6000余节微课程。建成数字化教育资源共享与交换体系，实现了与国家教育资源公共服务平台的对接。

（五）百所中小学数字校园实验校建成

启动北京市中小学数字校园实验项目，完成100所数字校园实验校建设。各实验校在教育教学、学生成长、教师发展、校园管理等方面探索形成了一批创新应用和典型创新教育教学模式，为基础教育改革积累了经验。北京市数字校园云服务平台集成整合了班级微空间、移动听评课等应用成果，为全市中小学提供共性服务。

（六）网络信息安全防护能力不断加强

全面贯彻《网络安全法》，落实网站标识备案、信息安全等级保护等制度，健全网络安全监测预警体系，规范信息安全日常管理，持续净化教育网络环境，提升网络安全综合保障能力，推动网络安全工作由"被动防护"向"主动监测"转变。

三　北京市教育信息化机遇与挑战

（一）发展机遇

1. 信息技术推动教育信息化快速发展

人类发展已经进入信息社会，信息技术日新月异，不仅深刻改变着经济社会生产和生活方式，而且深刻改变着人们的思维方式和学习方式，这给教育带来难得的发展机遇，推动教育信息化进入快速发展的轨道。2018 年我国数字经济规模达到 31.3 万亿元，占 GDP 的比重达 34.8%，[1] 网民规模达8.29 亿，互联网普及率达 59.6%，其中在线教育用户规模达 2.01 亿，渗透率达 24.3%。[2] 据不完全统计，"十三五"以来全国省级财政投入教育信息化经费已达 100 余亿元。据有关咨询公司研究统计，2018 年中国在线教育市场规模达 2517.6 亿元，同比增长 25.7%，预计未来 3～5 年市场规模增速保持在 16%～24%，增长势头稳健。[3]

2. 国家和地方相关政策高度重视教育信息化的作用

《国家中长期教育改革和发展规划纲要（2010～2020 年）》指出，信息技术对教育发展具有革命性影响，必须予以高度重视。教育部发布的《教

---

① 中国互联网络信息中心：《第 43 次中国互联网络发展状况统计报告》，2019。
② 国家网信办：《数字中国建设发展报告（2018 年）》，2019。
③ 钟登华：《深入推进教育信息化 2.0　发展更加公平更有质量的教育》，2019 年 4 月 19 日，http://laws.ict.edu.cn/laws/jianghua/zhongdenghua/n20190419_ 58483.shtml。

育信息化十年发展规划（2011～2020年)》《教育信息化"十三五"规划》《教育信息化2.0行动计划》对一段时期内教育信息化工作进行了整体设计和全面部署。《北京市"十三五"时期教育改革和发展规划（2016～2020年)》提出：信息化助推教育现代化的能力增强，建成与"智慧北京"相适应的，功能齐全、服务高效的智能化教育服务体系。《北京市大数据和云计算发展行动计划》要求发展教育大数据，发挥首都教育资源优势，探索发挥大数据对变革教育方式、促进教育公平、提升教育质量的支撑作用。《北京市教育信息化三年行动计划（2018～2020)》将着力构建与教育现代化发展目标相适应的教育信息化体系，形成具有北京特色的新型教育治理模式、人才培养模式与教育服务模式，以更好地支撑北京教育改革与发展。

（二）面临挑战

北京市教育信息化在面临历史发展机遇的同时，也存在一些挑战和不足，主要表现在以下几个方面。

1. 对教育信息化的认识和理解不够深刻

教育信息化已成为当今信息社会背景下教育改革发展的重要特征，在推进教育现代化进程中具有基础性、先导性作用，必将引发教育理念和教学模式的深刻变革。但少数教育行政部门和学校对教育信息化的作用认识不清，甚至还持怀疑态度，推进的积极性有待提高。

2. 与国家、教育部、市委市政府要求还有一定差距

《国家教育事业发展"十三五"规划》《新一代人工智能发展规划》《教育信息化2.0行动计划》等国家和教育部政策文件从不同层面、不同维度对教育信息化相关工作提出了要求、做出了部署。《北京市"十三五"时期教育改革和发展规划（2016～2020年)》《北京市大数据和云计算发展行动计划》等北京市政策文件提出建成智能化教育服务体系，探索发挥大数据对变革教育方式、促进教育公平、提升教育质量的支撑作用。当前，北京市的教育信息化工作成效、推进力度和发挥的作用与国家、教育部、市委市政府要求还存在一定差距。

3. 教育信息化的支撑保障和创新服务能力不足

教育信息化发展集约融合程度不够。教育信息化重项目、轻规划，重建设、轻管理，重技术、轻应用，重发展、轻安全，重占有、轻共享，重支出、轻绩效等问题不同程度地存在。教师信息素养有待提升。信息技术与学科教学融合不够深入，信息化与教育教学"两张皮"现象依然存在，学科教师信息化教学创新能力仍显不足。体系建设尚不完善，资源应用整合不够充分。优质市场教育资源引入和整合不够，教育信息化公共服务体系建设不完善，开放共享格局尚未完全形成，与"互联网＋教育"大平台建设目标仍有较大差距。尚未形成统一的教育大数据标准规范体系，优质教育资源相对分散、应用程度不高，各类教育数据、教学资源未完全实现互联互通和融合应用。

四　北京市教育信息化转段升级推进策略

北京市教育信息化工作经过多年的积累打下了扎实的基础，面临前所未有的发展机遇。探索北京教育信息化新模式、支撑北京教育改革与发展，迫切需要转变发展思路，以更高站位、更深层次、更大力度，从支撑服务国家和北京战略部署、优化提升基础环境与网络安全环境、推进数字教育资源融通共享、全面提升师生信息素养、发挥融合创新和示范引领作用、提升"互联网＋教育"治理能力等多个方面来推进实施教育信息化转段升级。

（一）全面支撑服务国家和北京战略部署

北京市教育信息化要站在服务国家战略、首都发展的高度，围绕"一带一路"、京津冀协同发展、脱贫攻坚、乡村振兴、雄安新区建设、行政副中心建设等重大任务，立足北京教育高地优势和特色资源，充分利用云计算、大数据、物联网、人工智能等信息技术手段，着力构建高水平开放型教育信息化服务体系，扩大北京优质教育资源覆盖面，支持对口帮扶地区的教育改革发展，提升北京教育的辐射力、影响力和带动力，在以教育信息化支

撑引领教育现代化、以教育信息化发展公平而高质量的教育等方面积累实践经验、做出积极探索。

（二）优化提升基础环境与网络安全环境

1. 提升北京教育云环境支撑能力

依托北京教育信息网，推进北京教育城域网升级改造，提升主干网络带宽，拓宽出口带宽和接入范围，完成 IPv6 的建设部署、丰富基于 IPv6 的应用、开展应用试点。推进校园无线网络覆盖建设，逐步实现无线网络的高速接入和全面覆盖。基于现有网络基础设施和各类公共云服务，整合各级教育单位基础设施资源，贯通各区（各高校）教育云节点，形成一个市级主中心、多个子节点协同工作的云基础环境体系。围绕统一规划建设、统一数据标准、统一认证服务、统一运营管理、统一应用服务，建立健全教育云运营管理制度，建设集中化管控平台，丰富教育云平台应用，提升教育云专业服务和运行保障能力。按照"谁主管谁负责、谁运营谁负责"的原则，推动各级教育单位结合实际情况，分批次逐步将各类分散部署的信息化应用向教育云迁移，各节点为有需求的本级和下级应用提供云服务。

2. 提升网络与信息安全保障能力

贯彻落实《网络安全法》，落实网络与信息安全一把手负责制，围绕提升意识水平、完善制度保障、强化技术支撑和深化日常管理等方面，完善网络与信息安全组织机构和管理制度，建成与北京教育信息化发展相适应的网络信息安全管理体系。全面落实教育系统信息安全等级保护制度和关键信息基础设施制度，积极推广《网络安全等级保护制度 2.0 标准》，实现教育行业所有网站、信息系统和关键信息基础设施网络安全全覆盖。引入各类新型安全防护技术和设备，进一步减少信息安全薄弱环节，以网络态势可感知、网络攻击可预判、网络事件可管控为目标，建立常态化通报预警和督查机制，不断提升各类系统、网站、移动应用程序的安全监测、预警和防范能力。开展网络安全综合治理行动和专项检查，建立健全网络安全应急工作机制，开展应急安全演练。加强网络信息安全技术队伍建设，建立从业人员岗前培训和继续教育制度。

（三）推进数字教育资源融通共享

1. 持续整合充实平台优质资源

以构建优质数字教育资源体系、建设教育大资源公共服务平台为目标，打破传统资源建设使用边界和资源数据互通壁垒，汇聚整合政府、市场各类优质数字教育资源，持续推动名师资源、特色资源、主题资源、生成性资源建设，形成消费观引导下的广义教育资源供给体系。构建基础教育领域各学段、各学科知识图谱，不断细化知识点颗粒度、强化知识点关联度，围绕每个知识点关联视频、课件、题库、工具等教学资源。以国家精品在线开放课程、示范性虚拟仿真实验教学等为载体，加强高校教学资源建设，通过慕课、优课等多种在线平台促进优质高等教育资源共建共享。推进市级、校级职业教育专业教学资源库开发建设，开发基于职场环境与工作过程的虚拟仿真实训资源和个性化自主学习系统，强化优质资源在教育教学中的实际应用。开发整合首都教育、文化、科技、体育、国防、研学、生态等优质资源，建成覆盖全市的终身学习服务体系，更好地服务北京学习型城市建设。

2. 提升资源平台综合服务能力

建立教育数据和教育资源采集、存储、传输、处理、交换、淘汰、销毁等全生命周期标准规范，逐步实现一数一源、伴随式采集、标准化加工、动态化汇聚、差异化授权和体系化管理。建立教育资源目录体系和教育基础数据规范，扩大数字教育资源采集来源和共享范围，鼓励支持教师积极制作分享、市场资源合规接入，推动建立"政社产学研"五位一体的优质资源共享机制，实现"联通所有区、覆盖各学校"的资源共享新格局和数字教育资源云服务体系。健全数字教育资源共享交换中心和统一服务门户，整合各级各类优质资源，提升资源多终端尤其是移动终端的适配服务能力，实现优质资源个性化和精准化匹配，为广大师生提供检索、上传、下载、推送、评价、分享、积分等一站式一体化服务，提升数字教育资源服务均等化、普惠

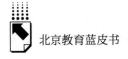
化、便捷化水平。

3. 构建数字资源长效发展机制

加快构建"基础性资源靠政策、个性化资源靠市场"的资源建设机制和"企业竞争提供、政府评估准入、学校自主选择"的资源供给机制，形成优质教育资源供给新模式。加大数字教育资源的知识产权保护力度，强化教师知识产权保护意识，尊重教师原创资源的知识产权和在线服务劳动价值。建立资源使用率、师生评价和专家评审等信息相结合、能够客观反映数字教育资源质量的评价体系和遴选模式。建立与科教研人员、一线教师职称评定、评优选先、绩效考核、合理回报相关联的激励机制，发挥名优教师在优质数字教育资源建设方面的引领作用，提高各方参与系列化、专题式资源建设与应用推广的积极性。制定完善政府购买优质数字教育资源与服务政策，鼓励社会力量参与开发并能获得合理回报，实现资源建设的可持续发展。

（四）全面提升师生信息素养

1. 领导骨干信息素养提升

在各级各类学校逐步建立推广由校领导担任的首席信息官（CIO）制度，由CIO全面统筹本单位信息化规划与推进实施。通过对接中小学名师名校长发展工程、开展专题培训等多种形式，促进教育行政管理干部、校（园）长形成智能化教育意识，熟悉智能化教学工具，提升利用信息技术解决教育教学问题、创新教育教学方式、开展系统决策分析的能力。

2. 学科教师技能培训

围绕《关于全面深化新时代教师队伍建设改革的意见》中"教师主动适应信息化、人工智能等新技术变革，积极有效开展教育教学"有关要求，根据《中小学教师教育技术能力标准（试行）》《关于实施全国中小学教师信息技术应用能力提升工程2.0的意见》等政策文件，将教师信息技术应用能力培训纳入教师培训学分管理体系，形成教师信息素养培育培养与专业发展长效推进机制。充分发挥北京科技和教育资源优势，培养、引进一批有信念、懂技术、会创新的教育信息化领军人才和骨干教师。开设信息技术示范课程，通过研修联盟、研修共同体等形式，强化教师信息技术应用培训、交流、互助。打造信息化教学创新团队，提升教师利用信息技术开展教育教学应用的能力和水平。优化师范生培养方案，推动师范生培养课程改革。将信息化课程内容与教学能力纳入师范生培养课程体系，引导推动人工智能、大数据、"互联网＋"等领域优质高科技企业与高校合作创建联合实验室，培养智慧教学环境下的未来教师。采取线上与线下培训、在岗与脱岗培训、城乡教师结对帮扶等多种形式，提升农村教师信息技术应用能力，不断缩小城乡教师应用能力差距。将教师信息技术应用能力作为教育督导重要内容，逐步建立监测评价体系，定期对各区、各学校教师信息技术应用能力开展评估评价，提升对教师信息素养精准诊断、及时干预和个性化服务的能力和水平。

3. 学生信息素养提升

开设信息道德、信息伦理课程，培养学生正确评估、评价信息的能力，辨别垃圾信息、有害信息的能力，自主学习、处理、传播信息的能力。围绕信息技术课程标准，开发或引入与编程语言、人工智能、机器人、3D 打印、创客、STEAM 等有关的信息技术教材，鼓励学生参加符合政策要求的全国性科创类、信息科技类比赛。教育引导学生合理使用各类电子产品、应用程序。将学生信息素养纳入学生综合素质评价，适时开展中小学生信息素养测评。

4. 技术队伍技能培训

针对网络管理人员、信息安全人员、资源开发建设人员等全体教育技术人员，通过线下集中、线上自学等形式，有体系、有计划地开展信息技术技能培训，提升技术队伍专业技能，提高技术队伍服务教育教学、教育管理的水平和能力。

（五）发挥融合创新和示范引领作用

1. 建设智慧校园

构建基础智慧环境。逐步实现 5G、无线网络覆盖主要教学场所，推进

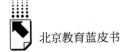
基于物联网的校园感知环境、智慧教室、智慧教学、智慧教研、智慧管理建设，开发普及具有教学、学习、教研、科研和管理等板块功能的智能终端和应用，打造"人人皆学、处处能学、时时可学"的智慧校园环境。

融合物理空间和数据空间。以大数据为支撑，积极创设虚拟与现实融合的学习环境，实现校园物理环境、教室教学环境与网络学习环境深度融合，实现从环境的数据化到数据的环境化、从教学的数据化到数据的教学化、从人格的数据化到数据的人格化转变。[①] 整合校内外资源，为教师、学生等用户提供个性化、人性化、精准化的教育教学服务。

发挥融合应用示范效应。引导区域、学校结合办学特色和实际需要，结合人工智能、云计算、大数据、物联网、AR、VR、3D 打印等新兴技术，建设一批以学科数字实验室、虚拟实训环境、数字场馆、智慧学习中心等为代表的示范基地和示范项目。开展信息化与教育教学创新研究，解决信息化应用中热难点问题，及时总结并推广示范基地和项目建设过程中的理论和实践经验，发挥示范引领和辐射带动效应。

2. 创新教学变革

按照"研究一代、示范一代、应用一代、普及一代"思路，加强信息化与教育教学深度融合理论和应用研究，探索移动式学习、社交化学习、游戏化学习、碎片化学习、体验式学习、沉浸式学习等不同学习形式，构建学科教学、教研、科研一体化创新格局。以网络学习空间为抓手，汇集来自政府、市场、学校等不同渠道的在线学习、网络研修、家校互动等公共应用和资源，形成服务学生、教师、家长、班级、学校、区域的网络化学习空间。开展基于网络学习空间的特色教育教学活动，鼓励教师利用个人空间开展在线备课、网上课堂、个性化数据分析诊断等工作，引导学生利用个人空间开展个性化、自主式学习和活动，支持家长利用个人空间与教师交流互动、关注学生学习成长过程，形成"课堂用、经常用、普遍用"的信息化教学新局面。研究推广基于信息技术的混合式学习、合作学习、项目学习、移动学

---

① 唐亮：《人工智能给未来教育带来深刻变革》，《中国教育报》2018 年 1 月 4 日。

习、可视化学习、翻转课堂等教学模式，形成整合化的学习链、情境化的学习场、动态化的学情记录、立体化的学生画像、个性化的学习内容、人性化的成长支持。[①] 打造高效精准的课堂教学，激发学生学习潜能，创新人才培养模式，在教学、管理、互动、评价、育人等方面切实减轻教师工作负担、提升教师工作效能。

3. 变革测评方式

建立完善教师业务发展智能化测评体系，开展教师研修伴随式数据采集与过程性评价，支持教师自主选学，为教师成长提供个性化培训服务，不断提高测评助教的及时性和精准性。探索建立贯通大中小幼各学段、整合校内校外学习实践活动、全面涵盖学生学习成长的多维综合素质评价体系和评价系统。建立人工智能学习分析系统，实时监测学习数据，针对学生学习需求、学习能力、学习效果开展多元诊断和评价，提升评价结果的科学性和有效性。围绕《北京市普通高中学生综合素质评价实施办法（试行）》《关于进一步推进高中阶段学校考试招生制度改革的实施意见》等有关政策要求，总结"北京市初中开放性科学实践活动"等项目实施经验，依托北京市中小学生综合素质评价系统，完善高中阶段招生考试改革。

（六）提升"互联网＋教育"治理能力

1. 全面推进教育"互联网＋政务服务"

根据《关于加强政务服务体系建设的意见》《加快推进"互联网＋政务服务"工作方案》《推进政务服务"一网通办"工作实施方案》等政策文件要求，整合现有各类教育管理、教育业务和教育督导系统，打破数据壁垒、联通数据孤岛，推动市、区两级教育政务数据共享开放。积极探索与公安、工商、信用、民政、医疗、房管、人口等的跨部门数据融合，逐步建立以教育数据和教育服务为核心的政务数据交换机制，全面提升教育决策分析的数据支撑能力，形成基于大数据的教育管理、教育治理和公共服务模式，

[①] 唐亮：《人工智能时代家庭教育要以人为本》，《现代教育报》2019 年 5 月 24 日。

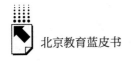
推动教育治理体系和治理能力现代化。提升政务服务效率，深化教育领域"最多跑一次"改革，通过建设传统和移动网上办事大厅，推动事项全程网上办理，实现政务服务事项统一申请、统一受理、集中办理、统一反馈和全流程监督，为社会公众提供一站式、一体化的教育政务服务。

2. 推动在线教育规范有序发展①

立足北京在线教育市场机构集中、发展迅速、规模庞大、创新力强、影响面广等实际情况，针对传统网站、移动应用程序（APP）等不同软件载体形式和电子教材、录课、直播课、在线一对一或一对多、家教O2O、题库等多种服务业态，先行先试，积极开展"互联网＋教育"领域立法研究，为全国在线教育行业治理提供参考借鉴。建立在线教育行业监管体系，梳理界定教育、网信、工信、公安、文化、卫生健康、市场监管、新闻出版、广电等有关部门职责，明确牵头主抓部门。科学合理界定在线教育行业准入条件（尤其是师资条件）和业务边界，明确和赋予教育科技产品进教材、进课堂的地位和机会，明确在线教育平台等有关各方在收费、资金托管、师资人员、注册用户、教学质量、服务规范、隐私保护、安全运营等方面的责任与义务。发挥行业协会在强化社会责任、规范经营行为、保护行业合法权益等方面的积极作用。加强各类在线教育成果知识产权保护，规范学习用户数据的采集、使用和分享行为，提高从业机构和人员的数据隐私保护意识，切实提升信息安全防范技术水平，严防用户信息和数据泄露。

参考文献

陈振民主编《政策科学——公共政策分析导论》（第二版），中国人民大学出版社，2004。

王振强等：《互联网学习发展区域推进策略——以北京教育领域为例》，《现代教育》2018年第16期。

---

① 唐亮：《"互联网＋教育"变革与迷思》，《中国社会科学报》2018年1月4日。

中国互联网络信息中心：《第 43 次中国互联网络发展状况统计报告》，2019。

国家网信办：《数字中国建设发展报告（2018 年)》，2019。

钟登华：《深入推进教育信息化 2.0　发展更加公平更有质量的教育》，2019 年 4 月 19 日，http：//laws. ict. edu. cn/laws/jianghua/zhongdenghua/n20190419_ 58483. shtml。

唐亮：《人工智能给未来教育带来深刻变革》，《中国教育报》2018 年 1 月 4 日。

唐亮：《人工智能时代家庭教育要以人为本》，《现代教育报》2019 年 5 月 24 日。

唐亮：《“互联网 + 教育”变革与迷思》，《中国社会科学报》2018 年 1 月 4 日。

B.15
北京市教育应对人工智能的机遇和挑战

周红霞*

摘　要： 世界上很多国家相继将人工智能作为国家发展的重要战略并尤为重视人工智能在教育领域的应用。北京，作为全国的文化中心和科技创新中心，具有人力、科技、教育等多方面的资源优势。教育领域应对人工智能面临着国际层面高度关注、国家政策深入支持以及师资队伍信息素养坚实等重大机遇，也面临着率先制定全面的人工智能公共政策、研制各阶段人工智能教育规划方案以及开发优质、包容、安全的数据系统等诸多挑战。

关键词： 北京教育　人工智能　优质均衡

从1950年艾伦·麦席森·图灵①首次提出机器是否能思考的问题开始，人工智能（Artificial Intelligence，AI）有了显著的发展。20世纪70年代以来，人工智能与空间技术、能源技术一并被称为世界三大尖端技术，也被认为是21世纪三大尖端技术——基因工程、纳米科学、人工智能之一。近三十年来，人工智能获得了迅速发展，在很多学科领域都获得了广泛应用并取得了丰硕成果。②

＊ 周红霞，北京教育科学研究院助理研究员，主要研究领域为国际人工智能教育。

① 艾伦·麦席森·图灵（Alan Mathison Turing，1912年6月23日至1954年6月7日），英国数学家、逻辑学家，被称为计算机科学之父、人工智能之父。

② https：//baike. baidu. com/item/人工智能。

随着人工智能的蓬勃发展，它正在改变我们生活中的几乎每一个领域，从交通、医疗、教育到安全，即使当前仍处在人工智能技术普及化的早期阶段，但我们已经可以看到人工智能的强大力量和深厚潜力。作为引领未来的战略性技术，人工智能受到世界各国的高度关注。世界主要发达国家纷纷把发展人工智能作为提升国家竞争力的重大战略，加紧出台相关规划和政策，围绕核心技术、顶尖人才、标准规范等强化部署，力图在新一轮国际竞争中掌握主导权。①

一 推动人工智能在教育领域的应用是全球趋势

为确保在全球科技竞争中的领先地位，美国、英国、法国、德国、日本、韩国、芬兰等国家相继将人工智能作为国家发展的重要战略并尤为重视人工智能在教育领域的应用，纷纷出台政策和规划，推动人工智能的发展。国际组织也都聚焦人工智能主题发表重要报告，对人工智能发展的趋势和原则、人工智能给教育带来的机遇和挑战等展开分析探讨。

（一）国际组织高度关注人工智能发展及其在教育领域的应用

1. 联合国教科文组织

2019 年 4 月，联合国教科文组织发布了题为"教育中的人工智能：可持续发展的挑战与机遇"的重要报告。报告指出，当前人工智能正在不断为教学和学习提供新的解决方案，并在全球范围内接受实践检验。这些解决方案需要先进的基础设施和积极创新的教育生态系统与之配套。报告以人工智能如何帮助教育系统推动教育平等、提高教育质量为核心，通过考察若干国家将人工智能引入教育领域的实例，分析了人工智能对教育的影响，旨在帮助各国政府制定适当的政策，以确保学习者获得在人工智能驱动的社会中

---

① 王素：《智能时代教育改革国际趋势》，《中小学数字化教学》2019 年第 7 期。

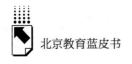

蓬勃发展的能力。①

2. 经合组织

2019 年 5 月 22 日，在主题为"利用数字转型促进可持续发展"的经合组织年度部长理事会会议上，36 个成员国以及阿根廷、巴西、哥伦比亚、哥斯达黎加、秘鲁和罗马尼亚，共同签署了《经合组织人工智能原则》。②这是第一套政府间人工智能政策指南，由包括政府、学术界、企业界、民间社会、国际机构、技术界和工会的 50 余名成员的专家组商讨制定。各国一致赞同坚持国际标准，以确保人工智能系统设计安全、公平和可靠。

经合组织之所以主导制定该原则，是因为人工智能正在广泛地改变着全球社会和经济，提高生产率，改善福祉，帮助应对全球挑战，如气候变化、资源短缺和健康危机等。然而，人工智能在世界各地被越来越深入地应用，可能会引发与人类价值观、公平、隐私、安全和责任等相关的问题和挑战。为此，需要制定一份公认的原则，用以指导政府、组织和个人在设计和运行人工智能系统时，将人类的最大利益放在首位，并确保设计者和操作者对其正常运行负责。这些原则包括负责任地管理可信赖的人工智能的五项基于价值观的原则，以及公共政策和国际合作的五项建议。

五项用于负责任地管理可信赖的人工智能的原则是：人工智能应该通过推动包容性增长、可持续发展和福祉造福人类和地球；人工智能系统的设计应尊重法治、人权、民主价值观和多样性，并应包括适当的保障措施，例如，在必要时进行人类干预，以确保一个公平和公正的社会环境；围绕人工智能系统的信息应该坚持透明、负责任地披露，确保人们了解什么时候会接触到人工智能，以及可能带来的挑战性后果；人工智能系统必须在其整个使用周期中以健全、安全和稳定的方式运行，并应持续评估和管理潜在风险；开发、

---

① UNESCO, Artificial Intelligence in Education: Challenges and Opportunities for Sustainable Development, 2019 - 3 - 7, https：//en. unesco. org/news/challenges - and - opportunities - artificial - intelligence - education.

② OECD, OECD Principles on AI, 2019 - 5 - 22, http：//www. oecd. org/going - digital/ai/principles/.

部署或操作人工智能系统的组织和个人应按照上述原则对其正常运行负责。

五项向各国政府提出的公共政策和国际合作建议分别是：促进公共和私人在研发方面的投资，以促进可靠的人工智能系统的创新；利用数字基础设施、技术和机制，研发无障碍人工智能生态系统，以共享数据和知识；确保政策环境为部署可信赖的人工智能系统开辟道路；培养人们具备人工智能的相关技能，支持受人工智能影响的工人实现公平的就业转型；开展跨国界和跨部门合作，朝着负责任的人工智能管理努力。

3. 欧盟委员会

欧盟委员会指出，良好的人工智能协调使用可以给社会带来显著的改善，帮助人们实现气候和可持续发展目标，并在医疗、教育、交通、工业和许多其他领域带来高影响力的创新。

2018 年 4 月，欧盟委员会公布了一份题为"欧洲人工智能"的文件，提出了一个基于三个支柱的欧洲人工智能发展思路：①提高欧盟的技术和工业能力，增加公共和私营部门对人工智能的吸收；②为人工智能带来的社会经济变化做好准备；③确保适当的道德和法律框架就绪。该发展思路涉及技术、伦理、法律和社会经济等多方面，以提高欧盟的研究和工业能力，并使人工智能服务于欧洲公民和经济。

根据研究和创新计划——《地平线 2020》（*Horizon 2020*），欧盟委员会每年对人工智能的投资将增加 70%，在 2020 年将达到 15 亿欧元，将主要用于：连接和加强整个欧洲的人工智能研究中心；支持开发"人工智能需求平台（AI-on-demand platform）"，为所有用户提供访问欧盟人工智能资源的机会；支持重点领域人工智能应用开发。①

（二）各国积极制定人工智能战略

人工智能的发展和应用，将给人类的生活方式、学习方式和工作方式带

---

① European Commission, Artificial Intelligence, 2019 – 6 – 10, https：//ec. europa. eu/digital – single – market/en/artificial – intelligence.

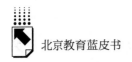
来巨大变革，这对面向未来培养人才的教育体系提出了重大挑战。因此，各国竞相将人工智能作为国家优先发展战略，自上而下推动人工智能的发展，并将教育作为国家人工智能发展战略的重要组成部分。

2016 年 10 月，美国国家科学技术委员会连续发布了《为人工智能的未来做好准备》[1] 和《人工智能研究与发展战略规划》[2] 两份报告。2019 年 2 月 11 日，美国国家科技政策办公室发布了由总统唐纳德·特朗普签署的《美国人工智能倡议》。特朗普指出，美国在人工智能领域的持续领导对维护美国的经济和国家安全至关重要，必须加速布局美国在人工智能领域的领导地位。这项倡议将集中联邦政府的资源来发展人工智能，以促进美国的繁荣，加强国家和经济安全，提高人民的生活质量。该倡议采取多管齐下的方法来加速在人工智能领域的国家领导，包括五个重点领域：①投资人工智能研发；②释放人工智能资源；③制定人工智能管理标准；④建立人工智能人力资本；⑤国际参与和保护人工智能优势。[3]

2018 年 11 月，德国教育与研究部发布了《人工智能战略》。战略指出，联邦政府正在回应来自经济、科学和政治的各种信号，将人工智能理解为一项关键技术，并快速、可持续地投资与应用，更好地开发人工智能技术不断增长的潜力，以便在国际竞争中取得成功。[4]

2017 年 10 月，芬兰成为欧盟第一个制定国家层面人工智能行动计划的国家，并专门成立了"人工智能芬兰"（AI Finland）机构，该机构由 100 余名专家和来自社会不同部门（包括企业和产业）有影响力的人构成。自 2017 年以来，该机构连续发布了三份有关人工智能的报告。第一份为《人

① NSTC, Preparing for the Future of Artificial Intelligence, 2019 - 3 - 6, https：//obamawhitehouse. archives. gov/administration/eop/ostp/nstc/docsreports.

② NSTC, The National Artificial Intelligence Research and Development Strategic Plan, 2019 - 3 - 6, https：//obamawhitehouse. archives. gov/administration/eop/ostp/nstc/docsreports.

③ The White House, Accelerating America's Leadership in Artificial Intelligence, 2019 - 2 - 11, https：//www. whitehouse. gov/articles/accelerating - americas - leadership - in - artificial - intelligence/.

④ BMBF, Strategie Künstliche Intelligenz der Bundesregierung, 2019 - 3 - 6, https：//www. bmbf. de/files/Nationale_ KI - Strategie. pdf.

工智能的芬兰时代》，明确未来要将芬兰变成欧洲排名第一的人工智能实验室。2018 年 6 月发布了第二份题为"人工智能时代的就业"的报告，这份报告提出了在人工智能相关政策制定过程中应该如何解决道德问题的建议。2019 年 3 月发布了第三份报告，题为"芬兰成为人工智能时代的全球领袖"，报告提出要将芬兰带进人工智能时代必须持续加强能力构建，要展开有关人工智能公众讨论，要有大胆的选择和投资等。

（三）许多国家公布了教育领域的应对策略

韩国教育部早在 2011 年 10 月就已发布了《智能教育推进战略实施计划》，提出全面推行智能教育，实现人才强国之梦，将智能教育愿景确定为"培养引领全球共同体发展的具有创造性精神的全球化人才"，提出了①数字化教材开发与应用；②在线学习常态化；③在线评价体系和个人学习诊断处理；④改善教育内容公共使用环境；⑤强化信息通信伦理教育，减少负面影响；⑥强化教师智能教育能力；⑦构筑基于云计算技术的教育服务环境等七大课题和 28 个详细推进计划。[①] 韩国教育部于 2016 年 12 月发布了《应对智能信息社会中长期教育政策方向与战略》，为实现 2030 人才强国战略描绘韩国未来教育的蓝图。在分析当前基础与未来社会发展趋势的基础上，提出了至 2030 年韩国教育发展的五个方向，包括①最大限度激发学生兴趣、潜质的教育；②培养思考能力、问题解决能力和创造力的教育；③与个人学习能力相匹配的教育；④培养智能信息技术领域核心人才的教育；⑤以人为本和促进社会和谐的教育。[②]

芬兰提出要向全世界 1% 的人口讲授人工智能基础知识。2018 年 5 月，赫尔辛基大学和咨询机构 Reaktor 推出了一门关于"人工智能元素"的大型在线开放课程（MOOC），该课程在推出一天内就有超过 2 万人申请加入。

---

① 韩国教育部：《智能教育推进战略实施计划》，2011 年 10 月 19 日，https：//www. moe. go. kr/boardCnts/view. do？boardID = 333&lev = 0&statusYN = C&s = moe&m = 05&opType = N&boardSeq = 47052。

② 韩国教育部：《应对智能信息社会中长期教育政策方向与战略》，2016 年 12 月 23 日，https：//www. moe. go. kr/boardCnts/view. do？boardID = 294&boardSeq = 65229&lev = 0&m = 02。

截至 2019 年 3 月中旬，该课程在全球 110 个国家拥有 15 万名学生，成为芬兰最受欢迎的在线课程。该课程开设的最初目标是教会 1% 的芬兰人（约 5.4 万人）人工智能的基础知识，以便让广大民众为如何应用人工智能提供意见和建议。由于推出后引发了全球范围众多学习者的浓厚兴趣，该课程计划普及至全球人口的 1%。[①]

英国政府计划对发展人工智能教育投入 1.15 亿英镑，同时，英国产业界承诺投入近 8000 万英镑，参与大学承诺投入 200 余万英镑，这使各方对人工智能教育投入总量超过 2 亿英镑，开创了各方共同投资教育的先河。[②]

（四）人工智能的教育普及面向广泛民众

英国上议院 2018 年 4 月发布的《英国人工智能：准备、意愿和能力》指出，未来人工智能减少了对某些工作的需求，也创造了对其他工作的需求，再培训将成为一种终生的必需品。而在教育的早期阶段，孩子们就需要为使用人工智能做好充分的准备。对于所有的孩子来说，掌握驾驭人工智能世界所必需的基本知识和理解能力是必不可少的。报告还特别建议，将技术的伦理设计和使用作为课程的一个组成部分。[③]

日本在 2018 年 9 月发布了《人工智能战略（草案）》，提出了"培养信息技术和数字科学精英人才，提高全民族人工智能基本能力"的目标。基于以上目标，日本提出了扩充人工智能、数学、信息技术教育等方面的教育对策，主要集中在以下五个方面：①文理学科，普通高中、专门高中、职业院校等都需要扩充人工智能、数学、信息技术等教育，增加理科教师，大力推进 STEAM 教育；②进行大学入学考试改革，加入数学、信息一等考试科目；③在 3 年内实现大学所有院系都将人工智能、数学、信息技术等科目必

① Jan Petter Myklebust, Democratising AI Knowledge to Inform Ethical Choices, 2019 – 4 – 13, https：//www. universityworldnews. com/post. php? story = 20190412142823653.
② 李建忠：《打造人工智能教育高地 英国出新招》，《现代教育报》2019 年 4 月 3 日。
③ HOUSE OF LORDS, AI in the UK：Ready, Willing and Able？, 2019 – 2 – 16, https：// publications. parliament. uk/pa/ld201719/ldselect/ldai/100/100. pdf.

修化的目标，灵活运用线上教材；④在各个领域内培养信息技术和数字科学的精英人才，进行大学和研究生院的体制改革，全面引入"各个专业＋人工智能"辅修制度，为精英人才创造在企业、行政部门等的适宜职业环境；⑤社会人士也可通过继续教育学习人工智能、数学、信息技术等内容。①

德国2018年11月发布的《人工智能战略》提出的一个重要目标是：加强从儿童到老年人的所有德国民众对于数字化和人工智能的理解，以实现就业和劳动力市场的结构性调整。②

二 北京教育应对人工智能的机遇

人工智能正在教育领域不断产生新的教学和学习解决方案，目前各国都在积极探索中。习近平主席指出，人工智能是引领新一轮科技革命和产业变革的重要驱动力，正深刻改变着人们的生产、生活、学习方式，推动人类社会迎来人机协同、跨界融合、共创分享的智能时代。把握全球人工智能发展态势，找准突破口和主攻方向，培养大批具有创新能力和合作精神的人工智能高端人才，是教育的重要使命。北京，作为全国的文化中心和科技创新中心，担负着引领在教育领域探索人工智能深入应用的重大责任和光荣使命，应把握机遇，充分发挥优势。

（一）国家高度重视人工智能的发展及其对教育的助推作用

2016年5月18日，我国出台了《"互联网＋"人工智能三年行动实施方案》，2017年12月14日，又印发了《促进新一代人工智能产业发展三年行动计划（2018～2020年）》，推动人工智能和实体经济深度融合，加快制造强国和网络强国建设。

---

① 首相官邸：《AI战略（草案）》，2018年9月28日，https：//www. kantei. go. jp/jp/singi/tougou‐innovation/dai2/gijisidai. html。

② BMBF, Strategie Künstliche Intelligenz der Bundesregierung, 2019‐3‐6, https：//www. bmbf. de/files/Nationale_ KI‐Strategie. pdf.

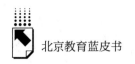
2017 年 3 月 5 日，李克强总理在第十二届全国人民代表大会第五次会议上所做的政府工作报告中指出，要全面实施战略性新兴产业发展规划，加快新材料、人工智能、集成电路、生物制药、第五代移动通信等技术研发和转化。

2017 年 7 月 20 日，为抢抓人工智能发展的重大战略机遇，构筑我国人工智能发展的先发优势，加快建设创新型国家和世界科技强国，国务院发布了《新一代人工智能发展规划》，包括研发、工业化、人才发展、教育和技能获取、标准制定和法规、道德规范和安全方面的举措和目标。①

2018 年 4 月 3 日，教育部发布了《高等学校人工智能创新行动计划》，以引导高等学校瞄准世界科技前沿，不断提高人工智能领域科技创新、人才培养和国际合作交流等能力，为我国新一代人工智能发展提供战略支撑。

2018 年 10 月 31 日，中共中央政治局就人工智能发展现状和趋势举行第九次集体学习，习近平总书记在主持学习时强调，"人工智能是新一轮科技革命和产业变革的重要驱动力量，加快发展新一代人工智能是事关我国能否抓住新一轮科技革命和产业变革机遇的战略问题。"

2019 年 2 月 23 日，中共中央、国务院印发了《中国教育现代化 2035》，提出加快推进信息化时代的教育变革，建设智能化校园，统筹建设一体化智能化教学、管理与服务平台，利用现代技术加快推动人才培养模式改革。②

2019 年 5 月 16～18 日，国际人工智能与教育大会在北京召开。习近平主席向大会致贺信并指出，中国高度重视人工智能对教育的深刻影响，积极推动人工智能和教育深度融合，促进教育变革创新，充分发挥人工智能优势，加快发展伴随每个人一生的教育、平等面向每个人的教育、适合每个人的教育、更加开放灵活的教育。中国愿同世界各国一道，聚焦人工智能发展前沿问题，深入探讨人工智能快速发展条件下教育发展创新的思路和举措，凝聚共识、深化合作、扩大共享，携手推动构建人类命运共同体。

① 国务院：《新一代人工智能发展规划》，2017 年 7 月 28 日，http：//www. gov. cn/zhengce/content/2017 – 07/20/content_ 5211996. htm
② 《中共中央、国务院印发〈中国教育现代化 2035〉》，2019 年 2 月 23 日，http：//www. gov. cn/xinwen/2019 – 02/23/content_ 5367987. htm.

（二）北京具有发展人工智能的智力和资源优势

人工智能是综合学科的应用和发展，需要先进的基础设施和繁荣的创新生态系统。北京地区高校和创新企业众多，具有人力资源、科技资源、教育资源等多方面的优势。

北京在教育领域应用人工智能有雄厚的科技资源。2017 年 9 月，《北京城市总体规划（2016～2035 年)》公布，北京将大力加强科技创新中心建设，更加注重依靠科技及高技术产业支撑引领经济发展。高校是科技创新中心建设的重要力量，在基础研究、应用基础研究、科技成果转移转化、创新创业人才培养等方面发挥着重要作用。

北京在教育领域应用人工智能有丰富的人才资源。2019 年 3 月 25 日，教育部最新公布的 2018 年度普通高等学校本科专业备案和审批结果中，人工智能专业被列入新增审批本科专业名单，全国共有 35 所高校获首批建设资格，其中，仅北京就有 4 所获批，分别为北京科技大学、北京交通大学、北京理工大学以及北京航空航天大学。[①] 这些高校将培养大批人工智能专业人才。

北京在教育领域应用人工智能有坚实的教师资源。统计数据显示，2018 年北京市各级各类教育专任教师队伍中，44 岁及以下教师比例，小学为 75.24%，初中为 69.28%，普通高中为 67.58%，中等职业学校为 58.39%，普通高校为 55.97%。[②] 青年教师的信息素养普遍比较高，接受新理念、新技能更加迅速，能够成为推动人工智能在教育领域深入应用的生力军。此外，高级职称教师在各级各类教育专任教师队伍中的比例也逐年提高，以 2014 年和 2018 年数据为例，幼儿园由 0.22% 增长至 1%，小学由 1.25% 增长至 6.24%，初中由 20.34% 增长至 26.75%，普通高中由 35.68% 增长至 39.93%，中等职业学校由 27.28% 增长至 32.26%，普通高校由 61.06% 增

---

① 教育部：《2018 年度普通高等学校本科专业备案和审批结果》，2017 年 7 月 28 日，http://www.moe.gov.cn/srcsite/A08/moe_1034/s4930/201903/t20190329_376012.html。

② 北京教育科学研究院：《北京教育一本通 2018》，第 25 页。

长至 63.24%。① 高级职称教师均为各学科骨干教师，有先进的教育理念、深厚的教育理论基础和扎实的教学专业技能，在人工智能时代来临之际，能够引领广大教师，将人工智能有机地融入教育教学，让人工智能切实有效地提升教育质量。

（三）北京教育可借助人工智能实现更加优质均衡

全球可持续发展目标旨在确保包容和公平的优质教育，促进全民享有平等的终身学习机会。北京教育正朝着这个目标不断迈进。人工智能基于大数据优化教育管理，动态模拟学校布局、入学形势、就业供需等方面的变化，关注教育公平，可着力解决教育发展不平衡不充分的问题，有助于确保公平、包容和优质教育目标的加快实现。

人工智能可以为北京不同区域、不同群体的学生提供适当的学习机会，还可以促进协作学习。计算机支持下的学习为学生提供了多种多样的个性化选择，包括适合他们学习的时间和地点。此外，在协作学习方面，在线异步讨论发挥着关键作用。基于机器学习的人工智能技术，应用人工智能系统对异步讨论进行监控，既能够为教师提供学习者讨论的信息，又可为学习者提供相关支持，从而实现学习者的个性化学习。此外，人工智能还可以帮助每个学生绘制个人学习计划和轨迹，分析其长处和弱点以及学习偏好和活动等，进而有针对性地加以改善，提升学习成效。②

（四）北京一些学校已开启了人工智能的应用探索

北京教育在全国教育中处于领先水平，将人工智能在学校中率先引入应用也走在了前列。

例如，中国人民大学附属中学通过普及人工智能教育，构建了人工智能

---

① 北京教育科学研究院：《北京教育一本通 2018》，第 25 页。
② UNESCO, Artificial Intelligence in Education: Challenges and Opportunities for Sustainable Development, 2019 – 3 – 7, https://en.unesco.org/news/challenges – and – opportunities – artificial – intelligence – education.

课程体系，使学生对人工智能实现从感知到认知再到创新的提升，全面提升学生的信息素养。学校构建了一套"人工智能＋X"中学人工智能课程体系，打造了人工智能大课堂，开设相关课程超过 20 门。2018 年，该校成立了全国基础教育阶段第一个人工智能实验班，并与澳门培正中学、清华大学等单位联合倡导在每年的 10 月组织开展"世界人工智能周"活动，初步构建起"学生、教师、学校、社会"四位一体的人工智能教育生态圈。①

再如，2018 年 11 月 13 日，北京首届"中小学人工智能课程教学与创新素质培养"高端论坛召开，府学小学、三帆中学、七一小学、北京中学、北京教育科学研究院通州区第一实验小学、前门小学、北京小学通州分校、石景山学校等各实验校现场分享了"中小学人工智能课程教学与创新素质大数据测评"的实践成果和经验，各方希望通过通力合作，产生一批优秀的学生成果和各校特设课程体系，最终打造全国领先的"人工智能＋中小学跨学科创客教育"优质示范项目。②

三 北京教育应对人工智能的挑战

（一）制定全面的人工智能公共政策

由于推动人工智能发展所需要的技术环境十分复杂，需要多种因素和多种体制的协调一致，因此首先要形成一个全面的人工智能可持续发展的公共政策观点和认识。人工智能的公共政策必须与国际层面和国家一级的伙伴关系紧密合作，以创建一个为可持续发展服务的人工智能生态系统，确保公共政策特别是教育政策有效支持人工智能的深远应用。

① 钟登华：《智能教育引领未来：中国的认识与行动——在国际人工智能与教育大会上的讲话》，2019 年 5 月 16 日，https：//www.edu.cn/xxh/zt/gjrgzn/201905/t20190516_ 1659032. shtml。
② 北京市通州区教师研修中心：《首届"中小学人工智能课程教学与创新素质培养"高端论坛顺利召开》，2018 年 11 月 20 日，http：//www.tzjsyxw.cn/2018/tz_ yxdt_ 1120/4705. html。

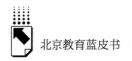
北京市作为全国科技创新的制高点、高精尖人才的聚集地和各级各类教育高地，应率先制定人工智能公共政策，引领实施适当的应对策略，通过人工智能与教育的深度系统融合，全面创新教育、教学和学习方式，加快建设开放灵活的教育体系，确保全民享有公平、优质的终身学习机会，推动可持续发展目标的实现。

（二）加强教育领域人工智能应用研究

研究预测，人工智能很可能在未来 10 年呈指数增长。[1] 因此，教育领域应当加快并深化对人工智能应用的研究，进一步加大产学研的结合。一方面，政府与私营部门建立伙伴关系，扩大人工智能生态系统，公共部门单独在复杂的技术领域进行创新是比较困难的，无论是在人力资源还是在经费投入方面。另一方面，行业界和学术界之间建立伙伴关系，不仅共享物质资源和财政资源，而且确保教育计划与劳动力市场需求保持良好一致。[2] 人工智能对全球劳动力市场产生根本性影响的趋势越来越明显，分析人工智能对教学的影响，应该重点考虑人工智能与未来学习及前瞻性工作的内在联系。此外，行业内伙伴关系与学术界内伙伴关系同样重要。例如，大学和研究机构之间的协作可以加速人工智能的发展和应用。

（三）研制各阶段人工智能教育规划方案

北京应加紧研制各级各类人工智能教育规划方案，遵循学生学龄阶段的特点，各阶段有机结合，从终身学习的角度规划制定与教育政策接轨和有机协调的全体系教育人工智能战略。

人工智能的知识体系高深复杂，人工智能教育普及需要从早期抓起，为学生终身学习和发展奠定坚实基础。在中小学推进人工智能教育的首要任务

---

① UNESCO, Artificial Intelligence in Education: Challenges and Opportunities for Sustainable Development, 2019 - 3 - 7, https://en.unesco.org/news/challenges - and - opportunities - artificial - intelligence - education.

② 周红霞：《让人工智能更加智能》，《中国教育报》2019 年 5 月 10 日。

是结合各个学段的学生认知特点，对课程目标与内容进行合理规划。小学阶段应当以计算思维培养为重点，初中阶段要以高级计算思维培养为重点，高中阶段则以专题性人工智能技术理解为重点。[①]

教育系统也需积极改革，以确保学习者获得人工智能时代工作岗位所需要的技能。从早期教育到继续教育，所有教育部门都需进行相应的改革。鉴于人工智能技术的发展速度之快，要始终把握终身学习的方向，因此，为应对人工智能而重新思考和重新开发教育计划的过程将成为一个长期持续的过程。

（四）开发优质、包容、安全的数据系统

人工智能依靠数据而蓬勃发展，数据质量应该成为主要关注点，以便人工智能的应用结果更加准确。人工智能的发展应为提高数据在教育系统管理中的重要性提供机会。因此，提高和改进数据收集和系统化工作至关重要。

人工智能时代的到来，伴随着大量数据和算法的产生，将会进一步模糊人类社会与物理空间和信息空间的界限，从而衍生一系列伦理、法律及安全问题。人工智能在提供教育机会、向学生提供个体化建议、个人数据的集中、责任归属、对工作的影响、数据隐私和数据馈送算法的所有权方面引发了许多伦理、问责、透明度和安全性等问题，需要多方面展开深入讨论。[②]在数据使用、隐私和算法设计方式的透明度方面，政府需制定新的法规，以确保各方合理、合法、合规应用人工智能。

（五）构建有效驾驭人工智能的教师队伍

帮助教师为人工智能驱动的教育做好准备是一条双向路径。其一，教师必须学习新的数字技能，并在教育学指导下切实有效地应用人工智能，发挥其对教育的促进作用。如果教师仅仅拥有管理数字技术并将其传授给学生的

---

① 徐飞玉：《2019 中国教育科学论坛主题论坛四聚焦"智能时代的教育"》，2019 年 4 月 18 日，https://www.sohu.com/a/308723328_ 793135。

② 周红霞：《让人工智能更加智能》，《中国教育报》2019 年 5 月 10 日。

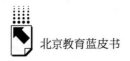
某些技能是远远不够的，必须能够引导和培养学生在使用数字技术时相互协作、积极解决问题并富有创造性；其二，人工智能开发者必须学习教师如何在教育学指导下开展教育教学工作并创建现实环境中可持续发展的解决方案。

参考文献

朱永新、袁振国、马国川：《人工智能与未来教育》，山西教育出版社，2018。

史蒂芬·卢奇（Stephen Lucci）、丹尼·科佩克（Danny Kopec）：《人工智能（第2版）》，人民邮电出版社，2018。

约瑟夫·E. 奥恩：《教育的未来：人工智能时代的教育变革》，机械工业出版社，2018。

王作冰：《人工智能时代的教育革命》，北京联合出版有限责任公司，2017。

UNESCO, Artificial Intelligence in Education：Challenges and Opportunities for Sustainable Development, 2019 – 3 – 7, https：//en. unesco. org/news/challenges – and – opportunities – artificial – intelligence – education.

OECD, OECD Principles on AI, 2019 – 5 – 22, http：//www. oecd. org/going – digital/ai/principles/.

European Commission, Artificial Intelligence, 2019 – 6 – 10, https：//ec. europa. eu/digital – single – market/en/artificial – intelligence.

NSTC, Preparing for the Future of Artificial Intelligence, 2019 – 3 – 6, https：//obamawhitehouse. archives. gov/administration/eop/ostp/nstc/docsreports.

NSTC, The National Artificial Intelligence Research and Development Strategic Plan, 2019 – 3 – 6.

The White House, Accelerating America's Leadership in Artificial Intelligence, 2019 – 2 – 11, https：//www. whitehouse. gov/articles/accelerating – americas – leadership – in – artificial – intelligence/.

BMBF, Strategie Künstliche Intelligenz der Bundesregierung, 2019 – 3 – 6, https：//www. bmbf. de/files/Nationale_ KI – Strategie. pdf.

Jan Petter Myklebust, Democratising AI Knowledge to Inform Ethical Choices, 2019 – 4 – 13, https：//www. universityworldnews. com/post. php？story = 20190412142823653.

HOUSE OF LORDS, AI in the UK：Ready, Willing and Able？, 2019 – 2 – 16, https：//publications. parliament. uk/pa/ld201719/ldselect/ldai/100/100. pdf.

韩国教育部：《智能教育推进战略实施计划》，2011 年 10 月 19 日，https：//www. moe. go. kr/boardCnts/view. do？boardID = 333&lev = 0&statusYN = C&s = moe&m = 05&opType = N&boardSeq = 47052。

韩国教育部：《应对智能信息社会中长期教育政策方向与战略》，2016 年 12 月 23 日，https：//www. moe. go. kr/boardCnts/view. do？boardID = 294&boardSeq = 65229&lev = 0&m = 02。

首相官邸：《AI 战略（草案）》，2018 年 9 月 28 日，https：//www. kantei. go. jp/jp/singi/tougou - innovation/dai2/gijisidai. html。

王素：《智能时代教育改革国际趋势》，《中小学数字化教学》2019 年 7 月。

李建忠：《打造人工智能教育高地　英国出新招》，《现代教育报》2019 年 4 月 3 日。

国务院：《新一代人工智能发展规划》，2017 年 7 月 28 日，http：//www. gov. cn/zhengce/content/2017 - 07/20/content_ 5211996. htm。

中共中央、国务院：《中共中央、国务院印发〈中国教育现代化2035〉》，2019 年 2 月 23 日，http：//www. gov. cn/xinwen/2019 - 02/23/content_ 5367987. htm。

教育部：《2018 年度普通高等学校本科专业备案和审批结果》，2017 年 7 月 28 日，http：//www. moe. gov. cn/srcsite/A08/moe_ 1034/s4930/201903/t20190329_ 376012. html。

《钟登华：智能教育引领未来　中国的认识与行动——在国际人工智能与教育大会上的讲话》，2019 年 5 月 16 日，https：//www. edu. cn/xxh/zt/gjrgzn/201905/t20190516_ 1659032. shtml。

北京市通州区教师研修中心：《首届"中小学人工智能课程教学与创新素质培养"高端论坛顺利召开》，2018 年 11 月 20 日，http：//www. tzjsyxw. cn/2018/tz_ yxdt_ 1120/4705. html。

徐飞玉：《2019 中国教育科学论坛主题论坛四聚焦"智能时代的教育"》，2019 年 4 月 18 日，https：//www. sohu. com/a/308723328_ 793135

周红霞：《让人工智能更加智能》，《中国教育报》2019 年 5 月 10 日。

B.16
京津冀教育协同发展体制机制建设研究

李 璐*

摘 要： 京津冀教育协同发展的制度壁垒是三地教育深度协同的掣肘问题。基于对教育协同体制和机制的概念界定，借鉴区域终身教育体系建设的视角，提出京津冀教育体制机制建设需遵从发挥制度改革红利、强化政府制度支撑和实现协同体系全纳的基本理念。构建区域现代终身教育协同体系纵向层级维、空间推进维和生命历程维的三维框架，并以此分析京津冀教育协同发展体制机制在三个维度的现状和问题，最后提出建立上下通达的领导体制、决策和投入机制，健全跨部门资源整合机制保障教育优先发展，开展生涯教育和终身教育融合发展机制探索等政策建议。

关键词： 京津冀 教育协同发展 终身教育体系

实现京津冀协同发展是国家的重大战略举措。京津冀地区智力资本密集且教育资源丰富，具有比经济优势更大的教育优势。[①] 教育协同发展作为区域协同发展的重要组成部分，起到基础性、先导性和引领性作用。[②] 自 2015

---

* 李璐，博士，北京教育科学研究院教育发展研究中心助理研究员，研究方向为教育管理、教育政策、区域教育协同发展。

① 高兵：《京津冀教育协同发展战略探究》，知识产权出版社，2016，第 103 页；桑锦龙：《推进京津冀教育协同发展的战略性思考》，《教育科学研究》2016 年第 4 期。

② 李军凯、刘振东：《京津冀教育协同发展的现状、问题与对策》，《北京教育（高教版）》2018 年第 3 期。

年《京津冀协同发展规划纲要》颁布以来，三地教育系统共同努力，在联络机制建设、非首都功能疏解、各级各类教育的校际合作交流、教育协同发展研究等方面取得了卓有成效的进展。①《首都教育现代化 2035》和配套的实施方案已经编制完成，其中也有专门的章节对京津冀教育协同发展中首都教育的布局进行论述，京津冀教育协同发展的最终目标是实现区域教育协调发展和教育现代化，缩小区域间和区域内公共服务水平差距而非进一步拉大差距。这也是教育事业的公共性特质的集中体现。

在现实层面，京津冀三地教育事业的发展水平以及财政经费投入情况依然存在很大差距，而且差距存在扩大的趋势，尚未达到缩小公共服务水平差距的目标要求。2017 年，河北与北京学前教育、小学和初中专任教师中本科及以上学历者所占比例分别相差 34.2%、40.4%、12.8%；学前教育、小学、初中和普通高中的生师比分别相差 8.1%、3.8%、6.1% 和 6.0%；北京与天津和河北相比具有央属高校和本科高校多的优势；北京的生均一般公共预算教育事业费在普通小学、普通初中、普通高中和普通高校阶段分别是河北的 3.8 倍、5 倍、5.1倍和 3.7 倍。三地的教育协同发展困难重重，难以突破，其根本原因在于教育协同发展体制机制尚不健全，教育体制机制建设是三地协同发展的一个重要突破口。②

因此，对于京津冀教育发展需要做全局性、系统性和整体性的规划布局与思考。在此背景下，研究京津冀教育协同发展体制机制建设具有重要的理论和实践意义。

一　概念意涵

（一）教育协同体制

教育体制是教育治理的结构设计，由教育机构和教育规范两个要素

---

① 桑锦龙：《推进京津冀教育协同发展的战略谋划和系统实施》，《前线》2018 年第 1 期。
② 曹浩文：《京津冀基本公共教育服务差距缩小了吗？——基于 2014 至 2016 年数据的对比》，《教育科学研究》2018 年第 9 期；张弛、张磊：《京津冀职业教育失衡与协同的生态学分析》，《教育与职业》2019 年第 4 期；李旭：《京津冀区域高校联盟建设的现状、困境与对策》，《高等教育研究》2018 年第 39（06）期。

组成。[①] 教育协同体制指的是教育协同机构与教育协同规范的综合性制度设计。教育协同机构是指教育体制中的协调各种治理主体（包括自上而下的教育管理机构和教育实施机构，如政府与学校）的综合性机构。教育协同规范是建立并维持教育机构之间协同发展关系正常运转的制度，包括教育行政管理的层级之间、各部门之间，各级各类教育的学段和类别之间协同发展的各种规范性文件（如法律法规、政策文本、规划等）。

（二）教育协同机制

教育协同机制是教育现象各部分之间的协同或协调的关系及其运行方式，包括教育协同的层次机制、功能机制和形式机制，[②] 协同的层次机制指的是宏观、中观、微观层面的教育机构之间的协同互动关系；协同的功能机制主要包括协同育人机制、协同办学机制、协同管理机制和协同保障机制；协同的形式机制是计划、指导、服务、监督的多元组合。

二 京津冀现代终身教育体系建设的基本理念

（一）复杂场域互构的影响中，发挥制度改革红利

面对国际金融危机深层影响未消，全球化遭遇挑战，保护主义、单边主义抬头，以及国内产能过剩、产业升级、区域协调发展等经济结构调整期表现出来的各种不平衡不充分问题，经济下行压力进一步增大，未来可能出现京津冀财政收入低于经济增长的风险。同时，随着生育政策的全面放开，未来15年京津冀地区各学段将分阶段出现入学高峰和随之而来的学位缺口压力。北京地区也面临着老龄化加剧的问题，老年大学供不应求问题严峻。教育优先发展面临巨大挑战。需要对京津冀教育发展的体制机制进行创新性思

---

① 孙绵涛、康翠萍：《教育体制改革与教育机制创新关系探析》，《教育研究》2010年第31（07）期。

② 孙绵涛、康翠萍：《教育机制理论的新诠释》，《教育研究》2006年第12期。

考，在发挥教育投入规模效应的基础上，发掘制度改革红利、人力资本优势、技术创新、社会资本和文化资本等多样化的资源优先投入模式，通过内涵式发展和结构性变革，保障增量、盘活区域资源存量，进一步提升京津冀教育资源利用效率和效益。

（二）有限理性的制度逻辑中，强化政府制度支撑

当前，京津冀教育协同发展正处于世界多极化、经济全球化、社会信息化、文化多样化的格局之中，变革与调整常在，挑战与机遇并存。面向2035年，创新性国家建设、经济结构调整、人的全面发展、社会全面进步和文化传承创新对京津冀构建区域现代教育体系提出了新的更高要求。三地不仅需要深入总结、继续坚持并发扬好优良经验，也需要增强忧患意识和战略思维，以"三地一盘棋"的思路，统筹规划、科学布局、深度合作、广泛共享。要以顶层设计为引领，在深度调研了解教育区情的基础上，自上而下地对京津冀教育协同发展的机构、规范、运作关系和运行模式进行系统化、科学化的谋划和制度建设，为三地原有的"自下而上"的协同发展的优良实践基础助力，破解制约现今及未来发展的一些体制机制障碍，提供强有力的制度支撑和保障，推动更高层面、更为深度的资源整合。

（三）以人为本的价值旨趣中，实现协同体系全纳

区域现代终身教育协同体系的构建需要以终身教育的目标人本性、内容多样性、时限终身性、空间延展性、结构系统性和场域互构性为价值基点，充分体现时空、群体、内容与形式的全纳与包容。如图1所示，区域现代终身教育协同体系涵盖了时空维度上教育规范、机构、教育机制等相关要素，从纵向层级、生命历程、空间推进三个维度构建区域教育协同发展体制机制的立体三维框架。

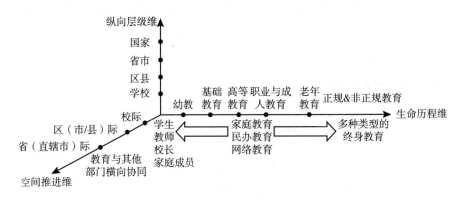

图1　区域现代终身教育协同体系三维框架

三　京津冀教育协同发展体制机制建设现状

（一）纵向层级维：由发展规划部门统筹，未设专门机构与专项规划

纵向层级维主要指京津冀终身教育协同体系的层级机构设置、权责边界的制度规范和自上而下与自下而上的各层级机构联动机制，包含了教育协同发展体制的结构和规范要素，及教育协同发展机制的层次机制、协同管理的功能机制和计划、指导、监督、服务的形式机制。

教育协同机构的设置存在国家、省市、区县、学校四个层级。目前，京津冀教育协同发展体制在机构设置方面，国家层面和教育部尚未成立单独的京津冀教育协同发展领导小组及办公机构专门指导三地地方政府之间的教育协同发展。北京市教委发展规划处暨功能疏解工作处负责统筹协调京津冀教育协同发展工作，研究制定城市副中心教育改革发展重大政策。天津市教委发展规划处承担组织天津京津冀及其他区域教育协同发展的项目计划拟订和组织实施工作。河北省教育厅没有在官方的机构介绍中注明具体由哪个机构负责京津冀教育协同发展工作，在实践工作中，由省教育厅发展规划处进行相关工作对接和管理。三地区县的管理机制设置基本类同于省市协同管理机制。

由此可见，国家、省市、区县、学校之间的教育协同上下联动的管理机制、形式机制都没有以专门的正式制度或非正式制度进行明确，而是将其作为教育发展规划中的一项工作，利用现有管理体制和机制进行协调。因此，针对京津冀教育协同发展的纵向计划、指导、监督和服务的形式机制体现得并不突出。三地之间的教育协同协作主要是同层次之间、不同主体之间基于宏观政策导向或发展需求的协商沟通、互利合作，也就是空间推进维度的协同。

（二）空间推进维：同一层级之间的多元协同联盟策略和跨部门机动协调机制

1. 省（直辖市）际协同形成松散联结的地方教育管理联盟

在省（直辖市）际协同层面，京津冀三地 2018 年共同签订发布了《京津冀教育协同发展行动计划（2018～2020）》，形成了具有松散联结性质的京津冀教育协同教育地方管理联盟。该战略合作协议从思想认识、体制机制、统筹谋划三方面，明确了三地教育协同发展"坚持需求引领，突出问题导向，加大统筹规划，完善政策保障"的行动思路，从优化提升教育功能布局、推动基础教育优质发展、加快职业教育融合发展、推动高等教育创新发展、创新教育协同发展体制机制等五方面明确了 2020 年之前三地教育协同发展的重要任务。另外，北京市与河北雄安新区共同签署了《关于雄安新区教育发展合作协议》，并制定《关于支持河北雄安新区"交钥匙"项目实施暂行办法》，从基础教育"建三援四"项目的推进实施，组建教育规划专家顾问团，协助研制教育质量提升三年行动计划等多方面开展协同合作，[①] 体现问题导向和需求导向优先，重点突破和北京优质教育和教科研资源向雄安新区辐射的协同特点。

2. 区（市/县）际协同在基础教育和职业教育开展中微观学校共同体建设

在区（县）际协同层面，2017 年开始三地教育主管部门在通武廊教育协同

---

① 《京津冀联合发布教育协同发展三年行动计划》，新华网，2019 年 1 月 8 日，http：//education. news. cn/2019 - 01/08/c_ 1210032934. htm。

发展方面积累了一定的合作基础。当前"一核两翼"对京津冀教育协同发展的重点领域提出了战略要求,针对城镇化带来北京人口在市区和市郊频繁流动的现状,北京通州与廊坊北三县教育一体化发展是人民和城市发展的双重诉求。2019年2月26日,北京与廊坊市及北三县地区共同签署《关于北三县地区教育发展合作协议》①,提出将在中小学和职业院校等学校层面建立协同发展共同体,促进优质课程、社会实践资源、教师培训、学生交流和学校管理等办学资源与治理要素的互通共享。北京大兴、天津北辰和河北廊坊自2016年形成京津冀三区市教育联盟以来,以"目标同向、措施一体、优势互补、互利共赢"为宗旨,以"打造一个合作品牌,搭建十个校际协同发展共同体,培养培训百名教育领军人才,推出千节优质示范课和组织万名学生交流"的"一十百千万"工程为平台,推动三地在干部培养、教师培训、教研联动、科技和艺术和体育竞赛等方面开展教育合作。② 区县层面的横向教育协同主要集中在基础教育阶段和职业教育阶段中微观学校层面的共同体建设和资源信息交流,较少涉及高等教育和教育体制等属于省市教育与行政部门统筹管理的宏观教育领域,其合作或交流内容也比较集中于学校治理的各种要素之间的流动与共享。

3. 京津冀校际协同基于学段、学校或学科同质性或产学研协同创新需要自发形成各类联盟

在校际协同方面,京津冀三地各级各类学校基于学段、学校类型、学科专业等方面的同质性特征以及产学研协同创新需要,自发形成了各种类型的校际联盟或产教联盟(见表1)。从学校联盟的统计情况来看,22个联盟中有12个是高校联盟,占比54.5%,7个产教融合或产学研协同类联盟,占比30.4%,3个京津冀地区间的基础教育学校联盟,体现出基础教育、职业教育到高等教育联盟数量分布的"锥形"结构。其中绝大多数联盟成立之

---

① 《京津冀教育协同发展北京优质教育资源将辐射北三县》,《北京日报》2019年2月27日,http://www.beijing.gov.cn/ywdt/zwzt/jjjyth/xy/t1578734.htm。

② 《京津冀三区市教育联盟2019工作启动会胜利召开》,2019年4月16日,http://www.beijing.gov.cn/zfxxgk/dxq367/gzdt/2019-04/16/content_27d4d2a5fff74c44b54871ad16b88ef1.shtml。

时，获得了院校所在地区的政府管理部门的认可和授权。这种联盟在学段或类型之间的锥形分布，是受到各级各类教育属性、组织类型和学科规律的影响。基础教育的管理和事业发展都更具有地方性，因此跨区域成立校际联盟的情况不多见，更多是以市区或学区内教育联盟、教育集团等形式进行教育协同发展。职业教育和高等教育是基于产业特征和学科类属，更具有行业内或专业领域方面的流动性或流通性，不局限于特定的地域。高校联盟基于学校类型和专业同质组成的情况较多。职业院校联盟由于职业教育与产业和市场的联结紧密，并且院校和学科多为应用型，故多以校企联盟的模式组建。

表1 京津冀学校联盟统计（截至 2019 年 6 月）

序号	名称	联盟成员	联盟类型	成立时间
1	京津冀美育联盟	北京师范大学昌平附属学校、北京师范大学天津静海附属学校、石家庄市第二十二中学、邯郸市荀子中学等 13 所学校[1]	学科同质的基础教育学校联盟	2019 年 4 月 18 日
2	长城教育联盟	延庆区八达岭中学、延庆区八达岭小学、永宁学校、密云区古北口中学、天津市冀州区黄崖关小学、河北省张家口大境门小学等京津冀长城沿线 14 所学校[2]	地缘亲近的中小学校联盟	2018 年 10 月 25 日
3	京津冀学前教育联盟	石家庄幼儿师范高等专科学校、首都师范大学、天津师范大学、河北师范大学等 60 余所大学、高职、中职、幼儿园及科研机构[3]	特定学段/学科的教育、教研、科研机构联盟	2018 年 10 月 20 日
4	京津冀科研院所联盟	清华大学、北京科学技术研究院、北方工业大学、天津航天北斗科技发展有限公司51 家科研院所、29 家高校、11 家企业[4]	产学研用协同创新的多元主体综合联盟	2017 年 11 月 27 日
5	京津冀航空服务业产教联盟	廊坊职业技术学院、天津职业大学、北京航服教育科技有限公司、河北现代服务业职业教育集团等 60 余所院校和 10 家航空服务企业[5]	应用学科产教融合的职业教育校企联盟	2018 年 12 月 14 日
6	京津冀汽车职业教育联盟	石家庄交通运输学校等 5 个行业协会、68 所学校、40 余家企业[6]	应用学科产教融合的职业教育校企联盟	2018 年 10 月 31 日
7	京津冀食品行业产教联盟	北京农业职业学院等 52 家食品行业协会、高职院校和企业[7]	应用学科产教融合的职业教育校企联盟	2018 年 12 月 21 日

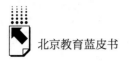

续表

序号	名称	联盟成员	联盟类型	成立时间
8	京津冀信息安全产教融合联盟	北京信息职业技术学院、北京信息科技大学、北京工业职业技术学院、天津电子信息职业技术学院、360企业安全集团、华为技术有限公司等40余家信息安全企业和60余所职业院校⑧	应用学科产教融合的职业教育校企联盟	2018年4月28日
9	京津冀现代商务产教联盟	廊坊职业技术学院、北京市商业学校、天津职业大学、承德石油高等专科学校等中高等职院校、域内外企业70余家单位⑨	应用学科产教融合的职业教育校企联盟	2019年3月15日
10	京津冀智慧物流校企联盟	北京商贸职业教育集团、天津交通职业教育集团、河北省现代物流职业教育集团、苏宁易购集团华北地区管理中心⑩	应用学科产教融合的职业教育校企联盟	2019年6月4日
11	京津冀高校商学联盟	天津商业大学、首都经贸大学、天津财经大学、河北经贸大学4所高校⑪	学校类型&学科同质的高校联盟	2018年11月24日
12	京津冀地方高校继续教育联盟	北京工业大学、首都师范大学、北京工商大学、天津工业大学、天津理工大学、中国民航大学、河北大学、河北科技大学与河北工业大学9所高校⑫	学段/专业同质的高校联盟	2018年5月18日
13	京津冀高校史学联盟	首都师范大学、天津师范大学、河北师范大学3所高校⑬	学校类型&学科同质的高校联盟	2017年6月18日
14	京津冀电影教育联盟	北京电影学院、天津师范大学、天津工业大学、河北大学4所高校⑭	学科同质的高校联盟	2016年10月30日
15	京津冀轻工类高校协同创新联盟	河北科技大学、北京工商大学、天津科技大学3所高校⑮	学校类型同质的高校联盟	2016年4月22日
16	京津冀经济学学科协同创新联盟	北京工商大学、天津商业大学、河北经贸大学3所高校⑯	学校类型&学科同质的高校联盟	2016年4月8日
17	京津冀地区农林高校协同创新联盟	河北农业大学、中国农业大学、北京林业大学、北京农学院、北京农业职业学院、天津农学院、河北工程大学、河北科技师范学院、河北北方学院9所高校	学校类型同质的高校联盟	2015年12月22日
18	京津冀高校新媒体联盟	河北工业大学、北京电影学院、天津科技大学、河北经贸大学等34所高校	学校类型同质的高校联盟	2015年12月21日
19	京津冀纺织服装产业协同创新高校联盟	北京服装学院、清华大学美术学院、中央美术学院、北京工业大学、天津工业大学、天津美术学院、天津师范大学、河北大学、河北师范大学、河北科技大学、河北工艺美术职业学院11所	学科同质的高校联盟	2018年9月20日

序号	名称	联盟成员	联盟类型	成立时间
20	京津冀建筑类高校协同创新联盟	北京建筑大学、天津城建大学、河北建筑工程学院 3 所	学校类型同质的高校联盟	2015 年 7 月 21 日
21	京津冀医科大学发展联盟	首都医科大学、北京协和医学院、天津医科大学、河北医科大学 4 所高校	学校类型 & 学科同质的高校联盟	—
22	京津冀协同创新联盟	北京工业大学、天津工业大学、河北工业大学 3 所	学校类型同质的高校联盟	2015 年 6 月 14 日

资料来源：表中 18～22 项来源于对李旭《京津冀区域高校联盟建设的现状、困境与对策》一文中"表 1 初步建成的京津冀高校联盟"整理；①邯郸教育：《京津冀美育联盟成立！邯郸市荀子中学是发起校之一》，2019 年 4 月 28 日，https：//baijiahao. baidu. com/s？id = 1632069884612552965&wfr = spider&for = pc；②《长城教育联盟正式成立，京津冀 14 所学校同时受益》，北青网，2018 年 10 月 25 日，http：//k. sina. com. cn/article_ 2090512390_ 7c9ab00602000pe95. html；③石家庄幼儿师范高等专科学校新闻中心：《"京津冀学前教育联盟"在石家庄幼专举办成立大会》，2018 年 10 月 21 日，http：//www. sjzysgz. com/a/2018/10/21/201810217600. html；④常松：《京津冀科研院所联盟成立》，2017 年 11 月 27 日，http：//news. tsinghua. edu. cn/publish/thunews/9650/2017/20171127172418391558821/2017112 7172418391558821_ . html；⑤《京津冀航空服务业协同发展论坛在京召开》，环球网，2018 年 12 月 17 日，https：//baijiahao. baidu. com/s？id = 1620089891576447251&wfr = spider&for = pc；⑥《石家庄交通运输学校加入京津冀汽车职业教育联盟》，江西中专招生网，2018 年 11 月 10 日，http：//www. jxhhh. com/shiti/2018/1110/24769. html；⑦邓志峰：《学院加入京津冀食品行业产教联盟》，2018 年 12 月 29 日，http：//www. bvca. edu. cn/info/1036/3794. htm；⑧《京津冀信息安全产教融合联盟正式成立》，2018 年 4 月 28 日，https：//bbs. 360. cn/thread – 15416451 – 1 – 1. html；⑨现代服务业职教集团：《学院组织召开京津冀现代商务产教联盟成立大会》，2019 年 3 月 20 日，http：//www. lfzhjxy. cn/info/1076/5627. htm；⑩贾楠：《京津冀智慧物流校企联盟在京成立》，2019 年 6 月 4 日，http：//www. he. xinhuanet. com/finance/2019 – 06/04/c_ 1124580832. htm；⑪刘佳林：《京津冀高校商学联盟启动仪式在我校举行》，2018 年 11 月 27 日，https：//www. tjcu. edu. cn/info/1098/14483. htm；⑫李晓婷：《京津冀地方高校继续教育联盟成立大会在我校举行》，2018 年 5 月 24 日，http：//www. sohu. com/a/232805244_ 500263；⑬翼路峰：《"京津冀高校史学联盟"合作协议签字仪式在河北师范大学举行》，2017 年 6 月 20 日，http：//www. edu777. com/gaoxiao/xyhd/2017/0620/32667. html；⑭《"京津冀电影教育联盟"成立及研讨会召开》，北京电影学院新闻网，2016 年 11 月 11 日，http：//www. bfa. edu. cn/news/2016 – 11/11/content_ 97353. htm；⑮郝亚光：《我校与京津两高校携手建立"京津冀轻工类高校协同创新联盟"》，2016 年 4 月 25 日，http：//news. hebust. edu. cn/yw/72425. htm；⑯《京津冀"经济学学科协同创新联盟"成立大会暨第一届学术研讨会在我校召开》，2016 年 4 月 11 日，http：//btbu. edu. cn/news/zhxw/101331. htm。

总体来看，校际联盟与省（直辖市）际自上而下政府主导式的松散联盟和区（市/县）际中微观学校共同体建设机制不同，表现为基于自身发展

需要和响应政策诱导双重取向，自下而上的"学校发起—政府授权"的联盟机制。省（直辖市）际、区（市/县）际和校际联盟分别具有满足"宏观政治战略需求"、"中观教育行政绩效"和"微观学校学科发展"的三重价值取向。教育协同的逻辑基点分别是政治逻辑、行政强调绩效的新管理主义逻辑和学术逻辑，三者价值取向和逻辑基点的不同，导致联盟建设或活动内容以及机制和形态的多样化和差异化。

4. 教育与其他部门的协调以综合改革任务或项目驱动式为主

京津冀横向教育协同中的教育与其他部门（发展改革部门、财政部门、人力社保部门、规划部门等）的协调主要发生在省市级或市区级层面，以省级或市级政府主导的重大项目或综合改革任务为驱动，单靠教育部门难以独立承担或推进，必须依托其他相关部门协助或配合才能达成项目任务或政策预期目标。比如，河北雄安新区教育规划建设和北京市城市副中心的教育规划建设，都需要教育部门与负责城市规划和人财物等资源配置部门共同协作，明确统一的政策目标、资源要素需求、建设或改革项目的主要工作内容、时间推进安排等。鉴于目前京津冀三地教育行政管理部门的协同机制尚停留在松散联盟的层面，跨区域的教育部门与其他部门联动机制并没有形成稳定的协同体制和机制，更多的是在现有行政区划内部由政府统筹的部门协调，当前条块分割的工作模式使跨部门协作难以成为常态。现有的京津冀跨部门协调机制往往具有临时性、应急性、灵活性的特征，同时缺乏稳定性、持续性和规范性。

（三）生命历程维：以区域内学段纵向贯通和横向衔接为主，区域间贯通协同尚未显现

如上文所述，目前三地教育协同以空间推进维度各层级内部之间的联盟或共同体机制为主，在纵向层级维的体制建设（机构设置和规范制定）和纵向管理机制方面仍然有待健全和完善。与此类似，在生命历程维度上各学段的纵向贯通和各类教育之间的横向衔接仍然是以京津冀三地内部的体系整合和有机联结为主要形式。三地尚未在实践层面大量出现体系化的整体协同

的案例，更遑论体制和机制方面的建设。然而，在教育理论研究层面基于对个体生命的尊重和学生连续性成长规律的探讨，以及近年来新高考背景下多元选择对学生、家长、教师和学校带来的挑战，学界开始日益关注学生的生涯教育问题。美国的生涯教育已经形成了成熟的课程体系，而我国生涯教育的缺失则是当前教育体系的一个显见短板。

综上所述，从区域终身教育协同体系构建的视角，目前京津冀教育协同体制机制建设在纵向层级维、空间推进维和生命历程维都各有欠缺之处。首先，纵向层级维存在专门机构和专项规划等顶层制度设计缺失，纵向的计划、指导、监督、服务及投入机制都不健全的问题。其次，空间推进维存在教育部门与其他相关部门（如发改、土地、人社、财政等部门）的联动协调机制有待完善的问题。最后，生命历程维缺乏基于生涯教育理念和实践指导的区域间整体性协同体制机制。三个问题分别是决策层、协调层和执行层三个层面的问题，影响京津冀教育协同的宏观方向、实践操作和长远发展。其中，顶层制度设计或体制问题是根本问题，是京津冀教育协同发展体系之内在合法性基础，之"骨架"，若不正其骨，则其他无所依附，容易陷入"无序"；跨部门协调机制不顺畅是掣肘问题，跨部门协调机制相当于协同体系之外在形态，之"血肉器官"，为教育事业发展提供人财物等要素资源和配套政策支持，供给教育发展和改革之"营养"；欠缺生涯教育和终身学习理念构建的教育整体协同体制机制则是影响教育可持续发展的潜在问题，整体协同体系相当于融合内外风骨形态之"神韵"，之"八大系统"，决定了京津冀教育发展能否在未来实现建设终身学习现代教育体系的目标，以及未来教育协同的创新模式和样态。

四 政策建议

京津冀教育体制机制建设不仅需要对自身现状和问题的准确分析和研判，也需要借鉴国际经验，在比较中对未来发展方向进行客观把握。本部分基于对京津冀教育协同发展体制机制现状和问题的分析，借鉴国内外区域协调发展经验，提出以下三方面的体制机制建设的政策建议。

（一）高位协调，建立上下通达的领导体制、决策和投入机制

在纵向层级维度和宏观协调机制方面，六个世界级城市群（美国东北部大西洋沿岸城市群——纽约都市圈、北美五大湖城市群——芝加哥都市圈、日本太平洋沿岸城市群——东京都市圈、英伦城市群——伦敦都市圈、欧洲西北部城市群——巴黎都市圈、长三角城市群）采用了不同的宏观协调发展机制。纽约都市圈和芝加哥都市圈主要采用政府—民间团体共同协调模式。东京都市圈采用东京主导，企业、非政府组织和公民多元主体混合协调模式。伦敦都市圈采用行政统筹协调模式。巴黎都市圈采用市（镇）联合体一体化协调模式。长三角城市群采用区域一体化协调模式。① 整体上，六大都市圈的协调机制体现出三个显著特点，一是协调机构完整性和规范性，伦敦都市圈以中央政府特设机构主导协调，巴黎都市圈以地方联合组织主导协调，纽约和芝加哥都市圈以民间为主、政府为辅联合协调。协调机构的组织形态会根据区域发展的情况和需求适时调整。二是规范制度的完备性和适时性。在区域综合性规划制度出台之后，会根据实施中的管理协调问题和特定领域需求制定专门性规划，并不断修缮，达到体系化。三是协调机制的网络性与多样性，有市长座谈、城市发展协调会、部门协调会、民间合作联盟等多种机制，形成上下通达、合纵连横的区域协同治理网络。

京津冀教育协同的体制问题是亟待解决的首要问题。京津冀协同模式类似于伦敦都市圈的中央行政统筹模式，需要从国家层面建立高于京津冀三地地方行政区划的领导机构进行高位协调，可考虑成立京津冀教育协同发展领导小组，由教育部部长牵头，三地教育委员会或教育厅负责人作为委员，形

---

① 谢辉、魏勃、张晓凤：《京津冀区域协同发展的法律保障》，知识产权出版社，2015，第56～58页。

成专门的决策机构，对京津冀教育协同的目标方向和重大项目进行顶层设计，下设办公室负责政策协调、监督落实和矛盾仲裁。同时，需要研制并出台专门的《京津冀教育协同发展中长期规划（2020～2035）》和配套的实施方案，明确管理体制、投入机制、协同机制、协同建设重点内容和时间表以及跨部门协同的保障机制。还要建立健全教育协同领导小组与地方教育协同发展定期联席会议沟通机制和市区两级教育行政部门之间的定期工作协调会议机制，理顺沟通渠道，促进信息在纵向层级之间无障碍流动、互享，提高决策的科学性、协调的有效性和传达的准确性。

（二）广泛协作，健全跨部门资源整合机制保障教育优先发展

以京津冀教育协同发展领导小组作为上位管理机构，以《京津冀教育协同发展中长期规划（2020～2035）》作为制度依据，以定期教育联席会议和工作协调会议机制作为执行保障，深化教育优先发展的共识，切实推动教育与其他资源部门以及民间机构和社会力量、个体之间的协作协同，确保教育基础建设用地及设施优先规划、教育人员编制及岗位优先安排、教育经费优先保障。发挥各级政府在促进跨部门协作方面的管理、指导和监管职责，将各部门是否优先保障教育发展作为考评绩效和奖励激励的重要标准之一。强化政府在鼓励社会各界和民间组织、个人参与教育协同实践和教育机制创新方面的服务功能，对有积极贡献的组织和个人进行表彰和奖励，对先进的经验和模式进行宣传和推广。此外，明确政府在京津冀教育协同发展智库建设和咨政成果转化落地中的支持、指导和监督角色，促进科学决策和理性实践。

（三）深度协同，开展生涯教育和终身教育融合发展机制探索

北京作为京津冀三地教育发展与改革的前沿和先锋，可作为前期试点地区尝试开展生涯教育和终身教育融合发展的创新机制，并与天津和河北密切对接，及时总结推广相关理念和经验。与终身教育融合的生涯教育既不是高校以知识技能传授和就业指导为主体内容的强调"社会本位"价值的职业

生涯教育,[①] 也不是仅存在于普通高中学段的片段性的生涯规划教育,[②] 而是将学生的成长历程视为一个"自我形成"的人生发展教育,帮助和支持学生追寻生命的意义,培养发展人、社会人、学术人和职业人的多重素养和自主发展意识,有目的、有计划地规划人生的不同阶段,从而快乐学习、健康成长、幸福生活。[③] 与此同时,在教育系统中的每个个体——学生,教师、校长、家长等都在参与学生生涯教育的过程中,进行生涯再教育和自我再审视。如此推演,生涯教育可以作为终身学习或终身教育的一种重要载体,引领教育从过度强调"社会本位"逻辑的轨道转向"社会本位"和"人文本位"并重的轨道上来。这种生涯教育主要发生在正规教育机构之中,通过知识的习得和应用得以实现。同时家庭教育、民办教育和网络教育等其他教育类型也是生涯教育的载体,从而为个体创造浸润式的教育情境。在生涯教育和终身学习的现代教育理念下,需要对当前京津冀区域内及区域间的教育协同体制机制设计做进一步思考。

参考文献

高兵:《京津冀教育协同发展战略探究》,知识产权出版社,2016。

桑锦龙:《推进京津冀教育协同发展的战略性思考》,《教育科学研究》2016年第4期。

李军凯、刘振东:《京津冀教育协同发展的现状、问题与对策》,《北京教育(高教)》2018年第3期。

桑锦龙:《推进京津冀教育协同发展的战略谋划和系统实施》,《前线》2018年第1期。

---

① 潘黎、孙莉:《国际生涯教育研究的主题、趋势与特征》,《教育研究》2018年第39(11)期。

② 庞春敏:《70年回眸:新中国普通高中生涯教育的发展之路与未来走向》,《当代教育科学》2019年第6期;顾雪英、魏善春:《新高考背景下普通高中生涯教育:现实意义、价值诉求与体系建构》,《江苏高教》2019年第6期。

③ 北京大学教育研究中心:《"2018北京大学生涯教育论坛——高中阶段生涯规划理论与实践研讨会"顺利举行》,2018年11月26日,http://www.sohu.com/a/277910395_503501。

曹浩文：《京津冀基本公共教育服务差距缩小了吗？——基于 2014 至 2016 年数据的对比》，《教育科学研究》2018 年第 9 期。

张弛、张磊：《京津冀职业教育失衡与协同的生态学分析》，《教育与职业》2019 年第 4 期。

李旭：《京津冀区域高校联盟建设的现状、困境与对策》，《高等教育研究》2018 年第 39（06）期。

孙绵涛、康翠萍：《教育体制改革与教育机制创新关系探析》，《教育研究》2010 年第 31（07）期。

孙绵涛、康翠萍：《教育机制理论的新诠释》，《教育研究》2006 年第 12 期。

谢辉、魏勃、张晓凤：《京津冀区域协同发展的法律保障》，知识产权出版社，2015。

潘黎、孙莉：《国际生涯教育研究的主题、趋势与特征》，《教育研究》2018 年第 39（11）期。

庞春敏：《70 年回眸：新中国普通高中生涯教育的发展之路与未来走向》，《当代教育科学》2019 年第 6 期。

顾雪英、魏善春：《新高考背景下普通高中生涯教育：现实意义、价值诉求与体系建构》，《江苏高教》2019 年第 6 期。

教育人才篇

Educational Talents Reports

B.17
北京市教师队伍建设主要矛盾与对策建议

鱼霞　郝保伟*

摘　要： 北京市各级各类教师队伍建设取得显著成绩，但在规模结构、专业水平、管理体制机制等方面存在一些矛盾和问题。本文对北京市学前教育教师队伍、中小学教师队伍、市属高校教师队伍建设中存在的主要矛盾和问题进行了剖析，并提出了相应的对策建议。要进一步加强教师教育，拓宽师资来源渠道，多途径增加教师数量；全面提高教师专业化水平，尤其是面向未来的国际化、信息化水平；深化教育人事制度综合改革，创新教师管理体制机制；营造全社会尊师重教的氛围，切实提高教师职业吸引力。

---

* 鱼霞，教育学博士，北京教育科学研究院教师研究中心主任、研究员，主要研究领域为教师教育、教师政策；郝保伟，管理学博士，北京教育科学研究院教师研究中心副研究员，主要研究领域为教师教育。

关键词： 教师队伍　矛盾与问题　北京

北京市各级政府与学校高度重视教师队伍建设，投入了大量资源，采取了一系列富有成效的改革举措，各级各类教师队伍建设取得显著成绩。面向2035年，各级各类教师队伍在规模结构、专业水平、管理体制机制等方面仍存在一些矛盾和问题，这与首都教育事业改革发展、教育现代化目标的实现不相适应。本研究在文献梳理、文本分析、统计分析、调查研究等方法，总结、剖析了北京市学前教育教师队伍、中小学教师队伍、市属高校教师队伍、职业教育教师队伍建设中存在的主要矛盾和问题，并提出了相应的对策建议。

一　北京市教师队伍建设存在的主要矛盾与问题

北京市各级各类教师队伍建设取得了显著成效，队伍结构进一步优化，专业水平显著提升，管理制度更加完善。但仍存在一些主要矛盾和问题。

（一）学前教师队伍建设存在的主要矛盾与问题

学前教师师德建设法规不健全，学前教师社会地位不高，工作压力大，部分教师的职业认同感不强。教师数量不足，需求压力大，特别是具备专业背景的专任教师短缺。教师专业化素质偏低，培训的数量和质量都有待提高。编制不足，职称结构与中小学教师差异大，在编与非在编教师工资差异大，存在同工不同酬现象。

1. 学前教师社会地位不高，工作压力大，部分教师的职业认同感低

由于学前教育对象身心发展的特殊性以及广大家长的密切关注，幼儿在班时间长，学前教师工作强度高、承担责任重、精神压力大。同时，教师数量不足，班额大，师幼比不合理，导致幼儿园教师工作压力巨大。社会对学前教师的认可度差，尊重程度不够，使幼教成为待遇低、认同感低、操心多

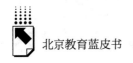
的职业。长期以来，幼教身份不被尊重，家长、管理者和社会没有把幼教当作专业人员给予必要的尊重。

2. 学前教师数量不足，特别是具备专业背景的专任教师短缺

学前师资规模逐年增长趋势与师资短缺现象并存。2001 年以来，北京市幼儿园在园人数和教师并行激增。依据《北京市幼儿园、托儿所办园、所条件标准（试行）》（1996）规定的"全日制幼儿园教职工幼儿比例 1：5.5 ~ 1：6，每班配备 2 名专任教师、1 名保育员"编制标准核算，师资需求缺口较大。

具备学前教育专业背景的专任教师短缺，地区间师资水平差异显著。幼儿园的专任教师中并非全部具备学前教育相关专业背景，如果按照学前教育专业背景重新估算，① 以学前专业背景为前置条件，北京市的专任教师师幼比尚未达到国家标准。

3. 学前教师队伍编制不足，在编与非在编教师工资差异大

学前教师队伍编制不足。在公办性质幼儿园中，除了教育部门办园，其他类型幼儿园均普遍缺编，绝大部分教师都是社会招聘的。学前教师职称与中小学教师差异大。幼儿园教师在职称的数量和等级方面，与中小学相比差异较大。②

在编与非在编学前教师收入差距大，超过 2/3 的地方企业办园、民办园教师年收入不足 4 万元。半数以上的学前教师对自己的收入状况并不满意。

（二）普通中小学教师队伍建设存在的主要矛盾与问题

队伍素质仍需全面提升，信息化、国际化素养不高，高层次有影响力的人才仍然稀缺。绩效工资需要进一步完善，工资待遇依然偏低，教师职业缺乏吸引力。总体超编与结构性缺编并存，人手紧张较为普遍，教师工作压力

---

① 北京市政府教育督导室内部资料，2017。
② 北京教育科学研究院早期教育研究所：《北京市学前教师队伍建设调研报告》，2017。

较大。职称晋升依然困难，教师人事制度亟须综合改革。

1. 高层次领军人才不足，面向未来的专业素质有待提升

高层次、有影响力的人才稀缺。高层次、有影响力的人才具有重要价值和意义。北京市基础教育中，在全国有影响力、能够引领教育教学改革的高层次人才颇为稀缺，亟须集中资源、搭建平台，培养一批高层次人才。

信息化、国际化素养有待提升，且存在不均衡现象。教师掌握的信息化技能比较单一，一定程度上存在信息技术设备闲置、利用不充分的现象，尤其是乡村学校。年轻教师、新招聘教师、城区学校教师、优质学校教师的信息化素养较高一些，而年长教师、乡村学校教师、薄弱学校教师则相对较弱。信息技术与教育教学的深度融合远未实现。适应改革的能力应进一步提升。

2. 薪酬待遇低，工作压力大，教师职业缺乏吸引力和竞争力

工资待遇低，职业缺乏吸引力。通过工资比较发现，我国教师工资水平在全行业间处于中下位置，北京市的教师工资相对水平则更低，教师职业缺乏吸引力和竞争力。加之教师的社会地位不高，无法吸引优秀人才从事教育事业。且工资稳定增长机制缺乏。

工作压力大，倦怠感严重。随着教育教学改革的开展，学校承担的各项改革任务越来越多，面临的各种检查、评比等与日俱增，这些非教学工作最终都落在教师身上，大大增加了他们的工作量，从而导致"一人多岗"，工作倦怠感严重。

3. 教师编制管理僵化，总体超编与结构性缺编并存

总体超编与结构性缺编并存。全市中小学专任教师整体上超编，无论是按照北京市京编办发〔2000〕2号文的编制标准，还是按照国办发〔2001〕74号、中央编办发〔2014〕72号文的编制标准计算，总体都是超编的。多个郊区超编，个别区总量超编严重。

结构性缺编较为普遍，人手紧张，工作压力大。城区中学学校规模较大，学生数量多，教师人手紧张，多数教师"一人多岗"、超负荷工作，

工作压力大，职业倦怠感严重，相当部分的教师具有不同程度的心理问题。农村学校规模日渐萎缩，教职工总数超编，但一线教师结构性缺编突出，实际人手不足；部分学科教师紧缺，如科学、音乐、体育、美术等。依然存在主课教师兼任副科教学、半路出家转岗、教非所学等现象。编制标准低，管理僵化，是导致学校教师人手紧张、新教师补充困难的重要原因。

4. 职称晋升困难，影响教师发展与工作积极性

职称评定困难，尤其是晋升高级职称竞争异常激烈，这是广大教师永远的"痛"。高级职称指标少、评聘结合导致的职称"含金量"高是根本原因。终其职业生涯，绝大部分教师将无法获得高级职称，近一半的教师止步在中级职称。教师的职称上不去，影响工资待遇，影响工作成就感和工作积极性。64.2%的教师认为"学校高级职称指标少，教师评高级职称困难"。[①]

（三）市属高校教师队伍建设存在的主要矛盾与问题

教学专业化水平低，在职培训的科学性、针对性不强，对青年教师队伍建设不够重视，高层次人才依然稀缺，相关管理制度需要进一步完善。职称评审向分类方向发展，但评审标准高、评聘分离政策有待完善。激励机制有待进一步科学完善，针对管理队伍的激励机制严重缺失。

1. 教学专业化水平低

大部分教师能够协调教学与科研，但整体教学专业化发展水平较低。调查表明，北京市属高校教师把教学作为一种学术研究，并取得教学学术成果的比例还很低，只有不到一半的教师（42.58%）。教学专业化没有得到应有的重视，教学专业化水平低。

高校教师在职培训的科学性、针对性不够，教师发展中心功能远没有发

---

① 北京教育学院基础教育人才研究院教育人才研究中心：《北京市小学教师队伍建设调研报告》，2017。

挥。高校对教师的在职培训发展的科学性、系统性和针对性还不够，效果还不够理想。部分培训前沿性不足，内容陈旧，流于形式。[①] 对青年教师的专业化发展重视不够，团队建设与专业化发展薄弱。

2. 高层次人才队伍依然紧缺，引育矛盾突出

高层次人才依然紧缺。部分高校人才计划存在一定程度的无规律性，为引进而引进。在具体制定教师队伍建设规划时，未能对本校的整体发展目标、学科建设培养以及人才发展规划等进行充分考虑，存在一定程度的盲目跟风上政策的现象。

高层次人才和普通教师利益冲突尖锐，影响了教师队伍整体效能的发挥。当前人才引进政策一味向高层次人才倾斜，对最广大教师群体的发展有所忽视，对普通教师的工作士气是一种打击，不利于高校的健康发展。

高层次人才引进和管理办法还欠科学，引育矛盾比较突出。缺乏针对所要引进人才的专业性考察机制。忽略了对其学术修养、道德品质的考察，导致对部分被引进的人才考察不够全面。为引进而引进，重引进轻管理。一方面，各方面的原因导致有些刚引进的人才没多久又被"挖走了"，另一方面，引进的高层次人才不能得到合理的利用，人才浪费的现象并不鲜见。

3. 职称晋升、激励机制有待完善

职称评审向分类方向发展，但评审标准高、评聘分离政策有待完善。市属高校对教师的能力与水平要求随着高教改革与发展的深入而水涨船高。激励机制有待进一步完善，针对管理人员队伍的激励机制严重缺失。针对管理人员的专业化建设与相应的管理与发展激励机制还没有很好地建立起来。[②]

（四）职业学校教师队伍建设存在的主要矛盾与问题

职业学校教师队伍专业结构亟须调整，以适应产业结构升级、首都功能新定位等新形势。教师教学及教学实践能力双向贫弱。专兼职比例偏低，兼

---

① 王刚、李锦平：《"以人为本"的管理理念与高校教师队伍建设》，《甘肃社会科学》2011年第5期。

② 北京工业大学高等教育研究所：《北京市属高校教师队伍建设调研报告》，2017。

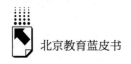
职教师队伍建设缺乏制度性支持与保障。整合国际资源打造一流师资措施乏力。

1. 教师队伍专业结构供需失衡，部分教师转型缺乏专业支持体系

职业院校按照市场规律办学，根据市场需求设置专业，但由于师资队伍在专业结构上不合理，部分教师需及时转型、升级以适应新的形势。这种结构化的转型，目前尚缺乏统一的宏观调控和引导，缺乏有组织的、大规模、有规划、有针对性的转型培训。与此同时，教师主动转型的意愿较弱、行动迟，终身学习意识和转型能力有待提升。

2. 兼职比例偏低，兼职教师队伍建设缺乏制度性支持与保障

兼职教师队伍是专业教育团队的重要组成部分，是职业院校教师队伍的特色与特征。当前北京市职业院校专兼职教师比例不甚合理，缺乏一支稳定的、专业结构完整、有理论有实践、专兼职结合的培训师队伍。来自行业企业的优秀的工程技术人员、高技能人才到学校兼职数量偏少，影响了专业课、实践教学的质量和学生专业实践能力的培养。究其原因这和教师编制上缺乏职教特色有关，在教师编制方面，无针对性的制度性安排，使学校在引入足量兼职教师、提升队伍的"双师"素质方面缺乏政策上的支持和保障。

3. 教师教学及教学实践能力双向贫弱问题长期悬而未决

首先是教师教学能力参差不齐。如按中职教师专业标准，部分中职教师教学能力未能达标。这与职业院校教师的来源有关：部分教师是从非师范普通高校毕业后直接进入的，不具备良好的教学能力和实践能力；还有部分教师是从普通高校调入的，或是从其他普通中学、专科学校、行业企业转型而来的。

很多职业教育教师虽具有较强的教学能力，但企业实践经历较少，缺乏必要的实践教学能力，导致实践教学质量不高，这无疑影响了学生实践操作技能的提升。

4. 现代培训体系尚未建立，培训质量有待提高

对应教师不同专业发展阶段的培训层次体系仍存在诸多不足。培训基地类型单一，全部由职业院校担纲。尤其在校企合力培养职教教师、提升教师

"双师"素质方面，拓展不够。培训的规范性、专业性不强，缺乏专业的培训机构、培训标准、培训课程和职业化的培训师队伍。培训组织、培训方法、培训管理的信息化程度不高，在培训与互联网技术整合方面，未能领先一步。

培训质量亦不容乐观。作为培训师的行业企业专家，对职业学校的制度及育人环境、育人目标缺乏全面和准确的了解；外国专家对中国职业教育和教师亦缺乏基本了解。培训标准缺乏依据，不同职业生涯阶段的教师分级的专业标准尚属空白，在一定程度上影响了培训课程的开发和精准实施。培训内容过于狭窄，过多关注教师专业发展的部分，而对教师个性发展的情意内容、教师信息化素养养成等几无涉及。[①]

二 全面加强教师队伍建设的对策建议

（一）加强学前教师队伍建设的对策建议

针对北京市学前教师队伍存在的主要矛盾与问题，建议政府扩展师资来源渠道，进一步深化幼儿园教师培养培训机制、补充机制和工资待遇保障机制改革，不断提高师资队伍的专业化水平和师德建设水平。

1. 提升学前教师队伍专业化水平

严格学前教师资格制度，严格学前教师考核制度。明确各级职能部门的职权，取消培训机构对幼儿教师资格准入的权利，成立专业的监督机构，严格执行教师资格制度考试，杜绝教师资格考试流于形式的现象。继续完善定期注册和认证制度。一方面将非正规途径获得教师资格证书的教师分流出来，另一方面促进教师专业化。

制定培训标准，完善学前教师培训体系。整体规划学前教师培养课程体系。搭建培训平台，建立学前教师培训资源库。规范培训市场，杜绝各类不

[①] 北京教育科学研究院职业教育研究所：《北京职业教育教师队伍建设的现状、问题与建议》，2017。

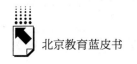
正规培训。加强幼儿园课程规划与建设。

2. 进一步拓宽师资来源渠道，探索多途径增加教师数量

进一步拓宽教师的来源渠道，建议制定符合人口发展趋势的幼儿师资培养规划，扩大生源数量，提高培养质量。根据幼儿园发展情况及学位增加情况，采取有效措施，以委托办学、合作办学的方式，与各类综合性高等院校和非师范类高等院校开展合作，进一步拓宽幼儿教师来源渠道。

北京市大专及以上层次院校的学前教育专业应根据需求扩大招生规模，提前 2~4 年制定符合幼教师资需求增减量的招生规模与培养方案，加大并提高学前教育专业人才培养的规模和质量，探索通过政策扶持、学费减免、设立专项奖学金等方式提高生源数量。与此同时，师范院校应积极通过专业设置、学制改革、课程内容改革等方式创新师范生培养方式，提高教师的培养质量。

盘活区域内师资存量，建立教师队伍人才储备库和数据库。以鼓励小学教师转岗、放宽专业限制等方式扩大教师队伍。

建立区域性学前教师队伍人才储备库和数据库，对区域内各类性质的学前师资情况进行定期的常规检查和统计，全面把握教师队伍的储备结构、流动状况，以此作为区域内学前教师补充、编制配给等的重要参考。

3. 加大财政激励力度，逐步形成长效的师资财政激励机制

加强制度创新，通过政府购买服务逐步实现在编与非在编教师同工同酬。通过生均财政拨款、专项补助等方式满足公办园非在编教师待遇的要求，逐步实现同工同酬，从而保障教师队伍的稳定性。

建立民办园教师的最低工资保障制度，整体提升其待遇和公平性。在积极调动社会力量举办多种类型的托幼机构，支持普惠性质民办幼儿园的同时，还应积极探索新的管理机制，制定民办幼儿园教师最低工资标准指导性文件，并出台相关的配套改革措施，保证民办幼儿园教师的工作待遇及教育教学方面的必要公用经费,[①] 加强对所有民办幼儿园教育质量的监

---

① 王默、洪秀敏、庞丽娟：《聚焦我国民办幼儿园教师队伍的发展：问题、影响因素及政策建议》，《教师教育研究》2015 年第 5 期。

督和管理，降低民办园教师的流动性，促使民办幼儿园的教育质量不断提升。①

（二）加强中小学教师队伍建设的对策建议

加强教师队伍的建设工作，应该从战略高度做好教师队伍发展整体规划、顶层设计，在战略规划、培养培训、外部引进、内部挖潜、创新管理等多个层面采取相应的举措。

1. 建立学龄人口监测与教师需求预测机制

教育行政部门与人口计生部门、公安部门、统计部门建立协同机制，在预测新生人口的基础上，科学预测各学段学龄人口，进而测算各学段师资需求，建立起科学、稳定的师资需求预测机制。提前3~4年规划师范生招生、培养的规模与结构，储备师资。

2. 建立多元化、宽口径的师资来源渠道

（1）继续实施教师教育振兴行动计划，扩大师范生培养规模，提高培养质量，创新教师教育体制机制。扩大在京师范院校师范生培养规模，尤其是扩大招收京籍生源的高中毕业生。优化师范教育专业结构，加大音体美小学科的辅修力度，着力提高紧缺专业师范生的招生数量和培养质量。

鼓励在京综合性大学开设师范专业，培养中小学教师，形成以师范院校为主体，综合大学为补充，灵活开发的师范教育体系。北京市政府应该给予一定的政策和财政支持。

（2）通过多种举措，鼓励、吸引高中毕业生报考师范专业

扩大免费师范生培养规模，提高免费师范生待遇。提高免费师范生在读期间的补贴标准。择优选择一批高三学生，保送其攻读师范专业。选择优秀高中毕业生，攻读大学的师资班。实施师资定向培养计划，各区选派高三毕业生，委托师范院校进行定向培养，毕业后回到原来所在区任教。

---

① 北京教育科学研究院早期教育研究所：《北京市学前教师队伍建设调研报告》，2017。

（3）创新教师教育模式，提高师范生培养质量

提高师范生生源质量。提高师范专业招生分数线和招生批次，甚至可以提前招生，以选拔优秀生源。对于有志于从教的优秀高中毕业生，可以保送攻读师范专业。改革师范教育体系，提高培养质量。明确各院校师资培养的定位，合理测算培养规模。改革教师教育内容和模式，使学术性与示范性并重，破解师范教育与中小学教育教学实践相脱节的问题。强化师范生的教学实践环节，明确实习内容，增加实习时间，创新实习形式。建立师范生实习基地，监督实习内容落到实处。

（4）采取各种措施，吸引高校毕业生和社会人士从事教师职业

适当提高教师资格认证的数量。依据紧缺程度，增加相应类别教师资格证书的发放数量。实施学费代偿计划，吸引高校毕业生从教。切实提高中小学教师的经济待遇和福利水平，建设有吸引力和竞争力的教师薪资体系，以吸引广大高校毕业生，尤其是优秀的高校毕业生立志从教、终身从教。

3. 全面提升教师队伍专业发展水平

（1）完善教师专业发展体系

建立健全教师教育课程标准体系，改革培养内容和培养方式。培养小学全科教师，应对学科结构性师资短缺问题。强化师范生实习环节，建立师范生实习管理制度。建立政府、高校、中小学校联合培养师范生的机制。建立新教师见习制度，在中小学校择优选建一批教育教学见习基地。

完善教师培训体系。整合各级各类培训任务，减少因培训给学校、教师带来的困扰。建立健全培训课程体系，科学设定培训内容，增强培训实效。创新培训方式方法，充分运用信息化手段，提高培训效率，降低培训成本。强化校本培训，给予学校充分的自主权。实施菜单式培训，尊重教师的需求和选择权。建立学术休假制度。

着力提升教师的信息化素养和国际化素养。将信息化素养、人工智能、大数据等相关内容纳入教师教育全过程，提高信息化素养相关课程比重。积极创设教师境外培训基地，拓宽教师国际视野，提高国际交流能力。

着力加强高层次人才队伍建设。继续实施名师名校长教育家发展工程，

着力打造一批富有思想、锐意改革创新的领军队伍。

（2）建立新教师岗前规范化培训制度，提高入职培训质量

建立新教师岗前规范化培训制度，各区可以选择示范学校作为新教师岗前培训基地，进行为期半年到一年的半脱产培训，并配备指导教师。

设立新教师三年帮扶计划。在初入职三年时间内，为新教师配备校内外指导教师，提供上公开课、上研究课、参加各种比赛、参加课题研究等机会和平台，助推新教师在三年内打下良好的发展基础。

4. 深化教育人事制度综合改革，创新教师管理体制机制

深化教育人事制度综合改革是深化教育事业综合改革的重要保障与支撑，势在必行。推进教师管理制度综合改革和顶层制度设计，建立与教育改革发展相适应的管理制度和保障体系。

完善教师资格体系，提高中学教师尤其是高中教师的入职标准。推行"区管校聘"管理制度和教师交流轮岗制度，均衡配置师资。推行校长职级制，建立校长专业发展制度和评价体系。完善岗位管理制度，逐步淡化职称。健全教师绩效评价制度，科学设定教师评价标准，创新评价方式方法。完善中小学教师定期注册制度，建立退出机制。深化人事制度改革，探索适应学区制管理、集团化办学需要的人员编制、职称评定、薪酬待遇等制度机制。

（三）加强市属高校教师队伍建设的对策建议

1. 促进教师教学专业化发展，提高教师的国际化水平

进一步加强高校教师专业化发展的制度化建设，聚焦教学专业化发展。建立青年教师专业发展培训制度、学时学分管理办法、职业导师制度和助讲资格认证机制、产学研实践实习制度。加大产学研教合作力度，加强高校教师的实践能力、服务地区人才培养和经济社会建设能力以及课堂改革能力培养；加强教师应用信息技术创新教育教学方式的能力。优化培训内容、创新培训模式、提升培训实效，组织高质量培训，使教师静心钻研教学，切实提升教学科研水平。建立教师培训机构资质准入和培训质量评估制度。

以一流专业建设为牵引，加强高校教学团队建设。完善市属高校教师的

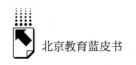

专业组织建设，进一步加强教师教学发展中心的建设。进一步加强教师的国际交流与合作，提升教师专业化发展的国际化水平。

2.完善高层次人才建设机制，提升师资队伍整体质量与水平

加大高层次人才建设力度，带动教师队伍整体发展。创设良好环境，大力支持拔尖人才脱颖而出，营造教育家脱颖而出的制度环境。在高校高层次人才遴选和培育中突出教书育人，让科学家同时成为教育家。

引育并举，重视高层次人才培育制度建设。进一步完善教师聘用和晋升制度。制定合理的优惠政策，创造有利于人才引进的内部环境，建立激励制度，完善评价制度，优化分配制度，制定灵活多样的政策。

优化人才引进和管理办法，加强对师德的考察。处理好高层次人才与其他教师之间的利益关系，建设健康学术生态环境。加大人才调查研究工作力度，建立专门的高层次人才管理系统。

3.深化人事制度改革，进一步完善评价与激励机制

合理制定教师招聘及考核标准，建立科学合理的教师考评体系。严格高校教师资格准入，将学历水平与素质能力综合纳入入职标准，招聘实行思想政治素质、师德与业务能力的双重考察。建立高校、企业与社会的教师流通立交桥和开放型的人才引进机制。实行分类管理，建立符合岗位特点的分类考核评价指标体系和考核评价机制。深入推进高校教师考核评价制度改革，加大教学的权重，突出教育教学业绩成效和实际贡献，将教授为本科生上课作为基本制度。改变教师教学考核方式，加强教学评价的科学性。

深化教师职称与聘任制度改革，进一步完善评聘分离和岗位聘用制。推动高校自主组织职称评审、自主评价，全面推行评聘分离与教师岗位聘任制，实行动态管理机制，加强对高校职称评聘的监督与管理。管理人员队伍管理实行职级制。全面降低双肩挑的比例，大力推进高校管理人员的专业化建设，提高管理水平和管理效能。建立健全"公开招聘，竞争上岗，择优聘任，合同管理"的用人机制。[1]

---

[1] 北京工业大学高等教育研究所：《北京市属高校教师队伍建设调研报告》，2017。

（四）加强职业学校教师队伍建设的对策建议

1. 协同创新联合培养，路径多元合理流动，持续优化职业院校教师队伍结构

由大学、高职学院和企业相互联合培养职业教育师资。根据专业相近的原则选择示范高职学院建立职业教育师资训练班，审核合格后，招收大学本科及以上毕业生作为本区域职业教育的补充师资加以培养培训。本科生可面向中职师资进行培养，研究生可面向高职师资进行培养。加大从行业企业引进专业技术人才和高技能人才的力度，补强职业院校教师队伍。

2. 优化职业教育教师专业职务评定体系，充分体现职业教育特色

职称评审要体现职业教育特色，体现职业教育教学需要。职业院校的职称要进行单独评定，独立于普通学校的职称评审。职称评审体现鼓励教师提升技术技能水平和科研成果转化的政策导向。专业课教师的职称应与教师的技术技能等级、参加技能大赛的成绩以及企业实践经历相结合，对技术工种等级高、具有技术创新和发明、获得专利及具有企业挂职实践经历的申报对象要优先予以晋升。

3. 建立"四位一体"职教师资培训体系

建立大学、高职学院、中职学校、企业四位一体的职教师资培训体系。各主体根据各自的优势承担不同的功能。充分发挥示范高职学院在职教师资培训中的作用。在企业建立师资培训基地，或者由高职学院和企业联合举办师资培训基地，培训内容以技能培训及本专业课程改革方法为主，力求体现先进性和实用性。

4. 持续鼓励职业院校教师参与企业实践

鼓励教师参与企业实践。制定办法，做到教师企业实践期间的工资福利待遇不变，培训期间带工资、带课时，不影响职称评定。教师企业实践的情况记入业务档案，作为业务考核、岗位聘任、职称评聘和评优奖励的重要依据，同时视为教育行政部门对学校督导评估和办学水平检查的重要内容。鼓励企业接收职业院校教师参与实践活动。建立教师到企业实践工作专项督导

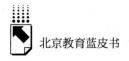
制度，重点对教师到企业实践工作的开展与经费落实等情况进行督查和指导。①

参考文献

北京市教育委员会发展规划处：《北京市教育事业统计资料（2018～2019）》，2019。

王晓宁、浦小松：《基础教育国际化视野中的教师国际素养测评研究》，《基础教育》2017年第5期。

北京教育科学研究院教师研究中心：《北京市各级各类教师队伍建设调研报告》，2017。

《中共中央　国务院关于全面深化新时代教师队伍建设改革的意见》，2018。

《中共北京市委　北京市人民政府关于全面深化新时代教师队伍建设改革的实施意见》，2018。

---

① 北京教育科学研究院职业教育研究所：《北京职业教育教师队伍建设的现状、问题与建议》，2017。

B.18
北京市基础教育创新人才
培养的探索与实践

摘 要： 经历 12 年的探索，北京市基础教育创新人才培养的体系架构初见端倪，通过围绕一个中心、坚持两个根本、打造三支队伍、推动四项创新、建设五类基地、开发六类资源、推进七项探索、凝聚八方支持等举措，实现了北京市基础教育创新人才培养从"创新教育普及化"向"普通教育创新化"的发展。

关键词： 基础教育 创新人才培养 北京市

一 背景与意义

基础教育在人才培养中具有基础性、奠基性作用，青少年肩负着中华民族伟大复兴的重要使命，社会经济发展和国际人才竞争日益加剧，特别是中国特色社会主义进入新时代，需要我们继续创新人才培养的机制体制，不断探索人才培养的有效路径与模式，关注未来人才在今天的成长需求、核心素养培育和长远发展。

《国家中长期教育改革和发展规划纲要（2010～2020 年）》对人才培养工作进行了总体部署，要求为每名学生提供适合的教育，培养数以千万计的

---

* 张毅，北京教育科学研究院教育创新研究推广中心主任，正高级教师，主要研究领域为基础教育阶段创新人才培养、数学教育。

专门人才和一大批拔尖创新人才。为此，《首都中长期人才发展规划纲要（2010～2020年）》明确指出，"到2020年，首都人才发展的战略目标是：培养和造就一支数量充足、结构优化、素质一流、富于创新的人才队伍，确立支撑世界城市建设的人才竞争优势，成为世界一流的'人才之都'，为落实人才强国战略发挥示范带动作用"。

二　相关研究现状

（一）国外研究现状

创新人才在国外通常指"天才""超常儿童"等，相关研究多从学习理论、心理学的角度出发，主要关注创造性思维、创造性人格、创造力、学习特点等。政策研究方面，各国出台了一系列关于"天才""超常儿童"培养的政策、法案和计划。

1. 美国致力于培养精英人才的"搜星计划"

在美国，20世纪60年代启动了"青少年搜星计划"（Talent Search），被搜星计划网罗的学生从七年级起就进入美国的人才库，有更多的机会成为明天的精英栋梁。

2. 英国的三级支持系统和校外辅助网

布莱尔政府成立了教育与技能部（Department for Education and Skills），确立了创新人才教育战略的核心是"找出这些孩子并设计方案让他们发挥自己才能"，并建立创新人才教育的学校、地方和国家（国家天才青少年学院）三级支持系统。

3. 日本的"未来科学家培养讲座"

日本的科学技术振兴机构（JST）从2008年开始实施培养创新人才的"未来科学家培养讲座"，以在理科和数学领域具有超群的学习意愿和能力的高中生为对象，培养未来的科学家。

国外对创新人才的研究经历了从实验室研究到政策实施，在培养理念上经历了从讲求平等到追求公正与卓越，从培养少数精英到兼顾全民才能发展，从随兴式的零散培养到系统的完整教育。

（二）国内研究现状

1. 基础教育创新人才培养的起步与初探

20 世纪 80 年代中期，中国开始倡导创新人才培养。1985 年，全国教育工作会议提出要施以专门的教育，精心培养拔尖的真正人才，从此，创新人才培养工作逐渐起步。同年，北京市第八中学与中国科学院心理研究所等合作，率先在中国教育领域创办了中学超常教育实验班，简称少儿班。之后中国人民大学附属中学、东北育才学校、西安市第一中学、湖南师范大学附属中学、天津耀华学校、江苏省天一中学等相继建立超常教育实验班。20 世纪 90 年代中期，由于批判应试教育而被牵连，超常教育举步艰难。1993年，北京大学附属中学、清华大学附属中学、北京师范大学附属中学、上海华东师范大学第二附属中学等 4 所学校受教育部委托，开始探索三年制"全国理科实验班"。随着国家对人才需求的变化，社会需要高等院校能够招收并培养文理兼通、均衡发展并具备实践创新能力的优秀学生。教育部经研究决定，2004 年起全国理科实验班停止招生。

起步时期的中国基础教育创新人才培养主要关注在智力等方面超常的儿童，为其提供特殊的教育服务满足其成长需求，在办学形式上主要是以为智力等方面超常的学生专设特殊教育机构，通过拓宽原有课程的广度和深度，或让学生提前入学、插班、跳级等途径，实现对创新人才的培养。其创新人才培养模式主要有三种：一是压缩制快速学习模式，主要以在校智力超常的学生为招生对象，进行中学四年或五年的教育，完成小学和中学的学业，达到高中优秀毕业生水平；二是单科强化能力迁移模式，即取某一基础学科为核心课程，进行强化教学，在强化过程中开发学生的潜力，注重学生非智力因素的培养；三是开发潜能超越常态模式，即对智力处于常态水平的学生实施超越常规的特殊教育，充分开发大脑的智力潜力，使学生的智力、个性、创造力等方面得到超常态发展，成长为创新人才。

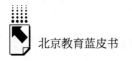
2. 基础教育创新人才培养的实施与推进

2010 年 7 月，《国家中长期教育改革和发展规划纲要（2010～2020年）》进一步明确提出"形成各类人才辈出、拔尖创新人才不断涌现的局面"的要求，并将培养拔尖创新人才作为改革试点项目在北京、天津、上海、江苏、四川、陕西六省市实施，国内基础教育创新人才培养实践开启新的篇章。例如北京市主要通过建设超常儿童早期培养的实验学校、推进"翱翔计划"探索高中阶段创新人才培养机制、开展将科技资源转化为创新教育课程资源的"雏鹰计划"等开展基础教育创新人才培养的探索。上海市采用学校自主申请、专家评审指导、市教委政策支持的方式，确立上海中学、华东师范大学第二附属中学、复旦大学附属中学和上海交通大学附属中学 4 所学校为试点实验项目学校，在项目实施过程中，重点研究和探索以下几方面：建立适合学生创新潜能培养的课程体系；探索适合学生创新潜能培养的教学方式；提供适合学生创新潜能培养的各种资源；探索促进学生创新潜能发展的评价机制；培育促进学生创新潜能发展的教师队伍。江苏省基础教育阶段创新人才培养的实践探索着力于"四个结合"，即全面提升和个别化指导相结合、学校教育提升与社会资源利用相结合、学生自主发展与教师提升相结合、创新人格培育与实践能力提升相结合，遴选南京市金陵中学、南京师范大学附属中学、江苏省天一中学、徐州市第一中学等 14 所学校作为普通高中创新人才培养试点学校，不断创新人才培养模式。

三　实施与成效

2007 年在推进高中课程改革的契机下，北京市率先在高中阶段酝酿并实施让学生"在科学家身边成长"的"翱翔计划"，2009 年实施让科技资源转化为创新教育课程资源的"雏鹰计划"。2010 年，"翱翔计划""雏鹰计划"被纳入国家教育体制改革试点项目"探索拔尖创新人才培养模式"。《北京市中长期教育改革和发展规划纲要（2010～2020 年)》也将"翱翔计划"作为重点推进的工作之一。在此基础上，需要对 12 年来北京市基础教育创新人才培养的探索进行总结梳理，汲取经验，正视问题，迎接未来新的挑战。

具体而言，北京市基础教育创新人才培养主要通过围绕一个中心、坚持两个根本、打造三支队伍、推动四项创新、建设五类基地、开发六类资源、推进七项探索、凝聚八方支持等八项举措予以实施和推进。

（一）围绕一个中心

2018 年，习近平总书记在全国教育大会上强调："立足基本国情，遵循教育规律，坚持改革创新，以凝聚人心、完善人格、开发人力、培育人才、造福人民为工作目标，培养德智体美劳全面发展的社会主义建设者和接班人。"北京市基础教育紧紧围绕"创新人才培养方式"这一中心，在遵循教育规律的前提下，在教育思想、教育观念、课程体系、教学方式、教学手段、教学资源、教学管理体制、教学环境等方面开展大量的创新探索。

（二）坚持两个根本

一是坚持"立德树人"的根本任务。人才培养之本，在于立德铸魂。在北京市基础教育创新人才培养的探索与实践过程中，特别注重在厚植爱国主义情怀上下功夫，在加强品德修养上下功夫；注重教育引导学生从自身做起、从点滴开始，在日常学习生活中培育和践行社会主义核心价值观，踏踏实实修好品德，成为有大爱大德大情怀的人。

二是立足"核心素养"的目标要求。学生的核心素养是学生应具备的、能够适应终身发展和社会发展需要的必备品格和关键能力。培育学生核心素养是落实立德树人根本任务的一项重要举措，也是适应世界教育改革发展趋势、提升我国教育国际竞争力的迫切需要，这为北京市基础教育创新人才培养指明了目标与方向。

（三）打造三支队伍

一是组建了一支由来自中国科学院、中国社会科学院、北京大学、清华大学等高校、科研院所、科普场馆、博物馆等领域专家 500 余位（包括 30

余位院士）组成的专家指导队伍，根据专家团队工作职能进一步细分为稳定的研究专家团队、科技成果转化专家团队，以及开放的业务咨询与评审专家团队。

二是培养了一支由700余位学科教师（包括60余位特级教师）组成的骨干教师队伍。引导教师开展基于创新人才培养实践的行动研究和集中研修，实施使其在学员培养中成长、在课程开发中成长、在科研实践中成长的翱翔工程。教师在高校、科研院所专家的引领下，积极开展自主科研，走出校园进行集中研修，实现了自身的专业发展。

三是形成了一支150余人的志愿服务队伍。这支团队由面向各高校、科研院所的硕士、博士研究生，有科技创新教育经历的大学生，以及有丰富教育经验的退休老教师等组成。

三支队伍共同组成人才培养工作团队，深度参与到北京市基础教育创新人才培养的各个环节工作中。

（四）推动四项创新

1. 工作机制创新

一是推动相关行政管理部门出台政策文件，如市教委、市财政局联合印发的《北京市基础教育阶段创新人才培养项目管理办法》（京教财〔2012〕36号）等，为各项工作的开展提供政策支持与经费保障；二是研究制定了各项工作制度与方案，如历年《北京市基础教育阶段创新人才培养项目年度计划》《"翱翔计划"学员推选方案》《翱翔学员培养结业评价方案》等，规范工作流程，确保培养效果。

2. 培养方式创新

在采取市、区、校联动的培养方式开展相关常态工作的基础上，更是跨越常态，创新机制体制，超越各部门条块分割的职能划分，联动不同行政部门和社会单位，跨学科、跨学段、跨部门、跨区域，协作支持和推进基础教育阶段创新人才培养，形成生源基地、培养基地、实践地基（高校、科研院所实验室或研究机构）共同承担翱翔学员培养任务的"三校"管理机制和生源基地、培养基地、实践基地指导教师共同指导学员的"三师"培养机制。

3. 教学方式创新

建设形成由生源基地基础性课程、培养基地过渡性课程、实践基地熏陶体验课程构成的"三类"课程机制；通过"雏鹰计划"和"杏林春苗计划"，对科技成果资源进行课程转化、博物馆与科普场馆资源进行教学化开发，不断积累和丰富基础教育阶段创新人才培养的课程资源；在课程建设中，不断强化学生的主体性，以学生为中心，打造新鲜的、生动的课堂，开展更加接地气、扎根生活的学习。

4. 评价方式创新

翱翔学员培养探索形成了由发现阶段的推选性评价、培养阶段的过程性评价、结业阶段的发展性评价构成的"三段"评价机制。在翱翔学员发现阶段，通过"选、评、做"的翱翔学员推选模式，基于"培养从推选开始"理念，不断激发学生的"自发现"、同伴的"互发现"，以及专家、老师的"助发现"。在培养阶段，通过翱翔学员采用学员自评、同伴互评、导师评价、学校评价、学院评价等多种评价方式，记录翱翔学员成长全过程。在结业阶段，依托北京青少年翱翔科学论坛，对学生的探究作品、汇报及答辩表现情况进行评价，在此基础上形成学员探究作品评价报告。

（五）建设五类基地

经过12年的实践探索，北京市目前确立了29所培养基地、31所课程基地、包括140余所高校和科研院所的200余家实验室的实践基地、包括全市近200所高中校的生源基地，以及包括全市300余所中小学校及幼儿园的雏鹰基地。

在各自承担创新人才培养不同工作职责的基础上，各基地还结合本区域、本单位特色和实际情况，纷纷成立"创新人才培养协作体"，并通过制定协作体章程给予制度保障。目前，全市已成立59个协作体，其中不仅有培养基地、课程基地、雏鹰基地等相关中小学校牵头的协作体，还有区教委、区教研部门、高等院校、科研院所牵头成立的协作体，通过不断创新机

制体制，凝聚社会各界力量，共同支持北京市基础教育创新人才培养事业的开展，在这些协作体中，工作室的成果得到传播、应用和转化。

（六）开发六类资源

探索教育领域的"供给侧改革"，整合社会力量形成教育改革与发展统一战线。通过开发高等院校、科研院所、科普场馆与博物馆、企业、教育系统重点实验室、社会团体等六类社会资源，开发、实施开放性科学实践活动，构建无边界、跨学科的开放性学习服务平台，满足不同层次学生个性化、多样化的学习与发展需求，鼓励学生采取观察实验、合作探究等方式学习，努力培养学生的创新精神和实践能力。

（七）推进七项探索

2008 年以来，北京市以"翱翔计划""雏鹰计划""青少年创新能力建设工程"为依托，主要从以下七个方面进行了创新人才培养的实践探索。

1. 翱翔学员培养

在高中阶段实施的以"跨校培养"和"在科学家、学者身边成长"为主要特征的创新人才培养计划，旨在早期发现并培养学科特长突显或学有余力，具有浓厚兴趣、创新潜质的学生。

2. 雏鹰建言行动

以面向全体中小学生开展建言为切入点，引导学生发现问题、观察思考、激发兴趣，逐步培养学生的社会责任感，对在建言过程中表现出创新潜质的学生进行持续、深入的追踪培养，为他们的成长创造良好条件，为"翱翔学员培养"提供后备生源，探索建立不同学段之间创新人才培养的纵向衔接机制。

3. 雏鹰爱心行动

引导中小学生在深入社会中体察社会责任，在服务社会中体验人生价值，在基础教育阶段创新人才培养中切实培育担当心、行动力和公益精神，推动中小学生践行社会主义核心价值观。

4. "小创客"培育

面向全体中小学生，以学生创造力发展为核心，激发学生兴趣与潜能，在自主探究的过程中培养学生提出问题和解决问题的能力、合作能力以及沟通能力，提高科学素养。

5. 青少年"模拟政协"

面向全市中小学生，以"模拟提案""模拟议事"等形式，在协商、民主的宽松氛围下议身边事、社会事、国家事，引导学生关心社会生活、体验建言献策、增强社会责任感。

6. "科学探秘"奥林匹克

从现实生活中的真实问题出发，由学生主动选择适当的工具和材料，是以寻求最佳解决方案为目的的探索性实践活动，作为学生"创新体验"的新模式，有助于促进学生创新精神和实践能力的培养。

7. 初中开放性科学实践活动

立足北京市丰富的科技教育资源，构建无边界、跨学科的开放学习服务平台，为全市七、八年级学生提供优质、多元、丰富、生动的合作探究式实践活动，满足学生个性化、多样化的发展需求。

（八）凝聚八方支持

北京市基础教育创新人才培养不是教育系统自身就能够实现的，必须依靠各部门的有力支持。12 年来，市委组织部、市人才工作局、市专家联谊会、市教委、市科委、市政协、市财政局、市科协、中关村管委会、国家标准委、市中医管理局、市慈善基金会等诸多党政机关、事业单位、社会团体等提供了多元支持，为北京市提高基础教育优质教育供给、实现跨部门合作培养创新人才奠定了宽厚的基础。

四　反思与展望

针对北京市在创新人培养方面已经做出的卓有成效的探索，建议将之变

成能够广泛推动的机制，使教育供给侧改革逐步由条块分割转向统筹实施，从扩大规模转向提升内涵质量。具体说，主要有以下三方面的建议。

（一）加大宣传力度，加强政策引导

营造有利于基础教育阶段创新人才成长的文化氛围，优化创新人才脱颖而出的社会环境。强化政府责任，充分发挥政府在创新人才培养中的主导地位，通过创新人才的多元培养方式、多元认定方式、多元评价方式以及多元教育资源提供，为创新人才成长创设宽松环境、和谐氛围。

（二）加强组织建设，实施高端统筹

成立由北京市党政一把手和相关职能部门领导组成的创新人才培养领导委员会，建立联席会议制度，统筹协调首都基础教育创新人才培养工作。成立由教育、心理、科技等多领域专家组成的创新人才培养专家委员会，为创新人才培养提供全过程、全方位的专家指导。建立专门机构，具体负责首都基础教育创新人才培养工作的推进与实施。

（三）提供政策、经费、资源支持

出台创新人才培养政策，为首都基础教育创新人才培养工作提供政策支撑。设立创新人才培养政府专项基金，为创新人才培养工作提供经费支撑。实施资源转化工程，转化首都科技、文化、社会等资源为创新人才培养资源，为基础教育阶段创新人才培养提供丰富资源保障。

参考文献

张毅：《北京人才培养方式创新的普及化探索实践——北京市基础教育阶段人才培养方式创新的 12 年探索》，《中小学信息技术教育》2019 年第 1 期。

Fang, Z., Zhang, Y., Du, X. & Zhang, X., *Beijing Model of Gifted Education and Talent Development*（Aalborg, Denmark：River Publishers）2016.

张毅：《唯创新者才有未来》，《未来教育家》2014 年第 11 期。

郝克明：《造就拔尖创新人才与高等教育改革》，《辽宁教育研究》2003 年第 12 期。

北京青少年科技创新学院翱翔计划项目组、北京青少年科技创新学院办公室：《创新——让人生插上翱翔的翅膀（一）》，首都师范大学出版社，2009。

教育专题篇

Education Topics

B.19

北京市校外民办在线培训行业
治理问题研究

刘　熙*

摘　要： 本文梳理和分析民办校外在线培训行业现状和现有治理措施，
提出在线培训教育治理体系构建要有战略思维——契合教育
现代化理念、系统思维——适应在线培训教育基本特征，以
及底线思维——以完善的制度规范行业秩序。

关键词： 校外民办　在线培训　行业治理　北京

* 刘熙，北京教育科学研究院教育发展研究中心副主任、助理研究员，主要研究方向是民办教
育政策与法律。

民办校外在线培训是指国家机构以外的社会组织和个人，利用互联网等网络信息技术，主要针对 K12 阶段学生（6~18 岁，对应我国国民教育体系小学一年级至高中三年级学生）的需求提供的非正式的、形式多样的培训教育活动。所谓治理，即用规则和制度来约束和重塑利益相关者之间的关系，以达到决策科学化的目的。[①] 行业经过初创期发展后，不管是投资人、机构举办者还是管理者、从业者，都希望有一套行业治理规则，一方面各方有章可循，另一方面增强行业发展预期。面对新型教育业态和各种各样的新问题，政府也需要维护行业秩序，保护在线培训教育行业相关者的利益，尤其是保护学员的权益。

一　治理背景：现状与问题

作为一种新型的教育方式，北京校外在线培训教育行业起步早，发展迅速，规模大，业态丰富，涌现了一批行业品牌机构。校外在线培训技术性、教育性、市场性特征明显，在快速发展的过程中也出现了与传统培训教育不同的问题。

（一）发展现状

在线培训教育是一种新型业态，目前还没有政府发布的权威统计数据。通过查询企查查（中国人民银行备案企业征信机构），目前全国共有在线教育企业 1292 家，在北京市注册的 746 家，占比 58%。其中，海淀、朝阳在线教育企业数量为 363 家、174 家，分别占北京市在线教育企业总数的 49% 和 23%。[②] 通过查询 IT 桔子网（IT 互联网公司产品数据库及商业信息服务），全国 K12 阶段在线教育企业共有 918 家，在北京市注册的有 348 家，占比 38%。[③] 除了新东方在线、好未来、跟谁学、51talk 等上市在线教育企

---

① 金锦萍：《非营利法人治理结构研究》，北京大学出版社，2005。
② https：//www.qichacha.com/search_ adsearchmulti，2019 年 8 月浏览。
③ https：//www.itjuzi.com/，2019 年 8 月浏览。

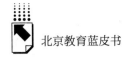

业以外，北京也有 VIPKID、猿辅导、作业帮、iTutor Group 集团等独角兽企业（估值在 10 亿元人民币以上的企业）。

从行业发展历程来看，北京在线培训机构发挥了示范引领作用。校外在线培训教育行业伴随我国互联网和通信技术变革而不断升级演变，大致可以分为三个阶段。第一阶段属于起步期（1996～2004 年）。1994 年我国计算机和网络设施才连接国际互联网，1996 年我国最早的为中小学生提供远程教育服务的互联网教育机构——"101 远程教育网"在北京成立。2000 年新东方与联想合作，正式进入在线教育领域。当时网络不发达，会出现各种不通畅的情况，2002 年联想退出新东方在线业务。由于在线教育产品客户少，新东方在线管理团队甚至偏离主业，热衷推出各种各样的彩信。① 2002 年至 2003 年"非典"疫情期间，除了教育部门和中小学开设"空中课堂""虚拟课堂"以外，一批校外网校也纷纷设立。第二阶段是探索期（2005～2012 年）。2005 年"Web 2.0"概念开始流行，互联网从一系列网站发展到一个成熟的为终端用户提供网络应用的服务平台。2005 年新东方在线更名为"Koolearn"，专注教学内容。学而思网校 2010 年正式上线，2012 年提出"学习有意思"的品牌理念，② 探索通过各种途径增强线上学习吸引力。第三阶段是快速发展期（2013 年至今）。2013 年左右，互联网企业、教育以及其他各行各业的竞争者纷纷介入，新兴的互联网教育模式层出不穷。③ 从图 1 得知，2013～2018 年中国 K12 阶段在线教育校外辅导市场规模由 14 亿元人民币增长到 302 亿元人民币，年均复合增长率达到 85.2%。在线教育的快速发展得益于通信、互联网以及人工智能技术的突破。学而思网校采用"主讲老师＋辅导老师"的双师直播模式，并将自主研发的语音识别、语音评测、表情识别等 AI 技术作为辅助教学手段引入课堂，力争打造"千人千面"的新型在线学习平台。④

---

① 俞敏洪：《我曾走在崩溃的边缘》，中信出版社，2019，第 250～253 页。
② 关于学而思网校介绍，https：//www.xueersi.com/article/detail/1903，2019 年 6 月浏览。
③ 王磊、周冀：《无边界互联网＋教育》，中信出版社，2015。
④ 关于学而思网校介绍，https：//www.xueersi.com/article/detail/1903，2019 年 6 月浏览。

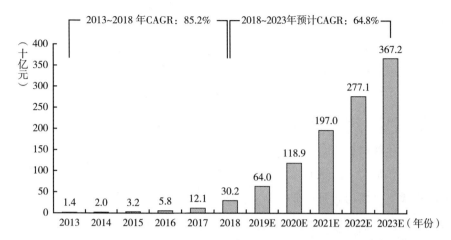

图1 2013～2023年中国K12阶段在线校外辅导市场规模

资料来源：Frost & Sullivan，转引自跟谁学IPO招股说明书。

在资本涌入、技术突破、国家教育信息化政策等因素的刺激下，校外在线培训教育加速发展，行业规模庞大。《中国互联网络发展状况统计报告》显示，截至2018年12月，我国在线教育用户规模达2.01亿人。根据艾媒咨询预计，2020年中国在线教育用户规模将达3.05亿人，K12在线教育用户规模将突破3000万人。① 从图1得知，预计中国K12在线校外辅导市场规模由2019年的640亿元人民币增长到2023年的3672亿元人民币，年均复合增长率达到64.8%。基于行业发展的良好预期，校外在线培训是资本关注在线教育的最为重要领域之一。101教育（原101远程教育网）、新东方在线分别于2016年7月、2017年3月在新三板挂牌。2016年6月，51talk在美国纽交所上市。新东方在线于2019年2月在香港证券交易所上市。成立于2014年6月的跟谁学于2019年6月在美国纽交所上市。除此之外，资本推动细分赛道上的创新性教育机构专业化发展，如VIPKID、作业帮、猿辅导等机构受到资本青睐。

校外在线培训教育业态丰富。从提供培训和提供教育服务的方式来看，

① 艾媒咨询：《2019中国K12在线教育行业研究报告》，http：//report. iimedia. cn/report. jsp? reportId = 36396，2019年9月浏览。

有直播、录播和在线答疑等形式。从服务对象来看，在线培训教育分为直接面对学员的服务（To C 业务）和向教育机构提供的服务（To B 业务）。从培训教育服务提供主体来看，一类是传统线下培训教育机构，一般具有较长的发展历史和一定的市场知名度，借助师资优势和沉淀下来的教育资源，利用互联网直接向学员提供培训教育服务，形成 B2C 业务模式，或者向其他教育机构在线输出教育产品，形成 B2B 业务模式；另一类是具有一定资质和资历的教师个人，通过第三方平台向学员提供培训教育服务，形成 C2C业务模式，主要形式是作业答疑、在线一对一辅导等形式。从培训教育内容来看，大致可以分为学科类培训和素质类培训。学科类培训是指以纳入国民教育体系的中小学校开设学科为内容的培训教育，素质类培训是指以培养中小学生兴趣爱好、创新精神和实践能力为目标的培训教育。① 另外，随着工信部 2013 年底发放 4G 牌照和 2019 年初颁发 5G 牌照，以"4G + 5G"网络为基础框架的移动互联网催生了移动在线培训教育业。移动在线培训教育以手机或平板电脑等移动智能终端作为使用载体，开发以培训教育服务为内容的应用程序（APP）。在 K12 教育阶段，应用程序可以分为学习类 APP 和工具类 APP。在中小学教育信息化基础设施建设基本完成后，软件建设成为中小学教育教学改革的关键。鉴于在线培训教育机构在培训教育软件开发上的竞争优势，中小学开始引进移动在线教育 APP，供师生使用。

（二）存在的问题

在线培训教育融合互联网思维与教育思维，其支撑要素（资本、技术、内容、用户、渠道）使在线教育有别于传统培训教育机构，行业问题更加复杂，影响面更广。

---

① 根据《广东学习类 APP 管理办法》，学科类指中小学语文、数学、英语、物理、化学、政治、历史、地理、生物等传统教学科目，不包括音乐、美术、体育、科学、书法等艺术类、科学类科目。纯口语（外语）类 APP、纯阅读类 APP（不含作业、测试等功能）暂不列入学科培训类范围。按照《国务院办公厅关于规范校外培训机构发展的意见》的要求，学科类培训是政府规范的重点。

　　首先是机构财务问题。有的机构延续互联网"流量聚集，规模变现"思维，需要学费分期做支撑。按照线下培训教育机构一次性收费不得超过三个月的规定，线上培训教育机构往往难以合规。然而预收款属于机构负债，在线教育盈利模式复杂，市场风险很大，一旦市场波动就可能引发财务风险，甚至演化为恶性"跑路"事件。传统培训教育机构学员越多，教育成本会越高；而在线教育学员越多，边际成本越低。在线教育机构有动力而且技术上也可以实现用户的规模化，这也给分割的行政管理体制带来挑战，一旦发生纠纷，影响面很广。

　　其次是培训教育质量保障问题。在线教育的内容是核心，与传统机构相比，在线教育的课程资源不限于课本和教材，教育产品丰富多样，传统监管模式难以应对这种变化。就目前流行的"直播课"而言，教师不仅需要专业素质，更需要信息素养和面对网络环境教学的心理素质。艾媒咨询发布数据显示，有34.9%的用户表示教师的资质真假难辨，31.9%的用户认为师资宣传与实际不符。[1] 跟谁学49%的教师没有教师资格证，[2] 其他一般培训机构的教师持证率就可想而知了。渠道是在线教育的生命线，特别是纯粹的在线教育企业，高度依赖渠道使产品和服务得以顺利下沉到用户终端。除了线上各种推广渠道之外，K12阶段在线培训教育机构与中小学合作，使在线直播课堂或者各类教育APP进入中小学校园。由于没有建立适当的审查机制，一些质量不高的教育产品或者服务进入校园，甚至突破底线，通过游戏、色情内容诱导青少年消费。

　　最后是行业有序竞争问题。技术是在线教育发展的必要条件，互联网特点决定了技术的易复制性。技术门槛可以轻易地被资本击穿，这是一把双刃剑，既有利于技术推广，短期内可以让更多人受益，但也容易产生不良竞争和知识产权纠纷，甚至同行在网络上相互攻击，如编造、传播虚假信息或者误导性信息，损害竞争对手的商业信誉。

---

[1]　艾媒咨询：《2018 中国在线教育行业白皮书》，https：//www.iimedia.cn/c400/63080.html，2019 年 9 月浏览。

[2]　参见跟谁学美国纽交所 IPO 招股说明书。

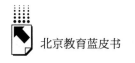

二 治理基础：现有政策措施分析

在线教育治理是国家互联网治理的一部分，在线培训教育治理问题在行业发展初期即受到人们的关注，且处于不断完善和健全的过程之中。

（一）现有措施

在线教育已经在多个层面、重点领域受到人们的关注，正在修订中的《民办教育促进法实施条例》（送审稿）增加一条，专门规范民办在线教育。特别是近两年在线培训教育治理的讨论和实践，为下一步治理奠定了基础。

1. 校外线上培训规范

对在线培训教育的监管，走了一条从严格向宽松，再趋向规范的道路。2000 年颁布的《教育网站和网校暂行管理办法》（教技〔2000〕5 号）规定，教育网站或者网校需要政府审批，其开办者有严格的资质要求。《国务院关于积极推进"互联网 +"行动的指导意见》（国发〔2015〕40 号）规定："鼓励互联网企业与社会教育机构根据市场需求开发数字教育资源，提供网络化教育服务""鼓励学校通过与互联网企业合作等方式，对接线上线下教育资源，探索基础教育、职业教育等教育公共服务提供新方式。"随后国务院取消网站网校审批制。

在中小学生减负背景下，线下校外培训机构尤其是学科类培训机构受到严格监管，《教育部等九部门关于印发中小学生减负措施的通知》（教基〔2018〕26 号）提出要强化在线培训监管。《教育部办公厅 国家市场监管总局办公厅 应急管理部办公厅关于健全校外培训机构专项治理整改若干工作机制的通知》（教基厅〔2018〕10 号）要求，面向中小学生的利用互联网技术在线实施培训教育活动机构，由省级教育行政部门进行行政备案。2019 年 7 月 15 日，教育部等六部门联合印发的《关于规范校外线上培训的实施意见》进一步提出依托全国校外线上培训管理服务平台开展备案及日常管理工作，监管重点是内容健康、时长适宜、师资合格、信息安全和经营规范等五方面，同时建立黑白名单制度，实现教育、网信、公安、电信、广电、"扫黄打非"等部门综合治理。

北京市已经启动对线上培训机构的登记和摸底工作，建立台账并做出初步规范。海淀区已要求在线教育机构填写《北京市线上教育公司调查表》，内容包括平台运营模式、授课方式、是否涉及 K12 教育、涉及 K12 教育的学科清单、是否自主研发教学大纲、培训内容是否向教育部门备案等。根据《关于规范校外线上培训的实施意见》的工作部署，北京市教委已开始制定规范校外线上培训工作方案和备案实施细则。

2. 校园 APP 治理

《教育部办公厅关于严禁有害 APP 进入中小学校园的通知》（教基厅函〔2018〕102 号）要求全面排查含色情暴力、网络游戏、商业广告等内容及链接，或利用抄作业、搞题海、公布成绩排名等应试教育手段增加学生课业负担的 APP，要建立学习类 APP 进校园备案"双审查"制度和日常监管制度。《教育部等八部门关于引导规范教育移动互联网应用有序健康发展的意见》明确备案主体是省级教育行政部门，在校外线上培训机构实施学科类培训的人员应当取得教师资格证，还提出探索"政府统筹引导、企业参与建设、学校购买服务"的教育移动应用供给机制。2019 年 1 月 6 日，部分学习类 APP 机构签署《学习类 APP 进校服务的行业自律倡议》，在内容审核、商业模式、信息安全、探索互联网教育的新治理模式等四个方面进行自律。

（二）有效性分析

《民办教育促进法实施条例》（送审稿）新增第十六条，针对教育的新形势新业态，对在线实施学历教育、培训教育和利用互联网平台提供教育服务等三种形态分别做了规定。在线学历教育机构需要办理办学许可证、在线培训教育机构或者在线培训教育平台备案，而且是在省级教育行政、人社部门备案，已经考虑到在线教育覆盖地域广的特点。另外，要求在线教育平台对申请进入平台的机构或者个人的主体身份信息进行审核和登记。《民办教育促进法实施条例》（送审稿）的问题是，在线培训教育机构和平台禁止实施需要取得办

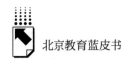

学许可证的教育教学活动，这是不现实的，也不符合在线培训教育发展趋势。

校外在线培训教育机构省级教育行政部门备案，与线下培训教育机构实行"先证后照"的管理体制有重大区别，也符合在线培训教育的特征。这里要明确的是备案法律性质如何界定，与行政许可、行政审批、行政确认有何区别；行政备案的功能是什么，要达到什么目的；行政备案是一种法律事实确认行为，它不像行政许可能给行政相对人带来新的权利。行政备案的主要功能是信息收集、信息披露和存档备查，便于政府加强事中、事后监管，尤其是利用"互联网＋监管"新型模式，促进线上培训机构规范经营。地方省市设计行政备案实施细则，要防止将备案变相为行政许可和行政审批。

总体而言，目前治理措施偏向规范。作为一种新型教育形态，校外在线培训教育的治理应当纳入国家"互联网＋教育"发展大战略。2019年8月28日，国务院常务会议部署推动在线教育健康发展促进教育公平。[①] 会议不仅强调要强化监管，同时鼓励符合条件的各类主体发展在线教育，而且到2022年实现所有学校接入快速稳定的互联网。在此背景下，2019年9月19日，教育部等十一部门颁布了《关于促进在线教育健康发展的指导意见》，一方面鼓励社会力量充分运用人工智能、大数据、云计算、物联网等科学技术深度挖掘和激发教育需求，另一方面通过建立规范化准入体系、加强基础设施建设、落实财政支持政策、拓展金融支持渠道、加强知识产权保护等五方面措施构建扶持政策体系，同时从保护消费者权益、创新管理服务方式、加强部门协同监管、强化行业自律等四方面形成多元管理服务格局。

三 治理思维：面向未来教育的治理体系构建

在线教育的快速发展使人们正逐步从在线学习走向移动学习(m-learning)、泛在学习（ubiquitous learning）进而迈向智慧教育（smart education）时代，

---

① 《李克强主持召开国务院常务会议部署推动在线教育健康发展促进教育公平》，http://www. moe. gov. cn/jyb_ xwfb/s6052/moe_ 838/201908/t20190829_ 396327. html，2019年9月浏览。

为终身教育的实现及学习型社会的构建奠定了基石。① 在线培训教育治理体系构建问题，既要立足当下，也要用发展的眼光进行探讨。

（一）战略思维：符合教育现代化理念

《中国教育现代化2035》提出，"加快信息化时代教育变革"。《加快推进教育现代化实施方案（2018～2022年）》提出，"着力构建基于信息技术的新型教育教学模式、教育服务供给方式以及教育治理新模式"。然而世界各国自21世纪以来，都面临"教育信息化的高期望值与实际效果之间存在很大落差"的严酷现实。《美国2010年国家教育技术计划》指出："教育部门可以从企业部门学习的经验是，如果想要看到教育生产力的显著提高，就需要实施由技术支持的重大结构性变革，而不是渐进式的修修补补。"② 学校教育正处在永远改变世界学习方式的数字化转变的临界点上，在线学习与学校课堂结合的混合式学习成为美国基础教育变革的热门话题。根据常青教育集团（Evergreen Education Group）的专家估计，超过75%的地区为学生提供了在线学习或混合式学习的选择。③ 事实上，美国非营利性在线教育机构可汗学院和营利性在线教育机构K12教育集团（美国纽交所上市公司）为美国中小学混合式学习变革提供了支撑。随着5G移动通信、人工智能、物联网等新一轮科技革命的发展，在线教育机构将有更大作为。《北京促进人工智能与教育融合发展行动计划》指出，"聚焦人工智能与教育深度融合……促进教育治理全面优化、教育质量持续提升、教育公平全面实现"。好未来依托人工智能（AI）课堂技术解决方案和优质教研教学资源平台，让4个省8个贫困县的14000名学生、4000名老师受益。④

---

① 张立国、王国华：《在线教育的理论与实践》，科学出版社，2018。
② 何克抗：《论教育信息化发展新阶段》，北京师范大学出版社，2015。
③ 迈克尔·霍恩、希瑟·斯特克：《混合式学习：用颠覆式创新推动教育革命》，机械工业出版社，2015。
④ 白云峰：《不忘初心，促进智能时代的教育发展创新》，http：//science. china. com. cn/2019 - 08/30/content_ 40879180. htm，2019年11月浏览。

（二）系统思维：适应在线培训教育基本特征

教育属于服务业，具有传统服务业的一些共性，例如生产和消费在空间上不可分离，生产要素（劳动力）与消费者直接接触；生产过程是劳动密集型的，难以大规模复制等。[①] 互联网教育集中发挥了互联网技术在教育信息产生、传播、记录、反馈等环节中的优势，从时间、空间和人物三个方面，打破了传统教育所受的种种局限，能够形成规模化经营，突破了时间流程的及时性问题，实现任何人、任何时间、任何地点、从任何章节开始、学习任何课程。[②] 在线培训教育具有技术的复杂性、内容的教育性、交易的市场性等基本特征。适应这些基本特征，要以法治为统领，按照政府善治、社会共治、行业自治的思路丰富治理体系的内涵。

良法是实现互联网教育治理法治化的前提和基础。而良法的核心是权利和义务范畴，互联网教育治理法治化的核心是解决权利问题，具体可以落实为权利保护问题。[③] 当前国外对互联网教育的立法重点主要聚焦在教育资源版权保护、个人隐私和信息安全、传播内容规范等方面，而我国在互联网教育立法方面仍存在法律法规和政策体系滞后且不够完善等缺陷。未来我国互联网教育立法或可沿着两条路径推进：一是在立法资源有限的情况下，在互联网教育相关领域（如教育、互联网信息、文化传播等）的法律条款中与时俱进地增加推动互联网教育发展的内容，或以条款的方式做出规定；二是教育部门从推动互联网教育发展的内容框架（如顶层设计、实践操作和保障体系等）层面出台相关规章、细则或办法。[④] 目前文献主要还是从互联网教育发展如何治理的内容框架等方面提出，具体制度建设还需要进一步研究。

① 杜创、王泽宇：《互联网＋医疗/教育：商业模式、竞争与监管》，中国社会科学出版社，2017。
② 赵帅：《破局互联网＋教育》，化学工业出版社，2018。
③ 云薇笑：《互联网教育治理法制化初探》，《行政与法》2018 年第 6 期。
④ 易凌云、周洪宇等：《推动我国互联网教育立法的思考与建议》，《现代远程教育研究》2017 年第 1 期。

教育与政治的关系实实在在地存在着，而且教育本身就是一种政治。[①] 在线教育的基础与核心仍旧是教育，与国家的教育政策是紧密相关的，政府对在线教育的发展应当起到主导作用。互联网教育产业为教育变革提供强大动力，而互联网教育是靠产业链上相互关联、相互渗透的各类角色支撑起来的，如传统教育机构、内容提供商、平台提供商、用户、电信运营商、设备提供商、风险投资商、行业媒体以及政府。[②] 政府财政资金主要应用于教育信息化基础设施建设方面，而在线教育技术、产品、服务、运营、盈利模式创新都面临很大的市场风险——这点从近年来互联网教育机构倒闭事件就可以看出来，财政资金的性质决定了它不适宜这类投资，应当由社会资本去探索和创造最前沿的教育技术、服务和产品。互联网教育发展的特性要求政府从垂直管理为主向协同共治为主转变，善用市场的力量、企业的服务。[③] 在线培训教育涉及互联网监管、教育管理和市场秩序维护，可以利用业已建立起来的民办教育联席会议制度，建立在线培训教育综合执法机制。在线培训教育经营是市场化的交易行为，可以建立以诚信为核心的新型监管机制，通过信息公示等途径，调动社会参与治理。

行业自律甚至自治对在线培训教育的发展至关重要。2011年至今，在线教育行业在技术创新方面经历四波浪潮：从"互联网＋教育"到"移动互联网＋教育""微信＋教育""AI＋教育"，技术的发展驱动整个教育行业快速发展。[④] 在线教育技术复杂，更新迭代快，未来的长远发展更需要行业的自律、职业的伦理、专业的精神。在政府的引导下，培育第三方力量，建立权威认证机构，促进行业规范发展。

（三）底线思维：以完善的制度规范行业秩序

在线培训教育发生在网络，可以从网络空间、网络教学、网络学习、网

---

① 黄忠敬：《教育政策导论》，北京大学出版社，2011。
② 易凌云：《互联网教育与教育变革》，福建教育出版社，2018。
③ 张治、李永智、游明：《互联网教育时代的教育治理》，华东师范大学出版社，2018。
④ 张丽君：《冰火两重天的教育行业，想"活"就要优先考虑"性价比"》，http：//www.zhuanzhi.ai/document/47e8d8919d12787618f7ea775574ff41，2019年2月浏览。

络交易四个方面探讨其核心制度建设。

一是网络空间。在线培训教育发生在网络空间，应该严格执行《网络安全法》等相关法律法规与文件要求，①建立网络空间安全保障机制。根据"谁主管谁负责、谁运维谁负责、谁使用谁负责"的原则，落实网络空间安全责任。《中华人民共和国民办教育促进法实施条例》（征求意见稿）第十六条规定："民办学校、民办培训机构利用互联网技术在线实施教育、培训活动，应当依法建立并落实互联网安全管理制度和安全保护技术措施，发现法律、行政法规禁止发布或者传输的信息的，应当立即停止传输、采取消除等处置措施，防止信息扩散，保存有关记录，并向有关部门报告。"

二是网络教学。从教育服务提供者的角度需要建立三方面的制度。第一是机构、教学人员资质以及教育教学质量保障问题，需要遵守《教育法》《教师法》《职业教育法》《民办教育促进法》《关于规范校外培训机构发展的意见》等法律文件。第二是在线培训教育机构知识产权保护。经修订后的《著作权法》将著作权保护扩展到互联网活动、通过互联网传播的产品及软件产品。除此之外还涉及《专利法》和《商标法》。第三是涉及《反不正当竞争法》，目的是维护在线培训教育供给侧的市场秩序。

三是网络学习。从教育服务消费者的角度，主要涉及学生/学员的权利保护问题，尤其是校外在线培训教育针对的是未成年人，国家有特殊的法律予以保护。第一是个人信息和隐私权的保护。2012 年 12 月 28 日通过了《全国人民代表大会常务委员会关于加强网络信息保护的决定》，《民法总则》一个突出的亮点是首次从民事权利的层面提出个人信息权，《刑法》修正案里增加了保护公民个人信息安全、网络服务提供者履行网络安全管理义务等方面的条款。《个人信息保护法》已经列入了全国人大常委会的立法计划。第二是从未成年保护、中小学生减负、中小学生健康成长角度对网络培训教育服务实施的监管制度。未成年人保护方面有《未成年人保护法》《未

①　相关的法律文件包括《互联网信息服务管理办法》《互联网信息内容管理行政执法程序规定》《互联网直播服务管理规定》《计算机信息网络国际联网安全保护管理办法》《互联网域名管理办法》《电信条例》《电信业务经营许可管理办法》《互联网视听节目服务管理规定》。

成年人网络保护条例》（征求意见稿）。除了中小学生减负政策，教育部等八部门印发的《关于印发〈综合防控儿童青少年近视实施方案〉的通知》，要求学生使用电子产品学习 30～40 分钟应休息。这会影响到网络教学时间安排。

四是网络交易。民办在线培训教育是在网络空间里教育服务提供者向学习者提供的教育服务，因而具有明显的市场交易属性。在线培训教育网络交易监管需要关注以下几类行为。第一是网络交易合同。网络交易双方订立和履行合同，需要遵守《民法总则》《合同法》《电子签名法》，参考适用2019 年 1 月 1 日生效的《电子商务法》。第二是网络交易广告宣传。网络教育服务提供者不仅要遵守《广告法》，还要遵守对于校外在线培训机构、培训教育信息发布的更严格的规定。第三是网络交易价格行为。北京对民办学校收费全部实行市场化，但对民办学校的定价机制、收费期限、公示等的过程性监管加强了。这些规定同样适用于在线培训教育行业。为了保障学员退费的权利，要加强机构财务管理，可以引入学费第三方代收与保证金制度。第四是网络教育纠纷解决机制。可以参考适用《电子商务法》第四章"电子商务争议解决"。因"教育"这一特殊服务的质量和效果较难评判，由此产生的消费者维权问题也相应复杂。例如，消费者在互联网教育过程中一旦自身权益受到侵害是遵循"谁办网谁负责"的互联网管理办法还是向视频资源内实施教授的人提出诉求，没有明确的处理依据，导致消费者维权困难。

参考文献

金锦萍：《非营利法人治理结构研究》，北京大学出版社，2005。

王磊、周冀：《无边界互联网＋教育》，中信出版社，2015。

张立国、王国华：《在线教育的理论与实践》，科学出版社，2018。

何克抗：《论教育信息化发展新阶段》，北京师范大学出版社，2015。

迈克尔·霍恩、希瑟·斯特克：《混合式学习：用颠覆式创新推动教育革命》，机械

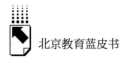
工业出版社，2015。

杜创、王泽宇：《互联网＋医疗/教育：商业模式、竞争与监管》，中国社会科学出版社，2017。

赵帅：《破局互联网＋教育》，化学工业出版社，2018。

云薇笑：《互联网教育治理法制化初探》，《行政与法》2018年第6期。

易凌云、周洪宇等：《推动我国互联网教育立法的思考与建议》，《现代远程教育研究》2017年第1期。

黄忠敬：《教育政策导论》，北京大学出版社，2011。

易凌云：《互联网教育与教育变革》，福建教育出版社，2018。

张治、李永智、游明：《互联网教育时代的教育治理》，华东师范大学出版社，2018。

张丽君：《冰火两重天的教育行业，想"活"就要优先考虑"性价比"》，http：//www. zhuanzhi. ai/document/47e8d8919d12787618f7ea775574ff41，2019年2月浏览。

B.20

"双一流"背景下北京市属高校首批
一流本科专业建设的问题及启示

一流本科专业建设必须坚持分层分类的思路，体现社会需求
导向和分类发展的引导性。调研发现，北京市首批一流本科
专业建设存在着区分度和代表性不够、高校内在动力机制不
足等问题，同时在师资引进、国际合作的自主性与可持续性、
学科与专业一体化建设、优势生源吸引以及质量保障运行有
效度方面面临着严峻挑战。从政府角度，建议做好"两统筹、
四引导"，努力寻求"四突破"，搭建"两个平台"，建立
"一套标准"，形成"一个制度"。

一流专业 市属高校 双一流 专业建设 北京市

提高教学水平，基础在本科，基础不牢，地动山摇。一流大学和一流学
科建设都离不开一流的本科教育，一流本科教育是"双一流"建设的核心
任务和重要基础。国家启动"双一流"建设，对于一批实力雄厚的重点大
学而言有了新的发展目标和导向，然而对于数量更加庞大、学科基础相对较

---

* 杨振军，北京教育科学研究院高等教育科学研究所副所长、副研究员，主要从事高等教育政
策、高等教育质量监测与评价、高等职业教育等领域的研究工作；王晓燕，北京教育科学研
究院高等教育科学研究所研究员，主要从事高等教育政策、高等教育质量监测与评价等领域
的研究工作。

为薄弱的地方院校而言，如何更好地聚焦内涵建设，打造办学优势特色，不断增强对于地方经济社会发展的贡献力，成为摆在各级政府面前的一道难题。在这一背景下，从 2017 年开始，北京在全国率先启动了首批市属高校一流本科专业遴选与建设。

市属高校一流本科专业遴选与建设对于引导市属院校重视本科教育教学工作，不断提升人才培养质量，强化办学优势和特色等产生了积极效果，对于新时代确立市属院校在全国同类院校中的引领地位等都有深远的战略意义。为了进一步扩大影响，更加科学地扩大一流本科专业建设的范围，发挥一流专业建设的整体效益，对首批市属一流本科专业遴选和建设的经验进行梳理尤为必要。为此，我们在明确专业建设的基本内涵和国内各省份一流本科专业建设思路的基础上，重点分析了首批市属一流本科专业遴选和建设的现实问题和改进方向，以期为下一阶段更有效地推进北京市一流本科专业整体建设提供参考。

一 专业的内涵与专业建设的要素

专业是高等教育领域的一个常用术语。教育界对于专业的定义多种多样，归纳起来主要有两种。第一种从分类的角度将其定义为一种学业门类，《现代汉语词典》将"专业"定义为"高等学校的一个系里或中等专业学校里，根据科学分工或生产部门的分工把学业分成的门类"，第二种是从专业内容构成的角度将其定义为"一种课程组织形式或课程计划"，潘懋元指出"当代世界绝大多数高等学校从性质上看，实施的都是专门教育，即根据学术门类划分或职业门类划分，将课程组合成不同的专门化领域。在我国，将这些不同的组织称为'专业'"；① 顾明远主编的《教育大辞典》将专业定义为：中国、苏联等国高等教育培养学生的各个专业领域，大体相当于《国际教育标准分类》的课程计划或美国高等学校的主修。② 根据社会职业

---

① 潘懋元：《高等教育学》，福建教育出版社，2007，第 130 页。
② 顾明远主编《教育大辞典》，上海教育出版社，1991。

分工、学科分类、科学技术和文化发展状态及经济建设与社会发展需要划分。高等学校据此制定培养目标、教学计划，进行招生、教学、毕业分配等项工作，为国家培养、输送所需的各种专门人才；学生亦按此进行学习，形成自己在某一专门领域的专长，为未来职业活动做准备。

从高校的教学组织来看，专业的本质是依据一定的人才培养目标而设置的课程组合。与欧美等主要国家高等教育更加强调课程不同，在我国，专业通常是一种建制化的实体，是高校人才培养的基本单位，学生从入学开始就严格按专业培养，高校通常以专业为单位来组织教育教学资源。专业建设离不开与经济社会的人才、信息和资源的交换，以获取专业建设的各种重要资源，同时，专业人才培养质量也最终会受到社会和市场检验。

专业建设是一个推动专业不断提升人才培养质量，满足经济社会发展对更高水平人才需求的过程。专业建设是社会需求与学科建设的体现和延伸，是培养高级专门人才和形成专业特色与优势的过程，主要包括确定人才培养目标和规格、调整专业结构和专业内涵、设计培养方案和课程体系、建设教师队伍和教学管理队伍、抓好课程建设和教材建设、改进教学方法和教学手段、建设实验平台和实践基地、完善专业制度和教学管理制度，以及培养合格专业人才等内容。[1] 根据悉尼协定，专业建设主要包括七个方面：生源建设、培养目标、毕业要求、持续改进、课程体系、教师队伍和支撑条件。

二 "双一流"建设背景下各省份
专业建设的目标分析

在国务院《统筹推进世界一流大学和一流学科建设总体方案》（简称《方案》）颁布之后，"双一流"建设迅速成为新的高等教育发展战略。"双一流"建设，虽然是高等教育的高端发展计划，但它对提高本科人才质量也有很重要的拉动作用。按照《方案》所提出的"总体规划，分级支持"的措施，各

---

① 张正国：《本科专业建设的比较、思考与实践》，《中国高等教育》2002 年第 3 期。

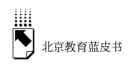

省份结合自身实际，制定地方的"双一流"建设方案。积极推进本省份"双一流"建设。在统筹推进"双一流"建设的过程中，很多省份关注到了专业建设的问题，将专业建设纳入了"双一流"建设的整体框架，提出了建设计划。

我们就各地出台的"双一流"相关方案或计划进行了梳理，以掌握全国其他省份一流专业建设的总体情况。据不完全统计，截至 2018 年，除北京以外，还有陕西、江西、安徽、贵州、广西、新疆、湖南、吉林等 8 个省和自治区将专业建设计划纳入了"双一流"建设总体规划。各地"双一流"方案专业建设规划具体如表 1 所示。

表 1　全国各省份"双一流"方案专业建设规划

省份	文件名称	建设目标
北京	《北京市教育委员会关于开展 2017 年市属高校一流专业遴选建设的通知》	自 2017 年起，面向市属高校分批遴选 50 个左右一流专业进行重点建设，每个专业建设周期为 5 年。力争在"十四五"期间，形成一批国际或国内一流的强势专业、行业一流的急需专业、新兴交叉复合的国内品牌专业。
江西	《江西省有特色高水平大学和一流学科专业建设实施方案》	遴选建设专业 100 个左右。到 2020 年 20 个左右本科专业进入国内一流专业行列。
陕西	《关于建设"一流大学、一流学科，一流学院、一流专业"的实施意见》	到 2020 年，200 个重点专业保持全国领先水平（包含高职院校专业 50 个）；持续培育 500 个（包含高职院校专业 150 个）特色专业保持行业、区域领先水平。
广西	《广西高等教育强基创优计划实施方案》	分类重点支持建设优质专业。支持高校进一步加强高水平专业建设，参加国际、国内权威专业认证和评估，到 2020 年，一批专业进入国内一流行列，若干个专业进入国内一流前列或国际一流行列。
安徽	《安徽省人民政府关于印发一流学科专业与高水平大学建设五年行动计划的通知》	到 2020 年，重点建设 8 所左右特色高水平大学和一批优势特色学科专业，达到国内一流水平。重点建设 10 所左右应用型高水平大学和一批品牌应用型专业，达到国内一流水平。重点建设 20 所左右技能型高水平大学和一批紧密对接产业的高职专业，达到国内一流水平。

续表

省份	文件名称	建设目标
湖南	《湖南省人民政府关于印发湖南省全面推进一流大学与一流学科建设实施方案的通知》	以一流学科支撑引领一流专业建设,把一流学术团队和一流研究成果转化为一流的教学资源。发挥专业集聚效应,建设一批能提升、引领产业的特色专业群。到 2030 年,80 个高职特色专业群进入全国高职学院同类专业群的前列。
吉林	《吉林省人民政府办公厅关于加快教育发展的实施意见》	根据产业转型升级需求,持续支持一批建设目标明确、对接社会需求的急需专业,积极打造品牌专业群(链)。
新疆	《自治区普通高校重点专业建设实施方案》	建设 40 个服务重点专业,包括 10 个左右特色品牌专业、20 个左右创新创业示范专业和 10 个左右战略新兴专业。
贵州	《贵州省教育厅关于印发"大力推进区域内一流大学和一流学科建设的实施意见"的通知》	推动有条件的高校和学科专业进入区域前列或接近全国一流水平。建设拥有多个省内领先、国内具有一定影响力的优势特色学科专业的大学,形成区域内一流学科专业群。拥有某一优势特色学科专业的大学,要进入区域内该学科专业领域一流行列或前列。

　　将专业建设规划纳入"双一流"方案的 8 个省、自治区均处于中西部或东北地区等经济欠发达地区,同时这些地区也是高等教育欠发达地区。这些地区在一流大学和一流学科建设基础相对较差的现实情况之下,不约而同地瞄准了专业这个突破口。各省份"双一流"方案的专业建设规划呈现如下几个特点。

　　第一,学科与专业进行通盘考虑。在学科与专业建设的整体设计上,有两种主要的思路。一种是强调以学科支撑引领专业建设,将一流学科与一流专业建设结合。如陕西省对一流专业建设遴选时,申报专业的要求是,对于部属院校需是学科评估全国前 20% 的学科所属专业,对于省属院校需是学科评估排名全国前 30% 的学科所属专业。另一种是,除了有较好学科基础的优势专业,同时重视加强战略新兴专业、社会急需应用型专业和高职专业的建设,如湖南、陕西和安徽等都将高职纳入专业建设规划统一考虑。很多

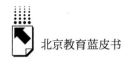
省份将一流专业纳入了一流大学和一流学科建设总体框架之下，以江西省为例，其对各阶段已列为一流学科建设对象的各层次学科，要求建设经费惠及相关学科群与专业群，其覆盖的所有专业，不再纳入一流专业建设范围。

第二，专业建设思路是以点带面，重视一流专业建设的引领示范作用，通过若干专业建设达到优化专业结构、提升人才培养整体质量、提升专业服务地区经济产业发展的目的。

第三，专业建设均实行了分类建设，如陕西分为战略性新兴专业、人文社会科学相关专业和特色鲜明、对行业区域发展具有支撑力、发展后劲持续增加的相关专业进行建设。江西一流专业建设依据目标定位不同分为优势专业和特色专业两个层次。安徽则分为优势特色学科专业、品牌应用型专业和高职专业三类分别建设。

第四，专业建设目标分层次，但缺少明确标准。专业建设目标层次定为"区域一流行列或前列""行业领先水平""国内一流水平""国内一流前列""国际一流行列"等，但是除了陕西省外，均没有给出专业建设达标具体评价标准。

三 当前北京市属高校一流本科专业
建设方面存在的突出问题

北京市属高校一流本科专业建设已经启动首批遴选和建设。通过对27个建设专业基本资料分析和相关院校调研，我们发现当前市属高校一流本科专业建设面临如下问题。

（一）遴选建设专业的代表性和区分度不够，未能反映北京市属高等教育优势本科专业的整体水平

从第一批建设专业的分布来看，第一批建设专业在院校间的分布较为平均，掩盖了市属高校之间专业建设整体水平存在较大差距的事实；遴选建设专业的分布未能体现北京市属高校本科专业的布局，突出表现为艺术类专业

占比较大，而历史、法学等学科无建设专业入选。

部分专业与落选专业或者未申报专业的实力区分度不高，从生源、就业、师资、教学经费投入以及国际化等方面来看，遴选出的部分建设专业与其他专业，特别是其他申报专业相比并无明显优势。这一方面给这些"一流专业"的合理性蒙上了一层阴影，同时带来了一流专业建设会人为拉大校内和校际专业间差距的隐忧。

表2 入选专业与其他申报专业基本指标比较

项目	入选专业（A）	其他申报专业（B）	A－B
教学经费投入（万元）	380.6	384.6	－4
副高职称以上教师主讲本专业本科课程比例（%）	75.7	75.2	1
省部级以上（包括省部级）教学名师数（名）	3	1	2
省部级以上（包括省部级）优秀教学团队数（个）	2	1	1
近五年本专业教师省部级教学研究项目数（个）	12	10	2
具有博士学位教师占比（%）	62.3	65.8	－4
在京录取平均分（文科）	449.6	478.5	－29
在京录取平均分（理科）	535.1	532.5	3
近五年毕业生平均就业率（%）	76.6	78.6	－2
近五年学生参加国家级创新创业活动比例（%）	6.3	4.3	2
五年专业校内外实习实训基地接待学生数（人）	2718	3237	－519
专业核心课程在线课程比例（%）	28.2	14.3	14
核心课程的全英文授课比例（%）	10.9	2.9	8
近五年境外机构联合办学与培养合作项目数（项）	7	7	0
五年境外机构联合办学与培养参与学生人数（人）	199	123	76
接收学习、实践半年以上境外留学生数（人）	41	66	－25

（二）高校内部推进一流本科专业内涵建设缺少有效动力机制

建设专业大多是国家级或市级特色专业。"十一五"以来，历经了质量工程项目等若干轮建设后，高校在专业建设方面积累了丰富经验。但是在当前"见物不见人"的经费管理模式下高校对于专业教学质量提升最为关键的教师激励缺少有效手段。

当前市属高校中还比较普遍存在"重科研、轻教学"倾向，学校当前的考核机制也没有发挥对于教师投入教学的有效激励作用，教师对教学工作投入不够，开展教育教学改革动力不足。具体表现为教授为本科生上课的比例，特别是为低年级本科生上基础课的比例不高，有重要影响的教学成果奖获奖数量偏少。教师倾心教学、投入教学的积极性、主动性不够，以教学为中心的原则得不到有效落实，势必会对一流专业建设的实际效果产生影响。

（三）师资引进与保持面临央属和外省份的巨大竞争压力

在推进京津冀协同发展和非首都功能疏解的形势下，受到有关编制、人事政策等约束，市属高校普遍编制紧张，进京指标大幅缩减，使高校在人才引进方面受到很大限制。与此同时，在"双一流"建设背景下，央属院校和外部省份均加大了"抢人"力度，然而市属院校薪酬待遇等政策却较为僵化，在高水平人才引进方面缺少竞争力，在高水平人才保持方面也缺少较为有效的手段，承受了人才队伍不稳的巨大压力。同时，高水平人才队伍的稳定性差，严重影响了一流专业建设中领军人物作用的有效发挥，影响教学团队的建设，需要引起足够重视。

（四）专业建设国际化程度较低，高校国际合作与交流的自主性和可持续性亟待加强

入选建设专业的留学生占比不足1%，对于境外留学生的吸引力较小；受外语水平不高等因素限制，"送出去"方面学生受益面也还比较小，出境学习、实践半年以上学生占比也不足1%；外籍教师特别是高水平专业课外

籍师资还严重不足;专业教师的外语水平难以满足双语教学的需要;课程、教材更新较慢,未能及时追踪国际领先水平;受到北京市财政政策变动和外事管理政策等影响,包括"外培计划"等在内的"送出去"项目持续存在不确定性,在外籍高水平师资引进和师资国际交流方面还存在着配套政策不完善和制度僵化等带来的诸多不便,给高校实际操作造成了很多困难。

(五)不同程度地存在着学科建设和专业建设"两张皮"现象

北京市属高校还较为普遍地存在着"重科研、轻教学"的倾向,入选专业建设与相关学科建设一体化推进不够。突出表现为学科发展的人力和资源投入挤占专业教学投入,而学科发展的成果向教学资源转化方面明显不足,在课程与教材内容更新、教学实验设计、本科生参加科研、学生毕业论文(设计)选题等方面与学科建设相关研究项目和成果结合度不高。

(六)跨学科专业没有得到足够重视,存在"复而不合"的现象

打破学科界限,培养学生综合运用知识、解决复杂问题的能力和创新能力,是世界一流大学专业建设方面的重要举措。从目前北京市属院校入选专业的建设情况来看,跨学科专业较少,所谓的"跨学科"也只是通过单纯地开设交叉学科所涉及的相关课程来实现,跨学科综合课程最终名不副实,任课教师自身缺少跨学科知识结构,学生没有得到足够的指导以克服学科间的冲突,获得对知识的综合认识。从专业管理体制来看,高校内部不同院系和专业之间存在坚固壁垒,校内资源缺少协同整合,还未能形成一流专业人才培养更加有效的合力。

(七)生源整体质量不高,部分专业受行业变化影响明显

一流专业建设需要稳定而又高质量的生源。然而,在当前的高考招生录取制度下,与央属院校相比,市属高校入选专业的生源质量整体相对较低,具体到部分专业,生源质量受行业吸引力等的影响明显,如首都师范大学的小学教育等师范专业,由于近些年教师待遇竞争力下降,学生报考的热情不

高。如何在生源处于劣势的情形之下推进一流专业建设，是对市属院校面临的严峻挑战。

（八）专业质量标准不高，内部质量保障体系运行有效度有待提高

一流专业必须要有一流内部质量保障体系，能够保证持续的自我改进。目前市属高校还缺少更高的专业质量标准，在质量信息收集的及时性、有效性，以及评价结果与针对性改进有机结合等方面还较为薄弱，影响了内部质量保障体系运行的有效度。同时，对于高校一流专业建设极为重要的外部信息，如劳动力市场需求、毕业生发展和社会评价等也面临反馈不及时、信效度差等突出问题，难以发挥对于专业建设的有力推动作用。

四 推进市属高校一流本科专业建设的思路与举措

在"双一流"建设背景下推进市属高校一流本科专业建设是一项战略工程，意义重大，同时是新时代市属高等教育改革创新的一次难得的历史契机，为高等教育发展模式的突破和创新打开了新的空间。有关部门应通过加强顶层设计，突出重点，稳步推进，努力取得实效。

从政府角度，应该做好"两统筹、四引导"，努力寻求"四突破"，搭建"两个平台"，建立"一套标准"，形成"一个制度"。

（一）做好"两个统筹"，即统筹一流专业建设与市属高校发展定位；统筹一流学科与一流专业建设

在宏观战略选择方面，教育主管部门应坚持宏观调控与尊重学校自主权相结合，立足北京、面向京津冀，综合考虑北京市经济社会发展需求和实际，着眼于解决北京高等教育发展不平衡、不充分的矛盾，尽快出台市属院校分类发展指导意见，明确北京市属高校整体发展格局和角色，将市属高校一流专业建设与学校特色发展相结合，促进其分类发展、错位发展。一流专业遴选与建设还应与"高精尖创新中心建设计划"等学科建设计划统筹考

虑，加强总体规划，科学合理布局，形成合力，不断强化市属高校的办学特色，带动市属高校整体实力提升。

（二）做好"四个引导"，即引导高校多元定位、分类发展；引导学校推进学科专业一体化建设，加强学科专业的交叉融合；引导学校深入推进教育教学改革，创新人才培养模式；引导高校构建高标准的内部质量保障体系

引导高校根据学校发展定位分层分类建设一流本科专业，具体来讲市属高校一流专业建设的对象既要有传统优势专业，又要有北京经济社会发展急需专业，还要有对北京战略性新兴产业发展而言有创新、引领和支撑作用的新兴交叉复合型专业等；专业人才培养目标定位可以包含学术型、应用型或技术型等多个类型；专业建设目标也允许高校结合专业发展实际，从国际一流、国内一流和行业一流等不同层次进行合理定位。总的目的就是使专业发展与学校发展相得益彰，鼓励各类专业力争上游。不论何种专业发展定位，都要求一流专业建设必须达到细化专业人才的培养规格和要求，形成切实可行的人才培养方案，确保人才培养目标的达成。

引导高校突出学科专业一体化建设的思路推进专业建设，以一流专业建设为契机，打破学校内部人、财、物、信息、组织之间的各种壁垒，建立和完善学科、专业调控机制，促进学校内部学科专业资源和人才资源的有效整合与合理配置。大力加强跨学科专业建设，为人才培养搭建高水平平台。

引导高校深入推进教育教学改革，创新人才培养模式。要求高校加大单独招生、大类招生力度，探索完全学分制，增加本科生转专业的灵活性，努力实现个性化培养与因材施教；要求高校探索政产学研合作和产教融合育人新模式，深化创新创业教育；要求高校加强教学改革研究，课程与教材及时追踪国际前沿，深入推进教学方法改革。

通过引入工程教育专业认证、国际评估以及专业评估等手段，引导学校建立体现"一流"的专业质量标准，加强内部质量保障体系建设，提升内部质量保障体系运行有效度。

（三）寻求"四个突破"，即从财政政策、人事政策、外事政策以及招生政策四个关键入手，寻求突破，落实高校办学自主权，增强一流专业建设的内在动力

建立高层次的行政部门协调机构，由北京市政府牵头成立北京市"双一流"建设联席组，由市发改委、编办、人社局、财政局、教委和外事管理部门，共同研究完善市属高校一流专业建设有关政策。包括：探索合理调整学费标准等举措多渠道增加专业建设经费投入；加大对于人才队伍建设（含人才引进和现有人员培养）的经费倾斜力度；提高市属高校高级专业技术岗位比例；研究落实扩大高校人事管理权限及人员经费改革配套政策，落实高端人才引进在编制管理、岗位聘用、工资生活待遇、职称评定、税收优惠、配偶安置、子女入学等方面的优惠政策；进一步简化高校国际交流与合作出国审批权限和程序，缩短审批周期，执行区别于党政机关的审批制度和经费调控制度；对引进的海内外高层次人才，在出国学术交流研修等方面优先支持，大力促进市属高校开展国际合作与交流。

（四）搭建"两个平台"，即建立市级劳动力市场需求和高校毕业生发展追踪平台，建立一流专业建设成果共享平台

劳动力市场供求、毕业生发展以及用人单位评价信息对于高校及时修订专业人才培养方案和改进教学等都具有重要价值，但目前面临着学校自身能力不足、第三方评价可信度差、有关部门信息针对性差等突出问题。建议由市级层面统筹协调，搭建完善的毕业生发展和劳动力市场供求信息平台，方便高校及时获取相关信息，公正、客观地评价专业需求和专业建设效果，并及时推动专业持续改进。

推进一流专业建设要注重发挥对于学校专业建设的整体带动作用。一流专业建设要以品牌课程建设、高水平师资队伍建设为重要载体，通过打造精品课程资源和创新人才培养模式，形成一批可共享的优质教育教学和课程资源，形成一套可复制、可借鉴的一流人才培养理念与人才培养模式。建立市级层面的建设成果共享平台，可以发挥很好的放大效应，更好地起到一流专业建设的辐射、带动作用，有力推动市属高校专业建设整体水平提升。

（五）建立"一套标准"，形成"一个制度"，即明确专业建设目标，形成一流专业动态调整制度，加强风险控制

市教委出台市属高校一流本科专业基本标准，明确专业建设基本目标，并作为建设绩效考核的基本依据。有关部门对于一流专业建设要加强过程管理，注重绩效评价，既要关注高校的一流专业建设目标的达成度，还应考查一流专业建设对于学校其他专业建设的辐射、带动作用。建立一流专业动态调整机制，根据动态监测和过程性评价结果，对成效显著的加大支持力度；缺乏成效的，减少经费投入或取消资格，保证一流专业建设取得最大效益。以此防止出现一流专业建设终身制，人为拉大与其他专业的差距。

参考文献

潘懋元：《高等教育学》，福建教育出版社，2007。

弗莱克斯纳：《现代大学论：美英德大学研究》，徐辉、陈晓菲译，浙江教育出版社，2001。

林蕙青：《高等学校学科专业结构调整研究》，厦门大学博士学位论文，2006。

谢维和：《对口与适应——高校人才培养与劳动力市场的两种关系模式》，《北京大学教育评论》2004 年第 4 期。

卢晓东：《本科专业划分的逻辑与跨学科专业类的建立》，《中国大学教学》2010 年第 9 期。

周光礼：《论高等教育的适切性——通识教育与专业教育的分歧与融合研究》，《高等工程教育研究》2015 年第 2 期。

B.21
北京市现有民办学校分类登记的实施程序与制度衔接：反思与建构

李　曼*

摘　要： 北京市出台了民办教育"1+2"配套文件，下一步将会出台"北京市现有民办学校变更法人登记类型管理办法"，将现有民办学校的分类登记实施程序与相关的制度衔接进一步明确。北京市颁布的民办教育"1+2"配套政策解决了北京市民办教育发展的方向性问题，对实践中的关键问题回应力度不够，主要表现为各类资产的认定和处理方式不明确、审批机关和登记机关对办学资质要求不一、办学许可证与法人登记联系不紧密；建议北京市根据地方实际，结合首都功能定位，细化各类资产的认定和处理方式、加强对办学条件和举办者资质的预先审查、完善证照衔接的制度设计、积极发挥民办教育联席会议制度的整合作用。

关键词： 北京　现有民办学校　分类登记　制度设计与衔接

一　引言

2016年11月，全国人大常委会通过了《民办教育促进法》的修改决定，确定了民办学校实施分类管理的法律依据。根据新法授权，民办教育分类管理和登记的具体办法由地方因地制宜、根据实际情况自行制定。2018

* 李曼，教育学博士，北京教育科学研究院教育发展研究中心助理研究员，研究领域为民办教育政策与法规。

年 11 月 29 日，北京市出台了《北京市人民政府关于鼓励社会力量兴办教育促进民办教育健康发展的实施意见》《北京市民办学校分类登记办法》。依据北京市教委 2019 年民办教育工作计划和《北京市民办教育联席会议 2019年工作要点》，下一步计划出台"北京市现有民办学校变更法人登记类型管理办法"和配套的操作指南，将现有民办学校的分类登记实施程序与相关的制度衔接进一步明确。

北京市有法律定义上的"现有民办学校"1800 余所，按照《北京市民办学校分类登记办法》规定，结合北京市的历史和现实，提出"三年三批次"方案，学前教育及培训机构需在 2019 年 9 月 1 日向审批机关提交关于学校法人性质选择的书面申请，高中、中等职业教育于 2020 年 9 月 1 日前提交申请，高等学校于 2021 年 9 月 1 日前提交申请。按照《民办教育促进法》规定，现有民办学校选择登记为营利性的进行财务清算，依法明确各类财产权属，选择为非营利性的修改章程后履行办学许可证、法人登记证后继续办学。北京民办教育整体发展规模不大，但有自身的特点，培训机构与幼儿园占比相对较大，但这类学校轻资产，涉及土地、国有资产的相对较少，因此先以这类学校为起点逐步完成各类民办学校的转设。

现有民办学校分类登记点多、线长、面广，分类登记过程涉及教育、市场监管、民政、税务、国资等不同部门，不同部门之间的政策设计与衔接以及同一部门不同层级的立法权限等是现有民办学校分类登记的主要障碍。因此，科学审视现有民办学校在分类登记中遇到的体制障碍与政策难题，使不同部门之间的政策做到无缝衔接是保证现有民办学校分类登记顺利实施的关键，对推进民办教育分类管理改革、实现民办学校平稳过渡都具有现实的意义。

二 北京市现有民办学校分类登记实施过程中面临的制度性困局

现有民办学校分类登记是整个分类管理最为核心的问题，北京市虽然已经颁布了民办教育"1＋2"配套文件，但分类登记的操作流程还不够具体，在走访民政、市场监管、税务等部门后，发现在政策衔接上还存在以下问题。

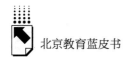

（一）各类资产的认定和处理方式不明确

1. 国有资产的认定和处理

首先，谁来清算的问题。从现有法律上看，已出台《国有企业国有资产管理办法》《事业单位国有资产管理办法》，对民非或社会团体中国有资产的处理还没有相关法律规定，因此在民办学校国有资产的处理问题上无法可依。从已出台的现有民办学校分类登记政策文本上看，上海、天津规定由学校聘请有资质的会计师事务所或第三方机构组织清算；江苏、河北规定按职责权限由省级以下人民政府有关部门和相关机构依法明确土地、校舍、办学积累等财产的权属，并缴纳相关税费，但有关部门和相关机构具体包括哪些并未明确；陕西在政策文件中仅提到要开展清产核资，也并未指明由谁开展。① 民办学校的国有资产有国资委批的、财政批的、发改委批的，还有业务主管部门批的，在民办学校转营过程中，不同主管部门的责任划分并不明确。

其次，处理方式的问题。关于登记为民非或事业单位的民办学校中不属于开办资金的国有资产如何定性，按照现有规定，如果开办资金中有国有资产，转为营利性法人时国有资产退回，但不属于开办资金的国有资产，如设备等在损耗期内，转为公司法人时是有偿使用还是无偿使用，相关法律并未有明确规定。

2. 捐赠资产的处理

《民办教育促进法》的立法原意很明确，分类管理要确保选择营利性民办学校实现平稳过渡，保护举办者、学校师生的合法权益。基于这样的目的，北京市在调研的基础上希望捐赠的资产能继续为转设为营利性民办学校使用，将原来的社会捐赠平移到新的营利性法人。现实问题是按照民政相关管理办法，并不将民办学校非营转营看作一个"承继"的关系，原来非营利性法人注销，实质上是民办学校的终结，这与《民办教育促进法》的立法原意相违背。根据民政相关规定，非营利性法人注销时必须将捐赠资产转移到同类性质的非营利性组织。如果是一贯制的民办学校，在分立的时候可以将捐赠资产划分到非营利的

---

① 李曼：《制度设计与衔接：现有民办学校分类登记困境破解的关键》2019 年第 7 期。

义务教育阶段，但举办者名下只有一所民办学校，如何保护原学校法人的财产。

也有举办者希望能重新征求捐赠者的意见。从法律上讲，捐赠形成的资产在捐赠后就与原来捐赠资产脱离关系，属于公共资产，重新征求捐赠者意见在法律上行不通，如捐赠人是企业法人可以永存，如是自然人可能已经死亡，又如何去征求捐赠者的意愿。

3. 清算过程中涉税问题

根据中国宪法的规定，省、自治区、直辖市的人大及其常委会在不与宪法、法律和行政法规相抵触的前提下，可以制定地方性税收法规。但是，中央税、中央与地立共享税以及全国统一实行的地方税的立法权集中在中央。民办学校分类登记涉及的增值税、契税、企业所得税等，地方只能遵照执行，并没有制定减免的权力。因此，现有民办学校分类登记税务缴纳范围和额度的决定性因素在于对"非转营"问题的定性。

如果定性为"注销"关系，即将民办学校变更法人登记类型看作原法人注销、新法人成立，则需要先成立公司成为营利性法人，把资产过户到新法人名下后，注销非营利法人，学校进行撤户清算的税务相对简单，但不动产等在办理权属转移登记之前要出具完税证明。"初步来看，现有学校登记为营利性民办学校的，将面临契税、资产增值部分的企业所得税和个人所得税、土地增值税等税费问题，金额将占到学校积累资产的一半以上"。①

如果定性为"承继"关系，可以按照企业重组进行纳税。举办人变企业股东，牵扯举办人把股权过渡到新法人名下，需要重新计算涉税，如果在转营的过程中股东不变、资产结构不变，实质上是企业特殊重组②，增值税不在征收范围、企业所得税为零。

---

① 方建锋：《推进民办学校分类管理中面临的瓶颈问题分析》，《复旦教育论坛》2018 年第 2 期。
② 企业重组改制税收文件包括《国家税务总局关于企业重组业务企业所得税征收管理若干问题的公告》（国家税务总局公告 2015 年第 48 号）、《国家税务总局关于纳税人资产重组有关增值税问题的公告》（国家税务总局公告 2013 年第 66 号）、《财政部、税务总局关于继续支持企业事业单位改制重组有关契税政策的通知》（财税〔2018〕17 号）、《财政部、税务总局关于继续实施企业改制重组有关土地增值税政策的通知》（财税〔2018〕57 号）、《财政部、国家税务总局关于企业改制过程中有关印花税政策的通知》（财税〔2003〕183 号）。

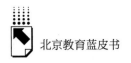

（二）审批机关与登记机关对办学资质要求不一

1. 办学地址问题

据调查，培训机构、部分幼儿园轻资产，以租赁办学为主。民办学校选择登记为营利性法人后，办学地址要符合《公司法》《公司登记条例》的规定，如公司没有自有房产，公司租赁期必须一年以上，租赁地址为商用、商铺、办公室等商用性质，有街道办或出租屋管理中心正规备案的地址，住建委的房屋用途有上万种，有的是不符合企业注册的条件的。

按照《民办教育促进法》的规定，变更法人登记类型时要先取得教育行政部门的办学许可证，然后去工商部门登记办理营业执照。依据教育部门相关规定，新设立学校要符合同级同类公办学校的办学标准，教育部门关注的是办学条件，登记部门关注的是房屋用途，理论上来讲，存在符合教育行政部门的办学条件，但不符合工商部门企业住地登记条件的可能性。

2. 学校注册资本问题

《民办教育促进法》规定，筹设民办学校时要提交资产来源、资金数额及有效证明文件，并载明产权，《民办教育促进法实施条例（送审稿）》规定实施学历教育的营利性民办学校注册资本应当与学校类别、层次、办学规模相适应。其中，实施高等学历教育的，注册资本最低限额为 2 亿元人民币；实施其他学历教育的，注册资本最低限额为 1000 万元人民币。营利性民办学校批准筹设时，举办者实缴资金到位比例应当不低于注册资本的60%；正式设立时，注册资本应当缴足。实质上，教育部门对营利性民办学校实行的是"实缴制"，但《公司法》实行的是"认缴制"，即使 1 元也可以注册公司。

民办学校由非营利性转为营利性过程中，要新成立一个营利性法人，旧法人的资产转移到新法人，必然会有一个新旧法人的共存期。按照《民办非企业单位暂行管理条例》，清算期间不能开展清算以外的活动，这就意味着进入清算阶段后原学校法人财产冻结，原法人没有注销，新营利性法人的开办资金如何到位。

3. 举办者资质问题

按照现有规定，党政机关和所属事业单位不能办延伸企业，原有学校事业单位举办者不能再当出资人。新法对非营转营期间举办者是否可以变更并没有具体规定，公司法实行的是"认缴制"，市场监管部门进行登记时要认缴原举办者的出资，如允许变更，登记部门无法操作，允许投资主体发生变化也存在一定的风险，举办者可能会抽逃学校资金。如不允许变更，举办者可以享受企业特殊重组税收优惠，但不动产无法转移到新营利性法人名下，原法人的不动产要明确到股东的头上，股东再投入新营利性法人，而民政的规定是不能再回到举办者，两部门的相关规定无法衔接。

（三）办学许可与法人登记衔接不紧密

1. 原非营利性法人权利义务继承问题

新营利性法人产生后，原法人尚未注销，新旧法人处于权利义务交接的过渡期，按照工商"准入就准营"的管理规则，新营利性学校法人具有招生、对外签署合约等权力，原法人进入清算环节，不能开展清算以外的活动。但人才培养实行预付费制度，具有一定的周期性，不能因原法人终结就停止教学活动。如果继续赋予原法人权利义务，其在过渡期间又发生的经营活动如何进行清算；如果将权利义务赋予新法人，原来教师学生的权益如何保障。

2. "双法人"阶段教师学生的权益保护问题

新营利性法人成立后原法人将学校资产转移到新营利性法人名下，一定时期会存在"双法人并存"的现象，涉及以下两个问题。

第一，教师权益保障。原法人和新法人证书社会信用代码不同，但是中间的组织代码不变，社保部门依中间组织代码判断缴纳主体，双法人并存期社保应交到哪里。按照北京民办学校教师职称评审政策，必须有一年连续的社保缴纳记录，如在这个时段变化缴纳主体，教师的权益如何保障。

第二，学生权益保障。学校由原来的非营利性法人转设为营利性法人，学生入校时预期毕业证、学位证上的公章为非营利性学校，一旦转设为营利性，学生毕业证上公章即为某某大学有限公司或有限责任公司。教育部门规

定在发放毕业证时可以用学校简称，但公安部门见到工商的营业执照后才能发放公章，公司法规定营利性法人名称中必须使用公司字样，教育、工商、公安等部门政策不衔接，学生的权益如何保护。

3. 新旧办学许可证发放的问题

首先，清算阶段是否把旧证收回。如清算阶段把旧证收回，举办者普遍担心，一旦新证办理不顺，是否存在无证办学的风险。实际上，在清算阶段，旧法人尚未注销，教育行政部门收回旧证是担心在清算阶段学校以原法人的名义开展经营活动，一直会有新的债务产生，不利于旧法人的注销。即使新证办理不顺，原法人依然存在，学校依旧是非营利性民办学校，并不存在办学风险。

其次，是否发放临时办学许可证。有举办者建议发放临时办学许可证，解决旧办学许可证上交、新办学许可证未发放的问题，实际上这对教育行政部门的监管来说并无实际意义，一方面临时办学许可证仅用于过渡阶段，在此期间教育行政部门要花费大量的人力、物力印制发放，另一方面新旧交替阶段，双法人并存，临时办学许可证到底承担什么样的权利义务很难清晰界定。

三 北京市现有民办学校分类登记困局破解的关键

北京市已经颁布的"1+2"配套文件中明确鼓励、支持符合首都城市战略民办学校的发展，发挥民办教育的有益补充作用，坚持"服务北京、优化结构、提高质量、规范发展"的工作思路，引导民办学校办学符合首都城市战略定位和新版北京城市总体规划，适应非首都功能疏解和城市空间、产业、人口布局调整，持续有力推进民办教育分类管理改革。基于此，提出以下意见和建议。

（一）细化各类资产的清算组织主体和处理方式

民办教育促进法实施条例尚未颁布，实践操作层面仍无法可依，北京市颁布的民办教育"1+2"配套政策解决了北京市民办教育发展的方向性问题，这些政策不免为"粗线条"的，对实践中的关键问题回应力度不够。建议北京市根据自身民办教育发展的特点，在资产划分与认定上做出以下探索。

第一，明确国有资产清算主体。按照事业单位国有资产的认定方法，可由事业单位聘请第三方会计师事务所认定，认定报告需得到财政部门认可。北京事业单位改革国有资产评估设在财政局，事业单位国资评估清理首先要审批单位出具体意见，由财政局同时发放其他相关部门，如没有意见报送市政府，如有意见召开协调会，每个部门都要对自己负责的部分出具意见，几方同时介入。因此，建议仿照北京市事业单位改革，由民办学校聘请第三方机构认定，根据国有资产的审批渠道报送不同的主管部门，由主管部门负责认定。

第二，明确国有资产处理方式。建议根据国有资产的审批渠道，将各方的监管范围和责任划分清楚，依据不同部门的管理方法处理。比如土地出租出借，包括地面建筑，需要办理出租出借的批文。不动产的处理要走价格评估，国资委根据《重置成本法》重新认定价格。国有资产政府补助，包括政府直接出资的设备、学校获得的财政资金，结余资金要上交，原来形成的资产设备需要报备，并由财政局出具设备意见。

第三，建议在相关法律里明确捐赠资产"可以转移到举办者名下的其他非营利性学校"。无论是非营利性还是营利性民办学校都具有教育公益属性，转设为营利性学校后依然承担着培养人才的重任，因此，如举办者名下有其他非营利性学校，建议可以转移到名下的其他学校，如举办者名下没有其他学校，可以根据捐赠协议处置。

第四，建议将民办学校非转营定性为"企业特殊重组"。定义为"企业特殊重组"可以免增值税、企业所得税，在转设过程中股东不变、结构不变，当资产清算完毕后可进行举办者变更，不影响平稳过渡。在具体操作上，建议国有资产按照继续使用、出让、退回和参股办学四种方式。

（二）加强对办学条件和举办者资质的预先审查

在民办教育"1＋2"配套政策制定过程中，北京明确建立了多部门联合的民办教育联席会议制，但分类登记涉及面广、情况复杂，不同部门之间法律适用性不同，造成了证照衔接过程中的盲点和矛盾点。审批部门与登记部门应加大协调和沟通力度，加强对办学条件和办学资质的预先审查。基于此，提出以下建议。

第一，建议登记部门加强对办学地址用途的预先核准。民办学校设立实行"先证后照"的制度，会出现符合教育行政部门的办学条件，但不符合工商部门企业住地登记条件的可能性。为了避免这种极小的可能性，建议教育行政部门和市场监管部门加强联系和沟通，做到无缝衔接。市场监管部门已经取消了名称登记的行政许可，对营利性民办学校需预查学校名称，但民办学校是法定前置许可，教育行政部门在见到登记部门的名称文书才能审批办学许可证。在办理名称预先核准文书时，建议工商加强对住地用途的核准，避免发放办学许可证后，出现不符合企业登记住地的情况。

第二，教育行政部门组织举办者签署认缴承诺书。如果将新成立的民办学校定性为"承继关系"，本质上就是在民办学校基础上改制，原来民办学校举办者对民办学校的出资认缴。要解决认缴与实缴的矛盾，教育行政部门可要求举办者签署认缴资金承诺书以达到实缴的目的。

第三，变更登记后不符合条件的举办者按程序退出。按照现有规定，党政机关和所属事业单位不能办延伸企业，原有学校事业单位举办者不具备营利性学校投资人身份。建议在变更登记阶段，投资主体和资产结构不变化，完成登记后，事业单位举办者按照程序退出。

（三）完善证照衔接的制度设计

按照市场监管部门的规定，现有民办学校转设为营利性法人获得工商营业执照后，即获得了经营许可权，所有的权利义务等均由新营利性法人承担，原法人进入清算阶段。基于民办学校的特殊属性，提出以下建议。

第一，建议学校权利义务由新法人继承，旧法人只进行清算，除了教学活动以外，不能开展其他活动。新法人具有对外签署合同、招生等权利，对外承担法律责任。旧法人只进行教育教学，在此期间产生的费用，可以在清算完成后进行补充清算。

第二，最大限度地保护教师的权益。新法人成立后，建议学校与教师重新签订劳动合同，规定双方的权利义务，学校教师的社保由新营利性法人承担。按照北京现有的政策，民办学校教师评职称必须有一年连续的社保缴纳记录，教育部门可以协调人社部门开具社保缴纳证明。

第三，保护学生的合法权益。按照现有法律规定，义务教育阶段不能选择为营利性学校，学前、高中和高等教育阶段可能会面临学生进校时是非营利性、毕业时是营利性的问题。据调查，矛盾的集中点在高等教育阶段。建议根据高等教育的学制，本科设置四年、专科设置三年的过渡期，与公安部门协调保留原法人的公章，但公章只能用于发放学生的毕业生，老人老办法，新人新办法。获得新法人资格以后招收的学生毕业证上加盖某某大学有限公司或责任有限公司字样。

（四）发挥民办教育联席会议的整合作用

《北京市人民政府关于鼓励社会力量兴办教育促进民办教育健康发展的实施意见》中明确指出要建立市级民办教育联席会议制度，负责协调指导全市民办教育发展工作。民办教育分类登记涉及面广、情况复杂，不同部门的利益和立场决定了不同的反应模式。如在民办学校登记为事业单位的问题上，由于国有资产管理部门、编制部门等的立足点和着眼点不同，对分类登记的创新性举措难以达成共识；又如教育行政部门将现有民办学校由非营利性转设为营利性定性为"承继关系"，而民政和市场监管部门将其定义为"注销"；再加上北京大都市的特点，车辆需要摇号，没有车牌号无法过渡到新营利性法人的名下。因此，在政策征求意见中的一些创新性举措往往不能落实，影响民办教育联席会议制度的整体性治理作用发挥。基于此，提出以下建议。

一是压实责任，明晰各部门的权利义务边界。民办教育联席会议制度属于整体性治理的范畴，虽然有利于整合性工作的开展，但不利于责任追究。建议以法律形式明确各部门的权利和义务，加大各部门政务公开的力度，保

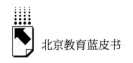
证政府履职的公开性和透明化,接受社会公众的监督。① 比如,加大双法人阶段政府的监管力度,划清市场监管部门和教育行政部门各自的权力范围,明确责任承担主体。又比如,针对民政部门和国有资产监管部门各自权限范围内资产的处理方式,国有资产监管部门确定国有资产不得流失,民政部门确保捐赠资产只能在非营利性学校之间流动,各部门按照自己的运行模式,对自己监管的资产负责。

二是确立履行跨部门职责的法律规范,建立跨部门责任追究机制。"法律规范的确立为不承担或不积极承担跨部门职责的行为提供追究责任的依据,做到有法可依、有理可循",② 将各地民办教育分类登记的完成情况和政策建设情况列入政府督查台账,对选择性执法、象征性执法以及不作为的政府部门进行惩罚和问责。

三是对于一些难以突破的政策障碍,建议通过民办教育联席会议协商解决。如车辆转移问题,建议与交通管制部门协调,共同商讨应对解决办法,办学地址的用途问题,提前与市场监管部门沟通,在办学许可证发放前做好应对。

参考文献

李曼:《制度设计与衔接:现有民办学校分类登记困境破解的关键》2019 年第 7 期。

方建锋:《推进民办学校分类管理中面临的瓶颈问题分析》,《复旦教育论坛》2018 年第 2 期。

尹峰、匡爱花:《民办学校分类管理税收优惠对策与建议》2018 年 9 月 21 日,http://www. sohu. com/a/255301672_ 379440,2019 年 2 月 17 日浏览。

---

① 李曼:《制度设计与衔接:现有民办学校分类登记困境破解的关键》2019 年第 7 期。
② 尹峰、匡爱花:《民办学校分类管理税收优惠对策与建议》2018 年 9 月 21 日,http://www. sohu. com/a/255301672_ 379440,2019 年 2 月 17 日浏览。

B.22

北京市融合教育支持体系建设与实践创新

北京教育科学研究院特殊教育研究指导中心课题组*

摘　要： 北京市在长期推进融合教育的基础上，近年来加大政策保障力度，增加政府投入，聚焦特殊儿童的个性化需要，逐步在政策、制度、建设等层面不断完善市、区、学区、校四级融合教育支持体系建设，并在实践中逐步加以落实运行，注重加强学校管理变革、课程建设、教学改进、评价改革、师资培训、资源开发等重点工作，在宏观、中观、微观不同层面均较大程度地推进了融合教育支持系统的建设和实践，有力推进了全市融合教育质量的提升，保障残疾儿童在内的特殊学生享受到更加优质的教育。

关键词： 北京　融合教育　支持体系

一　问题的提出

作为残疾儿童少年接受教育的重要方式，融合教育近些年越来越得到关注和重视。2017年5月1日正式实施的《残疾人教育条例》第一次在国家教育法律条文中使用"融合教育"这一术语，并专设第58条做出简明界定——"融合教育是指将对残疾学生的教育最大程度地融入普通教育。"随着发展，实践中融合教育的对象已不仅仅包含残疾学生，在一些教育发达地区还包括非残疾但存在一定特殊教育需要的学生，在教育安置方式上主要指

---

*　课题组成员为孙颖、王善峰、杜媛、朱振云、陈瑛华、史亚楠、陆莎、朱勃霖、张军。

在普通学校普通班级、特教班及资源教室为特殊学生提供教育的方式。

大力推进融合教育，是落实党的十九大"办好特殊教育""努力让每个孩子都能享有公平而有质量的教育"会议精神，落实国务院《残疾人教育条例》、两期《特殊教育提升计划》等文件要求的重要举措，是与教育现代化发展和国际教育变革发展趋势高度契合的教育发展路径，是当前教育现代化发展的一个重点领域。北京作为首都，历来坚持"首善"标准，在坚定落实国家政策的基础上，一直以更高标准深入推进融合教育。自 1984 年率先在五个区试点开展随班就读工作以来，在融合教育推进上做出大量有益探索和扎实实践，积累了丰富经验，融合教育发展水平走在全国前列，残疾学生融合教育比例、就近入学率等一直保持全国领先水平，近几年"融合教育已成为北京市残疾儿童接受教育的主要形式"。① 2013 年 3 月，北京市政府在全国率先以"融合教育"命名发布《北京市中小学融合教育行动计划》（京政办函〔2013〕24 号），为全市融合教育加速发展提供了强大动力和政策保障。2018 年 3 月发布《北京市特殊教育提升计划（2017～2020 年）》，强调"坚持融合发展理念，强化融合教育主体地位""坚持融合教育发展方向"，为新时代融合教育发展提出了新的要求。

面对新需求，全市融合教育发展还存在一些不平衡、不充分的突出问题。近几年来，北京市深入开展全市融合教育支持体系建设与实践创新的研究及推动工作，聚焦并有效破解一些关键问题，取得丰硕成果。在推进融合教育深入发展的过程中，聚焦和有效破解的主要问题有以下几方面。

（一）融合什么：融合教育质量不高，未能有效满足特殊学生的个性化需求

融合教育是在长期推进随班就读工作的基础上广泛、深入开展起来的，从"进得来"到"学得好"，面临着规模扩张和质量提高双重挑战。学生差异性越来越大，学生的个别化需求越来越凸显，学生间、家长间的关系越来

① 张琳、孙颖：《北京：打造融合教育的"首善之区"》，《现代特殊教育》2016 年第 9 期。

越广泛，教与学的矛盾也越来越构成对老师的艰巨挑战……在这样一个背景下，推进融合教育，更好满足特殊学生的个性化需求，更好保障融合教育质量和效果，融合教育工作的重点和要点是什么成为首要考虑的议题。

（二）谁来融合：专业人力资源不足，教师专业水平有待提升

相关研究发现，教师对融合教育理念认识尚不够深入，教学能力相对较弱，残疾学生发展评估、融合教育课程计划、个别化教育计划的制定与实施等也相对较弱；[1] 就全市范围来看，融合教育优质资源严重不足，且集中分布在首都功能核心区，各区融合教育发展水平不一，资源共享机制尚未形成；在学校内部，行政管理对融合教育的支持还不强，融合教育专业力量薄弱，资源教师和特殊学生家长参与融合教育推进的力度还不够。[2]

（三）如何融合：实施的规范性不足，缺乏科学管理和有效督导

融合教育学校受到支持或指导的现状仍旧不容乐观，特殊教育中心巡回指导及特殊教育资源教室提供的特殊教育专业支持服务与实际需求还有一定的差距。标准化督导评价指标和检查制度缺位，导致融合教育教学开展实效模糊，规范性不足，强制性弱。

二　解决问题的过程与方法

（一）解决问题的思路

本研究认为，融合教育支持体系建设应关注以下两个方面：一是按照学生个体发展需要，强调融合教育推进是以特殊学生发展为本，推进建设特殊学生专业支持系统，实现由外而内的融合推进；二是针对现实问题，推进融合教育学校建设，为教师和学生提供专业支持，实现由内而外的融合转变，

---

[1] 颜廷睿、关文军、邓猛：《北京市中小学融合教育实施情况的调查研究》，《残疾人研究》2017 年第 6 期。

[2] 北京市特殊教育研究指导中心：《关于北京市融合教育现状及需求的调查报告》（内部资料），2017。

从而实现内外兼融。

基于这一认识，全市近年来以特殊学生发展为核心和最终目标，以系统论为指导，构建了宏观、中观、微观三个层次的融合教育支持系统，加大了专业支持力度。第一，特殊学生发展的宏观支持系统，是有利于融合教育发展的包容性环境、制度和文化，具体指融合教育重要文件制度的实行及系列宣导融合教育理念的活动。第二，特殊学生发展的中观支持系统，是对儿童多样化、个性化特殊需求提供直接保障且产生积极改变的系统，主要指多层级融合教育专业服务实体和配套评估体系的建立。第三，特殊学生发展的微观支持系统，即学生活动和交往的直接环境，指融合性学校的推进和教学服务团队专业发展模式的构建。支持系统中每一个子系统都与其他系统以及学生个体交互作用，影响着学生发展的各个方面。

（二）解决问题的过程与方法

遵循以上思路，按照国际通用的评估（Assessment）、分析（Analysis）、行动（Action）3A循环问题解决模式（见图1），在实践中从以下四个主要阶段来推进工作。

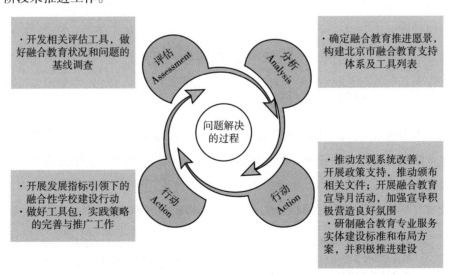

图1 基于3A循环问题解决模式

阶段一：以事实为依据，全方位诊断融合教育推进现状（2012年1月～2012年10月）

为准确评估北京市融合教育发展实际情况，找准融合教育推进着力点，市特教中心协同北京师范大学特殊教育研究所、北京联合大学特殊教育学院等研究部门组织专业力量开发了由《北京市残疾学生融合教育需求评估量表》、《普通中小学融合教育实施评估量表》和《普通中小学融合教育教师专业素养评估量表》等构成的科学评估融合教育发展状况的工具，在全市范围开展了广泛、深入调研，并组织了关于融合教育专业资源分布状况、融合教育学校管理者及教师需求等问题的专项研究，为研究和实践推进奠定了实证基础。

阶段二：以实践需求为导向，构建融合教育专业支持模式（2012年9月～2013年2月）

融合教育推进是一个持续不断的过程，需要改变过去重学校硬件资源投入、轻专业服务和学生支持的思路，转向寻找突破点、以特殊学生发展为本、构建融合教育专业支持体系。经过系统分析和概括相关规律，结合北京市融合教育发展现实，积极推进宏观、中观和微观三个层次的北京市融合教育支持体系建设。

阶段三：以制度为前导，推进融合教育专业支持实体建设（2013年3月～2018年3月）

针对"融合教育实施强制性和规范性不足"问题，本阶段重点是开展政策支持，用调研数据和政策咨询支持了《北京市中小学融合教育行动计划》《关于进一步加强随班就读工作的意见》《北京市特殊教育提升计划（2017～2020年）》等重要文件的研制，研究制定实施《普通学校融合教育推行委员会制度》，将前沿理念和支持要点写入政策文件中，确立了合法性和权威性，完善了融合教育实施的规范性。

针对"融合教育资源分布不均"问题，对北京市融合教育各专业服务实体进行科学布局和建设完善。一是积极推进区级特殊教育支持中心建设，独立发挥支持、指导、咨询等功能，为区域内融合教育的发展提供专业支

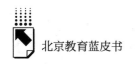

持。二是在全市范围推进建设市级示范性学区融合教育资源中心和市级示范性自闭症教育康复训练基地，为普通学校实施融合教育提供更加便利、专业的支持；构建特殊教育联盟发展机制，推进城乡间均衡发展。三是推进校级特殊教育资源教室和专业资源教师培养，直接统筹和协调学校融合教育工作的开展。

阶段四：以融合教育学校建设为抓手，探索学校融合质量提升的专业支持联动机制（2013年3月~2018年3月）

融合教育最终必须在学校层面得到落实和实践，才能增加每一个特殊学生的实际获得。为了实现融合教育能够真正有效地在学校中落实，在全市范围内选取6个区30所普通学校进行融合教育整体推进及质量提升试点研究与实践，成效显著。

三 主要做法与成效

基于调研和科学研究，全市积极完善融合教育宏观—中观—微观支持系统并推进有效实践，同时针对各层面涉及的专业资源布局、专业支持服务、人力资源建设与专业水平提升等提出合理化政策建议，并推动政策出台、研发和推行专业服务标准、研制专业评估、教学调整、质量评价等相关工具包及实践策略，保障了融合教育专业支持体系有效运行和学生实际获得。

（一）构建并推动支持系统：融合教育宏观—中观—微观支持系统

在政策推动和专业推动下，全市进一步完善了以特殊学生的发展为中心、全面推进融合教育的"宏观—中观—微观支持系统"（见图2）。

1. 特殊学生发展的宏观支持系统与实践

一是开展基于证据的政策支持与完善。通过实证调研、政策咨询，将前沿理念和支持要点融入政策文件，协助教育行政部门先后发布《关于进一步加强随班就读工作的意见》（2013年）、《北京市中小学融合教育行动计

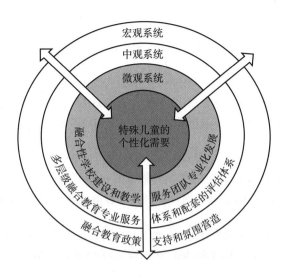

图 2 北京市融合教育"宏观—中观—微观支持系统"示意

划》（2013 年）、《北京市特殊教育提升计划》（2017 年）等重要文件。

二是加大融合教育的社会宣传。自 2013 年开始全市每年固定组织开展融合教育推进月活动，在北京市的知名中小学校中开展融合教育现场推进展示活动，各区也在市级引导下根据实际需要每年召开区域融合教育宣导与推进活动。如清华大学附属小学、中国人民大学附属小学、朝阳区新源西里小学等学校都承办过融合教育现场展示活动。

三是建立并推进系统、科学、持续、长效的评估机制。推进建立"定期督导与追踪指导机制"，明确了市和区级的定期督导任务，如北京教科院特教中心每年对融合教育学校进行抽样督导、区级每年对有资源教室的融合教育学校进行全员督导等。进一步完善了"抓两头带中间"的追踪指导制度，对融合教育的优秀成果和待改进的问题进行跟踪研究，挖掘和总结优秀经验，梳理问题解决策略，提供针对性支持。

2. 特殊学生发展的中观支持系统与实践

一是科学布局、规范建设多层级融合教育专业服务实体。北京市融合教育专业服务体系以每一个特殊学生的个性化需要为基础，按照特殊教育专业资源统筹度及学生的特殊教育需求度，共分为市、区、学区、普通学校四级

（见图3）。借助政策推进，目前各区都已建设区级层面的特殊教育中心（有的区以"融合教育中心"或"特殊支持教育中心"命名）；市级层面正在着力推进市级示范性自闭症儿童教育康复及训练基地建设，截至2018年底已建成10个；全市规划推进学区（区域）融合教育资源中心建设，截至2018年底已建成43个；借助市级项目促进区级教育部门加快推进融合教育学校资源教室建设，截至2018年底，全市建有资源教室的普通学校已达350余所。另外，市级层面，在北京教育科学研究院新建北京市特殊教育研究指导中心，将原北京市特殊教育师资培训中心力量整合进来，增加研究指导人员，进一步提升了专业研究和指导能力。① 至此，北京市已经基本完成了从市级特殊教育中心到普通学校的多层级专业服务实体建设。

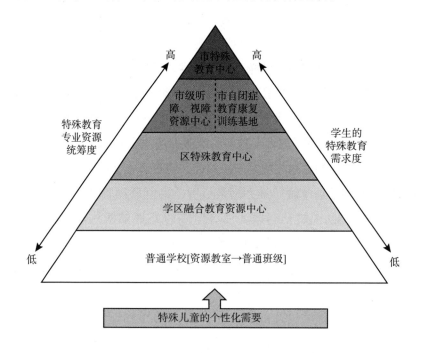

图3 北京市融合教育专业服务体系架构

---

① 王善峰、朱振云、孙颖：《增强特殊教育专业支持服务供给能力，提升北京市融合教育质量和水平》，《现代特殊教育》2019年第6期。

二是统筹市级专业支持资源，推动建设市级听障、视障资源中心及10个市级示范性自闭症教育康复训练基地，为特定障碍类型儿童提供更专业的支持。每个实体建设均经过充分的调研和科学布局，在《融合教育专业服务实体建设标准》的要求下规范建设，且在融合教育质量提升的过程中发挥着不同的作用。

三是构建特教发展联盟机制。加大向郊区、农村地区的倾斜和专业支持，推动融合教育均衡发展。构建了全市特殊教育联盟发展机制，加大对欠发达区的专业支持，通过优质学校联盟、联合教研、体验式培训、专业人员跨区指导等策略加强发达和欠发达区之间的联动帮扶，推进融合教育均衡发展。

四是完善区特教中心与资源教室的对接机制，为融合教育学校的发展提供切实支持。要求区特教中心逐步完善对辖区内所有资源教室的监管机制，在资源教室的使用，残疾学生的评估诊断、发展补偿、康复训练等方面做统筹安排与管理，并定期组织形式多样的现场指导、资源教师交流等活动。

3. 特殊学生发展的微观支持系统与实践

一是在推进融合性学校行动方面，努力满足学生多样化、个性化需要。从学校变革、专业支持、教学、课程、评价等方面整合北京市融合性学校发展模式（见图4）。研发了《北京市普通学校融合教育发展指标》，并在标准的引领下从行政支持、环境创设、教育教学与课程调整、教师发展与多方合作等四个方面指导普通学校开展融合教育。为普通学校建立了统一的资源教室建设和运作制度、个案管理制度、学校融合教育工作整体推进制度，完善了"特殊教育专业服务流程"（见图5），对特殊儿童从进入学校，到登记备案、开展教育评估、申请专业支持服务、制订和实施个别化教育计划的系列流程提出了运行标准，明确了融合教育工作开展的具体程序，保障了服务的规范性和实效性。

二是在支持教师方面，组织培训了1000余名服务于普通学校的巡回指导教师、学校管理者、支持教师、资源教师等，并搭建专业发展平台，打通专业发展渠道，促进师资专业水平提升。

图4 北京市融合性学校发展模式示意

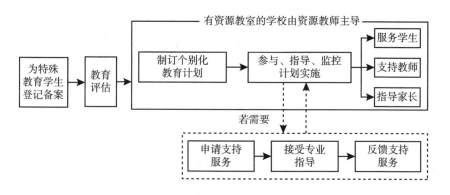

图5 普通学校特殊教育专业服务流程

三是在鼓励家庭、社区积极参与方面，让家长参与与特殊学生教育相关事务的决策过程，并依托社区，获取社区资源、社区康复、社区文化和社区教育等支持。

（二）研制并推广系列工具：专业标准、工具包及实践策略

1. 研发并推行专业服务标准

配合全市融合教育支持体系建设，市特教中心组织专家研制了《全市特殊教育专业支持服务实体建设标准》，在教育行政部门的支持下，以文件

形式下发，在各区推进规范化多层级的专业服务实体建设。该标准涉及四级服务实体的建设标准、功能职责、评价指标等。

2. 研制并推广专业评估、教学调整、质量评价等相关工具包

为了准确评估全市融合教育发展实际情况和指导各相关部门开展工作，本项目开发了一系列评估融合教育发展的评估工具，并应用于北京市融合教育发展的实践之中。具体包括：①《北京市残疾学生融合教育需求评估量表》，从学生评估鉴定服务、在校支持、家庭支持服务等 5 个维度评价残疾学生融合教育需求保障情况；②《普通中小学融合教育发展评价指标》，从行政支持、融合环境创设、教育教学与课程调整、教师发展与各方合作四个层面及学校融合教育领导力、融合教育机制与管理措施、促进师生接纳与关怀等 8 个维度，评价学校融合教育发展水平，并指导改进；③《普通中小学融合教育教师专业素养评估量表》，结合北京市对普通学校教师的一般要求，从理念与认识、教学能力、沟通与合作、反思与发展 4 个维度考察融合教育教师专业素养。

3. 健全融合教育教研网络，提炼并推广融合教育实践策略

组建了市级融合教育专题教研组，推动各区建立相应的融合教育教研组织，探索建立了"专题研修与协作咨询相结合"等教研模式，开展深入课堂教学研究，提炼有效策略，在差异教学、合作教学、小组教学、个别化教学、结构化教学、分层教学等多种教学方式探索及推广上取得较好成果。探索推进学校本位融合教育现场行动及问题解决方案，试点研究及实践初见成效。①

四 主要创新

（一）制度创新：理论支撑，制度先行，设计了融合教育支持体系建设的新蓝图

研究和实践中，以科学研究为引领，运用科学方法开发专业评估工具，

---

① 北京市特殊教育研究指导中心：《北京市学校本位融合教育试点研究与实践推进项目研讨会顺利召开》，2018 年 7 月 26 日。

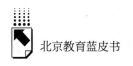

通过广泛深入调研找准问题，以系统论为指导，构建了特殊儿童发展的微观、中观及宏观支持系统，从顶层设计上保障了融合教育支持系统的科学性和完整性。

（二）途径创新：聚焦需求，内外兼融，实现了融合教育推进中关键问题的新突破

"重理念、轻落实""重普及、轻质量"是当前各地推进融合教育过程中普遍存在的现实问题，也是融合教育推进需要解决的重点难点问题。在工作中按照"内外兼融"的思路，针对"加强落实"这一重点问题，探索建立了从宏观到微观的融合教育支持系统，特别是中观支持系统的构建和微观支持系统的深入，将规范的专业支持深入融合教育教学一线，推动了普通教育系统的积极变革；针对"提升质量"这一难点问题，探索建立了学校层面实践融合教育的系列制度和运行模式，使学校开展融合教育有章可循，教师提供专业服务游刃有余，特殊学生在普通学校能够真正受益。

（三）方法创新：立足现实，盘活资源，增加了融合教育支持体系服务的新平台

全市近年来推进的融合教育专业服务实体的布局、建设和完善等核心工作和要素建设均经过深入调研、系统分析，以及不断试用和调整，能够更快、更精准地反映和应对融合教育推进过程中的变化和需要。其中"学区融合教育资源中心"和"自闭症教育康复训练基地"两类专业服务实体的建设是密切结合北京市融合教育发展现实需要的创新之举，集中强大专业力量保证质量，扩大了专业辐射，保障了学生更加便捷地获得专业支持服务，解决了学校的燃眉之急，得到了家长的高度认可。

五　反思

融合教育并非仅是特殊教育领域的改革和举措，它应当成为整个普通教

育变革的最终方向，提供以保障包括特殊儿童在内的所有儿童多样化需求的教学服务和支持。北京教育科学研究院特殊教育研究指导中心经过几年来的探索，率先构建并推进初步建立起我国区域融合教育支持体系，在融合教育创新方面取得了真融、善融、美融、共融的实施效果，也将会在今后的持续努力下，逐渐迈向高融（见图6）。

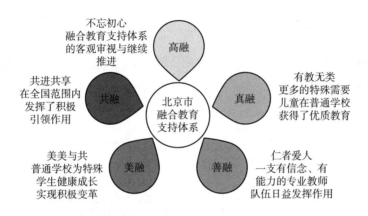

图6　融合教育支持体系的实施效果

（一）真融，有教无类，更多的特殊需要儿童在普通学校中获得了优质教育

接受融合教育的学生数量显著增加，融合教育的质量也显著提升。2017年底北京市特殊教育研究指导中心的调研数据显示：截至2017年底北京市残疾儿童融合教育入学比例达到70%，比2013年提高了5个百分点，就近入学率由2013年87.4%提高到92.5%（见图7）。融合教育成为北京市残疾儿童少年受教育的主要形式。全市7544名备案的在校残疾儿童少年人人享有"一人一案"，落实基于"通用学习设计"和"个别化、个性化"的融合教育课程及相关活动。3330名残疾学生获得专业资源教室支持服务（见图7）。特殊儿童的社会性发展水平、学业技能、康复水平等均有大幅度提升。

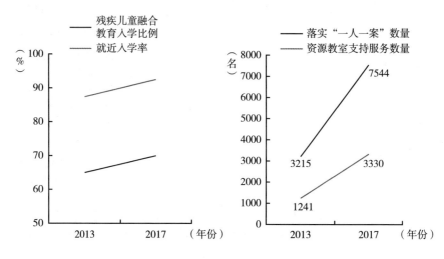

图7 融合教育支持体系的实施效果

（二）善融，仁者爱人，一支有信念、有能力的专业教师队伍日益发挥作用

"北京教科院特殊教育研究指导中心—区特殊教育中心—示范性学区融合教育资源中心—学校资源教室"四级特殊教育服务网络有机运行，完整的涵盖评估、咨询、教研和师训的融合教育专业支持和服务体系顺利建成。2017年底的调查显示：各区融合教育教师专业素养较三年前有了很大提高；作为融合教育推进试验点的西城区、海淀区、朝阳区、东城区、通州区的调查结果明显好于其他各区，非首都核心功能区域的丰台区、石景山区、房山区等地随班就读教师专业素养水平也得到了较大提高（见表1）。

表1 2017年北京市16区随班就读教师专业素养总体得分一览

区域	总体得分区间	区域	总体得分区间
西城区	3.83±0.80	顺义区	3.59±0.81
海淀区	3.75±0.76	门头沟区	3.55±0.81
朝阳区	3.71±0.78	怀柔区	3.46±0.78
东城区	3.69±0.86	密云区	3.46±0.95

区域	总体得分区间	区域	总体得分区间
丰台区	3.69 ± 0.73	大兴区	3.43 ± 0.85
通州区	3.69 ± 0.72	延庆区	3.40 ± 0.85
石景山区	3.69 ± 0.76	昌平区	3.32 ± 0.76
房山区	3.68 ± 0.88	平谷区	3.26 ± 0.80

在北京市积极推进融合教育专业队伍建设的影响下，全市区级特教中心数、巡回指导教师数、学区资源中心数、自闭症教育康复训练基地数、资源教室数，以及每年融合教育相关培训与研修的次数和内容模块均有扩展或增多（见表2）。

表2 融合教育专业队伍建设实施效果一览

成果实施效果指标	2013 年	2017 年
全市区级特教中心数（个）	9	15
全市学区资源中心数（个）	1	38
全市自闭症教育康复训练基地数（个）	1	9
全市资源教室数（个）	156	305
全市巡回指导教师数（人）	43	110
每年融合教育相关培训与研修次数（次）	280	1890
每年融合教育相关培训与研修的内容模块（个）	6	17

（三）美融，美美与共，普通学校为特殊学生健康成长实现积极变革

融合教育学校的推进，为普通学校营造了包容、共享、崇尚多元的文化氛围，将通用教学设计、课程调整、差异教学、合作教学等融合教育教学典型技术和理念引入普通学校，引导学校教师全员参与，积极开展融合教育教研活动，关注学生学习兴趣和需要，得到了学校管理者和教师们的认可和支持，不仅实现了提升特殊儿童受教育质量的初衷，而且推动了普通教育教学的积极变革，在推动更大范围的教育教学改革中发挥了重要作用。

（四）共融，共进共享，在全国范围内发挥了积极引领作用

作为融合教育发展走在全国前列的城市，北京市融合教育实践得到了全国众多省份的认可和借鉴。五年来，在专业支持模式构建和运行的过程中，北京市共承接了来自上海、浙江、江苏、广州、四川、重庆等地的参观交流60余次，多次在全国性特殊教育专题研讨会上进行汇报分享，充分发挥了北京作为首都的示范引领作用；市特教中心、海淀区特教中心等多个研究指导部门还与美国泛太平洋融合教育研究中心、加州大学圣芭芭拉分校及中国台湾地区高校等高水平研究团队进行了密切的学术交流和项目合作，为推进我国融合教育支持模式建设、保障特殊需要儿童少年接受公平而有质量的教育做出了积极贡献。

（五）高融，不忘初心，融合教育支持体系的客观审视与继续推进

在探索中，融合教育创新和实践的目标和宗旨不曾改变。其一，把学生的实际获得作为核心，把一切工作的出发点和落脚点放在保障特殊需要儿童在接纳关怀、平等参与、公平友好的环境中接受教育。其二，把公平放在首位，将公平接受教育作为推进融合教育发展的基本价值取向。其三，把质量作为根本，以标准化推动融合教育发展规范化、优质化。依托《北京市特殊教育提升计划（2017～2020年)》的全面实施，全市融合教育的研究和实践工作也将进一步深入，进一步完善融合教育的质量评价制度，积极推进融合教育开放办学格局，进一步探索人才资源互动，形成"医教""科教""社教""家教"协同育人机制，以更好发挥专业支持服务作用，取得更好成效。

参考文献

张琳、孙颖：《北京：打造融合教育的"首善之区"》，《现代特殊教育》2016年第

9 期。

颜廷睿、关文军、邓猛：《北京市中小学融合教育实施情况的调查研究》，《残疾人研究》2017 年第 6 期。

北京市特殊教育研究指导中心：《关于北京市融合教育现状及需求的调查报告》（内部资料），2017。

王善峰、朱振云、孙颖：《增强特殊教育专业支持服务供给能力，提升北京市融合教育质量和水平》，《现代特殊教育》2019 年第 6 期。

北京市特殊教育研究指导中心：《北京市学校本位融合教育试点研究与实践推进项目研讨会顺利召开》，2018 年 7 月 26 日。

B.23

面向可持续发展的北京学习型城市建设：新成就、新问题、新策略

史 枫 苑大勇 徐新容 林世员*

摘　要： 北京学习型城市建设，在构建全民终身学习体系基础上，致力于学习型城市建设与可持续发展紧密融合，以全民终身学习和组织学习创新融入城市发展的诸多领域，学习型城市建设走向立体化、综合化的融合发展。近些年，学习型城市建设的"五结合"模式成为重要的发展模式，其通过教育、经济、文化、社会和生态多方面发展，紧紧围绕学习型城市的内生动力、立法、评估等问题，提出了可持续发展的解决政策。

关键词： 学习型城市　可持续发展　"五结合"模式

　　从 20 世纪末期开始，学习型社会的理念逐渐从西方传入中国，建设学习型社会与教育现代化一起，成为《国家中长期教育改革和发展规划纲要（2010～2020 年）》整体性战略目标。学习型社会是一个以终身教

---

* 史枫，北京教育科学研究院终身学习与可持续发展教育研究所所长、副研究员，研究方向为终身教育、职业技术教育等；苑大勇，北京教育科学研究院终身学习与可持续发展教育研究所副所长、副研究员，研究方向为终身教育、职业技术教育等；徐新容，北京教育科学研究院终身学习与可持续发展教育研究所副研究员，研究方向为可持续发展教育；林世员，博士，北京教育科学研究院终身学习与可持续发展教育研究所助理研究员，研究方向为终身教育、远程教育等。

育体系为基础，以学习者为中心，人人都能终身学习的理想社会，建设学习型社会成为各个国家和城市推进发展战略转变的重要抓手。学习型城市建设的提出，既是构建全民终身学习体系和建设学习型社会的需要，更是各个地区和城市在新时期推进发展战略转型的选择。正如 2015 年《可持续学习型城市墨西哥声明》中提到的，"今天拥有超过世界一半人口的、有活力的、多元文化交织的、有创新性的城市，在促进终身学习中处于强势地位，可以作为一种应对发展挑战的手段"。应该说，建设学习型城市的主要目的在于谋求城市的未来发展，而不仅仅是应对现时的挑战和问题，建设学习型城市已经成为全球发展的一个重要趋势。它既是"终身学习"和"全民教育"思想的延伸，也是城市发展观念变革带来的必然产物。

进入 21 世纪之后，北京市从完善终身教育体系和终身学习服务体系、推进学习型组织建设、营造终身学习的环境和氛围入手，大力推进学习型城市建设。2002 年北京市第九次党代会提出了"构建学习型社会，推进首都教育现代化"的战略目标。2005 年北京市委在《关于制定北京市国民经济和社会发展第十一个五年规划的建议》中提出"努力构建终身教育体系，积极推动学习型城市建设"。2007 年市委、市政府召开了建设学习型城市工作会议，颁布了《关于大力推进首都学习型城市建设的决定》，提出建设以现代终身教育体系和学习型组织为基础，以广大市民的良好素质为支撑，教育事业最发达、学习资源最丰厚、学习氛围最浓厚、学习条件最优越、优势人才最集中、能够通过学习带动各项工作创造一流业绩、充满创新精神和发展活力的知识化、国际化大都市。经过十几年建设，北京学习型城市建设工作取得了突出成就，并于 2015 年获得联合国教科文组织颁发的第一批"学习型城市奖"。

随着国家经济社会发展进入新常态和北京实施新的城市功能定位规划，北京学习型城市建设在推进城市可持续发展的进程中也面临着新的形势和问题，急需新的发展策略进行推进。

一 构建可持续发展的学习型城市的背景

（一）可持续发展是国际社会重要的发展理念

《学习型城市建设北京宣言》提出，学习型城市通过全民终身学习建立社会凝聚力，培育公民积极性，促进经济和文化的繁荣，为人与城市的可持续发展奠定基础。2015年9月，第二届全球学习型城市大会在墨西哥城举行，大会的主题是"建设可持续发展的学习型城市"，深入探讨了学习型城市建设"如何增进地球公民意识和环境保护的责任感"，"如何有助于市民健康和福祉"以及"如何促进包容与可持续经济增长"等议题。可见，在学习型城市建设发展的过程中，推动城市的可持续发展一直是学习型城市建设的价值追求之一。《中共中央关于坚持和完善中国特色社会主义制度推进国家治理体系和治理能力现代化若干重大问题的决定》专门提出要坚持和完善生态文明制度体系，促进人与自然和谐共生，致力于追寻中华民族可持续发展的制度保障。从国际和国内来看，可持续发展已经不再仅仅是一种发展理念，更是一种发展模式和现实实践。

（二）可持续发展成为北京市优先发展理念

面对北京市发展中的人口资源环境突出矛盾，《北京市国民经济和社会发展第十三个五年规划纲要》在指导思想中强调，北京要"实现城市可持续发展的体制机制和发展方式"，要"以发展方式转变推动发展质量和效益提升，努力走出一条更高质量、更有效率、更加公平、更可持续的发展新路"，并在具体方略中提出"以更严的要求、更高的标准治理环境污染，健全生态文明制度体系，加快建设资源节约型、环境友好型社会，努力把北京建设成为绿色低碳生态家园"。谋求城市可持续发展道路，实现城市的可持续发展已经成为北京市优先发展理念。

（三）北京学习型城市发展的必然选择

从 2001 年学习型企业评估开始，到 2019 年大兴学习型城市示范城区建设评估结束，北京的学习型城市建设由全面发展阶段转向了一个形势更为复杂、问题更为多元、任务更加艰巨的新阶段，在领导协调机制、终身教育与终身学习服务体系建设、学习型城市服务网络与基地建设、学习型城市信息化建设等诸多方面存在着问题。如何更好地破解发展中的问题和挑战，实现北京学习型城市建设自身的可持续发展，同样需要给予关注和解决。

二 北京推进可持续发展学习型城市建设的主要成就

推动城市的终身学习可以有力增强个人能力和社会凝聚力，促进经济和文化繁荣，促进可持续发展。北京市致力于将学习型城市建设与可持续发展紧密融合，不仅包括生态资源和环境的可持续，而且包含了经济、社会、文化的可持续，乃至"促进整个教育和学习系统的可持续发展"。北京推进可持续发展学习型城市建设的行动和作为主要体现在如下几方面。

（一）构建"全民终身学习"成为教育体制可持续发展的基础

北京的终身教育体系建设，从重点关注学校教育，转换到推进学校教育、家庭教育、社会教育三位一体全面发展。推进家庭教育与家风建设，建立 100 所家校协同基地，推动家教名师进校园、进社区，将家校协同专题培训及推广宣传活动覆盖到全市 16 个区。把社区教育指导服务、创新职工素质提升、新型职业农民培训、老年教育"夕阳圆梦"等纳入学习型城市建设十大工程。

北京市整合场地设施资源，引导全市的文化宫、科技馆、图书馆等机构面向社会开放教育资源及设施为市民提供服务，大批图书馆、文化馆、博物馆等已经成为中小学社会教育的大课堂和市民终身学习基地，促使高等学校成立高校博物馆联盟、图书馆联盟和网络图书馆联盟，面向市民积极提供教

育和学习服务。2016 年全市各级各类学校面向社会开放 2540 所，占全部学校总数的 73%；中小学校主要是在课余时间将体育场馆设施面向居民开放。加强市民终身学习示范基地、职工继续教育基地和新型培训农民实训基地建设，为市民终身学习和工作场所学习建设基地网络；打造数字化城市学习网络，建立并优化运行北京市学习型城市网站——京学网，目前共有课程2993 集，计 77127 分钟，注册人数 5225 人，点击量 94 万人次。

（二）人力资源可持续发展成为城市经济提升的核心支撑

北京提出要建设"学习之都"和打造先进的学习型城市，大力推进全民教育和人人终身学习，为整个城市提供源源不断的高素质人力资本和内在动力，保证城市的繁荣和可持续发展。以增强能力、提升素质为核心，北京市学习型城市领导小组统筹指导，市总工会、教育、人社部门协同合作，持续开展"首都职工素质教育工程"，在全市职工队伍中倡导终身学习理念，多层面实施面向企事业单位职工的知识学习和技术技能培训，大力推进职工的知识更新进程，持续打造一支与首都城市发展相适应的知识型、技术型、创新型高素质职工队伍。由市人社部门牵头实施"专业技术人才知识更新工程"，每年组织完成 3 万人高层次、紧缺型骨干专业技术人才培养培训任务，稳步推进首都专业技术人员继续教育，以保证关键技术人才的能力素质能够满足城市发展需要。其他方面，妇联系统牵头"北京市巾帼家政服务专项培训工程"，科协系统牵头"首都公民科学素质示范工程"，文化系统牵头"基层文化组织员培训工程"，民政系统牵头"学习型社会组织培育工程"，农委系统牵头"农村富余劳动力转移培训工程"，等等，皆在学习型城市建设框架下积极推进，取得显著成果。

在区一级，各区根据区里实际情况大力开展人力资源建设，西城将建设学习型城市作为提升区域综合竞争力的基础性战略，将全民终身学习落地到全部社区，大力提升市民综合素养，满足了首都核心功能区的发展需要；海淀积极推进面向科技人员、企业员工、再就业人员的创新创业教育培训，学习型城市建设助推区域产业升级和科技创新形成有力支撑；顺义大力推进新型产业工人培训工程和新型职业农民培训工程，全力服务和支持区域经济结构调整和产业转型；通州把发展终身教育和社区教育作为提升市民素质和人才能力的关键路径，以学习型通州助力城市副中心建设和功能发挥。

（三）文化的可持续发展是城市的文明底蕴

北京在学习型城市建设进程中，与文化传承、文化提升紧密结合、深度互动。通过开展各种类型的市民学习活动，充分调动各类人群积极性，将中华优秀传统文化和首都特色文化融入市民工作和生活，让广大市民深入领会和体验中华民族优秀文化，进而广泛传承和弘扬光大。门头沟区在创建学习型城区过程中挖掘、弘扬京西古道文化，在全市首提"以文化人"的发展理念，产生广泛影响；大兴区在乡镇成人学校层面探索"一校一品一特色"，与皮影戏、金丝画等本地非遗文化挖掘密切结合，文化得以传承，农民实现增收致富；石景山区积极推动中医药健康养生文化进社区，面向市民普及中医文化。

北京大力推进传统优秀文化进家庭、进学校、进社区，大大提升了市民文化涵养和首都社会文明程度，激发了社会活力，促进了社会和谐。通州、顺义、朝阳以"环境整洁、管理规范、居民和谐、特色鲜明"为目标，在北京全市较早启动文化楼门建设，广泛开展楼门文化活动，不仅促进了社区环境整洁优美，更让邻里关系变得和睦，社区文明得以提升。北京还积极培育终身学习文化，营造社会各界关心、支持、参与学习型城市建设的浓郁氛围，使学习风尚融入城市文化，提升首都文化特色和城市品位。"国子监大讲堂"是首都一个广具知名度的学习品牌，创办十年来面向市民开展国学公益讲座近 200 期，弘扬国学文化，倡导全民阅读，推动终身学习，惠及数万市民，营造了特别浓厚的学习氛围和城市学习文化。

（四）学习型城市创新了社会治理的可持续发展

北京在学习型城市建设进程中，实践探索并总结凝练出有关社会治理的一种新型模式，即"依学治理"。"依学治理"就是通过学习提高认识，

达成共识，创新发展，最后实现内生自治与社会和谐。北京学习型城市建设立足社区、服务社区，通过社区教育、社区学习和社区参与，提升社区居民参与社区建设的意识和能力，营造和谐融洽的人居环境。学习型城市成为一种新型的社会治理方式。北京积极引导和推动社会组织的建立，宣传社会主义核心价值观，提升社区凝聚力和邻里和谐度。创办社区教育志愿者服务联合会，建立遍布各个街道的志愿者分会，培育社区公益性组织。充分发挥基层群众的内生动力，有效提升了社区自我服务和自我管理水平。

门头沟区是在学习型城市建设中推进"依学治理"的典范。该区突出社区建设中问题解决的针对性、参与治理主体的多元性和民主协商合作共治的群众性，实现管理变革，社会治理创新发展。该区城子街道龙门三区以学习共同体为载体，完善终身学习制度，开展丰富多彩的市民培训活动，以巧娘工作室、汇众协商议事社、帮帮银行等为抓手，实现社会治理的能力提升，促进学习成果的认证转化。最终改善社区人文环境，改变居民思维方式，促进人的变化，加强人的培养，提高人的能力，解放人的思想，推动和谐社会的全面发展。

（五）以生态文明助力和谐宜居之都建设

北京是一个特大城市，是一个充满活力、快速发展的城市，是具有广泛国际影响力的城市，但北京也遇到了很多问题，最为突出的是环境问题和大城市病问题，主要表现在雾霾严重全球知名，水资源短缺河道污染，交通拥堵持续加剧等。北京在学习型城市建设进程中，把推动城市绿色发展作为重要使命，积极宣传以环境保护和生态文明为核心的城市发展模式，推动绿色环保进家庭、进学校、进社区，尤其加强了绿色学校建设，开展了市民生态文明教育和引导市民参与改善城市人居环境。延庆区在创建学习型城市示范区的实践中，立足生态涵养和绿色发展，提出学习型延庆建设与世园会、冬奥会紧密结合，服务区域可持续发展战略，面向全区宣传节能减排、垃圾分类，开展活动倡导低碳环保生活，产生积极效果和广泛影响。

三 北京积极探索可持续发展学习型城市的新模式

北京学习型城市建设走过将近 20 年历程，从学习型组织和学习型社区建设，到学习型示范区建设，再到终身教育体系和终身学习服务体系的持续构建，然后以全民终身学习和组织学习创新融入城市发展的诸多领域，包括经济、社会、文化等，学习型城市建设走向立体化、综合化的融合发展，并且是根植和促进可持续的发展。基于上述最近几年北京学习型城市建设的行动及作为加以归纳分析，可以总结出"五个结合"，我们称之为可持续发展学习型城市建设的"五结合"模式。

（一）可持续理念成为创新模式的核心

学习型城市建设"五结合"模式的核心是可持续发展，这一模式涉及教育、经济、文化、社会和生态，都是可持续的，即教育可持续、经济可持续、文化可持续、社会可持续和生态可持续，通过学习型城市的可持续发展推动城市的可持续发展，以终身学习和创新发展驱动整个城市的可持续发展。可持续发展的学习型城市就是基于知识经济和信息化社会之背景，把以人为本、终身学习、可持续发展作为核心理念，以完善的终身教育体系、发达的学习服务体系、普遍的学习型组织和不竭的创新发展动力为支柱，以保障和满足所有成员的学习需求、促进人的全面发展和城市可持续发展为归宿的城市发展形态。

（二）"五结合"模式是当前的发展特征

1. 学习型城市建设与教育综合改革相结合

北京教育综合改革目标是在城市范围内构建服务首都全民终身学习的教育体系，其核心是推动大教育观落地，形成教育大格局，实现各级各类教育相互衔接融通，终身教育体系日渐健全，人人学习、处处学习成为常态，并且不断变得更加便利。学习型城市建设跟教育的关系最为直接，北京学习型城市创建的实践推动着学校教育走出封闭，让教育有更多跨界行动，促使教育更加灵活、

更加多元、更多统筹和格局更大。北京学习型城市是连接首都教育和首都社会的重要通道，没有学习型城市建设，北京教育同发改、文化、科技、民政、社会、人社等众多部门难以建立紧密联系和彼此加深理解，教育服务面向将局限在一个相对封闭的小天地。另外，北京教育综合改革和发展，尤其体制机制的改革，教育和学习方式的变革，各种学习资源的开放，学习方式的多元，对学习型城市构成了基础性依托，在多个方面影响着学习型城市的发展水平。

2. 学习型城市建设与经济提升相结合

北京经济提升的方向集中在产业转型升级，技术、管理和信息化促使产业结构更加合理、产业品质持续提高，整个经济在更大程度上表现出持续创新、愈加智能化和更为精细化。产业的转型升级和提质增速，最为根本的是需要人力资源的支撑。学习型城市建设的内在动力和基本依托即人的学习发展需求和多元化学习的开展，学习型城市的核心依托是继续教育和终身学习，是人力资源开发的关键性路径，这在企业界已经达成共识。另外，经济发展水平又是学习型城市建设的重要基础，尤其是学习型城市发展提供了财力保障和技术支撑。

3. 学习型城市建设与文化建设相结合

加强首都全国文化中心建设，是落实首都城市战略定位、推动社会主义文化大发展大繁荣的重大战略举措。随着城市的发展，服务国家和全市中心工作、凝聚思想共识、营造良好社会氛围的任务更加艰巨；社会思想多元多样多变趋势日益明显，社会主义核心价值观引领社会思潮的任务更加艰巨；特大型城市治理能力现代化进程不断加快，提高首都市民文明素质和城市文明程度的任务更加艰巨。"文化"是"人文化成"，文化的核心问题是人，有人才能创造文化。文化是人类智慧和创造力的体现。面对文化中心建设的形势、机遇和挑战，唯有全员学习、终身学习，通过持续不断地提高学习力，才能提高人的素质，提升城市的文明程度和文化品位。北京学习型城市建设与文化传承、文化提升的结合度很高，从一开始就促进着文化建设与持续发展。

4. 学习型城市建设与社会治理相结合

作为一个超大城市，一个在世界具有重要影响的大都市，北京城市的社会治理需要创新，需要多元路径、多方智慧的探索。学习型社会建设本身就是一种新型的社会治理方式，北京学习型城市建设从人出发，以人为本，依靠学习走向未来，基于实践探索提出"依学治理"，对社会治理创新是一个难得的贡献。尤其社区教育和社区学习，优化社区建设，提升社区治理，提升社区居民幸福指数在北京多地得以实证。总之，与社会治理创新相结合，是北京学习型城市建设的重要方向。

5. 学习型城市建设与生态文明相结合

终身学习与可持续发展是当今世界的两大发展理念，恰好在学习型社会建设中得以融合。生态文明是人、环境和自然的和谐共生状态，是人类社会可持续发展的根基。绿色生产方式和生活方式是国际社会和中国政府特别倡导的，北京在学习型城市建设推进过程中，面向家庭、学校、社区和企业开展生态文明教育，尤其加强了绿色学校建设，推动了区域绿色发展，对全市生态文明建设的整体发展起到重要助推作用。

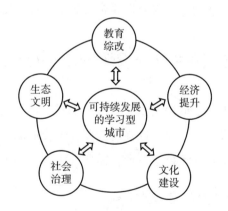

图1 可持续发展学习型城市建设"五结合"模式

（三）协同互动是模式的运行保障

归结上述五个纬度，提出北京可持续发展学习型城市建设的"五结合"模式。这个"五结合"就是学习型城市建设与教育综改、经济提升、文化建设、社会治理、生态文明的结合与互动。首先，学习型城市建设对五个方

面具有重要促进作用，同时五个方面对学习型城市也产生支撑或影响，与学习型城市建设构成一个互动关系。比如教育水平、经济水平，在某种程度上是学习型城市建设的一个基础，全国而言，北京、上海、广州、杭州这些城市的学习型城市建设走在全国前列，跟它们的社会、经济、教育、文化的整体水平分不开。其次，同样是互动，五个方面跟学习型城市的互动水平是不同的，社会、生态同学习型城市的互动水平稍低，经济与学习型城市的互动水平居中，教育、文化与学习型城市的互动水平较高。再次，教育综改、经济提升、文化建设、社会治理和生态文明五个方面也是彼此联系、互为促进的，其中教育综改处在首要位置，跟另外四个方面的关系强度更大一些。最后，可持续发展的学习型城市在这一模式中处于核心位置，不是因为学习型城市比教育、经济等五个方面更重要，而是因为这本身就是关于学习型城市的一个发展模式，而"可持续"乃模式"点睛"所在。正如北京市政府给第三届全球学习型城市大会的寄语："学习型城市建设将助推北京建成天蓝水清、森林环绕的生态城市，建成世界超大城市可持续发展的典范。"

四　北京学习型城市建设面临的新问题与应对策略

北京学习型城市建设取得了显著成就，积累了丰富经验，形成了典型模式，但作为一个综合性高、复杂性强、需要长远发展的系统性工程，北京学习型城市建设本身也需要可持续发展，需要政策的持续关注与推进。

（一）立足问题面向发展的应对

1. 北京学习型城市发展的内生动力不足

学习型城市发展的内生动力是市民个体、各类组织和不同区域对终身学习的切实需求，以及城市本身对创新发展的内在需要，因此终身学习服务体系建设和终身学习指导推广十分重要。应采取行动鼓励每个市民终身学习，让阅读、学习、思考无时不在，让终身学习成为一种时尚，成为每一个市民的生活方式。大力推进社区学习和基于工作场所的学习，立足社区和企业广建终身学习中心。着力加强学习型社团和社区学习共同体建设，在行政推动之外发动草根由下及上推动学习型社会走进百姓。

2. 北京学习型城市创建的法律规定不足

相比较上海、宁波等其他城市，北京学习型城市建设最大的短板在于缺乏专门法律的支撑。而随着北京学习型城市建设进入新阶段，其复杂性、多元性更为凸显，需要协调、解决、明确的问题和责任也更为强烈，在这样的形势下就愈发需要法律的支撑。北京应借鉴上海经验，出台类似终身学习促进条例的法律法规，以维护学习型社会建设在首都的重要地位，巩固业已取得的成就成果，保持学习型城市的长远发展。此外，应加大对北京学习型城市建设的宣传力度，增强终身学习、学习型社会、学习化社区从上到下的知晓度，营造学习型城市建设的良好舆论氛围和外部环境，使之产生更大影响力，并形成良性可持续发展。

3. 评价和监测机制不够完善

北京学习型城市建设进入新阶段，由原来的示范性建设引导发展转向常态评估监测促进学习型城市建设的可持续发展，后者正逐渐成为北京学习型城市建设在新阶段的战略选择。而选择这一学习型城市发展战略，需要逐步构建完善的评价和监测机制，可以考虑将学习型城市建设纳入市政府教育督导，由市政府教育督导室对所有牵头单位每年进行一次督导，督促各牵头单位充分发挥作用和加强合作。同时，在市级层面可以借鉴有些区的做法，将学习型城市建设作为绩效考核内容的一部分，促使相关机构协同推进学习型城市建设。

（二）北京学习型城市可持续发展的策略

1. 转变学习型城市创建的工作思路

经过改革开放 40 余年的发展，北京的终身教育与终身学习服务体系已基本建成，建立健全了自上而下的市、区、街乡等多级管理体系，发挥了决定性、主导性作用。随着全民终身学习的快速发展，学习需求急剧增加，仅依靠政府主导的自上而下的推进机制已经力不从心、难以见效。学习型社会

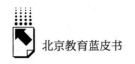

建设正在从以政府推动为主的自上而下转变为政府引导、社会各类组织和公民个人积极参与的自下而上，并且两者有机结合的实施路径。北京学习型城市建设要适应取消北京市建设学习型城市工作领导小组的客观现实，转换推进路径，把主要关注顶层设计和政府推动的发展模式调整为面向基层，扎实推进各项工作，尤其是基层推进机构建设和学习活动开展，以及各级各类机构和学习资源的整合利用。比如同为国际学习型城市奖获得者的芬兰艾斯堡市、澳大利亚麦尔顿市都是自下而上推进学习型城市建设的典型。

2. 服务"四个中心"城市功能定位谋求更大的发展

《北京城市总体规划（2016～2035年）》明确提出"北京是中华人民共和国的首都，是全国政治中心、文化中心、国际交往中心、科技创新中心"的基本定位，集中勾画了北京未来的宏伟发展方向。"四个中心"的基本定位为北京学习型城市建设引领了方向，明确了重点，提出了更高要求。学习型城市建设与"四个中心"建设有着密切的联系，面向未来，北京学习型城市建设要服务和体现"四个中心"：一是服务政治中心学习型城市建设、保持正确健康方向，促进北京服务中央的功能发挥，依靠学习转变思想观念，加快宣传中央的各项政策，落实各项任务部署，做好中央政务功能服务和首都政治安全保障工作；二是服务文化中心学习型城市建设、做好首都文化好文章，为提高全体市民的生活品质、丰富文化、精神生活做出贡献，塑造城市文明新形象；三是服务国际交往中心学习型城市建设、助力北京国际化，尤其是通过学习型城市建设提升北京市民人文素养，形成北京市民特有的文化气质，奠定国际交往中心软环境；四是服务科技创新中心学习型城市建设、促进北京全面创新实现可持续发展，为科技创新中心提供人才原动力和制度环境保障。北京学习型城市建设要更有针对性地解决城市发展中的重要难题，真正实现"助推北京建成天蓝水清、森林环绕的生态城市，建成世界超大城市可持续发展的典范"的光荣使命。

3. 推进北京市终身教育或终身学习立法工作

要从根本上解决当前北京市学习型城市建设中的基础性、关键性问题，充分服务"四个中心"建设，就必须重视终身教育或终身学习的专门立法工作。经过近二十年发展，北京学习型城市建设进入了新的发展阶段，面临的问题也更为复杂和系统，要构建服务全体市民终身学习的现代教育体系，离不开法律的支撑。因此，教育行政部门要在前期终身教育立法调研的基础上，进一步开展立法的前期调研和准备工作；立法部门要把终身教育或终身学习立法提上立法日程，扎实推进终身教育立法工作。

4. 探索"互联网＋"学习型城市建设新模式

在学习型城市建设过程中充分利用现代信息技术，把互联网作为基础设施和创新要素，探索形成"互联网＋"学习型城市建设的新路径、新方法，破除以机构为单元的资源配置模式，形成以学习者、市民为核心的资源组织模式；在充分调研学习需求的基础上，平衡城市发展和市民需求，为学习者提供定制化学习服务，满足学习者的个性化学习需求。采取线上、线下相结合的教育服务渠道，不断提升学习者的学习体验和学习效果。加强京学网的建设，不断完善平台功能，丰富学习资源，并提供学习成果认证、积累和转换服务。

参考文献

吴晓川等：《学习型城市建设指标体系研究》，北京出版社，2014。

牧野笃：《世界六座学习型城市的规划与实施策略的比较探讨——基于东京发展的视角》，《终身教育研究》2017年第4期。

桂敏：《后示范区评估时期学习型城市建设的实践探索——以北京市为例》，《高等继续教育学报》2017年第1期。

北京教育科学研究院：《不忘初心，共建学习之都——学习型城市建设成果展示活动报告汇编》，《北京教科院职成教研究所内部资料汇编》，2017。

诺曼·朗沃斯：《学习型城市、学习型地区、学习型社区：终身学习与地方政府》，欧阳忠明等译，人民大学出版社，2016。

B.24
深化社会主义核心价值观教育的
研究进展与政策分析
——以修订《北京市中小学生日常行为规范》为依托落实立德树人根本任务

谢春风*

摘　要：　北京市在构建以社会主义核心价值观为引领的大中小幼一体化德育体系中，强化了理论研究、政策设计和实践创新三者的有机统一。基于首都建设四个中心的任务和首善之区的要求，出台《北京市中小学生日常行为规范》，制定《中小学养成教育三年行动计划（2017～2019年)》。政策设计的考虑是有效解决社会主义核心价值观教育接地气的难题。这种政策设计强化了行为规范教育的价值导向、文化属性和历史底蕴。新时代首都教育发展的和合路径选择是，诸多教育相关者在党的教育方针指导下，以社会主义核心价值观为引领，构建全员、全过程、全领域、全方位，大中小幼一体化和家、校、社"三位一体"的育人体系，避免急功近利、对冲的负面影响，致力于构建育人上的最大同心圆。

关键词：　价值观教育　行为规范　道德教育　北京市

---

* 谢春风，教育学博士，北京教育科学研究院德育研究中心主任、研究员，主要研究领域为中小学德育、心理健康教育；《北京市中小学生日常行为规范》及《中小学养成教育三年行动计划（2017～2019年)》主要研制者之一。

落实以社会主义核心价值观为引领的立德树人根本任务是我国教育的初心和使命。育人的效果和效益取决于育人系统的整体优化程度。和合的育人内部小环境和外部氛围是儿童青少年身心健康成长的理想土壤。所以，育人同心圆如何画得最大，育人公约数如何求出，首都德育共同体如何构建，一直是教育的重要理论和实践问题。2016 年，北京市教育委员会印发《北京市中小学生日常行为规范》（以下简称"新行为规范"），制定《中小学养成教育三年行动计划（2017～2019 年)》，是新时代构建育人共同体的新尝试。新行为规范出台背景、特点如何，本报告做如下分析。

一 政策背景

德育实效性的提高依赖于顶层设计制度的完善。以社会主义核心价值观为统领，落实立德树人根本任务，培养德智体美劳全面发展的社会主义建设者和接班人，是北京市深化教育综合改革的重要目标。而这个目标的达成必须在德育政策设计上取得新进展。

学校德育创新需要教育政策的突破。2014 年 5 月，习近平总书记提出"十六字"养成教育新要求——记住要求、寻找榜样、从小做起、接受帮助。他要求儿童青少年将社会主义核心价值观牢记于心，践于行；寻找学生身边的英雄，向他们学习；做事要从小做大，善端从小开始；做错事时，他人合理批评就是帮助，学生要积极接受并修正错误。修订《中小学生日常行为规范》，是贯彻上述讲话精神的表现。

把国家教育共性要求和北京社会文化教育发展实际衔接起来。2015 年 8 月，教育部公布了《中小学生守则（2015 年修订)》，要求各地依据修订后的守则，结合实际情况，制订小学生日常行为规范、中学生日常行为规范。北京市中小学生行为规范政策完善就是和教育部精神的实践对表。

社会主义核心价值观教育要接地气、内化于心。2015 年 11 月，《北京市中小学培育和践行社会主义核心价值观实施意见》颁布，从成人教育者视角部署了社会主义核心价值观教育工作。但这种教育如何内化为儿童青少

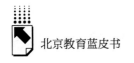

年学习者的身心健康发展需求和积极品质，还需要进一步研究。

中小学养成教育应与时俱进，凸显首都特色。原版的《北京市中小学生守则》、《北京市中小学生日常行为规范》1981 年至 1994 年颁布，2003 年修订，距今已经近 15 年。根据新故相推、日生不滞，与日偕行、与时俱进的要求，再次对学生的行为规范进行完善与发展，是新时代之需。

二　研究进展

（一）现状分析

国家和北京市《中小学生守则》《中小学生日常行为规范》不断完善，积极促进了儿童青少年身心健康发展。北京市本次新行为规范，把教育部发布的《中小学生守则》和《北京市"十三五"教育发展规划纲要》的精神进行具体化，其教育价值定位是，依托北京古都城市、国家政治文化中心、科技创新中心、国际交往中心和首善之区的功能定位及区域优势，帮助、引导儿童青少年实现自身文化底蕴、国际视野和未来眼光的统一，培育综合素养和可持续发展素养，在政治信念、品德习惯、身心健康、生命价值、亲子关系、师生关系、社会关系、关爱自然、善用网络等方面具备健康成长所需的知识、情感、态度、价值观和行为能力。特别把爱党、爱国、爱人民的情感教育纳入日常行为养成的细节中，避免了价值观教育的空对空问题。2017 年以来，北京市养成教育文件和行动计划逐渐成为广大中小学的德育行动，各学校把共性要求和个性探索结合起来，实践经验丰富，为强化儿童青少年良好道德根基提供了有力保障。

（二）国际比较

项目组对日本、英国、法国、美国、澳大利亚等国家中小学生行为规范进行比较研究，合理借鉴了国际养成教育政策设计的思路和实践经验。

1. 日本中小学生日常行为规范注重实践操作，连续性、系统性强

日本中小学生日常行为规范主要体现在《日本中小学德育大纲》中。大纲以年级为尺度，对小学和初中学生提出四个阶段不同要求。日本中小学生日常行为规范具有细致、连续、系统的特点，注重生活实际，强调学习和生活的结合，对生活态度、生活方式十分重视，生活气息浓厚。

2. 英国学生守则十分关注孩子的健康、安全和自我保护能力

英国小学生守则的重点突出，文字简洁、实用。在内容上，该守则特别关注孩子的健康、安全和自我保护能力，强调妈妈在儿童阶段的特殊重要性。10 个行为要求均与孩子的健康和安全紧密相连。该守则强调的首要教育价值是，平安成长比成功更重要。后面的 9 个方面均属于孩子如何确保自身安全与健康的方法，例如，背心、裤衩覆盖的地方不许别人摸。生命第一，财产第二。小秘密要告诉妈妈。

3. 法国中小学生行为规范具有很强的层次性，是非分明，责、权、利关系清晰

法国中小学守则的显著特点是，把教育要求划分为"我不应该做什么""我应该做什么""我有权利做什么"等三个不同领域，明确了学生行为的不能、应该、为什么，言之有据，倡导在先，权利明确，令行禁止。

4. 美国中小学生行为规范关注学生公民道德品质和自强自立精神的培育

公民教育被视为美国教育的四大支柱之一。美国小学生守则强调学生权利与责任的平衡。既尊重儿童人权，培养孩子真实、诚实、自立自强品格，也要求学生尊重教师，遵守社会规则和学校规则。公民日常行为准则转化为学生行为守则，反映了美国重视公民教育的情况。

5. 澳大利亚学生守则与儿童青少年日常学习、生活、娱乐情境联系密切，现实适用性强

澳大利亚中小学生行为准则细致而全面，严格而实用，涉及学生学习、生活、兴趣等各个方面，寓道德要求于具体情境中，是一种道德情境的智慧学习。这 8 个方面既是教育要求，也是引导和提醒，例如，明确学生到校时间，不能轻易迟到。必须穿指定的校服，不能随意违犯。玩具、自行车不能

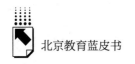
带入校园，合理使用图书馆，损坏和丢失的书要赔偿。要重视体育课，积极参加校际比赛。显然，每个要求都与学生的生活紧密连接，有利于把外在要求内化到学生心里。

（三）研究启示

笔者通过研究日本、英国、美国、法国和澳大利亚等国的学生守则和养成教育要求，有如下启发。

1. 价值目标上

要聚焦于学生公民意识、公民道德和公民能力的培养，着力培养学生做人、做事的正确态度与能力，使他们从小明白宪法赋予的权利和义务，尊重法律法规和社会良俗，这是学生成为合格的社会主义现代化建设者和接班人的价值基础。

2. 内容选择上

依托问题情境，聚焦学生日常行为本身，内容细致、实用，重点突出，有针对性，生动反映学生日常学习、生活、兴趣。北京市中小学养成教育政策要把细致而具体的教育要求和道德启蒙、提醒、引导、培养统一起来，切忌空话、套话。

3. 语言风格上

避免口号式、成人化语言风格，防止千篇一律，简单生硬，力求用专业语言说话，符合儿童身心特点、认知规律和生活实际，表达要活泼、简洁、凝练而优美，具有新意和首都教育特色。

三 新行为规范的内容特点和价值属性

（一）内容特点

1. 整体性设计

通盘考虑中小学生日常行为规范文件的研制和儿童、青少年身心健康发展需求，力求小学、初中、高中各学段教育实现整体优化。儿童、青少年身心发展是完整性与阶段性的统一，是个性与共性的统一。这次新行为规范设计重在整体性、系统性和共性要求，而把阶段性、个性、特色的德育创新空间赋予各区教育行政部门和中小学，有利于形成有序完整、动态优化、张弛有度的道德教育系统。

2. 三维视角

确立综合素养、文明素养、可持续发展素养三个视角，使中小学生日常行为规范与首都、国家、世界发展趋势和需求接轨，注重儿童、青少年身心健康、全面发展，独立思考、勤俭自立，文明大气、敢于担当，培养学生热爱大自然、节约资源的生态文明意识，养成符合自然规律的学习方式和生活方式，成为促进自身和社会可持续发展的主人。

3. 尊重为基

强化尊重、引领、激励的教育价值观，把成为合格公民、社会主义现代化建设者和接班人的外在教育要求，内化为儿童、青少年可持续发展的自我成长诉求。15 条规范尊重、信任和激发儿童、青少年发展的主体地位和主动性，减少了禁止性、强迫性要求，明显增加了提醒、引领、激励类语言，以符合循循善诱、春风化雨的德育规律。旧版中小学生规范中有 83 个"不"字，而新规范中只剩下 7 个"不"字，禁止的教育要求转化为倡导和引领。一字之差，学生观却大为不同。

4. 强化能力

在文化底蕴、现实情景和未来发展方面实现统一。新行为规范既保留了体现中华优秀传统文化和北京文化特色的内容，又增加了反映时代要求、现实问题情境的内容，增加了顺应国家和北京市未来发展新方向的内容。在独生子女教育问题依然明显的今天，培养儿童、青少年节俭自立、自强不息的精神很重要。新行为规范提出，中小学生要勤俭自立。热爱劳动，珍惜劳动成果，生活不攀比。自己的事情自己做，学会管理个人生活，掌握基本的劳动、生活技能。这是北京市中小学养成教育能力本位的一种政策设计。

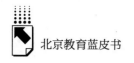
（二）价值属性

儿童、青少年是在缄默的文化场中成长的，文化育人是教育的根本途径。这次新修订的《北京市中小学生日常行为规范》强化了行为规范教育的价值导向、文化属性和历史底蕴。

1. 文化维度：强化价值导向、文化属性和历史底蕴的统一

突出了北京作为政治文化中心和首善之区的文化力量与价值引领，把教育要求潜移默化到行为规范中，把价值观教育体现在学生细小的行动中。新行为规范和养成教育行动计划非常重视升旗时刻的德育价值，对仪式感的教育价值进行了提升。例如，第一条规定，爱党爱国爱人民。了解党史国情，崇敬英雄模范。尊敬国旗、国徽。升降国旗脱帽、肃立，行注目礼，少先队员行队礼。会唱国歌，声音洪亮。而且，每个学段都有渐进性要求。

明确了中小学生要热爱我国5000余年优秀传统文化和北京3000余年建城史、850余年建都史的教育要求，要求中小学生具备传统文化素养和孝亲尊师品格。例如，在第一条中强调，中小学生要传承中华优秀传统文化，理解民族传统节日的含义。第七条强调，要孝敬父母。体谅父母辛劳，关心父母健康，积极承担力所能及的家务劳动。听从父母的教导，主动与父母交流，礼貌回答问话。外出和回到家时主动与家人打招呼。第八条强调，要尊敬老师。见到老师行礼，主动问好。回答老师问题要起立，进入办公室要经过老师同意。接受老师的帮助和教育，正确对待老师的批评和建议，知错就改。

培育以儿童身心健康发展为本的学生民主文化，尊重学生个性和学习兴趣，遵循儿童、青少年身心成长规律，注重培养中小学生的学习态度、自强自立能力和生命意识。如第二条要求，学习态度端正，有适合的学习方法，专心听讲，学会独立思考，乐于科学探索。第三条要求学生乐观向上，了解自我，有学习、生活目标。善于和他人沟通合作，遇到困难和挫折积极面对。第五条要求学生珍爱生命。热爱生活，懂得生命的宝贵。

新行为规范注重以文化人，文明以止，明明德，强调北京市中小学生要具备现代文明素养和精神风貌。文明是文化的最高境界，是止于至善的表

现。新行为规范注重积极、正向引导，尽量使用积极、正向语言和表达方式，少用否定性语言和表达方式，意图彰显正向语言的积极力量。如第六条遵纪守法，第十条诚实守信，第十一条举止有礼，第十二条遵守规则，以积极提倡为主，是中小学生文明素养的具体体现。

2. 国际维度：强化国际视野和世界胸怀

构建人类命运共同体，实现人类社会的永续发展，关乎每个人的利益，这是一种责任。宽广的国际视野和世界胸怀是北京居民的固有优势品格，也是北京大都市国际化特性的体现。全国政治中心、文化中心、国际交往中心、科技创新中心的首都功能定位使首都经济、社会、文化、教育面临新的发展机遇和现实挑战。北京具有中国首都和世界城市的双重属性，自信从容、举止大气、胸怀宽广、敢于担当是北京公民的城市性格。所以，这次中小学生日常行为规范的修改工作不仅基于我国及北京市中小学行为规范教育实践经验、特色的研究，也基于国际教育发展新经验的研究借鉴，重点研究了美国、日本、英国、德国、法国、澳大利亚、新加坡等国家的中小学生行为规范，汲取了世界智慧。

新行为规范把尊重作为重要价值进行强调，要求北京市中小学生具备国际视野和风范，学会尊重自己、尊重别人、尊重不同文化。本地户籍人群和常住人口要互相包容，也要包容兄弟省份同胞、海外华人和国际友人。不仅要包容人群的不同肤色、民族和国籍，还要包容人群的文明风尚和生活习俗、阶层、文化和信仰。如第十一条强调，要尊重他人隐私，不妨碍他人的工作、学习和休息。尊重不同民族风俗习惯。尊重世界各地文化差异，在国际交往中真诚友好，大方自信。有容乃大，包容大气，海纳百川，才能生生不息。

3. 未来维度：强化可持续发展和未来眼光

"可持续发展才是好的发展"，可持续发展的人才具有德道力量。在互联网时代，社会处在深刻而复杂的转型期，干扰教育的因素日益增加，学校教育变得日益艰难，学生心理健康问题所衍生的发展隐患增多，可持续发展问题很严峻。从培育学生的可持续发展素养要求出发，使北京市中小学生日

常行为规范与国家、首都、世界的新发展趋势接轨，引领中小学生热爱大自然，强化社会责任感，节约能源，保护环境，养成符合自然规律的学习方式和生活方式。例如，第三条提出，按时作息，合理饮食，讲究卫生。读、写、坐、立、行姿势正确。第十三条提出，爱护环境。热爱大自然，保护动植物。出行尽量选择步行、骑车和公共交通工具。节约资源，水龙头随手关紧，不用灯时随手熄灭，用餐不剩饭和菜。维护环境卫生，自觉进行垃圾分类。第十四条提出，热心公益。乐于奉献，有社会责任感。关心和帮助有困难的人。

新行为规范还在继承性、时代性和未来性方面努力实现统一。比如，对互联网和手机的正确使用日益成为学校、家庭、社会共同面对的教育问题和生活问题。新行为规范既保留具有时代价值、体现中华传统美德和北京特色的内容，又增加了反映时代要求和学生新变化、新特点的内容，还积极顺应我国特别是北京市教育发展的方向和儿童、青少年发展的需求，在如何善待互联网方面推出了明确要求，第十五条明确提出，学生要文明上网，对网络行为承担社会责任。

四　政策启示

（一）确立教育和合新理念，画最大育人同心圆

和合一词最早见于《国语》，即：夏禹能单平水土，以品处庶类者也，商契能和合五教，以保于百姓者也。意思是，商契能和合父义、母慈、兄友、弟恭、子孝等"五教"，使百姓安定和谐地相处与生活。中华优秀传统文化历来以"保合大和""和实生物""天人合一""致中和""万物伏阴而抱阳，冲气以为和"等价值为无上精神。西周的史伯说："夫和实生物，同则不继。以他平他谓之和，故能丰长而物生之，若以同裨同，尽乃弃矣。故先王以土与金、木、水、火杂以成百物。"这种和合观在承认不同事物之间有矛盾、差异、竞争的同时，把不同事物统一于

一个相互依存共生的和合体中，在各种事物和合过程中，吸取各个事物之优长而弥补其短，达到最佳组合，由此促进新事物的产生，推动事物可持续发展。著名哲学家张立文把传统和合观升华为一种哲学理论形态，提出了和合学概念。

基于价值引领的教育和合性，就是以社会主义核心价值观为引领的各种教育关系实现和谐顺畅，整体优化，在立德树人上达成高度共识，取得最好的育人效果。社会主义核心价值观把民主、和谐作为核心价值，是对中华优秀传统文化和合观的继承发展，以构建中华民族命运共同体为目标，求最大的文化公约数，画最大的文化同心圆，也是荀子的"天地合而万物生，阴阳接而变化起，性伪合而天下治"理想。只有强化教育发展的和合性特征，才能取得优化共赢的新局面。

（二）提升教育治理能力，构建现代教育制度

教育治理能力是社会治理能力的折射，也是社会治理能力的基础。把家庭课堂和学校课堂、孩子的人生第一家庭教师和学习成长第一学校教师统一于立德树人的根本任务中，使各种教育因素尽可能呈现和谐、合作、优化的关系，就是教育治理能力的飞跃。北京市在研究、制定的《关于进一步加强中小学家庭教育指导服务工作的实施意见》文件中，特别强化了和合教育伦理的引领，创新和实践基于正确价值引领的和合育人策略。

强化学校、家庭、社会协调育人机制，健全学校、家庭教育指导服务体系，提升学校、家庭教育指导服务水平，增强家长的教育素养和养育能力。发挥学校在家庭教育工作中的重要作用，推动形成政府引导、学校组织、家长参与、社会（社区）支持的家庭教育工作新格局；完善学校、家庭教育指导服务形式和内容，形成适应新时代家长和学生需求的家庭教育支持服务体系；构建和谐的家校合作育人关系，促进学校、家庭教育指导服务专业化、精细化。加强市区两级家庭教育指导教师队伍建设，实行市级专题培训的学校全覆盖、区级专题培训对接实际需求，建立多元多样、专兼职相结合的家庭教育指导教师队伍，提升家庭教育指导服务能力和水平。通过家长教

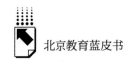
师协会建设，让广大学生家长走进校园、进入课堂，了解、理解、支持学校教育教学，适当参与班级和学校育人环节，民主协商，积极解决家长困惑和难题，推动家校达成共识，形成育人合力，构建依法办学、自主管理、民主监督、社会参与的现代学校制度和家校协同育人新模式。

（三）推进大中小幼一体化德育体系建设，构建立德树人系统化落实机制

全国教育大会强调，在落实立德树人根本任务中，学校有教育责任，家庭和社会也有教育责任。2017年，党和政府提出了构建大中小幼一体化德育体系建设、强化立德树人系统化落实机制建设的新时代任务。

构建新时代立德树人系统化落实机制，就是诸多教育相关者在党的教育方针指导下，以社会主义核心价值观为引领，上下齐心，同心同德，构建全员、全过程、全领域、全方位的大中小幼一体化和家、校、社"三位一体"的育人体系，避免急功近利、对冲的负面影响。把社会主义现代化建设的公民、人才、劳动者、接班人培育，建立在德智体美劳全面发展基础上，贯穿到以社会主义核心价值观为引领的大中小幼一体化德育体系构建过程中，扩展到学前教育、基础教育、职业教育、高等教育、思想政治教育、民办教育的各个领域，扎根在家庭、学校、社会"三位一体"育人体系的大地上。要积极协调学校、家庭和社会的关系，加强对社会特别是对家长和家庭重要教育作用的统筹力度和服务引导，积极营造互助互尊、合作和谐的育人共同体。北京市在进一步加强中小学家庭教育指导服务工作中，特别强化教育合作机制制度建设，整合学校、家庭、社会教育资源，形成一体化育人模式。这种和合教育之道，将为培养德智体美劳全面发展的社会主义建设者和接班人提供光明前景。

中华优秀传统文化历来把"幼儿养性、童蒙养正、少年养志、成人养德"作为自己的教育使命和行动策略，注重道德教化的内在性、系统性和规律性。这种独特文化个性和文明底蕴为首都有效落实新时代立德树人根本任务奠定了扎实基础。新时代的道德教育是一个如环无端、环环相扣、有序

完整、动态优化的价值链条，任何一个环节出现漏洞和破损，都会导致整个教育系统的低效、无效甚至负面化运行。在推进社会主义核心价值观教育和中小学生日常行为规范工作中，应进一步完善师生关系、生生关系、师师关系、亲子关系、家校关系，实现诸关系和谐互动。特别是，要优化家校关系，确立师道尊严，构建和完善民主开放合作的现代学校教育制度，把家庭、社区、社会的教育积极性与学校教育的主导性统一起来。只有这样，才能完成立德树人的根本任务。

经验借鉴篇

Experience Reference

B.25
主要国际组织及部分发达国家
教育政策最新趋势及对北京的启示

唐科莉*

摘　要：　本报告通过对主要国际组织和部分发达国家 2015 年以来
　　　　　发布的重要政策文本的系统梳理，提出了 2015 年以来国
　　　　　际教育政策的一些重要趋势，如主要国际组织与发达国家
　　　　　都以实现 2030 可持续发展议程和教育 2030 议程为契机对
　　　　　教育进行全面审视，并在不断变化的世界中重新规划教育
　　　　　愿景。全球化、数字化、自动化成为主要国际组织和发达
　　　　　国家在实现教育 2030 议程中面临的共同挑战。教育不公
　　　　　平成为主要发达国家在实现教育 2030 议程中面临的最大

*　唐科莉，北京教育科学研究院教育发展研究中心国际比较室副研究员，主要研究领域为澳大
　利亚及 OECD 教育政策。

挑战等。最后结合北京教育改革实践提出将"学会学习"作为首都教育的新目标，在注重知识技能培养的同时，特别强调学生的情感、幸福及全球素养培养；首都教育必须重视全球性的教育质量指标体系，增强首都教育的全球话语权等启示。

关键词： 国际教育发展 教育政策趋势 比较研究

教育 2030 议程的确定和联合国教科文组织《反思教育：向"全球共同利益"的理念转变?》报告的发布，标志着全球教育进入了新的发展阶段，新理念、新倡议、新行动层出不穷。如何落实"教育 2030"目标成为主要国际组织和全球教育界共同面对的重大课题。

一 主要国际组织及发达国家实现
教育2030议程的倡议与政策举措

（一）联合国教科文组织：为全球教育发展的未来勾画蓝图

联合国教科文组织制定、发布了一系列事关未来 15 年教育发展的政策宣言、行动框架和研究报告，全面落实联合国 2030 年可持续发展议程。由《仁川宣言》与《教育 2030 行动框架》共同构成涉及所有国家、包含所有教育层次的教育 2030 全球议程，为世界教育发展描绘了新愿景、新目标，绘就了新的行动路线图。在全新的议程中，"通过教育改变人生"成为面向 2030 年的教育新愿景，确保全纳、公平的教育和促进全民终身学习（SDG4）成为全球教育发展的新目标。全面终身学习、入学机会、公平与全纳、质量、学习成果成为新的关注点。此外，《反思教育：向"全球共同利益"的理念转变?》的发布，在全球发起一场重新思

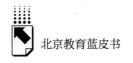

考教育与学习的公共政策辩论。将教育和知识视为"全球共同利益"，全面更新教育观、知识观和学习观。

（二）经济合作与发展组织（OECD）：教育政策工具、手段、证据及对话平台与教育2030议程实现高度互补

OECD 将可持续发展目标（SDGs）看作促进整个世界包容性社会进步进程的一个特别机会，倡导、发起并实施各项教育创新计划以及教育行动倡议。面对 OECD 成员国在实现 SDG4 目标中面临的最大挑战，OECD 使用与经济和教育公平相关的一套指标（主要源于国际学生评估计划和成人技能调查数据库），对 OECD 成员国在为处境不利背景个体提供公平的、终身学习机会进程中的进步情况进行评估，提出确保人在生命各阶段都能获得公平的教育结果的政策建议及全球最佳实践。同时启动"教育与技能的未来之教育 2030 项目"，将视角聚焦课程——学习内容的变革——制定 2030 学习框架指引面向 2030 的全球学习。

（三）世界银行：推动全球应对"学习危机"，兑现教育承诺

世界银行将教育 2030 议程作为实现结束极端贫困、促进繁荣共享两大目标的新机遇，正与各国政府开展更多关注结果并加强问责的合作，帮助它们增强教育体系，以实现高质量的全民学习，加快向新的全球教育机会目标及全民学习目标迈进的步伐。为应对全球"学习危机"，世界银行发布有史以来首份完全致力于教育的世界发展报告——《学习以实现教育的承诺》（*Learning to Realize Education's Promise*），提出应对"学习危机"，兑现教育承诺的政策建议。

（四）欧盟：制定《欧洲全民中等与高等教育联合愿景》，明确欧洲实现 SDG4 之路

让所有人平等地接受各个阶段的优质教育，是欧洲各国政府全面实现

2030 教育目标的优先任务。欧盟对照 2030 可持续发展议程，梳理现有的与 2030 可持续发展议程相关的关键行动或计划，并按照 17 个可持续发展目标进行归类。将教育作为创造更具可持续性社会的变革性动力之一，增强中等与高等教育国际合作，明确了公平而优质的欧洲中等与高等教育的八大优先发展领域。

（五）亚太经合组织（APEC）：为整个亚太地区教育发展勾画路线图

发布成立以来首个教育领域的愿景规划文件——《亚太经合组织教育战略》（也称 APEC 教育战略），确定 2030 年亚太地区教育发展的愿景、目标与行动。该战略与联合国 2030 可持续发展议程以及联合国教科文组织的《教育 2030 行动框架》完全契合。根据这一战略，到 2030 年，亚太经合组织将建成以包容和优质为特色的教育共同体。该战略在九大优先领域为成员经济体制定了工具与手段，为在亚太经合组织以及各经济体两个层面的教育发展开展监测提供了新的方式。

（六）英国：聚焦学位供给以及落后地区或学校的改善

为推进教育 2030 议程，英国教育部将 SDG4 层层分解转化，变为具体的、可操作的、有英国特色而且符合英国实际的教育改革与发展目标。为应对个人整个教育生涯的关键阶段面临的主要挑战，实现全局目标，英国教育部制定了两条明确的路径：一是为具有挑战性的地区提供有针对性的支持，强力推动自由学校计划，聚焦学位短缺和学校改善问题，并对存在掉队风险的地区优先考虑新的教育投入；二是设立"教育机会区"，对存在最复杂、最顽固障碍或困难的地区提供加强型、系统性的支持。

（七）日本：勾画面向2030年的教育图景

日本自 2015 年以来，一直都在根据教育 2030 议程思考本国的教育发

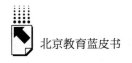
展，并将教育 2030 嵌入本国重要的、即将出台的一些教育政策改革中，力争做到国际理念与本土行动的水乳与共。2018 年 3 月，日本中央教育审议会制定出台了《第三期教育振兴基本计划》，对 2030 年社会进行大胆预测，提出了 society 5.0（超智能社会）这一全新概念，以"自立""协作""创造"作为日本教育发展的基本方向。此外，日本政府自 2020 年开始将全面实施面向 2030 年社会的新一期学习指导要领，全面更新了日本基础教育的培养目标、课程理念、教育内容等。

（八）法国：重建学校，应对教育不公平

法国总统马克龙将教育作为解决法国当前面临的各种社会经济问题和矛盾的重要突破口，并致力于制定法国 2030 可持续发展路线图。当前，法国明确落实可持续发展目标 4 的进程中遇到的最大挑战就是教育不公平，因此以"重建学校"为统领全局的政策纲领，聚焦深化教育优先区改革、改革"就近入学制"、提高 3 岁以下幼儿入园率三大优先领域，以促进教育公平。除了积极应对教育不公平的问题，法国还致力于发展面向所有人的终身学习环境和可持续发展教育，将可持续发展教育融入各级各类教学中。

（九）德国：将可持续发展教育作为教育全面革新的创新动力

德国将教育 2030 议程和 SDGs 融入国家的各项政策实施中，并将它的行动与教育 2030 议程的五个核心要素——人、星球、繁荣、和平与合作对齐。为实现教育 2030 议程，德国将可持续发展教育纳入区域教育规划的核心，突出在教育领域深化"可持续发展教育"理念。并首次以国家行动计划的方式全面实施可持续发展教育，把可持续发展教育理念深植德国教育体系。强调通过可持续发展教育增强学生的问题解决能力、跨学科能力、基于生活的学习能力等，促进项目学习、参与式学习等学习方式的变革，激发教育的全面革新。

二 2015年以来全球教育发展的新趋势

（一）实现2030可持续发展议程和教育2030议程成为主要国际组织与发达国家对教育进行全面审视，并重新规划教育愿景的重要契机

主要国际组织和发达国家纷纷对新的发展议程和新的教育愿景做出迅速、积极的回应，以可持续发展目标实现作为新的发展契机，全面审视各自的教育发展战略，明确教育未来发展方向，重新规划教育发展重点。

围绕实现2030可持续发展议程中的教育目标（"教育2030"），联合国教科文组织正展开系列行动，进行宣传员，制定行动方案，重新思考教育的价值、功能和地位，从政策、实践、理念等多维度，促进国际社会实现2030年可持续发展的教育目标。如将2017/2018年《全球教育监测报告》的主题确定为"教育问责：履行我们的承诺"，旨在评估问责在全球教育系统中对实现SDG4愿景的作用，发起对政府、学校、教师、家长和学生及国际组织的问责。

OECD将可持续发展目标（SDGs）看作促进整个世界包容性社会进步进程的一个特别机会，在推动教育2030目标的实现和进程的评估中发挥着日益重要的作用。而致力于向"知识银行"转型的世界银行则正与各国政府开展更多关注结果并加强问责的合作，帮助它们增强教育体系，以实现高质量的全民学习，加快向新的全球教育机会目标及全民学习目标迈进。欧盟委员会提出欧盟面向2030教育的新战略构想。亚太地区是一个拥有20.8亿人口，占世界人口的39%、GDP的57%及贸易量的47%的经济活跃区域。亚太经济合作组织（APEC）通过《亚太经合组织教育战略》，确定到2030年亚太地区教育发展的愿景、目标与行动。

英国对SDG4进行层层分解，制定有英国特色的SDG4；日本将教育纳入本国SDGs八大优先课题中的第一课题——实现所有人的活跃发展，制定面向未来的《第三期教育振兴基本计划》，对日本教育宏观发展进行了顶层

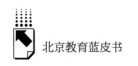
规划。德国将促进可持续发展作为政府所有活动的基本目标之一，通过可持续发展教育国家行动计划，在教育领域深化"可持续发展教育"理念。

（二）全球化、数字化、自动化成为主要国际组织和发达国家实现教育2030议程必然面临的共同挑战

主要国际组织和发达国家都在全球化、数字化、自动化的大背景下思考实现教育 2030 议程的对策和办法。

联合国教科文组织在《反思教育：向"全球共同利益"的理念转变？》中特别强调经济和社会全球化的深入发展，提出随着全球流动性日益增强，全球必须采取新的方法来承认、认证和评估学习；随着全新的全球学习格局的构建，呼吁各国兼顾多种世界观和其他知识体系，考虑科技领域的最新发展，重新思考教育的目的和学习的组织方式。OECD 特别关注新的经济平衡、全球融入、人口更加多样化、不平等以及环境挑战对于教育的影响；强调全球化与全球流动形成的全新世界格局中，教育必须在为这一全新世界运行所需的技能和能力培养方面发挥更大作用；面对以指数速度进步的新技术为教育带来的机会与挑战，教育必须在确保每个人都能享受到技术世界带来的收益方面发挥重要作用。世界银行强调"第四次工业革命"的自动化和快速技术进步趋势，正彻底改变全球的经济蓝图、工作特征及对劳动力的技能需求，各国必须制定创新技能战略，培养为 21 世纪做好准备的人才队伍。欧盟新的教育战略中尤其强调技术和数字革命对各国经济和社会的深远影响，呼吁学校需要更好地回应这一新的现实。

日本预测 2030 年以后，物联网、大数据、人工智能等技术革新以及全球化的进一步深化，会带来新一轮的产业构造与社会变化。日本政府正出台教育再生、地方创生、一亿总活跃、劳动方式变革等一系列政策措施以应对挑战。

（三）消除性别、城乡、收入、语言、种族和残疾等带来的教育不公平是实现教育2030议程的最大阻碍

教育不公平是主要发达国家实现 2030 教育议程遇到的最大阻碍。如 OECD 成员国及其伙伴国尽管已经部分实现了许多 SDG4 相关目标。但是许多

国家在实现学习结果与公平的目标方面仍然面临巨大挑战。对于 OECD 成员国而言，教育不公平的体现：太多社会经济处境不利背景的儿童、学生和成人持续落后。世界银行在对各国在兑现教育承诺方面面临的严峻挑战以及系统改进的政策实施障碍与政治经济阻力的分析中，指出那些因为贫困、居住地、种族、性别或者残疾，本来就在社会上处境不利的个体面临最大的"学习危机"。

法国当前教育存在的最主要问题是教育体系的不公平在不断加深，家庭的社会经济地位对学生学业的影响持续加大。在日本，家庭社会经济背景及地区差异是教育不平等的两大根源。德国实现教育 2030 议程面临的一个最大挑战也是年轻人的教育和未来机会仍然经常取决于他们的社会背景以及父母的受教育程度。

（四）主要国际组织和发达国家将构建面向未来的能力框架作为实现教育2030议程的重要路径

尽管由于科学技术发展的步伐不断加快，预测新的专业和相关技能需求正变得越来越困难。但为实现教育 2030 议程，主要国际组织和发达国家都在积极构建面向未来的技能和能力框架。

联合国教科文组织报告《反思教育：向"全球共同利益"的理念转变?》将教育视为"全球共同利益"，提出必须教导人们学会如何在承受压力的地球上共处，必须向当前一代和下一代传授在不断变化的环境中根据生态、社会和经济状况而调整生活和生计所需的知识、技能和行为。在强调确保人们获得基本的识字和计算能力之外，尤其关注"软"技能、"可迁移技能"、"非认知"技能或"21 世纪"技能，如人际交往、数字素养、分析解决问题、团队合作及创业等素养的重要性，大大丰富了当前全球关于教育内容和教育方法的思考。OECD 发布的"OECD 2030 学习框架"构建了 2030 年世界需要的知识、技能、态度、价值观和能力图景，聚焦包容性学生发展，正驱动全球教育系统和更大的生态系统的变革。"OECD 2030 学习框架"特别强调三类"变革性素养"（Transformative Competencies）——创造新价值、调解矛盾与困境、承担责任的培养。世界银行正构建面向"第四次产业革命"的技能框架。对于未来的技能需求，世界银行强调领导力、创业者态度等未来职场所需的 21 世纪技能的

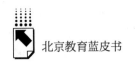

培养。欧盟教育新战略强调：今天的许多孩子长大以后可能会从事以前从未出现过的行业，因此，仅仅传授他们固定的技能或知识是远远不够的。他们需要顺应时代的变化并且具备应变的能力。教育体系也应该更加现代化以促进创新、创业精神和批判思维的培养。

提高素养，并将素养与个体、社会与经济体需求相匹配，加速创新并提高就业能力是 APEC 教育战略的三个支柱。APEC 区域构建了强调有利于就业和创业精神培养的"21 世纪素养"、全球素养、STEM 素养能力框架，同时强调劳动力市场未来可能需要的技能组合，如创造力、道德和批判思维，创业精神与软技能的培养。面向 2030 年，日本基础教育将贯彻"向社会开放的教育课程"理念，提出所需培养的未来人才是充满丰富感性与悟性的、能够灵活应对未知变化的人才。日本制定出未来儿童所需资质能力的三大支柱——"知识与技能""思考判断与表达能力""积极学习的态度与丰富的人性"，特别强调跨学科能力以及作为所有学科学习基础的语言能力、创造力、发现并解决问题的能力、技术应用能力、全球化能力等。

（五）主要国际组织和发达国家将构建超越传统学术学习领域的更加全面的评估框架作为实现教育2030议程的重要保障

教育 2030 议程所承诺的面向所有人的高质量教育，不仅仅限于读写、数学与科学等基础知识与技能，更强调可持续的共同生活。主要国际组织和发达国家将构建超越传统学术学习领域的更加全面的评估框架，作为实现教育 2030 议程的重要保障，加强对学习过程与结果的监测与评价。

联合国教科文组织在《反思教育：向"全球共同利益"的理念转变？》报告中，重新将知识定义为通过学习获得的信息、理解、技能、价值观和态度。OECD 一直在不断改善、扩大并丰富各种评估工具，试图超越传统的学术学习领域，对学生学习进行全面的评估。其最新发布的 PISA 全球化能力框架中，正对 15 岁学生的全球化能力的四个目标维度（知识、技能、态度和价值观）进行评估。此外，OECD 开发的"社会与情感技能全球评估框架"，正在全球部分城市与国家面向 10 岁与 15 岁学生进行社会与情感技能国际调查。

（六）主要国际组织和发达国家根据其不同背景，列出了各自实现教育2030议程的目标清单

2030 可持续发展议程中的目标 4（SDG4）包含了 7 项具体目标。对于每个目标，《教育 2030 行动框架》均进行了具体化，提出了实现目标的指示性策略。为了推动"教育 2030"目标的实现，主要国际组织和发达国家都根据各自不同的背景列出了详细的目标和指标清单，监测并评估其实现"教育 2030"目标的进展与效果。

OECD 作为全球教育评估与监测的引领者，正通过国际学生评估计划（PISA）、国际成人能力调查（PIAAC）和教师教学国际调查（TALIS）等评估工具监测不同年龄和不同教育阶段儿童与年轻人真正的学习结果。此外，OECD 开发了一套跟踪实现目标 4 进程的全球指标，《2017 教育概览》已首次用这一指标来监测各国实现 SDG4 全球教育议程的进步情况。欧盟通过发布《欧盟教育与培训年度监测报告》，让成员国在国际比较和国别分析中明确教育改革优先领域，激发各国展开对本国教育改革的大讨论。为了实现 APEC 教育战略确定的目标，《APEC 教育战略行动计划》中提出了大量可评估和可实现的目标与指标，指导成员经济体根据各国实际情况制定实现教育 2030 议程的进度指标。

法国实现了联合国教科文组织的可持续发展目标与本国目标的对接，结合国内已有的指标和可持续发展目标，将两者融会贯通，互相促进。日本结合其社会文化体系，选取可持续发展目标中日本需要聚焦的措施进行再构建，形成了实现教育 2030 议程的八大优先课题以及相应的 140 项具体指标。

三　对首都深化教育综合改革的启示

全球教育已经进入一个新的发展阶段，当前国际教育与发展界都致力于实现全球可持续发展议程。在国际教育领域发挥重要的智力领导作用、作为全球社会变革观测站的联合国教科文组织，作为全球教育测评体系、标准和

规则制定者的经济合作与发展组织，全球最大的"知识银行"世界银行，经济日趋活跃的 APEC 区域组织，以及英、法、德、日等主要发达国家都对"教育 2030"做出了积极回应。

北京作为首都，其教育在我国教育发展的宏伟蓝图中居于核心地位，面对新形势、新要求，首都教育要发挥对城市发展的支撑与促进作用，并在全国发挥示范引领作用，必须以改革创新的精神推进教育发展，瞄准世界教育改革最新趋势，不断创新教育改革路径，也需要与全球教育 2030 议程实现对接，顺应国际教育发展潮流，创新发展方式，不断提升首都教育的内涵和水平。主要国际组织和发达国家的回应无疑为深化首都教育综合改革提供了目标和路径参照。

（一）首都教育要关注全球教育发展理念的变化，把握全球教育改革的方向，思考教育发展模式

当前对于可持续的人类发展和社会发展的密切关注正主导全球的思绪，成为各领域各项政策的核心关切。在全球可持续发展的背景下，全球日益关注"通过教育改变人生"这个面向 2030 年的教育新愿景，重新界定教育和知识的概念，并将其作为"全球共同利益"。这一全新定位，标志着面向全球社会提出了新的知识观、新的学习观、新的价值视野、新的教育原则。

首都教育一定要站在制高点，密切关注全球教育发展理念的这些新变化，把握全球教育改革的方向和最新趋势，思考教育发展模式。只有这样，才有可能将北京教育推向更新阶段、更好水平和更高目标，从而对中国和全球教育发展进步做出重大贡献。

（二）首都教育在重视"核心素养""21 世纪技能"培养的同时，必须密切关注"全球化、自动化、数字化"这些影响教育发展的重要趋势，在融入世界教育大潮的同时，坚守社会主义核心价值观

当前全球都在发展的大背景中审视"教育 2030"，在新的全球教育格局中，全球化、数字化、自动化成为主要国际组织和发达国家在实现教育

2030 议程中共同考虑的重要挑战。全球主要国际组织和发达国家都在寻找应对各种挑战的办法。在建设世界教育强国征程中，首都教育必须始终走在前列，在强调"核心素养""21 世纪技能培养"的同时，不能忽视影响教育发展的全球重要趋势，在主动融入世界教育大潮、争取共同话语权的同时，必须坚守社会主义核心价值观，坚守中国传统文化。

（三）首都教育在吸取全球经验的同时，要讲好"中国经验""北京故事"

教育作为全球共同利益的全新定位，强调全球参与和全球责任，教育 2030 议程则强调全球贡献。只有民族的才是世界的。在听好"全球教育故事"，做到"全球智慧，我们共享"，吸取全球经验的同时，面对新形势、新要求，首都教育要发挥对于城市发展的支撑与促进作用，并在全国发挥示范引领作用，就要放眼全球，讲好"中国经验"和"北京故事"，增强教育国际竞争力，树立首都教育品牌。首都的"可持续发展教育""社会大课堂""雏鹰""翱翔"等创新人才培养体系以及独特的教研制度都是可以挖掘的、推向全球的"北京故事"。

（四）"学会学习"应该成为首都教育的新目标，首都教育在注重知识技能培养的同时，还应强调学生的情感、幸福及全球素养培养

在 2015 年后全球教育发展框架中，提高教育质量和改善学习占据更加核心的位置。教育并不等同于学习。教育年限和学习时间的长短也不一定转化为学习效果。没有真正学习的教育不仅浪费时间，而且是巨大的不公平。

首都教育的目标转变为"学会学习"意味着强化学习效果，把重点放在儿童、青年和成人的实际学习内容上，强调通过教育获得过上体面生活所需的技能、能力，通过教育实现"改变人生"；意味着在注重核心基础知识技能等学术领域的同时，更加强调学生的情感、价值观培养，强调增进学生的幸福感，强调全球素养的提升，强调更加全面的能力框架的构建。实现了

这样的转变，应试教育、"学生课业负担太重""校外补习培训乱象"等问题或许就能迎刃而解。

（五）首都教育要实现公平，必须重点确保处境不利人群的受教育权益

作为教育现代化发展始终处于全国前列的北京，建成公平、优质、创新、开放的首都教育是面向未来的战略目标。与主要国际组织和发达国家一样，"教育公平问题"也是首都教育发展面临的重大挑战。城乡差距、区域差距、家庭社会经济背景等则是造成教育不公平的重要因素。

为促进教育公平，首都教育必须重点确保处境不利人群，如进城务工人员子女、残疾儿童接受高质量教育的权利。如在学前教育阶段，重点考虑为处境不利儿童提供高质量、支付得起、容易获得的早期学习与保育服务。因为与处境优越的同辈相比，处境不利儿童从高质量早期学习与保育服务中获益最大。在解决课后服务问题中，重点考虑支付得起的、优质的"放学后服务"，上学时间之外服务尤其对于存在学习困难或来自处境不利家庭的儿童非常有益。

（六）首都教育必须重视全球性的教育质量指标体系，增强首都教育的全球话语权

在当前全球经济中，教育是否成功已经不能再由各国自己确定的标准决定，更多要看该教育体系在全世界的表现。当前，主要国际组织和发达国家在实现教育 2030 议程中都瞄准 SDG4，不断校准各自的指标监测体系并加强问责。尤其是 OECD 开发的 PISA、TALIS、PIAAC、高等教育学习成果评价（AHELO）、强势开端项目以及正在推进的全球素养及社会与情感技能框架，正成为基础教育、教师教育、成人教育、学前教育等各领域改革的驱动器和风向标。

面向 2035 年，首都必须向国际上学习成绩优异的国家看齐，高度重视大型跨国教育测试，尤其是重点研究 OECD 的各项指标，甚至选择参与一些国际统一测评，如 PISA、国际数学与科学学习成就趋势调查（TIMSS）或

国际阅读能力发展研究（PIRS）等，在参与和实践中学习全新的视角与理念，同时让首都教育具有国际可比性，增强首都教育的国际话语权。

参考文献

UN, 3rd Meeting of the SDG – Education 2030 Steering Committee United Nations, New York, 2017.

叶江：《联合国"千年发展目标"与"可持续发展目标"比较刍议》，《上海行政学院学报》2016 年第 17 （6） 期。

UNESCO, Unpacking Sustainable Development Goal 4 – Education 2030, UNESCO, 2016.

联合国教科文组织：《反思教育：向"全球共同利益"的理念转变?》，教育科学出版社，2017。

国家教育发展研究中心专题组（译）：《迈向全纳、公平、有质量的教育和全民终身学习——〈教育 2030 行动框架〉之前言、愿景、理念与原则》，《世界教育信息》2016 年第 1 期。

李兴洲、耿悦：《从生存到可持续发展：终身学习理念嬗变研究——基于联合国教科文组织的报告》，《清华大学教育研究》2017 年第 38 （1） 期。

OECD, Education at a Glance 2017: OECD Indicators: The Education Sustainable Development Goal, OECD, 2017.

OECD, Global Competency for an Inclusive World, OECD, 2018.

OECD, OECD Proposes New Approach to Assess Young People's Understanding of Global Issues and Attitudes toward Cultural Diversity and Tolerance, http://www.oecd.org/pisa/aboutpisa/Global – competency – for – an – inclusive – world, 2016 – 05 – 04.

储云云：《金邦建全球化能力与评估——经合组织〈面向包容世界的全球化能力〉报告述评》，《世界教育信息》2017 年第 1 期。

EU, Key European Action Supporting the 2030 Agenda and the Sustainable Development Goals, EU, 2016 – 11 – 22.

EU, A Joint Vision for Secondary and Higher Education for All in Europe: THE ROAD TOWARDS REALISING SUSTAINABLE DEVELOPMENT GOAL 4 IN EUROPE, EU, 2016 – 6.

World Bank Group, Learning to Realize Educaiton's Promise, WB, 2018.

UK Department for International Development, Agenda 2030: The UK Government's Approach to Delivering the Global Goals for Sustainable Development – at Home and around the

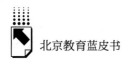
World, UK, 2016.

Plans Launched to Drive Social Mobility in Opportunity Areas, https：//www. gov. uk/government/news/plans – launched – to – drive – social – mobility – in – opportunity – areas, 2017 – 10 – 09.

The Federal Government, Report of the German Federal Government to the High – Level Political Forum on Sustainable Development 2016, 2016 – 7 – 12.

France, Report on the Implemention by France of the Sustainable Development Goals, Department of International Development, Agenda 2030, 2016 – 7 – 12.

Elisabeth Hege, Julie Vallé, Will France Pass the Sustainable Development Goals, http：//www. iddri. org. /Recherche? r = Will + France + pass + the + Sustainable + Development + Goals + test.

Japan, Report on the Implementation of the Sustainable Development Goals, 2016 – 7 – 12.

日本首相官邸，持続可能な開発目標（SDGs）実施指針，https：//www. kantei. go. jp/jp/singi/sdgs/dai2/siryou1. pdf, 2016 – 12 – 22。

日本首相官邸，持続可能な開発目標（SDGs）を達成するための具体的施策，https：//www. kantei. go. jp/jp/singi/sdgs/dai2/siryou2. pdf, 2016 – 12 – 22。

日本外務省，国連ハイレベル政治フォーラム報告書—日本の持続可能な開発目標（SDGs）の実施について，http：//www. mofa. go. jp/files/000277580. pdf, 2017 – 07 – 19。

B.26
我国发达地区推进教育现代化的实践研究

尹玉玲*

摘　要： 随着全国教育大会和各发达地区教育大会的召开，实现各自2035年教育现代化的奋斗目标，成为发达地区加快教育现代化建设步伐的重要依据。本报告采用文献研究法和调查研究法，以北京、上海、广东省的深圳和浙江省的杭州为研究对象，从教育公平、教育质量、教育开放、教育创新等维度全方位介绍了四地区推动教育现代化的生动实践，为全国全面实现教育现代化提供优秀范例。面向2035年，四地区推进教育现代化的未来趋势，主要体现在把实现人的全面自由发展作为教育现代化的价值追求、聚集主要问题完成教育现代化的主要任务、加强和完善教育现代化监测与评估、大力提升教育信息化和教育国际化水平、以教育协同为抓手形成区域共同体新格局、在各地发展经验基础上凝练教育现代化区域发展模式、实现教育现代化与城市现代化的高度融合、发达地区教育现代化更加体现服务全国的功能定位和更加体现高质量发展八大方面。

关键词： 教育现代化　综合改革　创新

---

* 尹玉玲，教育学博士，北京教育科学研究院教育发展研究中心副研究员，主要研究领域为教育政策及教育规划研究。

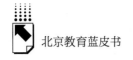

教育现代化，是建设社会主义教育强国的重要标志。北上广等发达地区自 20 世纪末开始，就提出了加快实现教育现代化的建设目标。为了这一目标的实现，各地 20 余年来立足实际，凭借优势，不断加大教育体制机制改革力度，开拓创新，教育现代化发展已见成效。随着全国教育大会和各发达地区教育大会的召开，各自 2035 年教育现代化的奋斗目标，成为发达地区加快深化教育领域综合改革，创新实践探索，加快教育现代化建设步伐的重要依据。本研究主要以北京、上海、广东省的深圳和浙江省的杭州为研究对象，从"战略思路""创新探索""问题抉择"三大部分，全方位介绍四市教育现代化的生动实践和鲜活经验，为全国全面实现教育现代化提供优秀范例。

一　发达地区始终坚持对教育现代化的目标追求

教育现代化是长期以来指导北京市教育发展战略的重要理念。1999 年北京市教育工作会议正式提出了以实现"四个率先"为标志的"率先基本实现教育现代化"发展总目标。2004 年北京教育大会上，首都进一步提出了以到 2010 年率先基本实现教育现代化为目标的首都教育发展战略，并与教育部一起发布了《教育部、北京市人民政府关于共同推进教育现代化试验城市建设的决定》。十余年来，通过实施内涵发展、资源整合、人才强教、开放创新等首都教育发展战略，努力把以人的现代化为核心的区域教育现代化作为教育发展的总目标。《北京市中长期教育改革和发展规划纲要（2010～2020 年）》提出"到 2020 年实现教育现代化，建成公平、优质、创新、开放的首都教育和先进的学习型城市，进入以教育和人才培养为优势的现代化国际城市行列"。为了实现公平、优质、创新、开放的首都教育，首都教育现代化建设历史性地站在了一个新的起点上。2018 年 10 月 18 日，北京市率先召开教育大会，颁布《首都教育现代化 2035》和《推进首都教育现代化实施方案（2018～2022）》，全面开启首都教育改革发展新篇章，这对于北京落实"四个中心"城市战略定位、全面实现教育现代化具有里程碑意义。

上海教育一直追求公平、科学、优质三大目标。作为国际大都市，上海在 20 世纪末就提出要加快教育现代化。进入 21 世纪，上海立足落实国家战略和推动国际大都市建设需要，率先提出"基本实现教育现代化"战略目标，并围绕率先实现教育现代化的目标任务，着力推进实施教育现代化"三步走"战略。"十三五"期间，上海瞄准现代化、国际化，加快教育现代化建设，率先全面深化教育综合改革，率先启动新高考综合改革，当好"改革开放排头兵、创新发展先行者"。2019 年 3 月，上海召开教育大会，制定出台《上海教育现代化 2035》《上海市面向 2020 年加快推进教育现代化实施方案》，明确了上海加快推进教育现代化的战略布局和实施路径。

实现教育现代化，是深圳经济高速发展后对教育的追求。改革开放以来，深圳的教育与城市发展同频共振，完成了从农村教育到城市教育，再到现代化教育的跨越，建立起了完整的现代化城市教育体系。2010 年中共深圳市委、深圳市人民政府做出了《关于推进教育改革发展率先实现教育现代化的决定》。2011 年召开教育改革工作会议，贯彻落实市委、市政府颁布的《深圳市中长期教育改革和发展规划纲要（2011～2020 年）》，确立了"到 2020 年，率先实现教育现代化，建成国家教育综合改革示范区、高水平人力资源强市和学习型城市"的总体目标。

教育正成为"美丽杭州"的金名片。作为浙江省省会城市，杭州一直围绕"教育现代化"的发展目标，率先高水平实现教育现代化。2019 年 5 月，杭州召开全市教育大会暨高水平建设"美好教育"推进会，把推进实现高水平教育现代化、建设"美好教育"的伟大基业作为杭州未来教育发展的总目标。

从上述四个发达地区对教育现代化的认识、推进实施及阶段性目标来看，教育现代化发展呈现较为明显的特点：第一，教育现代化是一个不断发展、不断变化的过程；第二，四地区对教育现代化的衡量标准以及教育现代化表现出来的特点是不一样的；第三，四地区教育现代化都突出人的现代化。

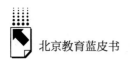
二　发达地区推进教育现代化遵循的发展理念与战略思路

（一）发达地区推进教育现代化的发展理念

1. 凸显本区域城市的特点

城市既是教育赖以存在和发展的前提，又是教育生态得以形成的土壤和养料。城市与教育相互影响、相得益彰。从城市特点来看，北京的特点在深厚，上海的特点在精致，深圳的特点是创新，杭州的特点是活力。这些城市精神直接给予了其教育发展的底蕴和本色。

2. 始终遵循现代教育发展要求和发展规律

培养具有人道、理性、民主和法治精神的人，是教育现代化的最终目的。反映到教育现代化的政策与实践上来，就是要以人为本、以学生为中心，这不仅是教育的本质，而且是教育现代化的归宿。发达地区推进教育现代化，始终把教育摆在优先发展的突出位置，始终把"培养什么人""怎样培养人"作为核心，始终观照受教育者全面发展、个性发展和自主发展状况的改进，不断推进改革创新，谋划更高水平的发展。

3. 与时代发展和国际趋势相适应

在推进教育现代化事业的过程中，要紧扣时代背景和国际化发展趋势，将时代精神融入现代化的教育之中，把时代发展和国际化潮流对教育的需求与教育的总体目标和任务紧密结合起来。发达国家教育现代化进程中出现的科学化、个性化、综合化等趋势，对于我国发达地区在学生综合素养和关键能力培养、促进教育信息化、实施创新人才培养和扩大教育开放等各个层面推进教育现代化有着重要的启示作用。

（二）发达地区推进教育现代化的战略思路

1. 与各自的城市功能定位相适应

首都教育是落实北京"四个中心"城市战略定位的中坚力量。未来首都"四个中心"建设，离不开首都教育这一基础性公共服务和民生保障功能的发挥，"建成公平、优质、创新、开放的教育体系"是"构建覆盖城乡、优质均衡的公共服务体系"的基石。与此同时，"四个中心"建设，也对首都教育现代化建设提出了新的要求。上海目前正着力构建全球科技创新中心。在加快实现教育现代化过程中，要全面对接国家和区域重大发展战略，紧密服务具有世界影响力的社会主义现代化国际大都市建设。深圳是我国第一个经济特区、中国改革开放的试验田、粤港澳大湾区的桥头堡。在新一版《深圳市城市总体规划（2010~2020）》中，它不仅是经济特区建设的成功典范，更是代表中国参与世界竞争的国际化大都市。而且，从地缘优势来说，深圳地处粤港澳大湾区核心区域，对整个湾区的经济、社会、科技、文化等方面的发展具有发动机的推动作用，深圳教育要与其城市功能定位相适应，按照高效率、高标准、高品位的要求加快实现教育现代化。《杭州城市总体规划（2001~2020年）》对杭州的城市性质定位是"国际风景旅游城市，国家历史文化名城，长三角的重要中心城市，浙江省的政治、经济、文化中心"。未来杭州要向着"继续走在全国重要城市前列，努力建成美丽中国的样本，建设成为世界名城和国际化城市"的目标迈进，全面实现教育现代化是重要的推动力量。

2. 化解区域教育发展的重大难题

区域教育发展的重大难题，集中体现在学前教育、基础教育、高等教育、职业教育、民办教育、教师、经费使用等各个方面。推进教育现代化，就是要在改革创新中逐步化解这些发展的重大难题，办好人民满意的教育。

3. 突围体制机制改革的障碍

实施综合改革，是各地教育推进现代化发展战略的必然选择。各地在推进教育现代化的过程中，把阻碍体制机制改革顺利进行的制度因素作为重点突围对象，破解发展瓶颈，增强教育发展动力，回应人民群众期盼。

4. 积极应对新时代各区域面临的发展机遇和挑战

面向2035年，各发达地区的教育究竟走向何处、怎样发展，不仅受到国际形势变化对教育的战略影响，而且受国内经济社会发展及区域自身发展对

教育的战略需求的影响。无论是首都北京、魔都上海，还是创新城市深圳和杭州，在探索与其城市功能定位相适应的教育发展道路时，面临未来人口规模及结构的双重变化、科技迅猛发展的背景，创新驱动的经济增长模式转变、社会思想文化和意识形态复杂多变的环境，需要积极应对这些机遇和挑战。

5. 逐步实现教育现代化从物的现代化向制度的现代化和人的现代化迈进

从发达地区教育现代化的发展规律来看，人的现代化是后二十年教育现代化的核心。现在影响教育现代化进程的关键不是物，而是制度和人。这就需要各发达地区在未来的教育实践中，制定科学的、先进的现代教育制度以推进人的现代化，尤其是创新人才和高层次人才的培养。采取超常规发展方式，全面建成现代教育体系，全面提升人力资源开发能力。

三 发达地区实现教育现代化的现状水平及创新探索

根据教育现代化发展阶段的分类，有基本实现、高水平实现和全面实现。发达地区因经济社会条件各不相同，教育现代化的实现程度也不一样（见表1）。

表1 四发达地区教育现代化的发展目标与实现程度

地区	2020年对教育现代化发展阶段的要求	目前教育现代化的实现程度	基本实现教育现代化县（市、区）的比例
北京	总体实现	率先基本实现	—
上海	率先实现	率先基本实现	—
深圳	率先实现	基本实现	—
杭州	高水平实现	基本实现	100%

与世界主要发达国家、国内其他城市进行横向对比，首都教育总体发展水平达到发达国家平均水平，各级各类教育普及水平达到发达国家先进水平，在全国率先基本实现教育现代化，保持着中国教育现代化建设"排头兵"的地位。从时间上纵向分析，首都教育不断提升现代化水平，在"十

二五"末已经基本实现现代化，"十三五"末将总体实现现代化，规划到2035年实现高水平教育现代化。

早在2009年上海发布了《2010年区县教育现代化指标体系》。根据指标的敏感性、重要性和国际通用性，该指标体系分别确定了10项市级核心指标和10项区县核心指标。根据《上海市中长期教育改革和发展规划纲要（2010～2020年）》，提出到2020年上海要率先实现教育现代化。目前上海率先基本实现教育现代化，而且有相关研究结果表明，上海教育现代化的发展水平处于部分发达地区以及全国的前列。① 虽然如此，但仍存有不足，率先实现教育现代化还须努力。

深圳的教育质量在全省处于非常靠前的位置，如果说广东正在建设南方教育高地，深圳就是高地中的"高地"。经过近十年的发展，2013年深圳成为全省首批推进教育现代化先进市，2014年又首批通过国家义务教育发展基本均衡验收。作为全省推进教育现代化的"领头羊"，力争率先实现教育现代化，并为全省教育现代化探索经验，为深圳建设现代化、国际化、创新型城市和打造国际科技、产业中心贡献力量。

杭州作为浙江省省会城市，近年来全面开展创建教育基本现代化县（市、区）的工作。2016年教育部《教育现代化进程监测评价指标体系研究》专题组发布了《全国15个副省级城市教育现代化监测评价与比较研究报告（2015）》。在教育普及发展、教育公平推进、教育质量要素、教育条件保障4项一级指标指数排名中，达到3项排名均位居前五的城市为杭州、广州、宁波，杭州是排名均进入前三的唯一城市。2016年中国教育学会发布《全国教育治理现代化指数监测报告》，杭州综合排名全国第一位。2018年《全国教育治理现代化指数监测报告》对31个省、自治区、直辖市，15个副省级城市和17个非副省级省会城市等共计65个监测对象进行监测，杭州教育治理现代化总指数名列榜首。这表明杭州在城市教育现代化进程中一

---

① 《全国六省市教育现代化评价指标比较分析上海教育新闻网》，《上海教育》，2011年6月16日，http://www.shedunews.com/zixun/shanghai/zonghe/2011/06/16/5466.html。

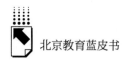

直居于第一方阵，领跑全国。

这四个地区作为教育改革的先锋队、教育发展的先进市，教育现代化水平一直处于全国前列。从列举的教育现代化发展具体指标来看，这四个地区在学前三年毛入园率、义务教育阶段毛入学率、高中阶段毛入学率、高等教育毛入学率、普通高等学校在校生中留学生比例、新增劳动力平均受教育年限等指标上都要远远高过全国水平（见表2）。

表2 "十三五"时期四发达地区教育现代化发展水平的核心指标对比

序号	指标	全国	北京	上海	深圳	杭州
1	学前三年毛入园率（%）	81.7	95	>99	>98	99
2	义务教育阶段毛入学率（%）	—	>100	99.9	98（巩固率）	100
3	高中阶段毛入学率（%）	88.8	99	98	99	99.7
4	高等教育毛入学率（%）	48.1	60	70	>65	62.2
5	每万人拥有的在校大学生数量（人）	—	273	213	64	517
6	普通高等学校在校生中留学生比例（%）	1.3	4.8	8.7	3	5
7	新增劳动力平均受教育年限（年）	13.3	14	>14	14.5	13

资料来源：全国数据来自《2018教育统计公报出炉：学前教育毛入园率达81.7%》，新华网，http://drc.guizhou.gov.cn/xwzx/zwyw/201907/t20190725_3857427.html；杭州数据来自《大数据告诉你，为啥杭州孩子越来越幸福》，浙江新闻，https://zj.zjol.com.cn/news.html？id=1212155；每万人拥有的在校大学生数量数据来自《最缺大学的重点城市：深圳每万人拥有的在校大学生不足100人》，新浪财经，https://cj.sina.com.cn/articles/view/1686524201/6486512901900f66a；普通高等学校在校生中留学生比例根据四地区普通高校留学生与普通高校在校生数进行计算得出。

在习近平新时代中国特色社会主义思想指引下，四地区坚持社会主义办学方向，坚持教育优先发展，深化教育领域综合改革，加快推进教育现代化，走出了教育现代化创新探索之路。

（一）推动基础教育优质均衡发展

北京盘活现有优质教育资源，优化城乡义务教育资源配置。横向联手增加优质资源。通过对外引进名校办分校、城乡一体化学校，整合区域教育资源，采取"学区制""教育集团"等方式，实现增量推进。纵向贯通培育优质资源。通过新建九年一贯制学校、九年一贯对口直升、优质高中名额分配等方式，纵向拓展入学新通道，提速普通校成长为新优质校的进程。积聚社会力量拓展优质资源。建立健全义务教育优质均衡发展的标准、制度和城乡教育一体化发展保障机制。

上海通过推进学区化集团化办学、推动优秀教师的柔性流动、优化评价体系、加快教师队伍建设、聚焦课程专业引领、促进民办学校的健康规范发展来推动基础教育优质均衡发展。

深圳为推动基础教育优质均衡发展，在打造品牌教育集团、加强对中小学生综合素养的监测与评价、联动优质资源共育创新型人才、实现技术与教育深度融合、实施中小学校长职级制、促进民办教育优质特色发展等方面进行了创新探索。

杭州通过深化实施名校集团化战略、大力发展信息技术扩大优质教育资源覆盖面、打造高素质专业化教师队伍、制定专项规划合理配置教育资源、加快义务教育标准化学校创建、提升职业教育质量、促进公办初中提质强校等举措推动基础教育优质均衡发展。

（二）推动教育国际化发展水平

为落实新时代首都"国际交往中心"定位对首都教育的需求，目前北京市与50余个国外城市的教育部门及联合国教科文组织建立了友好交流合作关系。打造对外交流项目品牌，推进孔子学院与孔子课堂建设，推进中外合作办学等。

上海除了引进世界一流大学资源，探索中外合作办学机制，加速上海高校国际化进程外，还在区县选择若干中学开设国际课程，引入先进的办学理念、办学模式、教学管理方式，开拓学生国际视野。

深圳探索国际化发展道路，发展国际学校。据胡润百富旗下国际教育平台胡润百学发布的"2018胡润百学中国国际学校百强"，深圳8所学校上

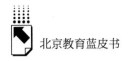
榜。其中深圳国际交流学院进入全国十强，位居深圳第一。

杭州加快落实《杭州市加快推进城市国际化行动纲要（2015～2017年)》，深入实施海外友校结对、师训基地建设、全面聘请外教、中外合作办学、鼓励留学杭州、国际理解教育、示范学校创建等七大项目。加快发展国际学校。推进与共建"一带一路"国家教育交流合作。增加海外研修基地数量，扩大教师海外研修规模。2019年2月制订《推进教育国际化三年行动计划（2019～2021年)》，以教育国际化服务城市国际化战略。

（三）深化教育体制机制改革创新，为教育现代化持续发展提供动力

北京市进行了从管理到办学等全方位的体制改革。深化管理体制改革，加强市级统筹，推进简政放权。完善中小学校长负责制，全面推广名校办分校、集团化办学、学区制管理等办学模式改革。深化教育督导与评价改革，逐步建立由政府、学校、专业机构和社会组织等多元参与的督导评估与质量监测体系。深化考试制度改革和人事制度改革，试行教师、校长的交流轮岗制度。

上海是"一市两校"全国教育综合改革和高考综合改革的试点城市。近年来，上海市加快教育现代化建设，率先全面深化教育综合改革，率先启动新高考综合改革。开展的以公办为主的学前教育、公办初中强校工程、市属高校"双一流"建设三个项目成为加快教育现代化建设的生动缩影。此外，还在新优质学校创建、基础教育分级管理体制改革等方面做了一些探索。

深圳加快基础教育领域综合改革。深圳推进好课程建设，促进学校创新人才培养。实施中小学生小课题研究、创客实践室建设、优秀学生社团建设等项目，推进学习方式变革。着力推进"阳光评价"改革。创新基础教育办学体制，发挥优质教育资源示范引领作用。推进公办学校改革，补齐学前教育短板。乘着粤港澳大湾区建设的"东风"，推动高等教育创新特色发展。

杭州实施中小学校党组织领导下的校长负责制试点工作。推动名校名院名所建设工程，全面提升杭州市高等教育发展水平和科技创新能力。加快民办学校体制机制改革，搞活杭州民办机制。实施教师发展共同体建设。

四　发达地区推进教育现代化的实践经验和存在问题

（一）各地政府高度重视并狠抓落实

不少发达地区的城区已创建成教育基本现代化区，其所属的各区、县（市）也都在进一步加大对教育的保障力度，全面开展创建教育基本现代化县（市、区）工作。各级政府成立了由政府牵头、各相关职能部门参与的工作领导小组，均出台了基本实现教育现代化的实施意见以及有关经费投入、队伍建设、资源配置等的文件，形成了区域比较有效的保障机制，明确了实施方案、路径和时间表，注重落实与监测，保证了教育现代化的有效推进。

（二）全面落实教育优先发展战略

发达地区十余年来坚持把教育事业放在优先位置，健全完善教育发展优先规划、教育投入优先安排、教育用地优先保障、教育问题优质解决等机制。在推进教育现代化的过程中，着力深化教育重点领域综合改革，深刻把握新时代各地区教育现代化的目标任务，大力促进各地教育更有质量、更加公平、更具效率。

（三）坚持以政府投入为主的发展机制

发达地区长期以来坚持教育的公益性质，强化政府责任，不断加大教育投入，发挥政府投资教育的主渠道作用。各省（市）及所属各区、县（市）均建立起较为完善的教育经费保障机制，确保地方财政性教育经费逐年增加和教育经费依法实现"三个增长"，财政性教育经费占 GDP 的比重长期以来

一直在全国处于领先地位。教育投入结构不断优化，对促进学前教育普惠健康发展、基础教育优质均衡发展、高等教育内涵发展的体制机制创新给予大量的经费支持。与此同时，发达地区不断完善教育经费管理办法，健全教育资助政策体系，加大学校建设力度，扩大优质教育资源，改善教育装备，完善教育方法和教育手段，有效地推进了教育现代化质量与水平的提升。

（四）以高远站位带动周边都市圈教育共同发展

四地区以更高远的站位、更大的格局，从都市圈的视角出发，发挥各自在周边都市圈的引领和主导作用，带动都市圈范围内的地区共同发展。以北京为首的京津冀都市圈、以上海为首的长三角都市圈、以深圳为首的珠三角都市圈、以杭州为首的杭州都市圈自建设以来，均在产业、平台、民生及公共服务等方面进行了高度接轨。尤其在教育领域，建立了多元化跨区域教育合作模式，推广名校集团化、教育共同体，搭建都市圈教育资源优化共享平台，区域教育合作不断增强，以期通过都市圈教育一体化发展实现区域教育整体现代化。

（五）价值引领、战略导向与问题导向相结合

各发达地区无论是教育现代化发展规划的制定，还是规划的落实，无不是把价值引领、战略导向和问题解决相结合，在宏观上把方向，在中观上讲战略，在微观上重问题，避免陷入"假大空"和"急功近利"的泥沼。"着手"于问题，"着力"于战略、"着眼"于价值，聚焦教育现代化重点任务，落实立德树人根本任务，坚持教育优先发展，抓好促进公平和提高质量两条主线，全面推进教育高质量发展。

尽管发达地区在教育现代化的路上取得了很大的成绩，走在了全国的前列，但是，各地区城市功能定位带来的产业转型、社会转型升级的不断加快，对教育事业的发展特别是教育现代化提出了新的要求，再加上对原有教育遗留问题的解决不彻底，各发达地区在推进实现教育现代化过程中存在着一些共同的难题，主要表现为：伴随着各发达地区即将率先基本实现教育现

代化，教育发展在规模上基本满足群众入学需求的同时，教育质量、公平、结构和效益问题日益凸显；教育理念、教学内容、教学方法、管理制度等深层次方面还不能适应社会主义市场经济体制和知识经济发展的需要；国家和经济社会发展以及人民群众日益增长的优质、多元教育需求与教育供给能力不足、供给方式单一、供给过程不均等之间的矛盾成为教育面临的主要问题。同时，教育促进各地经济社会发展的人才支持能力、知识创新能力、社会服务能力、文化引领能力还不强大。

五　发达地区推进教育现代化的未来趋势

（一）把实现人的全面自由发展作为教育现代化的价值追求

教育现代化，其宗旨是为实现人的现代化。在教育供给上，为学习者提供优质公平、适应个性和多样可选的教育；在教育机会上，更加扩大教育公平，让每个孩子享有公平而有质量的基本公共教育机会；在教育过程中，更加注重面向人人，不把学生分为三六九等，更加注重因材施教，强调教育要关注个体的完善，发展个性化的教育；在教育内容上，坚持立德树人教育根本任务，充分研究培养人的全面发展问题，对各学段学科的设置和课程的开发有更多的思考和更贴近百姓需求的变革；在教育体制改革上，落实和扩大学校的办学自主权，改革教育评价体系，赋予学校个性化教育的办学空间。

（二）聚集主要问题，完成教育现代化的主要任务

教育现代化是一个不断发展的过程。在推进教育现代化的道路上，需要分步、分层、分类实施。《中国教育现代化2035》及每一个地区的"教育现代化2035"和《关于推进教育现代化的实施意见（2018～2022）》都根据各地实际提出了一系列的重点项目。在每年市级政府层面的为民办实事工程中，也不同程度地提出了年度要落实的折子工程。这些折子工程和项目，都

是聚焦当前重难点问题、为推进教育现代化而精心设计的重点任务，需要逐项落实完成。

（三）加强和完善教育现代化监测与评估

发达地区为了更好地推进教育现代化，都构建了不同层面的教育现代化监测体系。瞄准 2035 年，各发达地区要全面实现教育现代化，还需要完善教育现代化监测与评估指标体系，并从实际监测结果中找出与 2035 年前阶段性目标存在的差距和短板，为政府部门实施有效决策提供科学依据。

（四）大力提升教育信息化和教育国际化水平

教育信息化是教育现代化的重要标志。各地要更加广泛地应用大数据、云计算、物联网、人工智能等信息化技术，以信息化推动区域教育现代化。另外，教育国际化是教育现代化的必然趋势。要加快推进京津冀区域教育合作、长三角城市群教育合作、珠三角城市群教育合作、粤港澳大湾区教育合作取得突破性进展，整体提升区域教育协同发展水平。要丰富开放内涵，提高开放水平，构建面向世界的各地区教育开放体系。要全面提升中外合作办学水平，引进一批示范性中外合作办学项目，加强中外合作办学质量保障体系建设，不断提升合作办学质量。探索更多形式的引进办学和海外办学模式。

（五）以教育协同为抓手形成区域共同体新格局

《京津冀协同发展规划纲要》《长江三角洲城市群发展规划》《粤港澳大湾区发展规划纲要》都提出了教育协同发展的要求。如《粤港澳大湾区发展规划纲要》提出的粤港澳高校合作办学，鼓励联合共建优势学科、实验室和研究中心，开展互认特定课程学分等合作项目要顺利实施，一方面，需要强化市域空间统筹，推进市区一体化发展，研究推进城市行政区划调整；另一方面，需要通过中央政府赋予这些特区一系列教育先行先试改革政策，突破市域教育合作中的体制机制壁垒，实现协同创新发展。

（六）在各地发展经验基础上凝练教育现代化区域发展模式

创办特色教育是教育现代化的重要内容。目前在教育现代化推进最早、成效突出的地区，如广东省的深圳、浙江省的杭州，以县域为基本单位推进教育现代化，推动教育现代化特色发展，为中国教育现代化区域发展模式提供了很好的学习案例。未来实现中国教育现代化，不仅要把国外发展经验与本国实际相结合，而且各地在教育改革与发展进程中，要立足实际，逐渐培育起具有鲜明地方特色的教育品牌，实现中国教育现代化由个别区域率先实现向推进整体实现转变。

（七）实现教育现代化与城市现代化的高度融合

教育现代化与城市现代化和谐共生、互动发展。教育现代化离不开城市现代化，城市现代化引领和带动着教育现代化；教育现代化是城市现代化的重要组成部分、重要动力和主要标志，城市现代化需要具有创新能力的高素质人才，对教育提出更具现化性的发展要求。未来一流的城市需要一流的教育，教育必然与所在的城市发展紧密相连。新时代城教融合发展已成为现代城市与教育发展的内在要求，成为实现城市现代化和教育现代化的基本选择。

（八）发达地区教育现代化更加体现服务全国的功能定位和更加体现高质量发展

战略的本质是格局、选择和定位。发达地区实施教育现代化战略，要与国家的教育目标和理想高度一致，要在国家"教育现代化2035"大战略引领下，坚守自身使命，定位坐标，构建起面向全国服务的发展大格局。只有超越地域视界，以服务国家和城市发展、探索可复制可推广的改革经验为己任，围绕国家"教育现代化"的发展目标统筹规划，在课程开发、教师专业化、学生综合素质、学校建设、教学方式、创新人才培养等方面务实创新实现高质量发展，凝聚内生动力推进地方教育综合改革，才能打造出服务国家教育现代化的地方好样本。

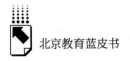

参考文献

褚宏启：《教育现代化的路径——现代教育导论》，教育科学出版社，2013。

尹玉玲：《北京向着优质均衡迈进》，《中国教育报》2019 年 3 月 26 日。

《深圳高等教育实现跨越式发展》，2019 年 3 月 13 日，http：//sz. southcn. com/content/2019 – 03/13/content_ 185900844. htm。

《上海：做教育现代化的先行者》，《中国教育报》2018 年 12 月 24 日。

《加速推进高水平教育现代化，新时代杭州"美好"教育再出发》，《杭州日报》2019 年 4 月 19 日。

Abstract

This year is the 70th anniversary of the Founding of the People's Republic of China, the key year for building a moderately prosperous society in an all-round way, the important year for learning and implementing the spirit of the 19th National Congress of the Communist Party of China, the important year for implementing the spirit of the national and Beijing Education conferences and accelerating the modernization of education.

Research Report on Education Development of Beijing (2019 – 2020) adheres to the principle of combination of academic, original and thematic, adheres to and improves the working mode of "design theme, organize research and form thematic research report", organizes professional researchers to study the hot, key and difficult issues of education reform and development in the capital in the new era, forming such an annual feature The report aims to reflect the actual situation of education reform and development in the capital in a more in-depth and comprehensive way, and provide intellectual support for comprehensively promoting the modernization of education in the capital.

The report is divided into eight parts: General Report, Policy Planning, Pre-school Education, Primary and Secondary Education, Education Reform, Educational Talents, Education Topics and Experience Reference, with a total of 26 research reports. Among them, the General Report takes "education modernization" as the title, analyzes the new situation of education modernization in the capital, clarifies the new problems of education modernization in the capital, and puts forward new strategies for comprehensively promoting education modernization in the capital. Policy Planning mainly focuses on the monitoring and evaluation of education planning and education policies, involving the mid-term evaluation of the implementation of Beijing's "13th five year plan" education planning, the monitoring of Beijing's "13th five year plan" education planning, and the implementation plan of vocational

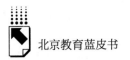
education reform. Preschool Education focuses on the stage of preschool education, which mainly involves the development of preschool education and the improvement of preschool education quality. Primary and Secondary Education part mainly involves the quality and balance of compulsory education, degree demand prediction, ecological civilization literacy training, parents' satisfaction, reducing the extracurricular burden of primary and secondary schools etc. Education Reform mainly focuses on the hot and difficult issues of education, mainly involving labor education, education informatization, artificial intelligence and education, Beijing, Tianjin, and Hebei coordinated development, teaching improvement, etc. Educational Talents mainly focuses on team building, mainly involving the construction of teachers and the cultivation of innovative talents. The Education Topics mainly focuses on the key issues of the current development of education in the capital, involving research on the governance of online training and education industry outside private schools in Beijing, the construction of first-class undergraduate majors in Beijing Municipal universities, the classification and registration of private schools, the integration of education support system, the construction of learning cities, and the education of socialist core values. chapter of Experience Reference focuses on the Enlightenment of domestic and foreign policies and practices to Beijing. The international part focuses on the latest trends of education policies of major international organizations and some developed countries and the enlightenment to Beijing. The domestic part mainly analyzes the practical research on promoting education modernization in developed regions.

Linking theories with practice, and reflecting the from various perspectives and at various levels, this report makes suggestions on reform for promoting and improving the coordinated educational development in the region in an attempt to provide a useful reference for the educational decision-making departments and educational administrators and researchers who take part in promoting the regional coordinated educational development. Here, sincere thanks are given to all the experts and scholars who gave advice to the compilation and publication of this report and all the authors who worked hard to produce the special reports.

Keywords: Education Modernization; Educational Development; Reform in Education; Education in Beijing

Contents

I   General Report

Abstract: In the face of the overall strategy of national modernization and the new strategy of national education modernization, in the face of the new requirements of the modernization construction of the capital city and the education conference of the whole city, there are still some unbalanced and inadequate problems in the development of the modernization of education in the capital city. It is necessary to promote educational reform and innovation from six aspects: clarify the position of "upper-hand move" in the modernization of education and innovate the implementation mechanism of the modernization strategy; improve the modern capital education system, reasonably adjust the scale of education; innovate the capital education and urban integration development mechanism to serve the capital "four centers" construction; strengthen the construction of weak links, actively promote the fair development of capital education; comprehensively strengthen the construction of teachers, promote the high quality development of capital education; strengthen the construction of educational governance system, and comprehensively enhance the educational governance ability of the capital.

Keywords: Education Modernization; Education Strategy; Capital Education

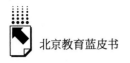北京教育蓝皮书

II　Policy Planning Reports

B. 2　Mid-term Evaluation Report on the Implementation of
　　　Educational Planning of Beijing Municipal
　　　Government in the Period of 13th Five-year Planning

Lei Hong / 017

Abstract: Mid-term evaluation report shows that since 2016, the educational authority of Beijing municipality has been implementing earnestly the educational plan by focusing on people's actual acquisition, continuously optimizing educational structure and distribution, increasing the supply of high quality educational resources, constantly deepening the reform of educational mode, and actively developing a modern educational governance system to promote the municipal educational cause with a fairer development with higher quality. Meanwhile, however, the modernization of the city's education is facing a series of challenges, such as the imbalance between the supply of basic education admission and resource distribution, the difficult situation facing the aggregative supply of teachers in basic education and the supply of dual teachers in vocational education, the universities capacity serving the capital's economic and social development yet to be strengthened, the international influence of the capital's education yet to be further enhanced, the insufficient integration of educational information resources and so on. In the second half of the Thirteenth Five-Year Plan period, the educational system of Beijing has to conform to the time's requirement to further caliber the reform direction, to realize a comprehensive fulfillment of the tasks regulated in the Plan with a greater effort.

Keywords: Beijing Municipality; the Thirteen Five-Year Plan of Education; Mid-term Evaluation

B. 3   The Monitoring of Beijing's "13th Five-Year" Education

Plan in Districts   *Cao Haowen* / 032

Abstract: The paper monitored the progress of Beijing's "13th Five-Year" Education Plan in districts. The monitoring demonstrates that, the education development guarantee, quality of education development, fair development of education and open development of education made important progresses in districts. However, some districts still have shortcomings in education development guarantee; the quality of educational development between districts is still uneven; educational fairness has made important breakthroughs, but there are also problems with limited data availability; the effectiveness of open education development needs to be further improved. The districts need to further implement the strategy of prioritized development of education to provide adequate guarantees for education reform and development; further improve the quality of education and resolve the problem of imbalance in the quality of education; supplement education shortcomings and promote education equity; improve the quality and efficiency of open development.

Keywords: Education Plan; Plan Monitoring; Education in Districts; Education in Beijing; 13th Five-Year

B. 4   Measure, Problem and Policy Suggestion for Beijing's

Implementation of *the National Vocational Education*

Reform Implementation Plan   *Wang Chunyan* / 050

Abstract: *The National Vocational Education Reform Implementation Program* provides basis and direction for the deepening of vocational education reform. Current measures and problems of vocational education in Beijing are analyzed; relevant suggestions are given in terms of defining the position of vocational education in the new era, strengthening the legislation construction of vocational

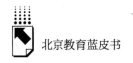
education, improving the modern vocational education system, constructing the vocational education standards in Beijing, deepening integration of production and education and school-enterprise collaborative education, and strengthening the system guarantee construction; the deepening of vocational education reform of Beijing is promoted; and the characteristic, high-end, integrative and international development is realized.

Keywords: National Vocational Education Reform; Vocational Education Reform in Beijing ; the Modern Vocational Education System; Production-Education Integration; Guarantee System

Ⅲ Pre-School Education Reports

B. 5 Data Analysis of Preschool Education in Beijing (2018)

Ye Yimin / 064

Abstract: In the 2018 −2019 school year, the scale of preschool education in Beijing grew steadily. However, the contradiction between the demand for admission and the lack of preschool places has not been eliminated. There is still a gap in the number of kindergartens in Beijing. There is still uneven and insufficient development in preschool education in Beijing.

Keywords: Preschool Education; Kindergarten; Data Analysis

B. 6 The Changing of the Quality Concept of Early Childhood Education in Beijing and the Reform Path

Zhang Xia, Su Jing / 083

Abstract: Improving the quality of early childhood education is an important topic in Beijing for a long time now and in the future. In terms of conceptual change, Beijing has paid more and more attention to the improvement of procedural quality with curriculum as the core, and has paid more attention to the continuous support role of preschool teaching and research system in improving the quality of kindergarten. In terms of the reform path, Beijing has been a research and practice of living, gamification, and naturalization kindergarten courses, has perfected the full-coverage and horizontal linkage of early childhood education teaching and research system. It has enhanced and expanded the professional strength of teaching and research personnel in various ways, innovating teaching and research methods, giving play to the effectiveness of teaching and research, and enhancing the exchange of teaching and research.

Keywords: the Quality of Early Childhood Education; Conceptual Change; Reform Path

Ⅳ Primary and Secondary Education Reports

B. 7 The Status Quo、Challenges and Improvement Strategy of
Resource Allocation in the View of Quality and
Balanced Compulsory Education in Beijing

Duan Pengyang, Zhao Lijuan, Fan Wenfeng and Zhao Xueqin / 097

Abstract: The number of teachers at the county-level and above for every 100 students, the area of sports gym per student, the area of teaching and auxiliary buildings per student are the three most important indicators affecting the comprehensive achievement of resource allocation, and the difference coefficient of various indicators between schools do not meet the standard. The private schools have a greater impact on the balanced development of compulsory education in some districts. The municipal and district governments should continue to increase the improvement of outstanding problems; give more support to private schools in terms of improving school conditions and teachers.

Keywords: Compulsory Education; Quality and Balanced; Private Schools

B. 8　Projection of Basic Education Stage Population of the

Capital（2020 −2035）　　　　　　　　　　*Zhao Jiayin* / 114

Abstract：Educational resources should be allocated for students. The changes of school age population have directly impact on the allocation of educational resources. At the same time, the projection of school age population is also an unavoidable part of the scientific education plan. 1 the factors such as the birth cycle, the universal two-child policy and coordinated development of the Beijing, Tianjin, and Hebei region also need to be considered. This article uses the education statistics published by the Beijing Municipal Education Commission, the Beijing Statistical Yearbook, the 2130 and 2010 Beijing Population Census data, the 2015 Beijing 1% population sample survey data, which project the basic education stage population from 2020 to 2035. In general, in the next 15 years, the population from pre-school to high school education stage will reach peaks in 2021, 2027, 2030, 2033. Comparing the predicted values of the low and high programs, the universal two-child policy has a greater impact on pre-primary and primary education.

Keywords：Universal Two-Child Policy；Chances of Birth Rates；School Age Population

B. 9　Primary and Middle School Evaluation and Policy Suggestion

on the Cultivation of Ecological Civilization Literacy

in Beijing

Shi Feng, Wang Qiaoling, Zhang Jing and Shen Xinyi / 130

Abstract：This paper mainly investigates the current situation of ecological civilization literacy among the primary and middle school students in the four functional areas in Beijing from the four main aspects of values, knowledge, key ability and behavior habits at ecological civilization. Through online questionnaire survey and data, the analysis of the status quo of ecological civilization literacy and the results are made. The conclusions of the survey mainly include three aspects: first, the ecological civilization literacy of primary and secondary schools needs to improving; second, the four functional areas in Beijing should emphasize on different aspects and develop together in the cultivation of ecological civilization literacy in primary and secondary schools; third, the ecological civilization literacy of middle and primary school students needs to be cultivated according to the characteristics of different segments. Based on the survey results, three levels of policy recommendations are proposed: from education administration, it is recommended to introduce the overall and phased goal of ecological civilization education as soon as possible, and incorporate the content of ecological civilization into teacher training and innovative training methods at all levels; as for school, it is recommended to popularize knowledge of ecological civilization, to integrate ecological civilization education into education and teaching, to build a harmonious ecological campus to enhance students' awareness of ecological civilization and sustainable development, and to integrate ecological civilization into comprehensive practice activities; at the social level, it is recommended to establish a development mechanism to ensure the implementation of ecological civilization and sustainable development education, to encourage organizations to participate in the promotion of ecological civilization education practice so as to build a regional and benign ecosystem and learning field, to establish a community of regional ecological civilization education in Beijing and deeply participate in environmental governance in Beijing and around the world.

Keywords: Primary and Middle School; Ecological Civilization Literacy; Implementation Evaluation; Policy Suggestion

B. 10　Parents' Evaluation on Basic Education in Beijing:

Achievements, Problems and Suggestions

—*An Analysis of the Ten Years Survey Data on Education*

Satisfaction

Lu Ke, Zhao Lijuan, Wang Yue and Zhao Xueqin / 148

Abstract: Based on the ten years survey data of parents' educational satisfaction in Beijing, the study finds that the satisfaction of students and parents to Beijing's basic education has been on the rise in the past ten years. The safety of schools, the degree of students' liking for schools, the standardization of educational fees and so on have been highly recognized by students and parents. And the satisfaction score on publicity of educational information, the layout of schools and the school entrance policy have been highly increased. However, students and parents are less satisfied with the balanced development of compulsory education, kindergarten entrance issue, the use of social resources for education, and the surrounding environment of schools, and think that there are still a certain range of irregularities in schools. It is suggested that we should further expand high-quality educational resources and promote the balanced development of compulsory education; further plan the layout of kindergartens in an overall way to gradually alleviate the difficulties of entering kindergartens; intensify overall coordination efforts to solve the problems of social resources used in education and the surrounding environment of schools; strengthen the supervision and management of school running in a standardized way so as to promote students' all-round and healthy development.

Keywords: Basic Education; Parents' Satisfaction; Hot and Difficult Issues

Abstract: This research focuses on the study of a students extracurricular burden. Through a questionnaire survey of students , parents and teachers , we can understand the current situation of a students participation in extracurricular classes , such as the frequency of classes , the subject matter of those said classes and time spent by students in participation of those extracurricular classes. As well as this we may also understand the parents' views of the payment and burden of fees and understand teachers' basic judgment and attitude towards burden reduction. This paper reveals the new changes and new problems in students' extracurricular burden , and analyzes the reasons for the formation of students' extracurricular burden. On this basis , this paper puts forward some policy suggestions , such as multi-measures to form the joint force of educating people , promoting the special management of out-of-school institutions , giving full play to the main role of the school , comprehensive measures to solve after-school problems , scientific setting of after-school service norms and standards , and guiding parents to return to educational rationality.

Keywords: Extracurricular Burden; Status quo; Suggestion

V   Education Reform Reports

Abstract: The project team makes full use of technological progress in the era of big data , to make construction of evidence-based teaching evaluation framework , and to carry out teaching experiment research on core literacy in five

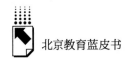
fields. It realizes the diagnosis and analysis of more refined teaching behavior, further clarifies the effective path of integrating core literacy into teaching and learning, and it also realizes the powerful transformation from empirical teaching and research to empirical teaching and research.

Keywords：Evidence-based；Teaching Improvement；Video Lesson Analysis；Core Literacy；Transition of Education Research

B. 13　Characteristics, Problems and Strategies of Labor Education in Beijing

Zhang Xi, Li Haibo, Pu Yang, Cai Xin and Zhao Yanping / 195

Abstract：Labor education is related to the implementation of the party's educational policy and training objectives, the nature, essence and characteristics of socialist education, and the all-round development of students' morality, intelligence, physique, aesthetics and labor, which is of great significance of the times. On the basis of discriminating the relevant concepts, this paper combs the historical context of labor education in China, divides the labor education after the founding of the people's Republic of China into five development stages, and summarizes the characteristics and contents of labor education in different development stages. Combined with the present situation of the practice of labor education in our country, this paper puts forward some countermeasures and suggestions to further promote the effective implementation of labor education in schools, such as grasping the new connotation of labor education era, strengthening the construction of labor education curriculum system, setting up the content of labor education according to the law of school age, perfecting the ways of implementing labor education, and establishing the evaluation system and security mechanism of labor education.

Keywords：Labor Education；Practical Characteristics；Advancing Strategy

B. 14 Research on Promotion Strategy of Upgrading of

Beijing Educational Informationization

Tang Liang, *Tian Peng* / 207

Abstract: It is urgent for Beijing educational informationization to change traditional developing ideas and construct new developing model by entering the era of educational informationization 2. 0 and Beijing educational reform and development. Current situation is described from the aspects of infrastructure, management informationization, teachers' information literacy, deep integration between information technology and education, digital campus construction of primary and secondary schools, network and information safeguard. By further analyzing opportunities and challenges of Beijing, a series upgrading and promoting strategies are proposed in view of supporting and serving national and Beijing strategy deployment, optimizing infrastructure environment and network safety, advancing confluence and share of digital education resources, improving teachers' and students' information literacy, playing a role of confluence, innovation, demonstration and lead, enhancing the capacity of "Internet + Education".

Keywords: Educational Informationization; Upgrading; Promotion Strategy

B. 15 Opportunities and Challenges for Beijing Education to Cope

with Artificial Intelligence *Zhou Hongxia* / 222

Abstract: Many countries in the world have taken AI as an important strategy for national development and paid special attention to the application of AI in the field of education. Beijing, as the cultural center and science and technology innovation center of the whole country, has the advantages of human resources, science and technology, education and other resources. In the field of education, artificial intelligence is facing a great deal of opportunities such as high international

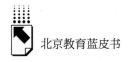北京教育蓝皮书

attention, in-depth support of national policies and solid information literacy of teachers. It is also faced with many challenges such as taking the lead in formulating comprehensive public policies of artificial intelligence, drawing up plans for artificial intelligence education at all stages, and developing high-quality, inclusive and safe data systems.

Keywords: Beijing Educational; Artificial Intelligence; Opportunities Challenges

B. 16　System and Mechanism Construction of Beijing-Tianjin-Hebei Education Synergistic Development　　*Li Lu* / 238

Abstract: The institutional barriers to the coordinated development of education in Beijing, Tianjin and Hebei are the obstacles to the coordinated development of education in the three regions. Based on the definition of education synergistic development system and mechanism, and drawing on the perspective of regional lifelong education system, this paper proposes that the construction of educational system and mechanism in Beijing, Tianjin and Hebei should follow the basic ideas of giving full play to the dividends of institutional reform, strengthening the support of government system and realizing the inclusiveness of synergistic system. The three-dimensional framework of the Regional Lifelong Education Synergy System is constructed, which includes vertical hierarchy dimension, spatial extension dimension and life cycle dimension. After analyzing the current situation and problems of the three dimensions of the Beijing-Tianjin-Hebei education synergy development system and mechanism, it is suggested that up-down accessible leadership system, decision-making and investment mechanism should be established, and improving cross-sectoral resource integration mechanism so as to ensure the priority development of education, and exploring the integration development mechanism of career education and lifelong education.

Keywords: Beijing, Tianjin and Hebei; Synergistic Development of Education; Lifelong Education System

VI Educational Talents Reports

B. 17 Major Contradictions and Suggestions on the Construction

of Teachers' Team in Beijing   *Yu Xia, Hao Baowei* / 254

Abstract: Significant achievements have been made in the construction of various types of teachers at all levels in Beijing. But there are some main contradictions and problems in scale structure, professional level, management system and mechanism. This paper analyses the main contradictions and problems existing in the construction of preschool education teachers, primary and secondary school teachers and teachers in municipal colleges and universities in Beijing, and puts forward corresponding countermeasures and suggestions. We should further strengthen teacher education, broaden the source of Teachers, increase the number of teachers in many ways. Improve the professional level of teachers comprehensively, especially the internationalization and informatization level facing the future. Deepen the comprehensive reform of educational personnel system and innovate the management system and mechanism of Teachers. Create an atmosphere of respecting teachers and valuing education in the whole society, and improve the professional attraction of teachers.

Keywords: Teacher; Contradiction and Problem; Countermeasure and Suggestion

B. 18 Exploration and Practice on the Innovation of the Cultivating

Mode of Basic Education Talents in Beijing   *Zhang Yi* / 269

Abstract: After 12 years of exploration, the innovative system and structure of the mode of talent training in the basic education stage in Beijing has shown initial signs of formation. Measures are to adhere to one central task and two

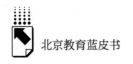
fundamentals, establish three teams, promote four ways of innovations and five innovative sites, develop six methods of resource development, advance the seven explorations, and gain support from all sides. After implementation of the eight measures, Beijing has developed its innovative mode of talents training in the basic education stage, which was transformed from the "popularization of innovative education" to the "innovation of general education".

Keywords: Beijing; Basic Education; Talent Training; Innovation

VII   Education Topics

B. 19   Research on Governance of Beijing Non-governmental

Off-campus Online Training Industry   *Liu Xi* / 280

Abstract: This paper combs and analyzes the status quo and existing governance measures of non-governmental off-campus online training industry. It is pointed out that the construction of the governance system of online training should have strategic thinking: consistent with the concept of educational modernization, systematic thinking: adapting to the basic characteristics of online training, and the bottom line thinking: in order to regulate the industry order by perfecting relevant institutions.

Keywords: Off-campus Non-governmental; Online Training Education; Governance

B. 20   Problems and Solutions of First-class Programs Construction

Project of Beijing Municipal Universities Under the

Background of "Double First Class Initiatives"

Yang Zhenjun, Wang Xiaoyan / 295

Abstract: The construction of first-class Programs must adhere to the principle of multilevel and multichannel, reflecting the guidance of social demand-oriented and multi-channel development. Our survey found that the first batch of first-class program construction in Beijing has some problems, such as insufficient distinction and representation, inadequate internal motivation mechanism of universities, etc. At the same time, the recruitment of teachers, the autonomy and sustainability of internationalization, the integration of disciplines and programs, the attraction of excellent students and the effectiveness of quality assurance operation are facing Challenges. From the government's point of view, should carry out "two integration, four guidance", strive to seek " four breakthroughs", build "two platforms", establish "a set of standards" and form "one system" .

Keywords: First-class Programs; Municipal Universities; Double First Class Initiatives; Programs Construction

B. 21 System Design and Linkage: Key Points to Solve the
Dilemma of Classified Registration of Existing
Private Schools

Li Man / 308

Abstract: Beijing has issued "1 + 2" supporting documents for private education, and the next step will issue the administrative measures for the change of type of existing private schools in Beijing, which will further clarify the connection between the implementation procedures of classification registration of existing private schools. The policy of "1 + 2" issued by Beijing solves the problem of the direction of the development of private education in Beijing and the response to the key problems in practice is not enough. It is unclear to make various assets, the different requirements of the examination and approval authorities and the registration authorities for the qualification of the school, and the lack of close connection between the school license and the legal person registration. It is suggested that Beijing should, according to the local conditions and in combination

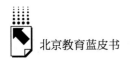

with the functional orientation of the capital, refine the identification and treatment of various assets, strengthen the pre examination of school running conditions and the qualifications of the organizers, improve the system design of the connection of certificates and licenses, and give full play to the integration and cooperation of the joint conference system of private education.

Keywords: Beijing; Existing Private Schools; Classified Registration; System Design and Connection

B. 22   Innovative Practice for Building up the Support System for Inclusive Education in Beijing

Research Group of Special Education Research and Guidance Center, Beijing Academy of Education Sciences / 319

Abstract: On the basis of continuous promoting inclusive education in Beijing, Beijing government has paid more attention on policy initiatives and financial investment for inclusive education in recent years, to meet the individualized needs of special needs children, and has established a four-level inclusive education support system covering "City-District-School district-School", in the aspects of policies, institutions and infrastructure. In practice, the support system implemented progressively, with special focus on school management transformation, curriculum development, teaching improvement, evaluation reform, teacher training, and resource development, and gradually constructed at "macro-meso-micro" level, ensuring all the special needs students, including children with disabilities, enjoy a more quality education.

Keywords: Beijing; Inclusive Education; Support System

B. 23 Beijing's Learning Cities Construction for Sustainable

Development: New Achievements, New Problems,

New Strategies

Shi Feng, Yuan Dayong, Xu Xinrong and Lin Shiyuan / 336

Abstract: Based on the idea of lifelong learning system for all, Beijing is committed to the integration of learning cities construction for sustainable development. It integrates lifelong learning and organizational learning innovation into many areas of urban development, and the development of learning cities. In recent years, the "five-integration" model of learning cities has become an important development model. Through the development of education, economy, culture, society and ecology, it closely focuses on the endogenous motivation, legislation and evaluation of learning cities, proposed a sustainable development policy for the future.

Keywords: Learning Cities; Sustainable Development; "Five-integration" Model

B. 24 The Policy Analysis on Promotion of Research about

Socialist Core Values Education

—*Implementing the Fundamental Task of Educating Children*

Based on Revising the Code of Daily Behavior for Primary

and Secondary School Students in Beijing

Xie Chunfeng / 350

Abstract: In construction of an integrated moral education system with socialist core values as the guide, Beijing government has strengthened the organic unity of theoretical research, policy design and practical innovation. Based on the task of building the four centers in the capital and requirements of the best

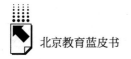
district, "Norms of Daily Behavior for Primary and Secondary School Students in Beijing" and "Three-year Plan of Action for Primary and Secondary School Formation Education 2017 – 2019" were promulgated. The consideration of policy design is an effective solution to the problem of grounding need in the education of socialist core values. This policy design strengthens the value orientation, cultural attributes and historical implications of behavioral norm education. Under the guidance of the Party's educational policy and guided by the socialist core values, many educational stakeholders in the new era choose the path of harmony with the development of education in the capital as to build an all-round, all-process, all-field and all-round education system, with the integration of large, medium and small children and the "trinity" of family, school and society so as to avoid quick success and instant benefit. Avoiding the negative impact of hedging should be devoted to the construction of the greatest concentric circle in education.

Keywords: Beijing; Value Education; Behavior Norms; Moral Education

Ⅷ   Experience Reference

B. 25   New Trends of Educational Policies of Major International

Organizations and Developed Countries since 2015 and

Enlightment for Beijing   *Tang Keli* / 362

Abstract: By analyzing the documents of some important educational policies released by the main international organization and some developed countries since 2015 , this article puts forward some important trends of the international education policy since 2015, such as the main international organizations and developed countries grasp the opportunity to realize the sustainable development agenda and 2030 education agenda 2030, to comprehensively review their education system, and plan their educational vision in the changing world. Globalization, digitization and automation have become common challenges for major international organizations and developed countries in realizing the education 2030 process. Inequality in education has become the biggest challenge facing major developed countries in achieving the 2030 education agenda, etc. Based on the practice of Beijing's education reform, the paper puts forward some enlightment for the education reform of Beijing, for example, "learning to learn" should be the new goal of the capital's education. Beijing education must pay more attention to the global education quality index system and enhance the global discourse power of capital education.

Keywords: Development of Education of Major Developed Countries; Trends of Educational Reforms; Comparative Study

B. 26   Practical Research on Promoting Education Modernization

in Developed Regions of China

Yin Yuling / 377

Abstract: With the convening of the national education conference and the education conference in developed regions, their education modernization goals in 2035 has become an important basis for the pace of education modernization in developed regions. This research adopts literature research and investigation method, and introduces the vivid practice of promoting education modernization from the perspectives of education equity, education quality, education openness and education innovation in the four regions such as Beijing, Shanghai, Shenzhen, and Hangzhou. To modernize education by 2035, the four regions need to make efforts in the following eight aspects: to realize comprehensive and free development of human beings as the value pursuit of education modernization; to gather major issues to accomplish the major tasks of educational modernization; to strengthen and improve the monitoring and evaluation of education modernization; to promote education information and education internationalization level; to form a regional community by education collaboration ; to condense the regional

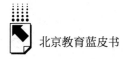
development model of education modernization On the basis of development experience in various regions; to realize the high integration of education modernization and urban modernization; to reflect the function of serving the whole country and the high-quality development for the education modernization in developed areas.

Keywords: Education Modernization; Comprehensive Reform; Innovation

权威报告·一手数据·特色资源

皮书数据库
ANNUAL REPORT(YEARBOOK)
DATABASE

分析解读当下中国发展变迁的高端智库平台

所获荣誉

- 2019年，入围国家新闻出版署数字出版精品遴选推荐计划项目
- 2016年，入选"'十三五'国家重点电子出版物出版规划骨干工程"
- 2015年，荣获"搜索中国正能量 点赞2015""创新中国科技创新奖"
- 2013年，荣获"中国出版政府奖·网络出版物奖"提名奖
- 连续多年荣获中国数字出版博览会"数字出版·优秀品牌"奖

成为会员

通过网址www.pishu.com.cn访问皮书数据库网站或下载皮书数据库APP，进行手机号码验证或邮箱验证即可成为皮书数据库会员。

会员福利

- 已注册用户购书后可免费获赠100元皮书数据库充值卡。刮开充值卡涂层获取充值密码，登录并进入"会员中心"—"在线充值"—"充值卡充值"，充值成功即可购买和查看数据库内容。
- 会员福利最终解释权归社会科学文献出版社所有。

数据库服务热线：400-008-6695
数据库服务QQ：2475522410
数据库服务邮箱：database@ssap.cn
图书销售热线：010-59367070/7028
图书服务QQ：1265056568
图书服务邮箱：duzhe@ssap.cn

社会科学文献出版社 皮书系列
SOCIAL SCIENCES ACADEMIC PRESS (CHINA)

卡号：392676945669
密码：

S 基本子库
UB DATABASE

中国社会发展数据库（下设 12 个子库）

整合国内外中国社会发展研究成果，汇聚独家统计数据、深度分析报告，涉及社会、人口、政治、教育、法律等 12 个领域，为了解中国社会发展动态、跟踪社会核心热点、分析社会发展趋势提供一站式资源搜索和数据服务。

中国经济发展数据库（下设 12 个子库）

围绕国内外中国经济发展主题研究报告、学术资讯、基础数据等资料构建，内容涵盖宏观经济、农业经济、工业经济、产业经济等 12 个重点经济领域，为实时掌控经济运行态势、把握经济发展规律、洞察经济形势、进行经济决策提供参考和依据。

中国行业发展数据库（下设 17 个子库）

以中国国民经济行业分类为依据，覆盖金融业、旅游、医疗卫生、交通运输、能源矿产等 100 多个行业，跟踪分析国民经济相关行业市场运行状况和政策导向，汇集行业发展前沿资讯，为投资、从业及各种经济决策提供理论基础和实践指导。

中国区域发展数据库（下设 6 个子库）

对中国特定区域内的经济、社会、文化等领域现状与发展情况进行深度分析和预测，研究层级至县及县以下行政区，涉及地区、区域经济体、城市、农村等不同维度，为地方经济社会宏观态势研究、发展经验研究、案例分析提供数据服务。

中国文化传媒数据库（下设 18 个子库）

汇聚文化传媒领域专家观点、热点资讯，梳理国内外中国文化发展相关学术研究成果、一手统计数据，涵盖文化产业、新闻传播、电影娱乐、文学艺术、群众文化等 18 个重点研究领域。为文化传媒研究提供相关数据、研究报告和综合分析服务。

世界经济与国际关系数据库（下设 6 个子库）

立足"皮书系列"世界经济、国际关系相关学术资源，整合世界经济、国际政治、世界文化与科技、全球性问题、国际组织与国际法、区域研究 6 大领域研究成果，为世界经济与国际关系研究提供全方位数据分析，为决策和形势研判提供参考。

法律声明